Dictionnaire d'informatique

Anglais/Français

Consultez nos catalogues
sur le Web...

http://www.dunod.com

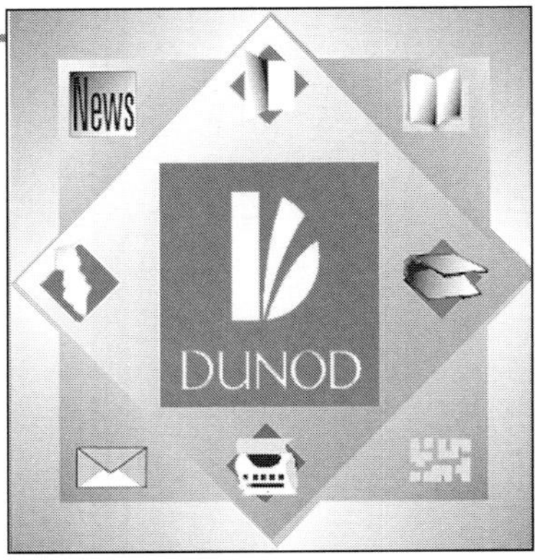

Dictionnaires

Dictionnaire anglais-français des télécommunications et de l'Internet, J. De Luca, 3e édition, 1999

Dictionnaire d'informatique français-anglais, M. Ginguay, 6e édition, 1998

Dictionnaire de l'informatique, M. Ginguay, A. Lauret et Y. Waché, 6e édition, 1998

Cyberlexis, le dictionnaire du jargon informatique, E. Raymond, traduit de l'américain par C. Rozeboom, 1997

Dictionnaire encyclopédique du génie logiciel, H. Habias, 1996

Dictionnaire d'informatique

Anglais/Français

Michel Ginguay

Traducteur

12e édition

DUNOD

ISBN 2 10 004584 9

AVERTISSEMENT

S'il est incontestable que le vocabulaire de l'informatique subit l'influence de l'américain, on doit à la vérité de dire que les emprunts, nombreux, ne sont parfois que passagers, que les néologismes français équivalents, lorsqu'ils sont heureux, s'implantent assez rapidement (informatique, ordinateur, octet, logiciel, etc.) et que, d'une façon générale, la terminologie informatique américaine trouve un équivalent en français. Il convient d'ailleurs de signaler à cet égard que, contrairement à une opinion assez répandue, la terminologie française ne varie pas considérablement d'un constructeur à l'autre, ce qui prouve l'existence d'un fonds de vocabulaire commun dont le recensement s'imposait.

Le présent ouvrage renferme la majorité des termes utilisés en informatique et l'essentiel des termes propres à l'Internet.

Pour mener à bien notre tâche, nous avons puisé notre matière à la source, c'est-à-dire dans la langue vivante et notamment dans les revues spécialisées. Nous nous sommes efforcé de tenir compte de l'usage en l'infléchissant parfois quand cela paraissait souhaitable. Cet ouvrage n'est donc pas une simple compilation mais le reflet du vocabulaire actuel.

Tout ouvrage de ce genre, a fortiori *dans un domaine en constante évolution, comporte inévitablement des lacunes et ne peut être exempt d'imperfections; aussi accueillerons-nous avec le plus grand intérêt les suggestions qu'il appellera de la part de ses utilisateurs. (Voir l'«Appel au lecteur» en fin d'ouvrage.)*

NOTE SUR LA DOUZIÈME ÉDITION

Cette édition s'enrichit de quelque 900 ajouts et 800 abréviations anglaises.

Nous tenons à remercier ceux des utilisateurs de l'édition précédente qui, répondant à notre appel (voir l'« Appel au lecteur » en fin d'ouvrage), ont bien voulu nous signaler certaines lacunes et proposer des solutions judicieuses.

A

Abacus, abaque, boulier.

***Abbreviated,* a. addressing,** adressage abrégé ; **a. address calling, a. dialing,** numérotation abrégée.

***Abbreviation,* a. dictionary,** dictionnaire d'abréviations.

Abend (ABnormal END), fin anormale.

Abend (to), s'arrêter anormalement (prog.).

Able, chiffre correspondant à 10 (en numération hexadécimale).

***Abnormal,* a. condition,** anomalie ; **a. end(ing),** fin anormale ; **a. exit,** sortie anormale ; **a. operation,** dysfonctionnement ; **a. termination,** fin anormale.

Abort, arrêt prématuré, suspension d'exécution, arrêt d'exécution (d'un programme), abandon.

Abort (to), suspendre, mettre un terme à, arrêter, l'exécution d'un programme (en cas d'incident grave), arrêter prématurément, abandonner, s'arrêter.

***Aborting,* a. procedure,** procédure d'abandon.

Abortion, arrêt avant terme, suspension.

Abscissa, abscisse.

***Absentee,* a. mode,** mode utilisateur absent.

Absolute, absolu ; **a. address,** adresse absolue ; **a. addressing,** adressage absolu ; **a. assembler,** assembleur absolu ; **a. code,** langage machine ; **a. coding,** programmation en langage machine ; **a. coordinates,** coordonnées absolues ; **a. error,** erreur absolue ; **a. instruction,** instruction absolue ; **a. loader,** chargeur absolu ; **a. maximum rating,** capacité absolue ; **a. program,** programme en absolu ; **a. programming,** programmation absolue ; **a. value,** valeur absolue ; **a. value representation,** représentation de la valeur absolue ; **a. vector,** vecteur absolu.

Absolutely, en valeur absolue.

Abstract, résumé analytique, abrégé (d'un document) ; **a. machine,** machine abstraite ; **a. symbol,** symbole abstrait ; **a. type,** type abstrait.

Abstract (to), résumer, abréger (un document).

Abstracting.
Voir AUTOMATIC ABSTRACTING.

Abstractor, analyste (chargé d'une analyse documentaire).

***Absurdity,* a. check,** contrôle de vraisemblance.

***Abusive,* a. call,** appel malveillant.

AC (Alternating Current), courant alternatif ; **a.c. dump,** coupure du courant alternatif (sur la machine) ; **a.c. power,** alimentation secteur.

Acceleration, accélération ; **a. time,** temps d'accélération, de montée en vitesse.

***Accelerator,* a. board or card,** carte accélérateur ou accélératrice.

***Accented,* a. letter,** lettre accentuée.

Accept, message d'acceptation ; **a. stacker,** case de réception normale.

Accept (to), accepter, prendre en charge, recevoir, valider (choix, modifications), accueillir.

Acceptance, acceptation, réception ou recette (de matériel), accueil (fait à un produit) ; **a. test(ing),** essai(s) de recette, de réception, test(s) de recette, de réception.

Accepting station, station réceptrice.

Acceptor, accepteur.

***Access,* 1.** accès, point d'accès ; **2.** (par ext.) droit d'accès ; **append a.,** droit d'adjonction ; **modify a.,** droit de modification ; **statue a.,** droit de consultation ; **a. arm,** bras de lecture/écriture, bras d'accès, bras porte-têtes ;

a. barred, interdiction d'accès ; **a card,** carte d'accès ; **a. charge**, frais d'accès ; **a. code,** code d'accès ; **a. control, 1.** gestion, contrôle d'accès, des accès ; **2.** restriction d'accès ; **a. control list (ACL),** liste de contrôle d'accès ; **a. cycle,** cycle d'accès ; **a. floor,** faux plancher ; **a. grant,** autorisation d'accès ; **a. light,** voyant, témoin ; **a. method,** méthode d'accès ; **a. mode,** mode d'accès ; **a. path,** chemin d'accès ; **a. permission,** autorisation d'accès ; **a. port,** port d'accès ; **a. protocol,** protocole d'accès ; **a. provider**, fournisseur d'accès ; **a. rate, 1.** cadence d'accès, **2.** tarif d'accès ; **a. rights,** droits d'accès, privilèges d'accès ; **a. time,** temps d'accès ; **gain a. to (to),** accéder à ; **give, provide a. to (to)**, permettre d'accéder à.

Access (to), accéder à, solliciter ; attaquer (base de données) ; **to be accessed,** faire l'objet d'un accès, être sollicité, être accessible ; **that cannot be accessed,** inaccessible.

Accessibility, accessibilité, possibilité, facilité d'accès.

Accessible, accessible, adressable.

Accession, consultation ; **a. number (in aspect card),** numéro de référence (de document) ; **a. rate,** vitesse de consultation.

Accessor, **1.** accédant, personne accédant à (un fichier, etc.), utilisateur, interrogateur ; **2.** mécanisme d'accès.

Accessorial, **a. equipment,** matériel annexe.

Accessory, accessoire ; **a. equipment,** matériel annexe.

Accommodate (to), **1.** loger, pouvoir recevoir, pouvoir accueillir, abriter (services) ; **2.** prendre en charge, admettre, accueillir.

Accommodation, prise en charge.

Accordion, **a. fold,** pliage accordéon, pliage paravent.

Account, **1.** compte ; **2.** (par ext.) client ; **large a.,** gros client ; **a. balance,** position (d'un compte) ; **a. card, 1.** carte compte ; **2.** carte privative ; **a. number,** numéro de compte ; **a. status,** position (d'un compte) ; **accounts payable (AP),** comptabilité fournisseurs ; **accounts receivable (AR),** comptabilité clients.

Accountancy, comptabilité.

Accountant, comptable.

Accounting, **1.** comptabilité ; **2.** comptabilisation, statistiques, enregistrement du temps de traitement des différents programmes (aux fins d'imputation) ; **a. clerk,** aide-comptable ; **a. computer,** ordinateur comptable ; **a. department,** service (de la) comptabilité ; **a. detail card,** carte mouvement ; **a. documents,** documents comptables ; **a. file,** fichier (de) statistiques ; **a. firm,** cabinet d'experts-comptables, cabinet d'expertise comptable ; **a. machine, 1.** machine comptable ; **2.** tabulatrice ; **a. package, 1.** progiciel de comptabilité ; **2.** logiciel de comptabilisation, d'enregistrement ; **a. period,** période comptable ; **a. practice,** cabinet comptable ; **a. record,** article, enregistrement statistiques ; **a. routine,** sous-programme de calcul de temps machine ; **a. terminal** = ***banking terminal.***

Accumulate (to), accumuler, totaliser, cumuler (dans un registre, etc.).

Accumulated, **a. error,** erreur cumulée ; **a. total,** total cumulé, cumul ; **a. value,** cumul, totalisation.

Accumulating, cumul, totalisation ; **a. counter,** compteur totalisateur ; **a. register,** registre de cumul.

Accumulation, accumulation, cumul.

Accumulative, **a. card,** carte cumul ; **a. error,** erreur cumulée ; **a. total,** total cumulé, cumul.

Accumulatively, cumulativement.

Accumulator, accumulateur, totalisateur ; **a. register,** registre (de cumul).

Accuracy, exactitude.

ACD (Automatic Call Distributor), distributeur d'appels automatique.

ACK = acknowledge character.

Acknowledge = acknowledgement; **a. character (ACK),** caractère accusé de réception (positif).

Acknowledge (to), accuser réception de.

Acknowledgement, accusé de réception, acquittement (alarme).

ACL (Access Control List), liste de contrôle d'accès.

Acoustic, acoustique ; **a. cabinet,** enceinte d'insonorisation ; **a. control cover,** carter d'insonorisation ; **a. coupler,** coupleur acoustique ; **a. coupling,** couplage acoustique ; **a. cover,** capot d'insonorisation, insonorisant ; **a. delay line,** ligne à retard acoustique ; **a. enclosure,** enceinte d'insonorisation ; **a. hood,** carter, capot, d'insonorisation, insonorisant ; **a. memory,** mémoire acoustique ; **a. storage, a. store,** mémoire acoustique ; **a. treatment,** insonorisation.

Acoustically, acoustiquement ; **a. coupled,** à couplage acoustique.

Acoustics, l'acoustique.

Acquire (to), acquérir (des données) ; approvisionner (des produits).

Acquisition, acquisition (de données) ; approvisionnement (de produits).

ACR (Automatic Call Recording), comptabilisation d'appels automatique.

Across, **4-across,** 4 de front (4 formulaires juxtaposés) ; **a. the wire**, à travers le réseau.

Act (to), **a. on, upon data (to),** effectuer un traitement (sur des données), traiter, prendre en charge.

Action, action, intervention, procédure, mesure ; **to take a.,** intervenir, faire une intervention ; **a. code,** code d'intervention ; **a. diagram,** actigramme ; **a. frame,** écran exigeant une réponse de l'utilisateur (vidéotex) ; **a. message,** message d'intervention ; **a. switch,** touche, bouton de service.

Activate (to), rendre actif, activer, déclencher (marteaux d'impression), lancer (programme), actionner (bouton), mettre en fonction, mettre en service ou en activité, solliciter.

Activation, déclenchement, commande, actionnement, mise en service ou en activité ; lancement.

Active, mouvementé, ayant fait l'objet d'un mouvement (compte, fichier), en cours d'exécution (programme), en cours d'utilisation (fichier), actif (processus), en service (terminal, ordinateur principal par rapport à ordinateur de secours), en fonction ; **a. matrix**, matrice active ; **a. page,** page active ; **a. window**, fenêtre active ; **to be a.,** être en activité.

Activity, **1.** mouvement (portant sur un fichier), activité ; **2.** mouvementation, taux de mouvement (d'un fichier) ; **a. factor, a. ratio,** taux de mouvement, taux d'activité (d'un fichier).

Actual, réel, effectif ; **a. address,** adresse réelle, effective ; **a. code** = ***absolute code;*** **a. coding** = ***absolute coding;*** **a. decimal point,** virgule décimale réelle ; **a. instruction,** instruction effective ; **a. parameter,** paramètre effectif ; **a. stock,** stock réel, les existants ; **a. value,** valeur réelle.

Actuate (to), actionner, commander, mettre en mouvement, animer, déclencher.

Actuating, de commande, d'actionnement.

Actuation, actionnement, commande, mise en action, mise en fonction.

Actuator, **1.** mécanisme de positionnement, servocommande, bras de lecture/écriture ; **2.** actionneur.

ACU (Automatic Calling Unit), unité d'appel automatique.

Acyclic, acyclique.

A/D (Analog/Digital), analogique/numérique.

ADA, langage (de programmation) ADA ; **a. compiler,** compilateur ADA.

Adaptability, adaptabilité, possibilités d'adaptation, souplesse.

Adap(ta)tive, adaptatif ; **a. dissemination,** diffusion sélective ; **a. (path) routing,** routage adaptatif.

Adapter, adaptateur, carte d'extension ; **a. card,** (carte) adaptateur.

Adapting, adaptation.

Adaptive, **a. (path) routing,** routage adaptatif.

Adaptor = ***adapter.***

ADC (Analog-to-Digital Converter), convertisseur analogique/numérique (CAN).

ADCCP (Advanced Data Communications Control Procedure), procédure de communication créée par l'ANSI, procédure ADCCP.

AD/cycle, AD/cycle.

Add (to), additionner, ajouter, créer, enrichir, compléter ; **a. over (to),** additionner un chiffre trop élevé ; **a. short (to),** additionner un chiffre trop faible.

Add, addition ; **a. file,** fichier d'ajouts ; **a. lister, a. listing machine,** additionneuse imprimante ; **a.-in memory,** mémoire additionnelle interne ; **a.-on,** conférence à trois (tél.) ; **a.-on board or card,** carte additionnelle ; **a.-**

on circuit, circuit de conférence à trois ; **a.-on equipment,** matériel complémentaire, extension ; **a.-on facility,** possibilité d'adjonction ; **a.-on memory,** mémoire additionnelle externe ; **a.-on ROM,** mémoire fixe additionnelle ; **a.-on third party,** conférence à trois, conférence additive (PTT) ; **a.-ons**, matériels, produits, supplémentaires, complémentaires ; **a. pack,** disque dur amovible de 3,5 pouces ; **a.-substract time,** temps d'addition ou de soustraction ; **a. time,** temps d'addition.

Addend, nombre à ajouter, deuxième opérande (d'une addition).

Adder, additionneur (électronique).

Adder-subtracter, additionneur soustracteur.

Addict, **computer a.,** fanatique, accro, de l'informatique.

Adding, addition ; **a. circuit,** circuit d'addition, circuit additionneur ; **a. counter,** compteur additif ; **a. lister,** additionneuse imprimante ; **a. machine,** additionneuse.

Addition, **1.** adjonction, ajout, création ; **latest a.,** dernier-né (d'une gamme) ; **2.** addition, **a. circuit,** circuit d'addition ; **a. record,** adjonction, nouvel article ou enregistrement (dans un fichier).

Additional, supplémentaire ; **a. characters,** caractères spéciaux ; **a. store,** mémoire auxiliaire.

Address, adresse ; **a. bus,** bus d'adresses ; **a. computation,** calcul d'adresse ; **a. constant,** adresse de base ; **a. control,** modification d'adresse ; **a. control field,** zone de modification d'adresse ; **a. decoder,** décodeur d'adresse ; **a. development,** calcul d'adresse ; **a. directory,** répertoire d'adresses ; **a. field,** zone adresse (d'une instruction) ; **a. file,** fichier d'adresses ; **a. format,** structure de l'adresse ; **a. manipulation,** manipulation d'adresse ; **a. modification,** modification d'adresse ; **a. modifier,** modificateur d'adresse ; **a. part,** partie adresse, zone adresse (d'une instruction) ; **a. portion** = ***a. part;*** **a. range,** plage d'adresses ; **a. range register,** registre de base ; **a. register,** registre d'adresse ; **a. space,** espace adresse(s) ; **a. track,** piste d'adresses ; **a. translation,** traduction d'adresse.

Address (to), adresser, accéder à, désigner par son adresse.

Addressability, capacité d'adressage.

Addressable, adressable ; **a. cursor,** curseur adressable (déplaçable).

Addressee, destinataire.

Addressing, adressage ; **a. machine,** machine à adresser ; **a. scheme, a. system,** système d'adressage.

Addressless, sans adresse ; **a. instruction format,** structure d'instruction sans adresse.

Addrout file, fichier d'adresses (triées).

Adjacency, contiguïté.

Adjunct, complément.

Adjust (to), **1.** régler, moduler ; **2.** justifier (texte).
Voir HALF-ADJUST.

Adjustment, réglage ; **a. knob,** molette de réglage.

Admin **=** ***administration.***

Administer (to), administrer, gérer.

Administration, gestion, administration.

Administrative, administratif, de gestion ; **a. data processing,** traitement de l'information (en gestion), informatique de gestion ; **a. line printer,** imprimante administrative.

ADP (Automatic Data Processing), traitement automatique de l'information, l'informatique.

Adserver, serveur de publicité (ou de bannières).

ADU (Automatic Dial(l)ing Unit), composeur automatique de numéros.

Advance, **1.** = ***advancement,*** **2.** progrès, avancée ; **stored in a.**, préstocké.

Advance (to), faire progresser (un compteur), faire défiler (bande magnétique), faire avancer (papier sur imprimante, carte dans piste).

Advanced, d'avant-garde, moderne, évolué, jarg. pointu (secteur) ; de pointe (industrie), averti (utilisateur) avancé ; **a. course,** cours de perfectionnement ; **a. language,** langage évolué ; **a. read,** lecture anticipée ; **a. technology industry,** industrie de pointe.

Advancement, progression (compteur), avancement, défilement (papier, bande).

Advertise (to), annoncer des services sur Internet.

Advertising, annonce de la disponibilité de services sur Internet.

***Advisory,* a. message,** message d'information.

Aerograph, aérographe, pistolet (DAO).

Affordability, accessibilité (par son prix).

Affordable, accessible, abordable (par son prix).

***After,* a. (image) journal,** journal « après ».

Aftermarket, marché induit (vente de logiciels et de périphériques engendrée par un ordinateur à succès).

Against,
Voir PROCESS (TO).

Agent, **1.** agent (opérateur) ; **2.** agent informatique (programme) ; **a. 's (desk) set,** poste de réservation.

Aggregate, **1.** total, global ; **2.** agrégat ; **a. rate,** débit global.

Aggressive, **1.** agressif ; **2.** dynamique, actif.

***Agricultural,* a. database,** base de données agricoles ; **a. data processing,** informatique agricole.

Ahead,
Voir LOOK-AHEAD.

AI (Artificial Intelligence), intelligence artificielle (IA) ; **AI researcher,** chercheur en IA.

Aid, **1.** assistance, aide ; **2.** (plur.) conseils, aides, outils, moyens.

-aided, assisté.

Aim (to), viser.

Aiming, de visée (symbole, etc.).

***Air,* to be off the a.,** être hors service ; **to be on the a. (programme, machine),** être en service ; **to get, to go on the a.,** entrer en service ; **to place, to put on the a.,** mettre en service (un équipement) ; **a. blower,** ventilateur ; **a. chilled,** refroidi à l'air ; **a. control unit,** climatiseur ; **a. flow,** débit d'air.

Airborne, aéroporté, de bord, embarqué ou embarquable (calculateur) ; **a. equipment,** matériel embarqué.

Airbrush, aérographe (DAO).

Air-conditioning, climatisation ; **a. c. unit,** climatiseur.

***Airline,* (a.) seat reservation system,** système de réservation de places (d'avion).

Alarm, alarme.

Alert, incident ; **a. box,** message d'alerte (Mac.) ; **a. condition =** ***alert.***

Algebra, algèbre.

Algebraic, algébrique.

Algebraically, algébriquement, en valeur algébrique.

Algol (Algorithmic Language), langage Algol.

Algorithm, algorithme.

Algorithmic, algorithmique ; **a. language,** langage algorithmique.

Algorithmically, de façon algorithmique.

Alias, pseudonyme, pseudo.

Aliasing, **1.** crénelage, effet d'escalier, marches d'escalier ; **2.** attribution d'un pseudonyme.

Alien, étranger.

Align (to), aligner, cadrer, taquer (feuilles).

Aligner, dispositif de cadrage, d'alignement (de cartes).

Alignment, alignement, cadrage ; **a. chart,** nomographe.

***All,* a.-blank word,** mot entièrement à blanc ; **a.-caps mode,** mode majuscules ; **a.-digital,** entièrement numérique ; **a.-in-one (machine, microcomputer),** machine, micro-ordinateur complet, autonome, tout-en-un, intégré ; **a.-in-one package,** solution globale (matériel + logiciel, etc.) ; **a.-ones word,** mot ne comportant que des 1 ; **a.-points addressable (APA),** adressable en tous points ; **a.-peer network,** réseau dont les ordinateurs ont le même niveau ; **a.-purpose,** universel, polyvalent ; **a.-purpose computer,** calculateur universel.

Alley, gouttière (espace séparant deux colonnes).

Allied, connexe (industrie).

Allocate (to), affecter, attribuer, allouer ; réserver (stock).

Allocation, affectation, attribution ; réservation (stock).

Voir STORAGE.

Allocator, programme d'affectation.

Allophone, allophone.

Allot (to), affecter, attribuer.

Allotment, affectation, attribution.

Alpha, **a. geek**, le gourou de l'informatique dans une entreprise, un service ; **a. test(ing),** test, essai, en laboratoire (d'un produit, d'un logiciel) ; **a. type-in,** message alphabétique d'entrée.

Alphabet, alphabet (de données).

Alphabetic, alphabétique ; **a. character,** caractère alphabétique, lettre ; **a. code,** code alphabétique ; **a. coding,** code alphabétique ; **a. item,** donnée alphabétique ; **a. string,** chaîne de caractères alphabétiques ; **a. word,** mot alphabétique.

Alphabetical = alphabetic.

Alphabetics, caractères alphabétiques, lettres.

Alphageometric, alphagéométrique.

Alphagraphic, alphagraphique, **a. terminal,** terminal alphagraphique.

Alphameric(al), alphanumérique ; **a. code,** code alphanumérique.

Alphamerics, caractères alphanumériques.

Alphamosaic, alphamosaïque.

Alphanumeric(al), alphanumérique A/N ; **a. code,** code alphanumérique ; **a. item,** donnée alphanumérique.

Alphanumerics, caractères alphanumériques.

Alphaphotographic, alphaphotographique.

ALT key, touche double fonction, touche ALT.

Alter (to), modifier.

Alterability, facilité de modification (de mémoire REPROM par exemple).

Alteration, modification ; **a. switch,** inverseur.

Alternate, alterné, alternatif, de remplacement ; **a. action switch,** bouton à double effet ; **a. area,** deuxième zone, zone utilisée en bascule ; **a. cylinder,** cylindre de remplacement ; **a. device,** unité en bascule ; **a. key,** clé autre que la clé primaire (base de données) ; **a. operation,** travail en bascule ; **a. path,** voie de déroutement ; **a. printer,** imprimante de remplacement ; **a. routing, 1.** voie de déroutement, acheminement de secours, **2.** gamme de remplacement (gestion de production) ; **a. sector,** secteur de remplacement ; **a. source (to),** assurer une seconde source d'approvisionnement (en circuits intégrés, etc.) ; **a. sourcing,** seconde source d'approvisionnement ; **a. track,** piste de remplacement, de réserve ; **a. unit** = ***a. device.***

Alternate (to), utiliser en bascule.

Alternating, alternatif ; **a. current (AC),** courant alternatif ; **a. operation,** travail en bascule.

Alternation, alternance ; bascule (de tampons).

Alternative, **a. action,** variante ; **a. route**, voie de secours, « itinéraire bis » ; **a. sector,** secteur de remplacement.

ALU (Arithmetic/Logic Unit), unité arithmétique et logique.

AM (Amplitude Modulation), modulation d'amplitude.

Amalgamate (to), fusionner.

Amalgamation, fusion.

Amber, ambre, **a. phosphor,** luminophore ambre.

Amble frame, séparateur de groupe de données.

Amendment, **a. file** = ***change file;*** **a record** = ***change record;*** **a. tape** = ***change tape.***

American, **A. Standard Code For Information Interchange (ASCII),** code standard américain pour l'échange d'informations, code ASCII.

Amount, montant (d'une facture), volume (de données) ; **a. of space available,** place disponible (en mémoire, sur bande, disque, etc.).

Ampersand, perluète, « et » commercial, signe &.

Amplifier, amplificateur.

Amplitude, **a. modulation (AM),** modulation d'amplitude.

AMR (Automatic Message Routing), acheminement automatique de messages.

A/N (Alphanumeric), alphanumérique.

Analog, analogique ; **a. channel,** voie analogique ; **a. computer,** calculateur analogique ; **a. data,** données analogiques ; **a. device,** unité analogique ; **a. input,** entrée analogique ; **a. link,** liaison analogique ; **a. network,** réseau analogique ; **a. representation,** représentation analogique ; **analog-to-digital converser (ADC),** convertisseur analogique-numérique (CAN).

Analogue = analog.

Analyse (to), analyser ; dépouiller (données d'une enquête).

Analyser = analyzer.

Analysis, analyse.

Analyst, analyste.

Analyzer, **1.** analyseur ; **2.** programme d'analyse.

Anamorphosis, anamorphose.

Anchor(ing), ancrage.

Anchorage, accrochage (revêtement).

Ancillary, auxiliaire ; **a. equipment,** matériel annexe.

AND, ET, intersection logique ; **a. circuit,** circuit ET ; **a. element,** élément ET, intersecteur ; **a. gate,** porte ET ; **a. operation,** intersection logique ; **a. operator,** opérateur ET.

And (to), faire une intersection logique, combiner dans une porte ET ; **a. into (to),** introduire par intersection logique.

ANDing, intersection logique.

Angle, **a. brackets,** chevrons (ex. <RETURN>).

Animate (to), animer (images, etc.).

Animation, animation ; **computer a.,** animation par ou sur ordinateur, animatique.

Anisynchronous, anisynchrone.

Annealing, recuit.
Voir SIMULATED ANNEALING.

Annotate (to), annoter, affecter un libellé.

Announcement, annonce (d'un matériel, etc.).

Annunciator, avertisseur.

Answer, réponse ; résultat (calcul), solution ; **a. mode,** mode réponse.

Answer (to), répondre.

Answerback, réponse ; **a. drum,** tambour de réponse.

Answerer.
Voir TELEPHONE ANSWERER.

Answerphone, répondeur téléphonique.

Answering machine, répondeur téléphonique.

Antenna farm, forêt d'antennes.

Antialiasing, anticrénelage.

Antiblocking, antibourrage.

Anticipatory, anticipé.

Antiglare, antireflet(s).

Antihog, antimonopole.

Antismudge, antimaculage.

Anti-spam feature, fonction antidiffusion de publicités.

Antistat, produit antistatique.

Antistatic, **a. mat,** tapis antistatique ; **a. pad,** plot antistatique.

Antivirus software, logiciel antivirus ou antiviral.

AO (Automated Office), (le) bureau automatisé.

AP or A/P (Attached Processor), processeur auxiliaire.

APA (All-Points Addressable), adressable en tous points.

Aperture, ouverture, fenêtre ; **a. card,** carte à microfilm, à fenêtre ; **a. plate,** plaque à trous.

APL (A Programming Language), langage APL.

Apnote (Application note), note d'application.

Appear (to), s'afficher (fenêtre, écran).

Append (to), **1.** ajouter (à la fin), annexer, afficher « à la suite » ; **2.** appeler (par un code) une séquence (stockée) : paragraphe, formule, etc. ; **a. access,** droit d'adjonction.

Apple, **A. key,** touche du clavier Macintosh figurant une « pomme ». Correspond à la touche CTRL.

AppleTalk, réseau local d'Apple.

Applet, (une) appliquette, applet.

Appliance, **a. computer,** ordinateur domestique « prêt à l'emploi ».

Applicability, applicabilité, possibilité(s) d'application.

Application, application, cas d'emploi, d'utilisation ; **a. audit,** guide d'analyse (pour l'étude d'une application) ; **a. builder,** générateur d'application ; **a. centric,** centré axé, sur les applications ; **a.-dedicated terminal (ADT),** terminal spécialisé ; **a.-dependent,** qui est lié à, propre à, fonction d', une application particulière ; **a. developer,** créateur d'application(s) ; **a. development system,** système de développement d'applications ; **a.-driven,** axé sur les applications ; **a. engineer,** ingénieur technico-commercial ; **a. fit,** degré d'adéquation d'une application à (la résolution d') un problème ; **a. generator (AG),** générateur d'application ; **a. layer,** couche application ; **a. library,** bibliothèque (de programmes) d'application ; **a. mix,** ensemble d'applications, cocktail applicatif ; **a. niche,** créneau ; **a. of power,** mise sous tension ; **a.-orientated (G.B.), a.-oriented,** axé sur les applications ; **a.-oriented language,** langage orienté application ; **a. (-oriented) package,** programmes, progiciel d'application ; **a. processor (AP),** processeur d'application (dans SGBD) ; **a. program,** programme d'application ; **a. program interface (API),** interface API ; **a. programmer,** programmeur d'applications ; **a. routine,** programme d'application ; **a. slot,** créneau ; **a. server,** serveur d'applications ; **a. software,** logiciel d'application, logiciel applicatif ; **a.-specific,** propre à une application, sectoriel ; **a.-specific integrated circuit (ASIC),** circuit intégré spécifique ; **a. study,** étude d'application ; **a. suite,** logiciel, progiciel, d'application ; **a. terminal,** terminal spécialisé (par ex. point de vente) ; **a.-unique,** spécialisé (terminal).

Applicational, d'application ; **a. software,** logiciel d'application.

Applications, **a. backlog,** retard dans les applications ; **a. portofolio,** portefeuille d'applications.

Apply (to), appliquer (tension, etc.) ; **a. power to (to),** mettre sous tension.

Appointment, rendez-vous ; **a. management,** prise de rendez-vous.

Apportion (to), partager, ventiler, répartir (frais).

Apportionment, répartition, ventilation (de frais).

Appreciation, **a. course,** cours de sensibilisation

Approach.
Voir SYSTEMS APPROACH.

Approval, approbation ; homologation (appareil, etc.), agrément.

Approved, agréé, homologué (appareil, etc.)

Aptitude, **a. test,** test d'aptitude.

Arbiter, (programme) arbitre.

Arbitration, arbitrage.

ARC (Attached Resource Computing) net, ARCnet, réseau de Datapoint.

Arcade, **a. games,** jeux (électroniques) pour salles de jeux, jarg. jeux d'arcade.

Architecture, architecture (d'un ordinateur).

Architectural, **a. firm,** bureau, cabinet, d'architectes.

Archivability, archivabilité.

Archivable, archivable.

Archival, archivage ; **a. file,** fichier d'archives ; **a. medium,** support d'archivage ; **a. records,** archives ; **a. site,** site d'archivage ; **a. storage,** archivage ; **a. store,** mémoire d'archivage.

Archive, **a. file,** fichier d'archives, d'archivage.

Archive (to), archiver.

Archiver, archiveur.

Archiving, archivage.

Area, zone (de mémoire, etc.) ; **a. code,** indicatif régional ; **a. fill,** remplissage d'une zone (en graphique).

Areal, **a. density,** densité en bits/pouce carré.

Argument, argument (pour recherche de fonction).

Arithmetic, **1.** (subs.) arithmétique, calcul ; **2.** (adj.) de calcul, arithmétique ; **a. check,** contrôle arithmétique ; **a. computer,** calculateur arithmétique ; **a. element** = ***a. unit;*** **a. IF,** IF arithmétique ; **a. instruction,** instruction arithmétique, de calcul ; **a. operation,** opération arithmétique ; **a. operator,** opérateur arithmétique ; **a. register,** registre arithmétique ; **a. section** = ***a. unit;*** **a. shift,** décalage arithmétique ; **a. sort,** tri arithmétique ; **a. statement,** instruction de calcul ; **a. unit,** unité de calcul.

Arithmetical = arithmetic 2.

Arm, bras ; antenne (de réseau).

Arm (to), armer, valider.

Armchair, **a. shopping,** téléachat.

Armonk, **the giant of A.** = ***IBM.***

Around-the-clock, 24 heures sur 24.

Arpanet, réseau de commutation de paquets développé par l'Advanced Research Project

Agency (ARPA) et reliant des ordinateurs d'universités et de centres de recherche.

ARQ (Automatic Repeat Request), demande de répétition automatique.

Arrange (to), disposer, réorganiser (icônes); **a. in sequence (to),** ordonner, classer.

Arrangement, disposition, agencement, configuration.

Array, **1.** rang, alignement, ensemble, éventail (produits, etc.), rangée (de boutons, etc.), rangée transversale de perforations (sur bande), réseau; **2.** tableau (infos en mémoire), matrice; **a. pitch,** pas longitudinal; **a. processor (AP),** processeur vectoriel.

Array (to), aligner, ranger, disposer.

Arrival, **a. rate,** cadence des arrivées.

Arrow, flèche; **a. diagram,** graphe; **a. key,** touche avec flèche, touche de commande du curseur, touche fléchée, touche de direction.

Artifact, artefact.

Artificial, **a. intelligence (AI),** intelligence artificielle (IA); **a. language,** langage artificiel.

Artwork, **1.** illustration; **2.** dessin-modèle (de C.I.).

ARU (Audio Response Unit), unité à réponse vocale.

As, as is, en l'état, tel quel.

Ascender, lettre longue (par ex. «b» ou «h»), «ascendeur».

Ascending, croissant; **a. order, a. sequence,** ordre croissant; **a. sort,** tri croissant.

ASCII (American Standard Code for Information Interchange), **ASCII code,** code ASCII; **ASCII keyboard,** clavier ASCII.

Asher, calcinateur.

ASIC (Application-specific integrated circuit), circuit intégré spécifique.

Asleep, en sommeil (tâche).

A-size, format A de l'ANSI : approx. format ISO A4.

Askew, de biais, de travers.

Aspect, **a. card,** carte de recherche (recherche documentaire); **a. ratio,** rapport hauteur/-largeur.

ASF (Automatic Sheet Feeder), introducteur feuille à feuille automatique.

ASR (Automatic Send-Receive), (téléimprimeur) émetteur-récepteur.

Assemble (to), assembler (programme), grouper.

Assembler, assembleur, programme d'assemblage; **a. language,** langage d'assemblage; **a. program,** programme d'assemblage, assembleur.

Assembly, **1.** ensemble (de pièces); **2.** assemblage (d'un programme); **a. language,** langage d'assemblage, langage assembleur; **a. line,** chaîne de montage; **a. list(ing),** liste d'assemblage; **a. process,** assemblage; **a. program,** assembleur, programme d'assemblage; **a. routine** = ***a. program;*** **a. run,** phase d'assemblage; **a. time,** moment de l'assemblage.

Assert (to), exciter.

Asset, **a. management**, **1.** gestion des actifs; **2.** par ext. gestion d'un parc de matériel.

Assertion, excitation; **a. box,** pavé d'organigramme.

Assign (to), affecter.

Assignable, affectable.

Assignment, affectation; **a. statement,** instruction d'affectation.

Assist, aide; **a. hardware,** équipement d'accélération (coprocesseurs, etc.).

Assistant, **a. machine-operator,** aide-opérateur.

Assisted, **a. panel,** panneau, écran, d'aide, explicatif.

-assisted, **computer-a.,** assisté par ordinateur.

Associative, **a. memory,** mémoire associative; **a. storage, a. store** = ***a. memory.***

Assume (to), supposer; prendre implicitement, adopter (une valeur, une option, un état).

Assumed, **a. decimal point,** virgule décimale implicite; **a. option,** option implicite, systématique, par défaut.

Asterisk, astérisque, étoile; **a. protection,** protection par astérisques.

Asymmetric, asymétrique (multiprocesseur, etc.)

Asynch = asynchronous.

Asynchronous, asynchrone ; **a. computer,** calculateur asynchrone ; **a. transmission,** transmission asynchrone ; **a. working,** fonctionnement asynchrone.

Asynchronously, de façon, en mode, asynchrone.

At, **pulse generated at pin 4,** impulsion générée au niveau de, émise par, la broche 4 ; **at sign,** « a » commercial, « escargot », signe @, arrobas ; **at sign command,** commande arrobas, commande @ ; **at the prompt,** à l'apparition du symbole, de l'invite ; **enter the following at the DOS prompt,** entrez ce qui suit à l'apparition de l'invite du DOS (>).

ATE (Automatic Test Equipment), équipement de test, d'essai, automatique.

ATL (Automated Tape Library), bandothèque automatisée.

ATM (Automated or Automatic Teller Machine), guichet automatique.

Atomic, atomique (se dit d'une opération indivisible).

AT & T (American Telephone & Telegraph C^o).

Attach (to), (se) connecter, (s') interconnecter, (se) rattacher.

Attachability, possibilité de connexion, connectabilité.

Attachable, connectable.

Attached, **a. processor (AP),** processeur auxiliaire.

Attachment, **1.** connexion, interconnexion ; **2.** dispositif ; accessoire.

Attack, attaque (d'une base de données), pénétration.

Attack (to), attaquer (marché).

Attempted access, tentative d'accès.

Attendance, présence, fréquentation ; **a. bonus,** prime d'assiduité ; **a. card,** carte de présence, de pointage ; **a. (time) recorder,** pendule de pointage, enregistreur (de temps) de présence ; **a. reporting,** enregistrement de présence ; **a. time,** temps de présence.

Attendant message, message de demande d'intervention (de l'opérateur).

Attended, **a. operation,** fonctionnement, exploitation, sous surveillance directe.

Attention, **a.-getting,** qui attire l'attention de l'opérateur, de signalisation (clignotement, etc.).

Attenuation, affaiblissement.

Attribute, attribut (de terminal, etc.), caractéristique, colonne (de base de données relationnelles).

Attrition, **a. rate,** taux de perte de la clientèle.

Audible, audible ; **a. alarm,** alarme sonore ; **a. feedback,** signal sonore (émis par le clavier lors de l'abaissement d'une touche).

Audio, **a. card,** carte vocale ; **a. cassette,** cassette sonore ; **a. mail,** courrier électronique ; **a. output, a. response,** réponse vocale ; **a. response unit (ARU),** unité de réponse vocale, répondeur vocal ; **a. signal,** signal sonore ; **a. tape,** bande magnétique pour enregistrement sonore ; **a. track,** piste sonore.

Audioconferencing, audioconférence.

Audiotex(t), télématique vocale.

Audit, **a. list, a. log,** liste de contrôle ; **a. printer,** imprimante de contrôle ; **a. roll,** bande de contrôle ; **a. total,** total de contrôle ; **a. trail,** vérification à rebours, analyse rétrospective.

Audit (to), vérifier (des comptes, etc.), analyser (fichier, comptes, etc.).

Auditability, contrôlabilité, auditabilité.

Auditable, contrôlable (compte).

Auditee, personne ou entreprise contrôlée (faisant l'objet d'un audit).

Auditing, contrôle de gestion interne, audit (informatique) ; **a. trail** = ***audit trail.***

Auditor, contrôleur de comptes, auditeur (informatique).

Augend, premier opérande d'une addition.

Augment (to), compléter, enrichir ; faire progresser, agrandir (image).

Augmenter, incrément ou décrément.

Authenticate (to), authentifier.

Authentication, authentification (de l'utilisateur, des données, etc.).

Author language, langage auteur.

Authoring, **a. language,** langage auteur ; **a. software,** logiciel auteur.

Authorization, autorisation (donnée à un programme d'utiliser des fonctions privilégiées).

Authorized, **a. dealer,** revendeur agréé; **a. library,** bibliothèque de programmes autorisés; **a. program,** programme autorisé.

Auto-abstract, analyse automatique (de documents).

Auto-abstract (to), faire une analyse automatique de documents.

Auto-answer(ing), réponse automatique.

Autobaud(ing), détection automatique de débit.

Auto-bid, (programme) à lancement automatique.

Autoboot, amorçage, initialisation, automatique.

Autocall, appel automatique.

Autocaller, appeleur automatique.

Autocentring, centrage automatique.

Autochart, autogramme.

Autocode, autocode.

Autocoder, autocodeur.

Autoconnection, autoconnexion.

Autocorrection, correction automatique, autocorrection.

Autocorrelation, autocorrélation.

Autodecrement (to), (se) décrémenter automatiquement.

Auto-decrementing, (à) auto- décrémentation.

Auto-degaussing, démagnétisation automatique.

Autodial (to), appeler automatiquement.

Autodia(l)ler, appeleur automatique.

Autodial(ling), appel automatique.

Autodisconnect, déconnexion automatique.

Autodump, vidage automatique.

Autodup, duplication, reproduction automatique.

Autoeject (to), éjecter automatiquement.

Auto erase backspace, espacement arrière avec effacement automatique du caractère.

Autoincrement (to), (s') incrémenter automatiquement.

Autoincrementing, (à) auto-incrémentation.

Autoindex (to), établir un index automatiquement (sur machine).

Autoindexing, indexation automatique.

Autokerning, réduction automatique de l'espace entre certains caractères (photocomposition).

Autoload, chargement automatique.

Autoloader, autochargeur, chargeur automatique.

Autoloading, (à) chargement automatique.

Automata, **a. theory,** théorie des automates.

Automatable, automatisable.

Automate (to), automatiser; «bureautiser»; «domotiser» (maison).

Automated, **a. drafting,** dessin automatisé; **a. management,** gestion automatisée; **a. data medium =** ***machine-readable medium;*** **a. office (AO),** (le) bureau automatisé; **a. tape library (ATL),** bandothèque automatisée; **a. teller machine (ATM),** guichet automatique.

Automatic, automatique; **a. abstracting,** analyse automatique (de documents); **a. answering,** réponse automatique; **a. answering machine,** répondeur automatique; **a. backup,** sauvegarde automatique; **a. call distributor (ACD),** distributeur d'appels automatique; **a. call origination,** appel automatique; **a. call recording (ACR),** comptabilisation d'appels automatique; **a. calling unit (ACU),** unité d'appel automatique; **a. carriage,** mécanisme automatique d'entraînement de papier; **a. cash dispenser,** distributeur automatique de billets (DAB); **a. check(ing),** contrôle automatique; **a. coding,** codage automatique; **a. computer,** calculateur automatique; **a. control,** commande automatique; **a. controller,** contrôleur automatique; **a. data processing (ADP),** traitement automatique de l'information; **a. data processing equipment (ADPE) =** ***electronic data processing equipment;*** **a. data processing system (ADPS),** système de traitement automatique de l'information; **a. density switching,** changement automatique de densité; **a. dialer,** appeleur automatique; **a. dictionary,** dictionnaire automatique; **a. drafting machine,** machine à dessiner automatique; **a. ejection,** éjection automatique (du papier); **a. electronic data switching center,** centre de commutation automatique; **a. error correction,** correction automatique des erreurs; **a. exchange,** central automatique; **a. feed**

punch, perforateur à alimentation automatique; **a. header/footer,** répétition automatique des en-têtes et bas de page; **a. hyphenation,** césure automatique; **a. indexing,** indexation automatique; **a. line selection,** sélection automatique de ligne; **a. loader,** chargeur automatique; **a. message accounting (AMA),** comptabilité automatique des appels; **a. message routing,** acheminement automatique de messages; **a. message switching center,** centre de commutation automatique de messages; **a. pagination,** pagination automatique; **a. programming,** programmation automatique; **a. punch,** perforateur automatique; **a. punch operator,** perforatrice (personne); **a. repeat request (ARQ),** demande de répétition automatique; **a retry,** tentative de relance automatique; **a. routine,** programme automatique; **a. send-receive set,** téléimprimeur émetteur-récepteur; **a. sequence-controlled calculator,** calculateur automatique (à séquence contrôlée); **a. sequential operation,** opération récurrente; **a. sheet feeder (ASF),** introducteur feuille à feuille automatique; **a. shutdown,** arrêt automatique ordonné; **a. speech processing,** traitement automatique de la parole; **a. stop,** arrêt automatique; **a. store,** mémoire inhérente; **a. switching center,** centre de commutation automatique; **a. teller machine (ATM), a. teller system (ATS),** guichet automatique; **a. testing,** contrôle automatique; **a. totalling,** totalisation automatique; **a. transaction recorder,** appareil d'enregistrement automatique; **a. typesetting,** composition automatique (de textes); **a. typewriter,** machine à écrire automatique; **a. volume recognition (AVR),** reconnaissance automatique de volume; **a. word wrap-around,** bouclage automatique; **a. word wrapping,** frappe ou saisie au kilomètre.

Automatics, l'automatique.

Automation, automation, automatisation; **a. expert,** automaticien, spécialiste de l'automatisation.

Automatization, automatisation.

Automatize (to), automatiser.

Automaton plur. automata, automate.

Automonitor, programme d'enregistrement des opérations.

Automonitor (to), enregistrer le déroulement des opérations.

AUTONET (AUTOmation NETwork), Architecture de réseau de General Automation.

Autonomous, **a. working,** fonctionnement autonome.

Autopark (to), se parquer automatiquement.

Autopark(ing), parcage automatique (des têtes).

Autoplot, tracé automatique.

Autoplotter, traceur automatique.

Autopoll(ing), interrogation automatique, appel sélectif automatique.

Autoreport, auto-édition.

Autorestart, redémarrage automatique.

Autosave, sauvegarde automatique.

Autosave (to), sauvegarder automatiquement, faire une sauvegarde automatique.

Autosaving, sauvegarde automatique.

Autoscaling, mise à l'échelle automatique.

Autoscore, barrement automatique.

Autosetup, configuration automatique, autoconfiguration.

Autosizing, dimensionnement automatique.

Autoskip, saut automatique.

Autostart, (à) démarrage, (à) lancement automatique.

Autotab, tabulation automatique.

Autoteller, guichet automatique.

Autothread(ing), enfilage automatique de la bande.

Autounderscore, soulignement automatique.

Autoverify (to), vérifier la perforation (des cartes).

Aux = Auxiliary.

Auxiliary, auxiliaire, annexe; **a. equipment,** matériel annexe; **a. equipment operator,** opérateur sur matériel classique; **a. forms handling equipment,** matériel annexe, matériel de façonnage; **a. hopper,** rampe de chargement; **a. memory,** mémoire auxiliaire; **a. operation,** opération auxiliaire, opération de servitude; **a. routine,** sous-programme de servitude, de service ; **a. stacker,** case de réception auxiliaire ; **a. storage, a. storage device, a. store,** mémoire auxiliaire.

A/V (Audiovisual), audio-visuel.

Availability, disponibilité ; **a. ratio,** taux de disponibilité.

Available, disponible ; **a. in**, décliné (en *x* versions) ; **a. (machine) time,** temps disponible.

Avatar, avatar, représentation graphique d'une personne (réalité virtuelle).

Average, moyen ; **a. access time,** temps moyen d'accès ; **a. calculating operation,** opération moyenne de calcul.

Averaging, moyennage.

AVR (Automatic Volume Recognition), reconnaissance automatique de volume.

Awaiting, **a. repair time,** délai de réponse du service de maintenance.

Award-winning, qui a été récompensé, primé, couronné, a reçu une distinction.

Awaken (to), réveiller (tâche, etc.).

-aware, compatible avec, supportant.

Awareness, notoriété (d'un produit), prise de conscience (d'un problème).

Axial-leaded, à sorties axiales (boîtier).

B

B-box, registre d'index.

B-register, registre d'index.

B-router, pont routeur.

B2B (Business to Business), interentreprise.

B2C (Business to Consumer), commerce électronique tourné vers les consommateurs.

B-tree, arbre binaire.

Babble, murmure confus.

BABT-approved, agréé par le BABT.

Baby Bell = American Bell Inc. (filiale de AT&T).

Babysit (to), être présent, monter la garde devant, auprès de, surveiller : **we don't have to babysit the plotter,** le traceur n'exige pas la présence d'un opérateur, fonctionne sans surveillance.

Back, **b. arrow,** flèche horizontale inverse (←) ; **b.-clipping plane,** plan arrière de découpage ; **b. end computer or processor,** ordinateur principal, processeur dorsal ; **b. link,** lien amont (vers tâche antérieure).

Backbone, épine dorsale, réseau dorsal, réseau fédérateur, dorsale (subs.) ; **b. circuit,** circuit principal ; **b. network,** réseau de base.

Backdate (to), remettre en état par journalisation arrière (SE).

Backdoor, porte de derrière, fig. la petite porte ; accès (malveillant ou non) par une voie imprévue.

Backfilling, complément de (capacité) mémoire (fait de compléter à 640 K la mémoire MS-DOS avec de la mémoire étendue EMS).

Background, arrière-plan ; **b. area,** zone de fond ; **b. color**, couleur de fond, fond ; **b. job,** travail d'arrière-plan ; **b. image,** fond d'image ; **b. operation or processing,** traitement en tâche de fond, traitement non prioritaire ; **b. program,** programme non prioritaire, programme de fond ; **b. task,** tâche de fond.

Backgrounding = background processing.

Backing, **b. drum,** tambour auxiliaire ; **b. file,** fichier de sauvegarde ; **b. storage, b. store (G.B.),** mémoire auxiliaire ; **b. tape,** bande de sauvegarde.

Backing up store = backing store.

Backlight (to), éclairer par l'arrière.

Backlighted, lumineux (bouton), rétroéclairé.

Backlit, rétroéclairé.

Backlog, arriéré (de travail), volume de commandes non encore satisfaites ; par ext. carnet, portefeuille de commandes.

Backloop, **b. connector,** connecteur de rebouclage.

Backoff, attente (d'une station) avant nouvel envoi d'un paquet, temporisation.

Back off (to), temporiser (avant le nouvel envoi d'un paquet).

Back-office, **b.o. applications,** applications d'arrière-guichet ; **b.o. terminal,** terminal d'arrière-guichet.

Backorder, dus (gestion de stock), manquants.

Backorder (to), remettre en commande.

Backout (to), supprimer (notamment modifications apportées à un programme pour revenir à l'état antérieur).

Backpanel, fond de panier.

Backplane = backpanel.

Backpropagation, rétropropagation.

Backroom = backoffice.

Backshell, carcasse arrière.

Backslash, symbole (\, barre oblique inverse, barre de fraction inverse, jarg. antislash; **b. key,** touche \.

Backspace, espacement arrière; **b. character,** caractère d'espacement arrière, de retour arrière; **b. key,** touche de rappel arrière.

Backspace (to), reculer (d'un espace, d'une position, etc.)

Backspacing, retour arrière..

Backstrike, **b. printer,** imprimante à impact.

Backtab (to), faire une tabulation arrière.

Backtrack (to), faire un retour arrière.

Backtracking, retour (en) arrière (SE, etc.).

Backup, **1.** assistance (technique), secours, sauvegarde; **2.** (adj.); de sécurité, de réserve, en double; de secours (matériel); de sauvegarde (logiciel); **b. computer,** ordinateur en réserve, ordinateur de reprise; **b. copy,** copie de sauvegarde; **b. diskette,** disquette de sauvegarde; **b. facilities,** installations, moyens de secours; **b. facility,** local de sauvegarde; **b. file,** fichier de sauvegarde; **b. library,** bibliothèque de sauvegarde; **b. programmer,** programmeur-assistant (méthode du Chief Programmer Team); **b. site,** site de secours; **b. tape,** bande en réserve (servant de double); **b. utility programs,** programmes utilitaires de sauvegarde.

Back up (to), faire régresser (compteur), sauvegarder (informations), faire un double, une copie de secours.

Backus Naur Form = Backus Normal Form.

Backus Normal Form (BNF), forme normale de Backus.

Backward, **b. branching,** branchement amont; **b. chaining,** chaînage arrière (SE); **b. channel,** voie de retour; **b. compatibility**, compatibilité amont, compatibilité avec la ou les versions antérieures; **b. compatible,** à compatibilité amont; **b. printing,** impression de droite à gauche; **b. recovery,** retour à l'état antérieur (suppression des mises à jour), restauration par régression; **b. sort,** tri décroissant; **to store b.,** implanter (un programme) en mémoire à partir des positions supérieures.

Bad, **b. block locator,** utilitaire de localisation de blocs défectueux; **b. branch,** branchement erroné; **b. sector,** secteur défectueux; **b. track,** piste défectueuse.

Badge, badge, jeton, carte d'identification; **b. engineer (to),** apposer son étiquette (sur un matériel dont on n'est pas le constructeur); **b. engineering,** pose d'étiquettes; **b. reader, b. reading terminal,** lecteur de jetons, de badges, «badgeuse».

Badging = badge engineering.

Baffle, chicane, déflecteur.

Bagbiter, matériel ou logiciel à problèmes.

Bagbiting, sans valeur.

Bail.

Voir PAPER-OUT BAIL.

Balancing, équilibrage.

Balloon, bulle, phylactère; **b. contract,** plan de financement à mensualités faibles dont le dernier versement est élevé.

BAM, **1. (Basic Access Method),** méthode d'accès de base. **2. (Block Allocating Map),** carte d'affectation de blocs.

Banana, jarg. parenthèse.

Bananas (to go), jarg. se planter, se mettre à genoux (machine, programme, etc.).

Band, bande (de fréquences), bande multipiste (sur tambour, etc.); **b. printer,** imprimante à bande.

Bandoliering, présentation en parallèle pour l'expédition et la manipulation (composants électroniques).

Bandwidth, largeur de bande.

Bang, jarg. point d'exclamation.

Bank, **1.** banque; **2.** rangée (d'interrupteurs, de touches de clavier), batterie (de dérouleurs), bloc de mémoire (par ex. 16 K sur 32 K); **b. select,** sélection de bloc (de mémoire); **b. switching =** ***bank select;*** **b. teller,** caissier guichetier; **b. teller window,** guichet de caissier; **b. teller's machine,** machine de guichet.

Bank-at-home (applications, services), opérations ou services bancaires à domicile (par terminal relié à une banque), la banque à domicile.

Banking, la banque, le secteur bancaire; **b. environment,** secteur bancaire, domaine bancaire; **b. network,** réseau (d'informatique) bancaire; **b. package**, progiciel bancaire ; **b. software,** logiciel bancaire ; **b. terminal,** terminal bancaire.

Bankproof, **b. machine,** sélectionneuse de chèques.

Bankswitch (to), changer de bloc (de mémoire).

Bankwire, nom d'un réseau de communication de messages interbancaire.

Banner, drapeau, fanion ; panneau (qui s'affiche sur l'écran), bannière, bandeau publicitaire (Internet) ; **b. page,** page d'accueil.

Bannered, avec drapeau.

Bar, **1.** barre ; **2.** trait, ligne, bâtonnet (de CMC 7) ; **in b. form,** sous forme de bâtonnets (information) ; **b. chart,** diagramme de Gantt, diagramme à barres ; graphique à barres ; **b. code,** code (à) barres ; **b. code (to),** mettre un code à barres ; **b. code pen,** crayon-lecteur de code à barres ; **b. code reader (BCR),** crayon-lecteur, lecteur de code à barres ; **b. code reader/sorter,** trieuse/liseuse de code à barres ; **b. code scanner,** lecteur de code à barres ; **b. code sensor head,** jarg. douchette ; **b.-coded document,** document portant un code à barres ; **b. font,** police de caractères à barres ; **b. graph** = ***bar chart;*** **b. printer,** imprimante à barres.

Barcoding, utilisation de codes barres.

Bare, **b. board,** carte non équipée, carte nue ; **b.-bones version,** version dépouillée ; **b. drive,** unité de disquette sans circuit de commande électronique.

Barge in (to), intervenir (en tiers dans une conversation).

Barrel, **b. distortion,** distorsion en tonneau ; **b. printer,** imprimante à tambour ; **b. shifter,** bloc fonctionnel de décalage circulaire.

Barrier strip, barrette de connexion.

Base, base (de numération), nombre d'installations (en clientèle), parc ; **b. address,** adresse de base ; **b. address register,** registre de base ; **b. band,** bande de base ; **b. board,** carte de base ; **b. film,** support ; **b. frequency,** fréquence de base ; **b. location** = ***base address;*** **b. notation,** indication de la base ; **b. number,** base de numération ; **b. point** = ***radix point;*** **b. register,** registre de base ; **b. relative,** relatif à la base.

Baseband, bande de base ; **b. LAN,** réseau local en bande de base ; **b. modem,** modem courte distance ; **b. transmission,** transmission en bande de base.

Based, **b. variable,** variable pointée.

-based, **1.** implanté, installé à : **California-b. firm,** société de Californie ; **2.** qui utilise, qui s'articule autour de, etc. : **disc-b. system,** système à disques ; **microprocessor-b.,** articulé sur, autour d'un, microprocesseur, piloté par microprocesseur ; **icon-b.,** à base de graphismes, « d'icônes » ; **386 or 80386-b. machine,** machine « 386 » ; **PC-b.,** sur PC (application, par opposition aux applications sur grands systèmes) ; **Windows-b.**, sous Windows.

Baseline, ligne de référence, de base, sur laquelle s'alignent les caractères ; **b. configuration,** configuration de base.

Basher, qualifie un (nouveau) système censé détrôner celui d'un concurrent en lui portant un coup fatal. Ex. ...-basher.

BASIC (Beginners All-purpose Symbolic Instruction Code), langage BASIC ; **B. interpreter,** interpréteur BASIC.

Basic, de base ; **b. access method (BAM),** méthode d'accès de base ; **b. assembler,** assembleur de base ; **b. coding** = ***absolute coding;*** **b. data,** données de base ; **b. form,** version de base ; **b. instruction set,** jeu d'instructions de base ; **b. language,** langage de base ; **b. machine,** configuration minimum, machine de base ; **b. operating system (BOS),** système d'exploitation de base ; **b. pay,** salaire de base ; **b. sequential access method (BSAM),** méthode d'accès séquentiel de base ; **Basic Telecommunication Access Method (BTAM),** méthode d'accès de base en télétraitement.

Basis, **on a 24-hour basis,** 24 heures sur 24.

Basket.
Voir TYPE BASKET.

Batch, lot (de cartes), train (de travaux), non interactif ; **b. computer,** ordinateur de traitement par lots ; **b. control card,** carte de contrôle de lot ; **b. data terminal,** terminal lourd ; **b. file,** fichier séquentiel ; **b. groover,** encocheuse (pour cartes à encoches marginales) ; **b. header,** en-tête de lot (de documents) ; **b. job,** travail (exécuté) en traitement par lots ; **b.-oriented,** faisant du traitement par lots ; **b. peripheral,** périphérique lourd ; **b. processing,** traitement par lots, traitement par trains, traitement séquentiel, traitement différé, traitement groupé ; **b. record,** enregistrement de fichier séquentiel ; **b. replenishment,** réapprovisionnement par lots fixes ; **b. separator,** séparateur de lots ; **b. sort** = ***block sort;*** **b. terminal,** terminal lourd ; **b. total,** total de contrôle.

Batch (to), grouper ; **b. process (to),** traiter par lots.

Batching, groupage.

Batten, **b. card** = ***peek-a-boo card;*** **b. system** = ***peek-a-boo system.***

Battery, **1.** batterie ; **2.** pile ; **b. backed,** protégé par batterie, secouru par batterie ; **b.-backed memory,** mémoire secourue ; **b. backup,** batterie de secours ; **b.-operated,** qui fonctionne sur batterie ; **b. powered,** alimenté par batterie ; **b. protected** = ***battery backed.***

Baud, baud ; **b. rate,** débit (en bauds).

Baudot, **B. code,** code Baudot.

Bay, baie, armoire.

BBD (Bucket Brigade Device), éléments à chapelets.

BC (Before Computer), jarg. antérieur à (l'ère de) l'ordinateur.

BCC (Block Check Character), caractère de contrôle de bloc.

BCD (Binary Coded Decimal), décimal codé binaire (DCB).

B/C Net, réseau de Microwave Associates.

BCNU (be seeing you), jarg. marque de fin de dialogue.

Beacon, balise.

Beacon (to), émettre, envoyer (un signal).

Beaconing, balisage ; signalisation d'un incident bloquant (Token ring).

Bead, petit programme spécifique.

Beam, rayon, faisceau ; **b. lead,** conducteur-poutre ; **b. splitter,** diviseur de faisceau ; **b. store,** mémoire à faisceau.

Beam (to), diffuser (depuis un satellite), « arroser » (une zone, un pays).

Bean = jelly bean.

Bearer network, réseau support ; **b. services,** services de support.

Bearing, **b. load,** charge ponctuelle.

Beat, battement, rythme.

Beat (to), être supérieur au, plus fort que le, système ; **beat at (to),** avoir une cadence de (...MHz).

Become part of (to), s'intégrer ; **b. international (to),** s'internationaliser ; **b. an everyday item (to),** se banaliser ; **b. widespread (to),** se généraliser.

Bed, **b. in (to),** atteindre un niveau de fiabilité satisfaisant ; **b. of nails,** « planche à clous ».

Beef up (to), gonfler, étoffer, muscler, renforcer.

Beefed-up, **b. up version,** version améliorée, extension (d'une unité).

Beep, signal sonore, bip sonore, bip, top sonore.

Beep (to), émettre un signal sonore, un « bip », « biper ».

Beeper, récepteur (de signal sonore), messageur.

Before, **b./after journal logs,** journaux « avant » et « après » ; **b. look journal,** journal « avant ».

Beginning, **b. file label,** label de début de fichier ; **b. of information marker (BIM),** marque de début d'information ; **b. of tape mark(er),** marque de début de bande ; **b. of tape sensor,** détecteur de début de bande ; **b. tape label,** label de début de bande.

Bell, **b. character,** caractère d'appel ; **b. code,** code d'appel ; **B.-compatible,** compatible avec (les modems) Bell.

Bells and whistles, **with all the b. and w.,** (fam.) avec tous les accessoires, toutes les options.

Belt, courroie ; **b. and braces,** à sécurité (système) ; **b. printer,** imprimante à courroie.

Benchmark, référence, banc d'essai ; **b. problem, b. program, b. test,** problème, programme, test d'évaluation des performances.

Benchmark (to), évaluer les performances, mettre au banc d'essai.

Benchmarking, évaluation des performances, mise au banc d'essai ; **b. program,** programme de test.

***Berkeley,* B. enhancements or features,** extensions (de) Berkeley (Unix).

Bernoulli box, cartouche Bernoulli.

Bespoke, personnalisé (logiciel).

***Best,* b. of breed**, le meilleur de sa catégorie (choix des produits les meilleurs dans leur catégorie par opposition à un système intégré) ; **b. practice**, la meilleure solution, les règles de l'art.

***Beta,* b. site,** lieu d'essai pilote ; **b. test(ing),** essai pilote ; **b. test (to),** faire un essai pilote.

***Between,* b. set perforations,** moletages délimitant les feuillets (papier en continu), pliure.

Betweening, intervallage, insertion d'images intermédiaires.

Bézier curve, courbe de Bézier.

Bezel, encadrement (de terminal, etc.), collerette.

***Bias,* 1.** biais ; 2. polarisation.

Bias (to), polariser.

***Bibliographic,* b. data bank,** banque de données bibliographiques, référothèque ; **b. database,** base de données bibliographiques ; **b. retrieval service,** service de recherches bibliographiques.

Biconditional, biconditionnel.

Bid (to), demander (la ligne).

Bidirectional, bidirectionnel (ligne) ; aller-retour, « en lacet » (impression) ; **b. scanning,** balayage, lecture, bidirectionnel(le).

Big Bang implementation.
Voir LIGHTNING CUTOVER.

Big Blue = IBM.

Big Eight Accounting Firms, (désignait les huit plus grands cabinets d'expertise comptable américains désormais moins nombreux à la suite de fusions).

Big endian, format de stockage dans lequel l'octet de poids le plus fort est stocké à l'adresse mémoire la plus basse.

Big iron, gros ordinateur, grosse machine, gros matériel.

Big ticket item, produit (matériel, etc.) d'un prix unitaire élevé.

Bigit = binary digit, bit.

Bigot, jarg. partisan inconditionnel (d'un langage de programmation par ex.).

Bigware, logiciel « poids lourd ».

Bildschirmtext (Btx), version allemande du vidéotex interactif.

Bill, facture ; **b. feed,** dispositif d'introduction automatique (de documents) ; **b. of materials, (B/M or BOM),** nomenclature ; **b.-to address,** adresse de facturation.

Bill (to), facturer.

Billable, facturable.

Biller, dactylo-facturière.

Billing, facturation, quittancement ; **b. clerk,** dactylo-facturière ; **b. computer,** ordinateur comptable ; **b. department,** service (de la) facturation ; **b. file,** fichier de facturation ; **b. girl,** facturière ; **b. machine,** machine à facturer, facturière ; **b. pitch,** densité de huit caractères au pouce ; **b. rate,** taux de facturation ; **b. scheme,** système de facturation ; **b. tape,** bande de facturation.

Bin, coffre, casier, case ; bac (de dispositif feuille à feuille) : **twin-bin machine,** machine à deux bacs ; **b. card,** carte stock.

Bin = binary.

Bin (to), jeter (à la poubelle).

Binarising, binarisation.

Binarize (to), binariser.

Binary,* 1.** (adj.) binaire, **2.** (subs.) programme en binaire ; **b. adder,** additionneur binaire ; **b. arithmetic,** arithmétique binaire ; **b. arithmetical operation,** opération anthmétique binaire ; **b.-capable,** pouvant utiliser des données binaires ; **b. card,** carte (perforée en) binaire ; **b. cell,** position binaire ; **b. check digit,** bit de contrôle ; **b. chop =** ***dichotomizing search; **b. code,** code binaire ; **b. coded character,** caractère codé binaire ; **b. coded decimal (BCD),** décimal codé binaire (DCB) ; **b.-coded decimal digit, notation, number, representation,** chiffre, numération, nombre, représentation décimal(e) codé(e) binaire ; **b. coding,** codage en binaire ; **b. configuration,** configuration binaire, combinaison binaire, combinaison de bits ; **b. counter,** compteur binaire ; **b. deck,** paquet de cartes binaires ; **b. digit,** chiffre binaire ; **b. dump,** vidage en binaire ; **b. format,** forme binaire ; **b. licensing,** cession de programme binaire en code source ; **b. loa-**

der, chargeur binaire ; **b. notation,** numération binaire ; **b. number,** nombre binaire ; **b. number system,** système de numération binaire ; **b. numeral,** chiffre binaire ; **b. operation,** opération binaire ; **b. operator,** opérateur binaire ; **b. pattern,** configuration binaire ; **b. point,** virgule binaire ; **b. position,** position binaire ; **b. punch,** perforation en binaire ; **b. punched card,** carte perforée en binaire ; **b. scale,** plage binaire ; **b. search,** recherche dichotomique ; **b. shift,** décalage binaire ; **b. sort,** tri binaire ; **b. synchronous communications (BSC),** transmission binaire synchrone ; **b.-to-decimal conversion,** conversion de binaire en décimal ; **b.-to-decimal converser,** convertisseur binaire/décimal ; **b. tree,** arbre binaire ; **b. variable,** variable binaire ; **b. weight,** poids (d'une position) binaire.

Bind, dur (en méc.).

Bind (to), faire une édition de liens.

Binder, **1.** liant ; **2.** reliure ; **3.** = ***linker.***

Bindery, façonnage ; **b. edge,** côté reliure ; **b. punching,** perforation (d'une liasse pour reliure).

Binding, **1.** reliure ; **2.** édition de liens ; **b. edge** = ***bindery edge;*** **b. machine,** machine à relier ; **b. margin,** marge de reliure.

Biochip, biopuce.

Biometrics, biométrie (mesures de données biométriques : empreintes digitales, spectre de la voix, image de la rétine, notamment aux fins de contrôle d'accès).

Bionics, la bionique.

BIOS (Basic Input/Output System), système de gestion de base des entrées/sorties.

Biosensor, biocapteur.

Bipolar, bipolaire.

Biquinary, biquinaire ; **b. code,** code biquinaire ; **b. notation,** numération biquinaire ; **b. number,** nombre biquinaire.

Bistable, bistable ; **b. circuit,** circuit bistable.

Bisynch = bisynchronous.

Bisynchronous, bisynchrone.

Bit, **1.** = ***binary digit*** bit, binaire (subs.), élément binaire (EB) ; **2.** confetti ; **b. banging,** manipulation de configurations binaires ; **b. bender,** fana de l'ordinateur ; **b. block transfer (Bitblt),** transfert de blocs ; **b. box,** boîte à confetti ; **b. bucket,** boîte à confetti ; **b. combination ; b. configuration,** configuration binaire ; **b. counter,** compteur de bits ; **b. density,** densité d'enregistrement (en bits) ; **b. diddling,** manipulation de valeurs binaires sans grande efficacité ; **b.-efficient,** économe en mémoire ; **b. error rate (BER),** taux d'erreurs sur les bits ; **b. fiddling, b. flipping, b. handling,** manipulation d'instructions en langage machine pour améliorer les résultats ; **b. location,** position binaire ; **b. machine,** machine travaillant au niveau du bit ; **b. manipulation,** modification de configuration binaire ; **b.-oriented,** travaillant au niveau du bit ; **b.-oriented protocol (BOP),** protocole niveau bit ; **b. packing density,** densité d'enregistrement (en bits) ; **b. parallel form,** en parallèle par bit ; **b. pattern,** configuration binaire ; **b. position,** position binaire ; **b. processing machine,** machine travaillant au niveau du bit ; **b. rate,** débit binaire ; **b. serial form,** en série par bit ; **b. size,** nombre de bits du microprocesseur (8, 16, 32) ; **b. slice (micro)processor,** (micro)processeur en tranches ; **b. slicing,** découpage bit par bit ; **b. stream,** train de bits, train binaire ; **b. string,** chaîne binaire, chaîne de bits ; **b.** test, test binaire ; **b. twiddling** = ***bit fiddling.***

BitBlt (bit boundary block transfer), transfert de blocs.
Voir BLITTER.

Bite = byte.

Bitmap, mode point ; **b. screen,** écran pixelisé ; **b. graphics,** graphique en mode point.

Bitmapped, adressable par bit.

Bitmapping, pixelisation.

Bitpad, numériseur.

Bitter, **8-bitter, 16-bitter, 32-bitter,** ordinateur (à mots de) 8, 16, 32 bits.

Bitwise, au niveau du bit.

Biz = business.

Black, **b. box,** boîte noire ; **b. boxing,** conception sous la forme d'une boîte noire ; **b. list,** liste des cartes perdues, volées ou trafiquées ; **b. box testing,** test fonctionnel ; **b. widow** (mot à mot : veuve noire), virus destructeur ;

to be in the b., être bénéficiaire (société, etc.).

Blackboard, tableau noir (structure de communication) ; **b. storage,** mémoire auxiliaire.

Blackout, coupure de courant (coupure générale d'électricité) ; **b. time,** durée de coupure, période d'occultation de l'écran (pendant reprise système).

Blank, **1.** (subs.) formule (à remplir) ; **2.** (adj.) vierge, sans information, inutilisé, espace, blanc ; secret (écran) ; cache (bouchage orifice) ; **b. card,** carte vierge ; **b. character,** caractère blanc, blanc, espace ; **b. coil,** bande perforée ne comportant que des perforations d'entraînement ; **b. column,** colonne vierge, non perforée ; **b. filled,** rempli de blancs ; **b. form,** formule en blanc ; **b. key,** touche sans légende, touche « muette » ; **b. line,** interligne (ligne vide) ; **b. medium,** support vide ; **b. space,** blanc, réserve (typo.) ; **b. spool,** bobine de bande perforée ne comportant que des perforations d'entraînement ; **b. tape,** bande vide.

Blank (to), effacer (mémoire), occulter (zone) ; **b. fill (to),** remplir de blancs ; **b. out (to),** remplacer par des blancs, effacer, mettre à blanc.

Blanker, économiseur d'écran.

Blanking, occultation (zone) ; **b. plate,** cache.

Blast (to), faire fondre, faire sauter (fusible de mémoire morte programmable).

Blastable, **b. ROM,** mémoire morte à fusibles.

Blaster, programmateur de PROM.

Blasting, programmation (de mémoire EPROM) ; claquage.

Bleeper.
Voir BEEPER.

Blem, jarg. = ***blemish.***

Blemish, problème, difficulté, défaut.

Blind, aveugle, sans écran ; **b. acquisition,** saisie aveugle ; **b. copy,** copie dont le destinataire ne figure pas dans la liste de l'original, copie cachée ; **b. keyboard,** clavier aveugle.

Blind (to), rendre un matériel inopérant (en réception).

Blinding, réception sélective.

Blink, clignotement ; **b. rate,** vitesse de clignotement (curseur).

Blink (to), clignoter.

Blinking, clignotement.

Blip, **1.** marque (sur document), **2.** signal parasite (sur écran).

Blitter (bit-mapped manipulator), processeur de transfert (de blocs).

Blitting, manipulation d'objets graphiques.

Bloat, désigne un virus fictif (rumeur).

Bloat (to), encombrer (un disque dur) de programmes sans intérêt.

Blob (Binary Large Objects), objets numérisés intégrés à une base de données.

Block, **1.** bloc (d'enregistrements, etc.) ; **2.** pavé, case (d'organigramme) ; **3.** pavé (de texte à déplacer) ; **4.** curseur carré (sur écran) ; **b. count,** comptage de blocs ; **b. diagram,** schéma fonctionnel ; **b. diagramming,** établissement d'organigrammes ; **b. fill,** remplissage de bloc ; **b. gap,** espace entre blocs ; **b. length,** longueur de bloc ; **b. mark, b. marker,** drapeau bloc ; **b. mode,** mode bloc ; **b. move,** transfert de bloc ; **b. multiplexer,** multiplexeur par bloc ; **b. parity,** parité au niveau du bloc ; **b. serial number,** numéro (d'immatriculation) de bloc ; **b. serial number checking,** contrôle d'immatriculation ; **b. serial number writing,** immatriculation (de blocs) ; **b. size,** longueur de bloc ; **b. sort,** tri par grands groupes ; **b. time,** temps de disponibilité d'une configuration, temps bloqué ; **b. transfer,** transfert par blocs ; **b. transmission,** transmission par blocs.

Blockbuster, site web à succès, très sollicité.

Block (to), **1.** grouper ; **2.** comprimer (cartes dans bac) ; **b. diagram (to),** établir un organigramme.

Blocked, groupés (articles, etc.).

Blockette, groupe de mots.

Blocking, groupage, blocage (d'articles) ; **b. factor,** facteur de groupage.

Blow into PROM (to), programmer en mémoire PROM (au moyen d'un programmateur).

Blow back, **1.** agrandissement de l'image affichée sur l'écran ; **2.** tirage échelle grandeur d'une microforme.

Blow (out) (to), faire sauter (fusible).

Blowup, **1.** agrandissement (image, etc.); **2. dot b.,** écart excessif entre points.

Blow up (to), se planter (programme).

Blower, soufflerie, ventilateur.

Blowing, programmation (de mémoire ROM).

Blue, **b. giant =** ***IBM;*** **Blue's look-alike =** ***plug-compatible;*** **b. ribbon,** qualifie un programme qui doit fonctionner correctement dès la première fois.

B/M (Bill of Materials), nomenclature.

BNA (Burroughs Network Architecture), architecture de réseau de Burroughs.

BNC connector, connecteur BNC (à baïonnette).

BNF (Backus Normal form or Backus Naur Form), forme BNF.

Board, **1.** tableau, panneau; **2.** carte (graphique, télécoms, etc.), module; **b.-lever computer,** ordinateur sur carte; **b. maker or b. manufacturer,** fabricant de cartes (électroniques); **b. puller,** levier d'extraction de carte; **b. set,** jeu de cartes; **b. size,** dimensions de la carte; **b. swapping, b. swopping,** changement de, remplacement de, carte, échange de cartes; **b. tester,** testeur de cartes.

Boardroom, salle du conseil (d'administration); **b. quality,** qualité «présentation» (qualité graphique, offerte notamment par un micro-ordinateur, et permettant une présentation «en salle»).

Boat, nacelle (portant les tranches de silicium).

Body, **b. furniture,** désigne tout appareil porté sur soi; **b. shopping,** programmation sur contrat.

Bodyware = body furniture.

Bogusware, logiciel bâclé.

Boilerplate, paragraphes passe-partout, texte constant, «bible»; **b. library,** bibliothèque de paragraphes passe-partout; **b. paragraphs,** clausier.

Bold, (en) gras; **b. printing,** impression en gras.

Boldface, en (caractères) gras; **b. character,** caractère gras.

Boldface (to), mettre en (caractères) gras.

Boldfacing, mise en (caractères) gras.

Bolding = boldfacing.

Bomb, **1.** fin anormale, panne (d'un programme); **2.** «piège» posé dans un programme.

Bomb (to), tomber en panne.

Bond, **b. pad =** ***bonding pad.***

Bonding, **b. machine,** machine à connecter (puces à boîtier); **b. pad,** plot (de connexion).

Boobtube, la «télé».

Book, **1.** livre, ouvrage, manuel, **2.** grand bloc de mémoire; **b. message,** message multidestinataire; **b.-to-bill ratio,** rapport prise de commandes/facturation.

Book (to), réserver, enregistrer; **b. in (to),** enregistrer en entrée, prendre en charge; **b. out (to),** enregistrer en sortie, évacuer.

Booking, **b. clerk,** agent de réservation; **b. computer,** ordinateur de réservation; **b. console,** pupitre de réservation.

Bookkeeping, comptabilité; **b. equipment,** matériel comptable; **b. machine,** machine comptable; **b. machine operator,** mécanographe; **b. operation,** opération de servitude, de service.

Bookmark, signet.

Boolean, booléen; **b. add,** opération OU; **b. algebra,** algèbre de Boole, algèbre booléenne; **b. connective,** opérateur booléen; **b. operation,** opération booléenne.

Booming, porteur (marché).

Boot = booting; **b. disk,** disquette d'initialisation; **b. drive,** unité d'initialisation; **b. loop =** ***bootstrap loop;*** **b. record,** enregistrement d'initialisation.

Boot (to) = bootstrap (to).

Bootable, initialisable.

Booth, stand (d'exposition).

Booting = bootstrapping.

Booting up = bootstrapping.

Bootload = bootstrapping.

Bootloader, chargeur-amorce.

Bootloading, = bootstrapping.

Bootrom, mémoire morte d'initialisation.

Bootstrap, amorce, séquence d'instructions initiales, programme d'amorçage; **b. card,** carteamorce ; **b. device,** unité d'amorçage ; **b. generator,** générateur de programme d'amorçage ; **b. loader,** chargeur-amorce ; **b. loop,** boucle de mémoire à bulle contenant les positions défectueuses ; **b. routine,** routine d'initialisation, jarg. « chausse-pied ».

Bootstrap (to), introduire une séquence d'appel, amorcer, initialiser.

Bootstrapping, introduction d'une séquence d'appel, amorçage, initialisation.

Boot up, amorçage, initialisation.

Boot up (to) = to boot.

Border, encadrement (de la totalité ou de certaines parties de la feuille de calcul faite par tableur) ; **b. punched card** = ***margin punched card.***

Borrow, retenue.

Borrow (to), emprunter.

BOS (Basic Operating System), système d'exploitation de base.

Both-way, bidirectionnel ; **b. communication,** mode bidirectionnel simultané.

Bottleneck, goulot ou goulet d'étranglement, bouchon.

Bottom, bas (d'une gamme) ; **b. line, 1.** ligne inférieure (de l'écran) ; **2.** la note, la facture ; **b.-of-the line, b.-of-the-range** (machine, etc.), bas de gamme ; **b. plate,** embase (de chargeur de disques) ; **b. up design,** conception de bas en haut, « ascendante » ; **b. up programming,** programmation de « bas en haut ».

Bounce, rebond ; **b. bar,** barre de sélection.

Bouncing, rebondissement ; **b. ball,** boule baladeuse (rebondissant sur un écran).

Bound, **1.** (subs.) borne ; **2.** (adj.) ; **b. unit,** module édité (par Linker).

-bound = -limited (Cf. computer-bound = computer-limited).

Bound (to), borner.

Boundary, borne, limite, frontière.

Bounding box, parallélépipède englobant (rectangle sur écran).

Bow (to), annoncer (matériel) ; **b. out (to),** se retirer (d'un marché).

Box, zone (à remplir dans un masque, etc.), cadre, rectangle, carré (sur écran), case (à cocher), pavé (d'organigramme), cadre, encadré ; jarg., matériel(s) machine ; boîte de disquettes, etc.) ; **b. character,** carré (sur écran) ; **b.-lever,** version (en) coffret ; **b. mover, b. pusher, b. shifter,** « vendeur de boîtes » (vendeur de matériels n'apportant aucune valeur ajoutée aux produits) ; **b. moving business,** activité d'intermédiaire.

Boxed, en (version) coffret ; **b. printer,** imprimante en coffret.

Boy,
Voir DRIVE BOY, HIGHBOY, LOWBOY.

Bpi (Bits per inch), bit/pouce.

Bps (Bits per second), bit/seconde.

Braces, accolades.

Bracket, fourchette (de valeurs).
Voir ROUND BRACKET, SQUARE B.

Bracket (to), borner, délimiter, encadrer, mettre entre crochets ou entre parenthèses.

Bracketing, mise entre crochets ou entre parenthèses.

Braille, **B. printer,** imprimante en Braille.

Brain, **electronic b.,** cerveau électronique ; **b. dump,** jarg. = ***core dump.***

Braindamaged, qualifie un programme au comportement anormal.

Branch, **1.** agence (d'un constructeur), succursale ; **2.** secteur d'activité ; **3.** branchement ; **b. and bound method,** méthode de séparation et d'évaluation progressives ; **b. address,** adresse de branchement ; **b. instruction,** instruction de branchement ; **b. manager,** chef d'agence ; **b. office,** agence, succursale ; **b. on condition,** branchement conditionnel ; **b. point,** point de branchement ; **to take a branch,** exécuter un branchement.

Branch (to), **b. back to (to),** renvoyer à, se reboucler sur, se rebrancher sur ; **b. off a program (to),** se débrancher ; **b. out of a loop (to),** sortir d'une boucle ; **b. to (to),** se brancher (sur une séquence).

Branching, branchement ; **b. off,** débranchement (d'un programme).

Brand (to), estampiller, labelliser.

Branding, estampillage, labellisation.

Bread, **b. and butter,** courant, banal (programmes, etc.).

Breadboard, **b. construction,** montage expérimental.

Breadboard (to), réaliser un montage expérimental, un montage, sur table, une maquette.

Breadboarding, réalisation d'un montage, d'une maquette, maquettage.

Breadth user, utilisateur généraliste.

Break, interruption ; **b. character or symbol,** caractère de soulignement constituant un trait d'union (DELETE_FILE) ; **BREAK key,** touche BREAK.

Break (to), interrompre (exécution) ; percer (code), couper (mot).

Breakage, casse, rupture.

Breakdown, **1.** défaillance, panne ; **2.** décomposition, détail.

Break down (to), **1.** tomber en panne ; **2.** décomposer, segmenter, découper.

Break-even, **b.-e. analysis,** calcul de rentabilité.

Break-in, **1.** pénétration (d'un système, etc.) par une personne non autorisée ; **2.** rodage ; **b.-i. period,** période de rodage.

Break into pages (to), découper en pages.

Breaking, **b. hyphen,** trait d'union de coupure.

Break out (to), **b. out of a loop (to),** sortir d'une boucle.

Breakout, **b. box**, éclateur de jonction.

Break up into (to), décomposer.

Breakpoint, point d'arrêt, d'interruption, de rupture ; **b. instruction,** instruction de renvoi (en cas d'interruption) ; **b. switch,** bouton de commande d'aiguillage ; **b. symbol,** symbole de renvoi.

Breakthrough, percée technologique, découverte.

Brick, séquence prédéfinie.

Bridge, pont (entre réseaux) ; **b. router**, pont-routeur.

Bridgeboard, carte passerelle.

Bridgeware, programmes de transition (passage d'un ordinateur à l'autre).

Bridging, **b. software,** logiciel de transition.

Briefcase, **b. (-size or sized) computer,** l'ordinateur-valise.

Brightening, surbrillance.

Brightness, luminosité.

Bring (to), **b. down (to)**, mettre hors service ; **b. from memory (to),** extraire, rappeler de la mémoire ; **b. in (to),** introduire en mémoire ; **b. on line (to),** mettre en ligne ; **b. on the air (to),** mettre en service ; **b. to market (to),** mettre sur le marché ; **b. up (to),** mettre en fonction ; **bring within reach (to),** démocratiser.

Brittle, propre à un ordinateur ou une installation particulière, difficilement portable.

BRK (Break).
Voir BREAK.

Broadband, large bande ; **b. local area network, b. net,** réseau local (en) large bande ; **b. modem,** modem large bande.

Broad-based, **b.-b. supplier** = ***broadline supplier.***

Broadcast, diffusion ; **b. message,** message à diffusion générale, multidiffusion ; **b. videotex,** vidéotex diffusé.

Broadcast (to), diffuser.

Broadcasting, diffusion.

Broadline, **b. supplier,** fournisseur offrant tout l'éventail de produits, de matériels.

Broadtape, surnom du Dow Jones News Service.

Brochureware, site offrant un faible contenu.

Broken, **b. tape indicator,** indicateur de rupture de bande.

Broker, courtier ; **computer b.,** courtier en ordinateurs.

Brokering, courtage ; **computer b.,** courtage en informatique.

B-ROM = blastable ROM.

Brouter, pont-rouleur, « brouteur ».

Brownout, baisse de tension ; **b.-proof,** protégé contre les baisses de tension.

Browse (through) (to), parcourir (base de données), feuilleter (pages vidéotex), survoler (images écran), naviguer (sur Internet).

Browser, navigateur, logiciel de navigation.

Browsibility, facilité de consultation.

Browsing, balayage, lecture, survol, navigation (sur Internet).

Brush, balai (de lecture) ; **b. assembly,** brosse de lecture ; **b. set,** brosse de lecture ; **b. station,** poste de lecture (par balais).

BSC (Binary Synchronous Communication), transmission binaire synchrone.

B-size, format B de l'ANSI : approx. format ISO A3 ; **B-size(d) plotter,** traceur format B (ANSI).

BT approved, agréé, homologué, par British Telecom ; **BT Gold (British Telecom Gold),** messagerie de BT.

BTAM (Basic Telecommunications Access Method), méthode d'accès de base en télétraitement.

B-tree, arbre binaire.

BTX (Bildschirmtext), version allemande du vidéotex interactif.

Bubble, bulle ; **b. board or card,** carte de mémoire à bulles ; **b. chart,** graphiques à bulles (graphique représentant sommairement (à l'aide de « bulles » ou cercles annotés) les operations principales entrant dans un système de traitement ; **b. jet printer,** imprimante à bulles d'encre ; **b. chip,** puce en technologie « bulles » ; **b. maker, b. manufacturer,** fabricant de mémoires à bulles ; **b. memory,** mémoire à bulles ; **b. sort,** tri par échange de paires de clés.

Bucket, compartiment (en mémoire) ; **b. brigade devices (BBD),** éléments à chapelets.

Buddy list, liste qui signale ceux de vos amis qui sont connectés à Internet.

Buff, fana(tique) de qqch : **computer b.,** mordu, passionné d'informatique.

Buffer, tampon, mémoire intermédiaire ; **b. area,** zone tampon ; **b.control,** gestion de tampons ; **b. control routine,** sous-programme de gestion de tampons ; **b. pool,** pool de tampons ; **b. sharing,** utilisation d'un tampon en commun ; **b. storage, b. store,** mémoire tampon ; **b. swapping,** alternance de tampons.

Buffer (to), mettre en mémoire tampon, en mémoire intermédiaire, « tamponner ».

Buffered, équipé, doté d'un tampon, « tamponné » ; **b. peripheral,** périphérique « tamponné ».

Buffering, mise en mémoire tampon, « tamponnage ».

Buflet, petit tampon.

Bug, **1.** défaut, imperfection, erreur, bogue ; **2.** boîtier à double rangée de connexions, « mille-pattes » ; **to smoke out the bugs** (jarg. et hum.), supprimer les erreurs ; **b. fix(ing),** correction d'erreurs, débogage ; **b.-free,** exempt d'erreurs (programme, etc.) ; **b.-proof (to),** faire en sorte qu'un système réussisse à passer l'an 2000 (changement de date) ; **b. ridden,** truffé d'erreurs (programme) ; **b. seeding** = ***fault seeding;*** **b. shooting,** recherche de pannes, d'erreurs, mise au point.

Bug (to), introduire (volontairement) des erreurs aux fins de test.

Bugging, introduction (volontaire) d'erreurs.

Buggy, qui contient des erreurs (programme, etc.).

Build (to), constituer (table en mémoire, etc.), créer ; **b. around (to),** (s') articuler, (s') architecturer, (s') ordonner, (se) structurer, autour de ; **b. into (to),** incorporer à ; **b. up (to),** accumuler (stock), constituer (file d'attente, etc.).

Build-out, déploiement d'un réseau.

Build-up of the load, montée en charge.

Builder, générateur (d'applications, etc.).

Building, création, constitution ; **b. block,** bloc fonctionnel, module, « brique » ; **b. block concept, principle or approach,** principe de la construction modulaire.

Built-in, incorporé, intégré (matériel), prédéfinie (variable) ; **b.-in check,** contrôle automatique ; **b. in test (BIT),** test intégré.

Bulk, **b. (of information),** volume, masse d'informations ; **b. data storage facilities,** mémoire de masse ; **b. disks or diskettes,** disquettes en vrac (non conditionnées en boîtes) ; **b. eraser,** démagnétiseur ; **b. memory** = ***bulk storage 1;*** **b. storage, 1**. mémoire de grande capacité, mémoire de masse ; **2.** archivage ; **b. storage device, b. storage unit,** mémoire de masse.

Bulkhead, cloison, platine de raccordement.

Bullet, symbole tel qu'un losange (◊) ou une puce (•) ; **b. chart,** tableau de texte avec puces (•), **b.-proof** (mot à mot « à l'épreuve des balles », cf. *bullet-proof vest,* gilet pare-balles), robuste (appareil), sécurisé (système); **b.-p. application,** application en béton.

Bullet (to), signaler par une puce.

Bulleted, **b. list chart,** énumération dont les éléments sont précédés d'une puce (•).

Bulletin, **b. board (BB),** babillard (électronique) (Canada), service télématique (France); **b. board service (BBS),** service télématique.

Bump, mémoire annexe; **b. mapping**, placage de textures.

Bump (to), éjecter; **b. from core (to),** expulser de la mémoire, évacuer.

BUNCH (THE) = Burroughs, Univac, NCR, Control Data, Honeywell.

Bundle, faisceau (fibres optiques, etc.).

Bundle (to), intégrer (appareil), grouper (prix); **b. into (to),** regrouper.

Bundled, non dissociable (facturation); **b. software**, offre globale; **b. with,** fourni avec.

Bundling, non-dissociation des prix, facturation globale, intégration.

Bureau, entreprise de traitement à façon, façonnier; **b. computer,** ordinateur de façonnier; **on a b. basis,** en faisant appel à un centre de traitement à façon, à un façonnier.

«Bureautics», la bureautique.

Burn (to), graver, claquer (mémoire morte programmable).

Burn in, déverminage au four.

Burn in (to), faire subir un vieillissement accéléré, déverminer.

Burn into (to), écrire, «graver» en mémoire morte programmable (PROM).

Burner.
Voir PROM BURNER.

Burst, **1.** rafale (d'impression); **2.** salve de signaux comptant pour une unité; **3.** tranche de temps très courte affectée à un programme en multiprogrammation; **b. forms,** imprimés détachés; **b. mode,** mode continu.

Burst (to), séparer les feuillets (d'un document en continu).

Burstable, séparable en feuillets (papier en continu).

Bursted, en rafales.

Burster, rupteuse, rupteur, éclateur; **b. printer,** rupteuse imprimante.

Bursting, éclatement (= séparation des feuillets); **b. machine =** ***burster;*** **b. strength,** résistance à l'éclatement (papier, etc.).

Bursty, sporadique, qui comporte de nombreux petits messages (trafic).

Bus, bus; **b.-based machine,** machine à bus; **b. conflict,** conflit d'utilisation du bus; **b. driver,** circuit de commande; **b. mailing,** cartes d'information envoyées aux abonnés d'une publication (pub. de matériels, etc.); **b. mastering**, délégation, à une carte additionnelle, du contrôle de transfert de données entre processeur et périphériques; **b. network,** réseau type bus; **b. snooping**, surveillance du bus; **b. topology,** topologie en bus.

Busbound, limité par le débit du bus.

Business, **1.** (a) les affaires (en général) (b) le volume d'affaires (c) (adj.) commercial, de gestion (parfois par opposition à «scientifique»), professionnel (parfois par opposition à «grand public»); **2.** entreprise, société; **b. application,** application de gestion; **b. BASIC,** BASIC gestion; **b. chart,** graphique de gestion; **b. compiler,** compilateur de programmes de gestion; **b. computer,** (a) ordinateur de gestion, (b) ordinateur professionnel; **b. computing,** informatique de gestion; **b.-critical**, essentiel à la marche de l'entreprise; **b. data,** données commerciales ou de gestion; **b. data processing,** informatique de gestion, traitement de l'information en gestion; **b. form,** imprimé mécanographique; **b. forms industry,** les fabricants d'imprimés; **b. game,** jeu d'entreprise, gestion simulée, simulation de gestion; **b. graphics,** graphique de gestion, «d'affaires», «d'entreprise»; **b. intelligence (BI),** informatique décisionnelle; **b. language,** langage de gestion; **b. machine,** machine comptable, machine de bureau; **b. manager,** gestionnaire; **b. microcomputing,** micro-informatique professionnelle; **b.-oriented,** de gestion, commercial; **b.-o. computer,** ordinateur de gestion; **b.-o. data processing =** ***b. data processing;*** **b.-o. language processor,** compilateur (pour programme en langage de gestion); **b. package,** progiciel de gestion ; **b. programmer,** programmeur de gestion ; **b.-to-b.**, interentreprise ; **b. unit,** unité opérationnelle ; **b. user,** utilisateur professionnel.

Businesswide, au niveau de l'entreprise.

Busy, occupé ; **b. tone** (U. S.), signal d'occupation.

Butterfly, 4 multiplications + 6 additions.

Button, bouton, interrupteur.

Buzzer, avertisseur sonore.

Buzzword, mot à la mode.

B/W monitor, écran noir et blanc.

Bypass, contournement ; **b. provider,** société proposant une solution (par ex. association satellite/antenne de toit) qui permet de se passer des services d'une société (privée américaine) de téléphone.

Bypass (to), shunter, sauter, court-circuiter, ignorer, contourner, ne pas passer par ; plus particulièrement : se passer des services d'une société de téléphone (voir ci-dessus), notamment pour des raisons de tarification.

Bypassing, contournement.

By-product, sous-produit ; **b.-p. tape,** bande perforée en sous-produit.

Byte, groupe de positions binaires, multiplet et par extension, octet ; **8-bit b.,** octet ; **4-bit b.,** quartet ; **b. adressing**, adressage au niveau de l'octet ; **b. count,** nombre d'octets ; **b. mode,** mode discontinu ; **b.-oriented,** travaillant au niveau de l'octet ; **b.-oriented protocol (BOP),** protocole niveau octet ; **b. wide,** d'un octet, sur un octet.

Bytecode, code intermédiaire.

Bytewise, au niveau (de l')octet.

C

C³ = C-cubed (Command, Control, Communications).

CA (Collision Avoidance), résolution de collision.

C-compiler, compilateur C.

C-cubed network, réseau de commande, contrôle et communications.

C-language, langage C (langage de programmation).

C-net, réseau local de Amdax.

C-programmer, programmeur C (programmant en langage C).

Cabinet, **1.** meuble, armoire, module, unité ; **2.** boîtier, coffret ; **c. skin,** carter extérieur.

Cabinetry, carrosserie, habillage.

Cable, câble ; **c. bridge,** couvre-câbles ; **c. bus,** câble-bus ; **c. modem**, modem-câble ; **c. operator**, cablo-opérateur ; **c. player**, cablo-opérateur ; **c. thru feature, c. thru,** câble de connexion en série ; **c. tray, c. trough,** chemin de câbles.

Cable (to), câbler.

CableNet, réseau local de Amdax.

Cabling, câblage ; **c. scheme or system,** système de câblage.

Cache, **c. buffer, cache memory, cache store,** antémémoire, mémoire cache ; **c. disk,** disque antémémoire ; **c. hit,** présence (de la donnée recherchée) dans l'antémémoire ; **c. hit rate or ratio,** taux de présence (données en mémoire cache) ; **c. manager,** gestionnaire d'antémémoire ; **c. miss,** absence (de la donnée recherchée) dans l'antémémoire.

Cache (to), mettre en antémémoire.

Caching, mise en antémémoire ; **c. algorithm,** algorithme d'utilisation de l'antémémoire.

CAD (Computer-Aided or Computer-Assisted Design), conception assistée par ordinateur (CAO).

CAD/CAM (Computer-Assisted Design/ Computer-Assisted Manufacturing), conception et fabrication assistées par ordinateur (CFAO).

CADD (Computer-Assisted Design and Drafting), conception et dessin assistés par ordinateur.

Caddy, boîte pour disquettes, boîtier pour CD-ROM.

CAE (Computer-Aided Engineering), ingénierie assistée par ordinateur (IAO).

Cage, **card c.,** fond de panier.

CAI (Computer-Assisted Instruction), enseignement assisté par ordinateur (EAO).

CAL (Computer-Aided or Assisted Learning), enseignement assisté par ordinateur (EAO).

Calc = calculator; **c. program,** tableur.

Calculate (to), calculer.

Calculating, **1.** (adj.) **c. machine,** machine à calculer ; **c. operation,** opération de calcul ; **c. punch,** perforatrice calculatrice ; **c. speed,** vitesse de calcul ; **c. time,** temps de calcul ; **c. unit,** unité de calcul, calculateur, calculatrice ; **2.** (subs.) calcul.

Calculation, calcul.

Calculator, **1.** calculateur, calculatrice (personne) ; **2.** calculatrice (de poche, etc.), machine à calculer ; **3.** barème ; **c. chip,** puce-calculatrice.

Calendar, **c. clock,** calendrier ; **c. management,** gestion d'agenda.

Calendarize (to), jarg. inscrire sur son agenda (un rendez-vous).

Calibrate (to), étalonner.

Calibration, étalonnage.

***Call,* 1.** appel ; **2.** communication ; **3.** intervention, visite ; **on a per c. basis,** sur appel (maintenance) ; **c. center**, centre d'appels ; **c. collision,** conflit (entre appel entrant et appel sortant) ; **c. directing code,** code d'appel ; **c. diverter,** déviateur d'appels ; **c. establishment,** établissement d'un appel ; **c. forwarding,** renvoi automatique (d'un appel) ; **c. indicator,** indicateur d'appel (modem) ; **c. instruction,** instruction d'appel ; **c. number,** numéro d'appel ; **c. originator,** émetteur de l'appel ; **c. report,** rapport d'intervention ; **c. request,** demande d'appel ; **c. setup time,** durée d'établissement de la communication ; **c. signal,** indicatif d'appel (de station) ; **c. waiting,** appel en attente, en instance ; **c. word,** mot d'appel.

Call (to), appeler (un total), lancer, appeler (sous-programme) ; **c. back (to),** rappeler ; **c. down from a library (to),** appeler ; **c. in (to),** appeler (sous-programme) ; **c. into execution (to),** lancer (sous-programme, etc.) ; **c. out (to),** afficher, présenter.

Callable, qui peut être appelé (sous-programme, etc.).

Callback, rappel automatique (du terminal par l'hôte aux fins de contrôle) ; **c. modem,** modem à rappel.

***Called,* c. party,** l'appelé, le demandé (tél.) ; **c. station,** station appelée.

Callee, programme appelé, procédure appelée.

Caller* 1.** l'appelant, le demandeur ; **2. = *calling routine.

***Calling,* c. card**, carte d'appel (téléphonique) ; **c. party,** l'appelant, le demandeur (tél.) ; **c. program, c. routine,** programme appelant, programme d'appel ; **c. sequence,** séquence d'appel ; **c. station,** station d'appel.

***Callout,* 1.** légende, libellé, composant ; **2.** astreinte (obligation de service).

***CAM*, 1. (Computer-Assisted Manufacturing),** fabrication assistée par ordinateur (FAO) ; **2. (Content Addressed Memory),** mémoire associative.

CAM/CAD (Computer-Assisted Manufacturing/Computer-Assisted Design), conception et fabrication assistées par ordinateur (CFAO).

***Cambridge,* C. ring,** anneau de Cambridge (réseau).

***Camera,* c. cone,** bonnette de photographie d'écran ; **c.-ready,** prêt à la photo.

***Campaign*, c. management sofware**, logiciel de gestion de campagne publicitaire.

Camp-on = clamp-on.

CANcel, caractère d'annulation.

***Cancel,* c. character,** caractère d'annulation ; **c. key,** touche d'annulation.

Cancel (to), annuler, effacer, remettre à zéro (mémoire).

Cancel out (to), (s') annuler.

Candy-striped, confidentiel (chez IBM).

Canister, boîte de rangement.

***Canned,* c. paragraphs,** paragraphes passe-partout ou standards ; **c. routine,** programme « prêt à l'emploi », séquence préprogrammée ; **c. software,** logiciel standard.

Cannot (read), impossible (de lire), impossibilité (de lecture), (lecture) impossible.

Canopy, capot, écran (en plastique, etc.) sur machine.

CAP (Computer-Aided Publishing), publication assistée par ordinateur (PAO).

Cap, capuchon (stylo de traceur).

Cap (to), (re)boucher (stylo de traceur), capuchonner.

***Capability,* 1.** possibilités, potentiel, prestations, faculté de, doté de ; **2.** fonction, prérogative : **write capability,** prérogative (d')écriture ; **3.** par ext : logiciel ; **c.-based system,** système à validation.

-capable, compatible, supportant.

Capacitor, condensateur ; **c. storage, c. store,** mémoire à condensateur.

***Capacity,* 1.** capacité (de mémoire), débit (ligne) ; **2.** puissance (de traitement)

Capitalize (to), mettre en majuscules.

Capitalized, en majuscules (paramètres, etc.).

Capping, capuchonnage, rebouchage (stylo de traceur).

Caps, capitales, majuscules ; **CAPS LOCK (key),** touche de verrouillage majuscules (mise en majuscules des lettres) ; **c. mode,** mode majuscules.
Voir ALL-CAPS MODE.

Cap-sizing (jeu de mots : capotage), résultat d'un excès de right-sizing.

Capstan, cabestan (d'entraînement).

Caption, libellé (touche), légende (figure).

Caption (to), légender.

Capture, saisie (de données), capture.

Capture (to), saisir (données), capturer.

CAR (Computer-Assisted Retrieval), recherche assistée par ordinateur (RAO).

Carat, graphie erronée de « **caret** ».

Carbon, carbone ; **c.-backed paper,** papier carboné ; **c. deleaver,** déliasseuse ; **c. interleave,** carbone intercalaire ; **c. interleaved forms or set,** liasse carbonée ; **c.-loaded stationery,** papier carboné ; **c. rewind,** réenroulement des carbones (sur déliasseuse) ; **c. rewind spindle,** rouleau d'enroulement des carbones ; **c. saver, c. saving device,** dispositif de récupération des carbones ; **c. separator,** déliasseuse.

Carbonized, **c. paper,** papier carboné ; **c. stationery,** papier carboné.

Carbonless, **c. paper,** papier autocopiant.

Card, **1.** carte (tous types : perforée, à puce, son, etc.) ; **2.** fiche ; **c. cage,** fond de panier, porte-cartes ; **c. code,** code carte, code de perforation ; **c. collator,** interclasseuse ; **c. deck,** paquet de cartes ; **c. dialler,** système d'appel (téléphonique) à cartes ; **c. holder, 1.** détenteur, porteur d'une carte (de crédit, etc.) ; **2.** petite boîte pour cartes perforées ; **3.** porte-carte(s) ; **c. issuer,** émetteur (de carte de crédit, etc.) ; **c.-issuing organisation,** organisme émetteur de cartes de crédit ; **c. key,** carte-clé, carte faisant office de clé ; **c. key access,** accès (notamment à une salle d'ordinateur) par utilisation d'un badge ; **c.-operated equipment, 1.** matériel à cartes ; **2.** déclenché par carte (système de sécurité) ; **c. reader,** lecteur de cartes ; **c. slot,** logement, alvéole pour carte.

Cardless, sans cartes.

Cardware, les cartes additionnelles, etc.

Caret, caret, symbole « / ».

Careware, versement à une œuvre caritative en compensation d'un logiciel « gratuit ».

Carpal tunnel syndrome, syndrome du tunnel carpien.

Carriage, chariot ; **c. control loop or tape** (CCT), bande pilote ; **c. length,** largeur de chariot ; **c. return** (CR), retour (du) chariot, (du) curseur ; **c. tape,** bande pilote.

Carrier, **1.** porteuse ; **2.** entreprise de télécommunications ; **3.** vecteur (de virus informatique) ; **c.'s carrier** (mot à mot : opérateur d'opérateur), opérateur qui vend de la capacité aux opérateurs (classiques ou nouveaux) qui en manquent ; **c. detect (CD),** détection de porteuse ; **c. holes,** perforations d'entraînement ; **C.-Sense Multiple-Access with Collision Detection, (CSMA-CD),** accès multiple par détection de porteuse et détection de collision ; **Carrier Sense Multiple Access with Collision Avoidance (CSMA/CA),** accès multiple par détection de porteuse et évitement de collision ; **c. wave,** onde porteuse.

Carry, report ; **c. case,** mallette de transport.

Carry (to), faire un report ; acheminer (données, trafic) ; bénéficier (d'une garantie) ; coûter (tel prix) ; faire tel ou tel article (du point de vue du magasin).

Carry-around, transportable.

Carrying, **c. case,** boîte, sacoche, mallette, étui ; **c. cost,** coût de possession du stock.

Cart, chariot.

Cartesian, **c. coordinates,** coordonnées cartésiennes.

Cartridge, cartouche ; **c. disk,** unité de disques à cartouche ; **c. drive** = ***cartridge disk;*** **c.-driver games,** jeux en cartouches ; **c. tape,** cartouche de bande.

Cascade, **c. control,** régulation en cascade.

Cascaded, **c. carry,** report en cascade.

Cascading windows, fenêtres en cascade (dont seule apparaît la barre de titre).

Case, **1.** casse (typ.), type de caractère (maj. ou min.) ; boîtier ; **c.-dependent,** qui n'utilise que les majuscules ou les minuscules ; **c.-independent, c.-insensitive,** qui utilise majuscules et minuscules ; **c. insensitivity,** fait de ne pas distinguer majuscules et minuscules ; **c.-sensitive** = ***case dependent;*** **c. sensitivity,** fait de distinguer majuscules et minuscules ; **c. shift,** inversion ; **2.** cas ; **c.-based reasoning**, raisonnement par cas.

CASE (Computer-Assisted Software Engineering), génie logiciel assisté par ordinateur (GLAO), atelier de génie logiciel (AGL).

CASENET, réseau de Computer and Systems Engineering (Case) Ltd.

Cash, **c. card,** carte prépayée ; **c. dispenser, c. dispensing machine or unit,** distributeur (automatique) de billets (DAB) ; billetterie ; **c. management,** gestion de trésorerie ; **c. point,** point argent (DAB) ; **c. register,** caisse enregistreuse ; **c. register tape,** bande de caisse enregistreuse ; **c. till**, caisse (enregistreuse).

Cashless, **c. shopping,** utilisation des cartes de paiement, « monétique » ; **c. Society,** la Société sans argent, sans espèces, sans numéraire.

Cassette, cassette ; **c. carrier,** chariot porte-cassettes ; **c. (data) recorder** = ***cassette recorder;*** **c. drive,** unité à cassette ; **c.-driven,** à cassette ; **c. file,** fichier sur cassette ; **c. handler,** unité de cassette ; **c. holder,** range-cassettes ; **c. library,** cassettothèque ; **c. memory,** mémoire à cassette ; **c.-loaded,** chargé par cassette (programme) ; **c. player,** lecteur de cassette(s) ; **c. rack,** range-cassettes ; **c. recorder,** magnétolecteur, magnétophone à cassette, magnétocassette ; **c. streamer,** dérouleur (en continu) à cassette ; **c. tape recorder** = ***cassette recorder;*** **c. unit,** unité de cassette.

Cast in silicon (to), enregistrer en mémoire morte, microprogrammer.

Caster, roulette.

Casting, **c. out nines,** preuve par neuf.

Cast out nines (to), faire la preuve par neuf.

Casual, **c. user,** utilisateur occasionnel.

***CAT*, 1. (Computer-Assisted Training),** enseignement assisté par ordinateur (EAO) ; **2. (Computer-Aided Testing),** test(s) assisté(s) par ordinateur ; **3. (Computer-Assisted Translation),** traduction assistée par ordinateur (TAO) ; **4. (Computer-Assisted Tomography),** tomographie informatisée.

Catalog, catalogue ; **c. file,** fichier-catalogue ; **c. management,** gestion de, des, catalogues ; **c. shopping**, achat sur catalogue ; **offered on a c. basis,** vendu sur catalogue.

Catalog (to), cataloguer, mettre sur catalogue, répertorier.

Cataloger, entreprise de vente sur catalogue, par correspondance (VPC).

Catalogued, **c. file,** fichier catalogué ; **c. procedure,** procédure cataloguée.

Catalog(u)ing, catalogage, mise sur catalogue.

Catch, **c. basket,** plateau récepteur de papier ; **c. RAM,** mémoire RAM de test.

Catch (to), détecter, déceler (erreurs).

Catenate (to), enchaîner, chaîner.

Catenation, enchaînement, chaînage.

Catenet, ensemble de réseaux interconnectés.

Cathode, **c. ray tube (CRT),** tube (à rayons) cathodique(s) (TRC) ; **c. ray tube (CRT) device,** unité d'affichage à écran cathodique ; **c. ray tube (CRT) storage, c. ray tube (CRT) store,** mémoire à tube cathodique.

CCD (Charge-Coupled Device), dispositif à couplage de charge.

CD (Carrier-Detect), détection de porteuse.

CD audio disk, disque audionumérique.

CDB (Corporate Data Base), base de données d'entreprise.

CD-I (Compact Disk Interactive), disque compact interactif.

CD-R (CD-recordable), disque compact enregistrable.

CD-recorder, lecteur de CD.

CD-ROM (Compact Disc Read-Only Memory), CD-ROM, disque non réinscriptible (pressé en usine), cédérom (ce mot ne semble pas prendre) ; **CD-ROM based**, (qui est) sur CD-ROM ; **CD-ROM drive, CD-ROM player,** lecteur de CD-ROM.

CD-RW, CD effaçable et réinscriptible.

CD-Worm, disque compact enregistrable une fois.

CD-writer, lecteur de CD-ROM.

***CE*, 1. (Customer Engineer),** inspecteur, technicien de maintenance **2. (Consumer Electronics),** électronique grand public.

Ceiling.
Voir FALSE CEILING.

Cell, cellule de mémoire, case (de tableur); **c. library,** bibliothèque de cellules.

Cellar = push-down store.

Center, **c. cutting,** coupe en Y; **c. feed tape,** bande perforée dont les perforations d'entraînement sont sur le même axe que les perforations de code; **c. operator,** exploitant de centre serveur; **c. piece,** pièce maîtresse (d'un système); **c. slitter,** couteau pour coupe longitudinale (dite « en Y »); **c. slitting,** coupe en Y.

Center (to), centrer, cadrer; **c. around (to),** reposer sur l'utilisation de, s'articuler autour de.

Centering, centrage (texte, etc.).

Centerline, axe; **c. of print position,** axe de référence (d'impression).

Center slit (to), faire une coupe en Y.

Central, **c. computer,** ordinateur central; **c. data base,** fichier central; **c. office,** central (téléphonique); **c. processing unit, (CPU)** unité centrale (UC), processeur central; **c. processor =** ***central processing unit;*** **c. processor limited,** limité par la vitesse de l'unité centrale; **c. site =** ***main site;*** **c. terminal,** central.

Centralized, **c. data processing,** traitement centralisé, gestion centralisée de l'information.

Centrally, **c. located,** central.

Centronics interface, interface (parallèle) Centronics.

Century date, représentation de la date par rapport au 1er janvier 1900.

Certification, certification (de bande), homologation (appareil).

Certified, **c. public accountant (CPA) firm,** cabinet d'expertise comptable; **c. tape,** bande certifiée (garantie exempte d'erreurs).

Certifier, certificateur.

Chad, confetti; **c. box,** boîte, bac à confetti; **c. tape,** bande à confetti totalement détachés.

Chadded, **c. paper tape,** bande à perforations complètes.

Chadless, **c. tape,** bande semi-perforée (à confetti non détachés).

Chain, chaîne; **c. code,** code à enchaînement; **c.-driver feed pin,** picot d'entraînement; **c. printer,** imprimante à chaîne.

Chained, **c. calculation,** calcul en chaîne; **c. list,** liste; **c. sequential file,** fichier en séquentiel enchaîné.

Chaining, enchaînement, chaînage; **c. search,** recherche par chaînage.

Change, changement, modification; **c. bar,** barre de modification (dans la marge); **c. dispenser,** rendeur de monnaie; **c.-driven maintenance,** maintenance due aux modifications; **c. dump,** vidage (de toutes les positions de mémoire modifiées depuis le dernier vidage); **c. file,** fichier mouvement(s); **c. of control =** ***control change;*** **c. of shift,** fin de quart de poste (travail posté); **channel through (to),** passer par; **c. record,** (enregistrement de) modification; **c. sign key,** touche de changement de signe; **c. tape,** bande mouvement(s).

Changeable, remplaçable, interchangeable.

Change-out, remplacement, substitution.

Change-over = cut-over.

Channel, **1.** canal; **2.** voie (de transmission); piste (de bande magnétique), canal (de bande perforée, de bande pilote); **c. capacity,** débit (d'un canal); **c. command word (CCW),** mot de commande de canal; **c. director,** processeur de canaux; **c. entry,** tête de canal; **c. selector,** sélecteur de canaux; **c. status word (CSW),** mot d'état de canal.

Channel (to), acheminer (informations), canaliser; **c. through (to),** passer par.

Channelize (to), découper en voies.

Channelizing, découpage en voies.

Charaband, bande porte-caractères.

Character, caractère; par extension, colonne : **80-c. wide printer,** imprimante 80 colonnes; **c. addressable,** adressable au niveau du caractère; **c. array,** ensemble, jeu de caractères; **c.-at-a-time printer,** imprimante caractère (par caractère); **c.-buffered,** doté d'un tampon d'un caractère; **c. check,** contrôle de validité des caractères; **c. count,** nombre de caractères; **c. cylinder,** tambour porte-caractères; **c. data,** caractères, données (sous forme de) caractères; **c. density,** densité de caractères, densité d'enregistrement ; **c. fill (to),** remplir de caractères ; **c. font,** police de caractères ; **c. generator,** générateur de caractères ; **c.-interleave, interleaving,** imbrication des caractères ; **c. key,** touche de caractère ; **c. machine,** machine à caractères ; **c. mode,** mode caractère (caractère par caractère) ; **c.-oriented machine,** machine à caractères (fonctionnant au niveau du caractère) ; **c. outline,** contour d'un caractère ; **c. position,** position, colonne, d'impression ; **c. printer,** imprimante caractère (par caractère) ; **c. processing machine** = ***c. machine;*** **c. reader,** lecteur de caractères ; **c. recognition,** reconnaissance de caractères ; **c. recognition device,** unité de reconnaissance de caractères ; **c. set,** jeu de caractères ; **c. spacing,** pas horizontal des caractères ; **c. string,** chaîne de caractères ; **c. stroke,** segment de caractère ; **c. stroke width,** largeur de segment de caractère ; **c. subset,** jeu partiel de caractères ; **c. timing disc,** disque codeur ; **c. train**, train de caractères ; **c. transfer rate,** débit en caractères ; **c. translation table,** table de transcodage de caractères ; **c. wheel,** roue à caractères, roue d'impression.

Charge, charge ; **c.-coupled device (CDD),** dispositif à couplage de charge ; **c. coupling,** couplage de charge ; **c. transfer device (CTD),** dispositif à transfert de charge ; **c. unit,** unité de taxation, unité telecom (UT).

Charge (to), **c. time to (to),** imputer (temps machine).

Chargeback, refacturation.

Charge back (to), refacturer.

Chargeable, imputable ; taxable.

Chargeout, imputation.

Charging, taxation, imputation ; **c. structure,** structure tarifaire.

Chart, diagramme, graphique, tableau, synoptique.

Chartbook, album de modèles de graphiques.

Chart (to), tracer, représenter sous forme de graphique.

Charting, **c. template,** organigraphe.

Chartware, produit qui n'existe que sur support papier, produit-papier.

Chastity lock, dispositif de sécurité interdisant l'insertion d'une disquette.

Chat, conversation ; **c. group,** forum de discussion, **c. line,** téléconvivialité ; **c. room**, forum de discussion ; **c. window,** fenêtre de dialogue.

Cheapernet = Thin Ethernet.

Check, **1.** arrêt, blocage, incident ; **2.** vérification, contrôle ; **3.** chèque ; **c. bit,** bit de contrôle, bit-clé, clé de contrôle ; **c. box,** case à cocher (dans un imprimé) ; case d'option (Macintosh) ; **c. card,** chéquier électronique ; **c. character,** caractère de contrôle ; **c. chute,** goulotte d'alimentation de chèques ; **c. code,** code de contrôle ; **c. digit,** clé, chiffre-clé, chiffre de contrôle ; **c. digit verification,** contrôle des indicatifs numériques ; **c. digit verification attachment,** dispositif de contrôle d'indicatifs numériques ; **c. digit verifier,** contrôleur d'indicatif numérique ; **c. field,** zone de contrôle ; **c. imprimer, c. imprinting machine,** machine à personnaliser les chèques ; **c. indicator,** indicateur de contrôle ; **c. list,** liste de contrôle, par extension, aide-mémoire ; **c. mark**, coche ; **c. number,** numéro de contrôle ; **c. personalisation machine,** machine à personnaliser les chèques ; **c. problem,** problème destiné à contrôler le bon fonctionnement ; **c. protection,** protection des montants ; **c. punch,** perforation de contrôle ; **c. reading,** lecture de contrôle ; **c. register,** registre de contrôle ; **c. row,** rangée de contrôle ; **c. routine,** (sous-) programme de contrôle ; **c. sorter,** trieuse de chèques ; **c. sum,** total de contrôle ; **c. symbol,** symbole de contrôle ; **c. total,** total de contrôle ; **c. totalling,** contrôle par totalisation ; **c. window,** viseur (de machine à calculer) ; **c. word,** mot de contrôle ; **c. writer, c. writing machine,** machine à personnaliser les chèques. Voir CHECKPOINT.

Check (to), **1.** arrêter, enrayer ; **2.** vérifier, contrôler (ex. : **If the totals do not check,** si les totaux ne concordent pas) ; **3.** cocher ; **c. again (to),** recontrôler ; **c. against (to),** comparer à, vérifier par rapport à ; **c. for (to), (errors, etc.),** contrôler s'il y a des erreurs, rechercher les erreurs éventuelles ; **c. punch (to),** contrôler par perforation.

Check-out, **1.** mise au point (des programmes) ; **2.** caisse de sortie (supermarché) ; **c. o. clerk, girl or operator,** caissière ; **c. o. counter,**

caisse de sortie ; **c. o. lane,** file d'attente (dans supermarché) ; **c.o. scanner**, scanneur de caisse ; **c. o. station,** caisse de sortie.

Check out (to), **1.** mettre au point (un programme) ; **2.** retirer, sortir (par ex. bande de la bibliothèque).

Checked-out, **c.-out routine,** programme (mis) au point, contrôlé.

Checkerboard, **c. pattern of 1s and 0s,** configuration de 1 et de 0.

Checkerboarding, **memory c.,** occupation de la mémoire en damier (présence d'espaces libres).

Checking, contrôle, vérification ; **c. circuitry,** circuits de contrôle ; **c. program,** programme de contrôle ; **c. routine,** programme de contrôle.

Checking-out = check-out.

Checkless, **c. Society,** la Société sans chèques.

Checklist = check list.

Checkmark, coche.

Checkpoint, point de reprise (d'un programme), point de contrôle (IBM) ; **c. dump,** vidage de points de reprise ; **c. dump tape,** bande réceptrice de points de reprise ; **c. file,** fichier (récepteur) de points de reprise ; **c. record,** point de reprise ; **c. recovery,** relance sur points de reprise ; **c. recovery routine,** sous-programme de relance sur points de reprise ; **c. routine,** sous-programme de constitution, d'écriture de points de reprise ; **c. tape,** bande réceptrice de points de reprise ; **c. writing,** écriture de points de reprise ; **take a c. (to),** créer, constituer, écrire un point de reprise.

Checkpoint (to), jalonner de points de reprise.

Checkpointable, jalonnable (au moyen de points de reprise).

Checkpointed, **c. program,** programme jalonné de points de reprise.

Checkpointing, création de points de reprise.

Checkstand, poste d'encaissement (supermarché).

Checksum, total de contrôle.

Checksum (to), vérifier par total de contrôle.

Chemical, **c. vapor deposition** (CVD), dépôt en phase vapeur.

Cheque = check 2; **c. card,** chéquier électronique.

Chequerboard = checkerboard.

Chief, **c. key punch operator,** monitrice de perforation ; **c. programmer,** chef programmeur ; **c. programmer team (CPT),** équipe de programmation structurée (chef programmeur, programmeur de soutien, bibliothécaire, etc.).

Child (process), (processus) enfant.

Chinese, **c. abacus,** boulier chinois, suanpan ; **c. binary code =** ***column binary code.***

Chip, **1.** confetti ; **2.** puce (électronique), circuit intégré (CI), pastille, microplaquette ; **c.-based,** à puce(s) ; **c.-based card,** carte à puce ; **c. card,** carte à mémoire ; **c. carrier,** support intermédiaire ; **c. count,** nombre de puces (CI) ; **c. designer,** concepteur de puces, de CI ; **c. enable,** validation de circuit ; **c. fabricator,** fabricant de puces ; **c.-heavy products,** produits gros consommateurs de puces ; **c.-in-card,** carte à mémoire ; **c. inserter, c.-inserting machine,** machine à insérer les CI ; **c.-intensive =** ***chipheavy;*** **c. kit,** jeu de puces ; **c. maker or manufacturer,** fabricant de circuits intégrés ; **c. making**, fabrication de puces électroniques ; **c.-making plant =** ***c. plant;*** **c. mill,** unité de production de circuits intégrés, de puces ; **c. plant,** unité de production de circuits intégrés, de puces ; **c. producer,** fabricant de puces électroniques ; **c. select,** sélection de circuit (microprocesseurs) ; **c. set**, jeu de puces ; **c. shop,** magasin d'électronique vendant des puces électroniques ; **c.-to-c. communications,** communications interpuces ; **c. yield,** taux de puces bonnes ; **chips box,** boîte à confetti.

Chiphead, mordu d'informatique.

Chipper, **one-c., two-c.,** qui tient sur, qui occupe, une puce, deux puces, « bipuce ».

Chipset = chip set.

Chloropleth = color map.

Choice, choix, par extension, commande, option (dans menu) ; **c. box,** pavé d'organigramme indiquant une décision (logique).

Choose (to), sélectionner.

Chop off (to), tronquer.

Chopping, suppression (des bits de poids faible).

Chording, appui simultané sur les boutons droit et gauche de la souris.

Chore, (housekeeping) chore, opération de servitude, d'intendance.

Chunk, jarg. tranche, palier, (de mémoire) ; **c. mark**, les caractères !!.

Chunk along (to), tourner sans problème (programme).

Churn out (to), sortir, débiter « cracher » (information) ; produire, sortir (appareils).

Churn rate, taux de résiliation, désabonnement.

Churning, passage à la concurrence.

Chute, goulotte, toboggan ; **c. blade,** lame de tri, de guidage (trieuse) ; **c. blade cleaner,** dégorgeoir.

CIM, **1. (Computer Input Microfilm),** microfilm utilisé en entrée d'ordinateur ; **2. (Computer-Integrated Manufacturing),** fabrication intégrée par ordinateur.

Cinching, glissement par inertie (bande).

Cine (format, mode, -oriented), présentation « cinéma » (verticale) sur microfilm.

Cipher, **1.** zéro ; **2.** le chiffre.

Cipher (to), chiffrer.

Ciphering, chiffrement.

Ciphertext, texte chiffré.

Circuit, circuit ; **c. board,** plaquette ; **c. card,** carte à circuits ; **c. pack (CP),** carte de circuit imprimé équipée ; **c. switching,** commutation de circuits.

Circuitry, ensemble de circuits, les circuits.

Circular, **c. polling,** interrogation circulaire ; **c. shift,** décalage circulaire, rotation, permutation circulaire.

Circulate (to), faire un décalage circulaire.

Circulating, **c. memory,** mémoire circulante ; **c. storage, c. store,** mémoire circulante.

Claim (to), demander à utiliser.

Clamp-on, mise en garde, mise en attente, attente signalée (d'un appel téléphonique).

Clash, conflit (d'accès), non-concordance (entre noms).

Class, classe (Java, etc.).

Classroom computer, ordinateur d'enseignement.

Clean (to), nettoyer ; **c. up (to),** éliminer (erreurs).

Clean, **c. line,** alimentation (électrique) indépendante d'un appareil ; **c. room,** salle blanche.

Cleaner.
Voir Tape Cleaner, Type C.

Cleaning, **c. blade**, racleur ; **c. card, cartridge, cassette, kit, pad,** carte, cartouche, cassette, kit, tampon, de nettoyage.

Cleanup, élimination des données superflues.

Clear, **c. band,** bande de sécurité (sur document magnétique) ; **c. text,** texte en clair ; **c.-to-send (CTS),** prêt à émettre (PAE).

Clear (to), remettre à zéro (mémoire), effacer (écran), éteindre (voyant), vider (piste de cartes), supprimer (tabulations sur écran, bourrage), corriger (erreurs), habiliter (quelqu'un).

Clearance, **1.** jeu, dégagement ; **2.** habilitation, autorisation.

Clearing, effacement, remise à zéro.

Click, clic (de souris).

Click (to), cliquer (souris de micro-ordinateur) ; **c. OK (to)**, cliquer sur le bouton OK.

Clickable, sur lequel on peut cliquer (image de page web).

Clicker, télécommande.

Clicking, cliquage (bouton de souris).

Clickthrough, nombre de clics efficaces constatés (engendrant le téléchargement complet de la page destinataire).

Client, client ; **client/server architecture,** architecture client/serveur ; **c. computer,** ordinateur client ; **client/server computing,** traitement client/serveur ; **c. socket**, point de communication client.

Clip art, images graphiques, bibliothèque d'illustrations.

Clip into (to), (s') installer sur.

Clipboard, presse-papiers.

Clipbook, album.

Clipping, **1.** écrêtage (élec.) ; **2.** détourage.

CLIST (Command list), liste de commandes.

Clobber (to), détruire des données (par superposition, etc.).

Clock, **1.** horloge; **2.** impulsion d'horloge; **c. card,** carte de pointage; **c. cycle,** rythme; **c. disc** = ***timing disc;*** **c. frequency,** fréquence de base; **c. number,** numéro de pointage; **c. rate,** fréquence de base; **c. signal,** signal d'horloge; **c. speed,** fréquence (de base); **c. tick,** top d'horloge; **c. track,** piste de synchronisation, piste horloge.

Clock (to), **to be clocked at,** être crédité (d'un temps d'impression de), tourner à, être cadencé à (33 MHz, par ex. microprocesseur); **c. at (to),** avoir une fréquence de; **c. in (to),** pointer à l'entrée; **c. out (to),** pointer à la sortie.

Clocking, synchronisation, cadencement.

Clonable, clonable.

Clone, clone; **c.-killer,** «exterminateur» de clones; **c.-maker or manufacturer,** fabricant de clones.

Clone (to), cloner.

Cloning, clonage.

Close, fermeture.

Close (to), fermer (fichier, etc.), conclure (vente), clore (session).

Close-coupled = closely-coupled.

Closed, **c.-font character, c. letter,** caractère préformé (A, B, P, O, etc.); **c. loop,** boucle bloquée; **c.-loop control,** fonctionnement en boucle fermée; **c. routine,** sous-programme fermé; **c. subscribers' group,** groupe fermé d'abonnés; **c. shop operation,** exploitation en «salle fermée»; **c. subroutine,** sous-programme fermé; **c. user group (CUG),** groupe fermé d'usagers.

Closedown, arrêt (programme, etc.); fermeture (définitive) d'une usine.

Closely, **c.-coupled,** à couplage intermédiaire (bus commun, mais S.E. distincts et blocs mémoire privés).

Cluster, batterie (de dérouleurs), grappe (de terminaux), groupe (de touches, de secteurs de disque); **c. controller,** contrôleur de grappe.

Cluster/One, réseau local de Nestar.

Cluster (to), grouper, regrouper.

Clustered, en grappe, «grappé» (terminaux).

Clustering, groupage, agencement, configuration, en grappe.

Clusterization, mise en grappe, regroupement.

Clusterize (to), mettre en grappe, regrouper.

Clutter, encombrement.

Clutter (to), encombrer (écran, bureau, etc.).

CMI (Computer-Managed Instruction), enseignement assisté par ordinateur (EAO).

CMOS (Complementary MOS), MOS complémentaire.

CNA (Communication Network Architecture), architecture de réseau d'ITT.

Coalesce (to), fusionner.

Coarse-grained, à petit nombre de gros processeurs.

Coasting, **c. time,** temps d'arrêt.

Coax = coaxial.

Coax (to), relier par câble coaxial.

Coaxial, coaxial.

COBOL (Common Business Oriented Language), COBOL; **C. compiler,** compilateur COBOL.

Cock (to), armer (marteau d'impression).

Codable, programmable.

CODASYL, **C.-compliant,** conforme aux normes du CODASYL.

Code, **1.** code; **2.** codification, programme, séquence; **c. breaker,** perceur de code; **c. breaking,** fait de percer un code; **c. character,** caractère (d'un code); **c. chart,** tableau de code; **c. check,** contrôle de programmation; **c.-checking time,** temps de mise au point; **c. conversion,** conversion de code, transcodage; **c. converter,** convertisseur de code, transcodeur; **c. cracker,** perceur de code; **c. cracking**, fait de percer un code; **c.-directing character,** caractère indiquant le destinataire d'un message; **c. disc,** disque codeur; **c.-efficient,** performant (au plan de la programmation); **c. element,** codes; **c. hole,** perforation significative (d'un code); **c.-independent, c.-insensitive,** indépendant du, insensible au, code utilisé; **c. line,** ligne de programmation; **c.-named,** dont le nom de code est; **c. pattern,** combinaison de perforations; **c. position,** position de perforation ; **c.-sensitive,** sensible au code utilisé ; **c. set,** code, jeu de caractères ; **c. sheet,** feuille de code, feuille de programmation ; **code size,** nombre d'instructions ; **c. three of nine,** code 39 ; **c. track,** voie d'information ; **c. translator,** transcodeur ; **c. translation,** transcodage ; **c. transparency, transparent,** indépendance, indépendant, du code utilisé ; **c. value,** élément (d'un code) ; **c. wheel,** disque codeur.

Code (to), coder, programmer, écrire (une séquence, etc.) ; **c. check (to),** contrôler la programmation.

Codec, codec, codeur-décodeur.

Coded, **c. in COBOL,** écrit en COBOL ; **FORTRAN-c.,** écrit en FORTRAN ; **c. character,** caractère codé ; **c. decimal digit, notation, number** = ***binary coded decimal digit, notation, number;*** **c. keyboard**, Digicode ; **c. stop,** arrêt programmé.

Coder, codeur, programmeur.

Co-develop (to), codévelopper.

Codification, codification.

Codify (to), codifier.

Coding, **1.** codage, programmation, écriture ; **2.** séquence de programmation, séquence d'instructions ; **c. clerk,** codeur ; **c. error,** erreur de programmation ; **c. form,** feuille de programmation ; **c. line,** ligne de programmation ; **c. pad,** bloc de (feuilles de) programmation ; **c. process,** programmation, codage ; **c. scheme,** code ; **c. sequence,** séquence programmée ; **c. sheet,** feuille de programmation.

Coil, **1.** rouleau (de bande, etc.) ; **2.** enroulement, bobinage.

Coiled, **c. cable, cord, flex, lead,** cordon spiralé (en tire-bouchon entre clavier et écran), cordon extensible.

Coin, **1. c. dispenser, c.-dispensing unit,** distributeur de monnaie ; **2.** rendeur de monnaie.

Coinage, **c. analysis,** calcul de répartition monétaire.

Coincidence, **c. circuit,** circuit à coïncidence.

Coincident, **c. execution of instructions,** simultanéité d'exécution (des instructions).

Cold, **c. boot, c. deck compatibility,** compatibilité immédiate ; **c. restart,** relance à froid ; **c. site,** lieu d'accueil (pour transfert d'installation informatique) ; **c. standby,** secours manuel ; **c. start,** démarrage à froid.

Collapse (to), s'écrouler, s'effondrer (réseau), réduire (répertoire).

Collate (to), **1.** interclasser ; **2.** assembler (des documents).

Collated, **c. set,** cahier.

Collating, **c. machine** = ***collator;*** **c. sequence,** ordre de classement des caractères, ordre lexicographique.

Collation, interclassement ; **c. file,** fichier d'interclassement ; **c. sequence** = ***collating sequence;*** **c. tape,** bande d'interclassement.

Collator, **1.** interclasseuse ; **2.** assembleuse (de documents).

Collect, **c. call,** appel en PCV, taxation au demandé.

Collect (to), collecter (données), recueillir, rassembler, regrouper.

Collection, **1.** collecte (de données) ; **2.** parc (de machines).
Voir DATA COLLECTION.

Collector.
Voir DATA COLLECTOR.

Collision, collision, **c. avoidance,** évitement de collision ; **c. detection,** détection de collision.

Co-located, installé au même endroit.

Colon, symbole « : » ; **c. prompt,** symbole « : » (émis par l'ordinateur).

Color, **c. display,** écran couleur ; **c. fill(ing),** coloriage ; **c. gamut**, gamme de couleurs ; **c. graphics,** graphique couleur ; **c. lookup table,** table des couleurs ; **c. map,** carte couleur ; **c. matching,** colorimétrie ; **c. monitor,** moniteur couleur, écran couleur ; **c. printer,** imprimante couleur.

Column, colonne (de carte, etc.) ; **c. binary,** binaire par colonne ; **c. binary card,** carte binaire par colonne ; **c. binary code** = ***c. binary;*** **c. indicator,** indicateur de colonne ; **c. headings,** en-têtes de colonnes, colonnage ; **c. marker,** réglette graduée ; **c. punch,** perforateur colonne par colonne ; **c. split,** partage de colonne.

Columnary, en colonnes (données).

Columnwise, dans le sens des colonnes.

COM (Computer Output Microfilm) device or unit, unité d'impression sur microfilm; **COM plotter,** traceur COM; **COM printer,** imprimante sur microfilm.

Combination, combinaison.

Combinational, **c. logic,** logique combinatoire.

Combinatorial, combinamire; **c. logic,** logique combinatoire.

Combine (to), combiner, grouper, multiplexer.

Combined, mixte; **c. head,** tête simple de lecture-écriture; **c. read write head,** tête double de lecture-écriture.

Combo = combination.

COMDK = compressed deck.

Come down gracefully (to), s'arrêter en douceur, sans incident (fonctionnement).

Come in (to), exister, se présenter, (en *n* modèles, versions, etc.), se décliner en (*n* versions), être doté de.

Come on (to), s'allumer (voyant).

Come up (to), s'afficher, venir sur (écran, boîte de dialogue).

***Come with* (to),** être fourni avec.

Comic strip (format, mode, -oriented), présentation «bande dessinée» (horizontale) sur microfilm, présentation à l'italienne.

Comm, communications; **c. chip,** puce «communications»; **c. gear,** matériel de (télé) communication(s).

Comma, virgule; **c. delimiter or separator,** virgule de séparation.

Command, commande, ordre, instruction; **c. and control,** commande et contrôle, conduite; **c. code,** code opération; **c.-driven,** piloté par commandes; **c. file,** fichier de(s) commande(s); **c. key,** touche de commande; **c. language** = ***control language;*** **c. level,** niveau commande; **c. library,** bibliothèque de commandes; **c. line,** ligne de commande (du DOS, etc.); **c. list,** liste de commandes; **c. processor,** processeur de commandes; **c. set,** jeu de commandes; **c. statement,** appel de procédure, commande; **c. string,** chaîne d'ordres.

Command (to), donner (l') ordre de, télécommander.

Commandless, sans commandes.

Comment, commentaire; **comments card,** carte commentaires.

Commercial, **1.** disponible sur le marché, dans le commerce; **2.** commercial, de gestion; **c. at sign,** symbole «escargot»; **c. computer, 1.** ordinateur de gestion; **2.** ordinateur (à usage) civil (par opposition à militaire); **c. computing,** informatique de gestion; **c. data processing,** informatique de gestion; **c. language,** langage de gestion; **c. printer,** imprimante du commerce; **c. programmer,** programmour de gestion.

Commercially, **c. available,** disponible sur le marché (matériel); du commerce, courant (fournitures, supports).

Commission (to), mettre en service.

Commissioning, mise en service.

Commit (to), rendre permanent, exécuter (une transaction), valider; **c. to memory, ICs, silicon,** etc., enregistrer en mémoire, sur C.I.

Commo = communications.

Commoditization, banalisation (d'un produit, etc.)

Commoditize (to), banaliser (un produit, etc.)

Commodity, **c.** item, produit banalisé; **c. market,** marché courant; **c. software,** logiciel du commerce, du marché, courant; **to become a commodity item, a commodity product,** se banaliser.

Common, **1.** commun; **2.** zone commune; **C. Business-Oriented Language** = ***COBOL;*** **c. carrier,** entreprise de télécommunications, = ***PTT (France);*** **c. communications carrier** = ***common carrier;*** **c. data base (CDB),** base commune de données; **common LISP,** common LISP.

Commonality, similitude et par ext. banalisation.

Comms = communications; **c. board,** = ***communications board;*** **c.** server, serveur de communications; **c. software,** logiciel de (télé)communication.

Communicate, **c.** mode, mode transmission.

Communicate (to), communiquer, transmettre, dialoguer.

Communicating **c. word processor (CWP),** machine de traitement de texte communicante.

Communication, liaison, communication, transmission, dialogue (entre machine et opérateur, etc.) ; **c. center,** centre de transmission ; **c. channel,** voie de transmission ; **c. control, c. controller,** contrôleur de transmission ; **c. equipment,** matériel de transmission ; **c. link,** liaison ; **c. network,** réseau de transmission ; **c. processor,** ordinateur, processeur de transmission ; **c. protocol,** protocole de communication ; **c. terminal,** terminal de réseau.

Communications, transmissions, échanges ; **c. board,** carte (de) communication ; **c. chip,** puce (de) communication ; **c. computer,** ordinateur de transmission ; **c. controller, c. control unit,** contrôleur de transmission ; **c. executive,** superviseur de transmission ; **c. file,** fichier de liaison ; **c. handler,** programme de gestion des communications, gestionnaire des communications ; **c.-oriented,** conçu pour la transmission ; **c.-oriented computer,** ordinateur de transmission ; **c. port,** port de communication ; **c. processing,** gestion de la transmission ; **c. protocol,** protocole de communication ; **c. server,** serveur de communication(s) ; **c. software,** logiciel de transmission ; **c. theory,** théorie de la communication.

Compact, **c. disk**, disque compact ; **c. disk interactive (CD-I),** disque compact interactif ; **c. disk read-only memory (CDROM),** disque CD-ROM.

Compact (to), comprimer, compresser.

Compacting, compression.

Compaction, compression.

Compactness, compacité, faible encombrement.

Compak, réseau de transmission de paquets d'ITT.

Compander, compresseur-extenseur.

Companion, **c. product,** produit associé ou « compagnon ».

Company, **c. fax**, télécopieur de l'entreprise ; **c. image,** image de marque.

Companywide, au niveau, à l'échelon, de l'entreprise.

Comparand, terme d'une comparaison.

Comparative shop (to) = to comparison shop.

Comparator, comparateur.

Compare, comparaison ; **equal c.,** égalité ; **unequal c.,** inégalité.

Compare (to), comparer ; **c. against (to),** comparer à, rapprocher de ; **c. with (to),** être égal à.

Comparison, **c. error,** erreur décelée par comparaison ; **c. chart,** tableau comparatif ; **c. operator,** opérateur de comparaison (>, <, =) ; **c. shop (to),** faire le tour des magasins, constructeurs, etc. (pour trouver l'offre la plus intéressante) ; **c. shopping,** achat basé sur la comparaison des matériels.

Compatibility, compatibilité.

Compatible, compatible.

Compatibly, de façon compatible.

Compensating, **c. errors,** erreurs qui s'annulent.

Compete for (to), entrer en concurrence (pour l'utilisation de ressources : processeur, etc.).

Competitive, de la concurrence ; **c. analysis,** analyse comparative (de différents matériels concurrents).

Competitiveness, compétitivité.

Compilable, compilable.

Compilation, compilation ; **c. run,** passage de compilation ; **c. unit =** ***compile unit;*** **at c. time,** au moment de la compilation.

Compile, compilation ; **c. unit,** unité compilée ; **c.-and-go,** compilation-exécution ; **c.-and-run,** compilation-exécution ; **(at) c. time,** (au) moment de la compilation.

Compile (to), compiler ; **c. statistics (to),** établir des statistiques.

Compiled BASIC, BASIC compilé.

Compiler, compilateur, programme de traduction, **c. compiler, c. generator,** métacompilateur, compilateur de compilateur ; **c.-directing statement,** directive de compilation ; **c. listing,** liste de compilation ; **c. writer,** créateur de compilateur.

Compiling, compilation ; **c. computer,** calculateur de compilation ; **c. duration,** durée de (la) compilation ; **c. phase,** phase de compilation ; **c. program, c. routine,** programme de compilation, compilateur.

Complement, **1.** complément, **2.** jeu, ensemble (de caractères), répertoire (d'instructions etc.), panoplie (de périphériques), équipement ; **full c.,** totalement équipé ; **c. on nine, one, ten, two,** complément à neuf, un, dix, deux.

Complement (to), prendre le complément de.

Complementary, **complémentaire ; c. operation,** opération complémentaire.

Complementation, complémentation.

Complete, complet ; **c. carry,** report complet.

Completeness check, contrôle d'intégrité, d'intégralité.

Compliant, conforme (à une norme, etc.) ; **2000-compliant**, capable de prendre en compte le changement de millénaire ; **Codasyl-compliant,** conforme aux normes du Codasyl ; **c. code,** code de condition.

Component, composant (électronique), pièce détachée, constituant, module, élément ; **c. count,** nombre de composants ; **c. error,** erreur due à un composant ; **c. failure impact analysis (CFIA),** analyse de l'incidence d'une défaillance de composants ; **c. house,** fabricant de composants ; **c. inserter, c. insertion machine,** machine à insérer les composants ; **c. insertion tape,** bande d'insertion des composants ; **c. maker,** fabricant de composants.
Voir SOLID-STATE COMPONENTS.

Componentless, sans composants (face de C.I.).

Componentry, ensemble des composants, les composants.

Components, **c. library,** bibliothèque de composants.

Compositing, procédés de numérisation et de traitement mélangeant différentes sources d'images.

Compound, **c. condition,** condition composée ; **c. statement,** instruction composée.

Compress (to), compresser (données).

Compressed, **c. size**, taille après compression.

Compression, compression (de données, etc.).

Compressor, bloque-cartes (dans bac à cartes).

Compromise, **c. equalization,** égalisation fixe (modems).

Comptometer, **c. operator,** comptométrice.

Compumetrics, métrologie informatique.

Compunications (computer + telecommunications), télématique.

CompuServe, nom d'un serveur américain.

Compuspeak, jargon (de l') informatique.

Computable, calculable.

Computation, calcul ; **c. center,** centre de calcul ; **c.-intensive,** comportant de nombreux calculs, à fort pourcentage de calculs (applications), gros consommateur de, gourmand en, temps de calcul.

Computational, de calcul ; **c. ability,** puissance de calcul ; **c. demands**, charge de calcul ; **c. error,** erreur de calcul ; **c.-intensive =** ***compute-intensive;*** **c. linguistics,** informatique linguistique ; **c. load,** volume des calculs ; **c. power,** puissance de calcul ; **c. tool,** outil de calcul.

Computationally, au point de vue calcul, sur le plan calcul ; **c.-intensive =** ***computation-intensive.***

Compute, **c.-bound, c.-limited,** tributaire de la vitesse de calcul ; **c.-intensive =** ***computation-intensive.***

Compute (to), **1.** calculer ; **2.** traiter sur ordinateur, par des moyens informatiques.

Computer, **1.** ordinateur, calculateur, calculatrice (désuet), ensemble électronique (désuet) ; **2.** (parfois) unité de calcul ou unité centrale ; **3.** calculateur (personne) ; **4.** (adj.) informatique ; **he is in computers,** il est dans, il travaille dans, il fait de, l'informatique ; **c. acceptable,** assimilable par une machine, par ordinateur ; **c. accounting,** comptabilité informatique ; **c. addict,** mordu, fana, de l'informatique, de l'ordinateur ; **c. addiction,** dépendance vis-à-vis de l'ordinateur ; **c. age,** l'ère des ordinateurs, l'ère (de l')informatique ; **c.-aided,** assisté par ordinateur (AO) ; **c.-aided design (CAD),** conception assistée par ordinateur (CAO) ; étude automatisée ; **c.-aided design and manufacturing (CAD/CAM),** conception et fabrication assistées par ordinateur (CFAO) ; **c.-aided drafting (CAD),** dessin assisté par ordinateur (DAO) ;

c.-aided drafting and design (CADD), conception et dessin assistés par ordinateur; **c.-aided engineering (CAE),** ingénierie assistée par ordinateur (IAO); **c.-aided instruction (CAI),** enseignement assisté par ordinateur (EAO); **c.-aided learning (CAL),** enseignement assisté par ordinateur (EAO); **c.-aided manufacturing (CAM),** fabrication assistée par ordinateur (FAO); **c.-aided publishing (CAP),** édition assistée par ordinateur; **c.-aided retrieval (CAR),** recherche assistée par ordinateur (RAO); **c.-aided teaching,** enseignement automatisé; **c.-aided testing (CAT),** test(s) assisté(s) par ordinateur; **c. analysis,** analyse sur ordinateur; **c. analyst,** analyste (en informatique); **c. animation,** animation par ou sur ordinateur, animatique; **c. application,** application sur ordinateur; **c.-assisted,** assisté par ordinateur (AO); **c.-assisted design (CAD),** conception assistée par ordinateur (CAO); **c.-assisted drafting (CAD),** dessin assisté par ordinateur (DAO); **c.-assisted drafting and design (CADD),** conception et dessin assistés par ordinateur; **c.-assisted engineering (CAE),** ingénierie assistée par ordinateur (IAO); **c.-assisted graphics,** graphique assisté par ordinateur (GAO); **c.-assisted instruction (CAI), c.-assisted learning (CAL),** enseignement assisté par ordinateur (EAO), enseignement automatisé; **c.-assisted manufacturing (CAM),** fabrication assistée par ordinateur (FAO), production assistée par ordinateur (PAO); **c.-assisted retrieval (CAR),** recherche assistée par ordinateur; **c.-assisted software engineering (CASE),** génie logiciel assisté par ordinateur (GLAO), et par ext. Atelier de Génie Logiciel (AGL); **c.-assisted training (CAT),** enseignement assisté par ordinateur (EAO); **c.-assisted translation (CAT),** traduction assistée par ordinateur (TAO); **c. auditor,** auditeur informatique; **c. audit(ing),** audit informatique; **c.-augmented,** assisté par ordinateur; **c.-backed,** géré par ordinateur; **c. base,** parc d'ordinateurs; **c.-based,** géré par ordinateur, informatisé; **c.-based file,** fichier informatisé, informatique; **c.-based instruction,** enseignement automatisé; **c.-based learning,** enseignement automatisé; **c.-based message system (CBMS),** système de messagerie informatisé; **c.-based software development environment,** atelier de génie logiciel (AGL); **c.-based training (CBT),** enseignement assisté par ordinateur (EAO); **c.-bound,** limité par la vitesse de la machine; **c. budget,** budget informatique; **c. buff,** mordu de l'informatique; **c. bureau,** centre de traitement à façon, façonnier; **c. business,** l'informatique, le secteur informatique; **c. camp,** stage d'informatique; **c. center,** centre de traitement de l'information (CTI), centre informatique; **c. circle(s),** le ou les milieux informatiques; **c. code,** code machine; **c. communications company,** société de télématique; **c. community,** la communauté des informaticiens, la communauté informatique; **c. company,** société d'informatique; **c.-compatible,** utilisable sur des ordinateurs différents, lisible par ordinateur; **c. conferencing,** téléconférence informatisée; **c. console,** pupitre de commande; **c. console operator,** pupitreur; **c. consultant,** conseil en informatique; **c. consulting firm,** conseil en informatique; **c. contract,** contrat informatique; **c. control,** gestion par ordinateur; **c.-controlled,** géré, commandé, piloté par ordinateur; **c.-controlled machine-tool,** machine-outil commandée par calculateur; **c.-controlled network,** réseau géré par calculateur; **c. coordinator,** personne achetant du «temps machine» à une société; **c. course,** cours d'informatique; **c. crime**, délit informatique, escroquerie, fraude, informatique; **c. criminal**, escroc informatique; **c. dealer,** revendeur d'ordinateurs; **c. dealership,** concession de revente d'ordinateurs; **c. demonstrator,** démonstrateur (d'ordinateur); **c. department**, service informatique; **c.-dependent language,** langage propre à un ordinateur particulier; **c. designer,** créateur d'un ordinateur; **c.-directed,** commandé par ordinateur; **c. disaster,** sinistre informatique; **c.-drawn (flowchart, etc.),** dessiné, établi, tracé, par ordinateur; **c.-driver,** commandé, dirigé, piloté par ordinateur; **c. eavesdropping,** écoute électronique clandestine; **c.-educated,** qui connaît l'informatique; **c. education school,** école d'informatique; **c. efffciency,** taux de disponibilité; **c. engineer,** ingénieur informaticien, ingénieur en informatique; **c. engineering,** génie informatique, ingénierie informatique; **c. environment,** configuration matérielle, paysage informatique; **c. event,** manifestation informatique; **c. equipment,** matériel informatique, ordinateur ; **c. ethics,** déontologie informatique ; **c. exhibition,** salon de l'informatique ; **c. expert,** informaticien ; **c. facility,** installation informatique ; **c.-fed,** fourni par ordinateur ; **c. field,** l'informatique ; **c. file,** fichier informatique, fichier (sur) ordinateur ; **c. firm,** constructeur d'ordinateurs, société d'informatique ; **c. format,** forme interne ; **c. forms,** imprimé pour ordinateur, formulaire (s) informatique (s) ; **c. fraternity,** (la) communauté des informaticiens ; **c. fraud,** la fraude, l'escroquerie, la délinquance, informatique ; **c. freak,** intrus, pirate, informatique ; **c. games,** informatique ludique ; **c. gear,** matériel informatique ; **c.-generated,** créé, « généré » par ordinateur, synthétiques, de synthèse (images) ; **c.-generated image,** i. électronique ou de synthèse ; **c.-generated imagery (CGI),** imagerie informatisée, synthèse d'images par ordinateur ; **c.-generated products,** produits issus de l'ordinateur ; **c. giant,** géant (de l') informatique ; **c.-grade tape,** bande qualité ordinateur ; **c. graphics,** informatique graphique, sortie graphique pilotée par ordinateur, infographie ; **c. hacker, 1.** fana, mordu de l'informatique, de l'ordinateur ; **2.** intrus, pénétrateur, pirate informatique ; **c. hacking,** intrusion informatique ; **c.-held,** conservé, stocké, sur ordinateur ; **c.-held file,** fichier électronique ; **c. hobbyist,** micro-amateur ; **c. illiterate,** profane en informatique ; **c. images,** images de synthèse ; **c.-independent,** qui n'est pas lié à une machine déterminée ; **c.-independent language,** langage non lié à un type de machine ; **c. industry,** industrie des ordinateurs, l'informatique ; **c.-initiated,** déclenché par l'ordinateur (dialogue) ; **c. input microfilm (CIM),** entrée en ordinateur par microfilm ; **c. instruction,** instruction machine ; **c. instruction code,** code machine ; **c. instruction set,** jeu d'instructions machine ; **c. integrated manufacturing (CIM),** fabrication intégrée par ordinateur (FIQ) ; productique ; **c.-intensive,** dévoreur de calculs ; **c. interconnect,** bus d'interconnexion ; **c. jargon,** jargon (de l') informatique ; **c. jock,** mordu, accro, de l'ordinateur, personne « polarisée » ; **c. journal,** revue d'informatique ; **c. label,** étiquette en continu ; **c. land,** le secteur, le domaine, de l'informatique ; **c. language, 1.** langage informatique, d'ordinateur ; **2.** langage machine ; **c. law,** droit (de l') informatique ; **c. leasing business,** l'activité location d'ordinateurs ; **c. leasing firm,** société de location d'ordinateurs ; **c. letter,** lettre imprimée par imprimante d'ordinateur ; **c.-like (terminal, workstation),** terminal, poste de travail type ordinateur ; **c.-limited** = ***c. bound;*** **c. line,** gamme d'ordinateurs ; **c. literacy,** connaissances en informatique, culture informatique ; **c. literate,** qui connaît l'informatique ; **c. log,** journal machine ; **c. machinery,** matériel de traitement de l'information ; **c. mag,** revue d'informatique ; **c. mail,** courrier électronique ; **c.-maintained,** géré par ordinateur ; **c. maker, manufacturer,** constructeur de calculateurs, d'ordinateurs ; **c. mall,** mall informatique (regroupement de plusieurs boutiques de micro-informatique) ; **c. man,** informaticien ; **c.-managed,** géré par ordinateur ; **c.-managed instruction (CMI)** = ***computer-assisted instruction;*** **c.-managed learning (CML),** enseignement automatisé ; **c. manager,** directeur informatique (DI) ; **c. mapmaking, c. mapping,** cartographie sur ou par ordinateur ; **c. market,** marché des ordinateurs ; **c. matching,** croisement de fichiers, autorisation d'accès à des fichiers disparates (possédés par des administrations différentes) correspondant à une forme de fichage, fichage informatique ; **c.-mediated conferencing,** messagerie informatisée ; **c.-mediated communication**, communication entre « humains » passant par un ou plusieurs ordinateurs ; **c. memory,** mémoire d'ordinateur ; **c. meter,** compteur machine ; **c.-minded,** qui s'intéresse à l'informatique ; **c. music,** l'informatique musicale ; **c. nerd**, mordu de l'ordinateur ; **c. net, c. network,** réseau d'ordinateurs, réseau informatique, complexe d'ordinateurs ; **c. nut,** mordu de l'informatique ; **c.-operated,** commandé par ordinateur ; **c. operation,** opération machine ; **c. operations,** activités informatiques ; **c. operator,** opérateur sur ordinateur ; **c.-oriented, 1.** automatisé, mécanisé (sur ordinateur) ; **2.** qui s'intéresse à l'informatique ; **c.-oriented language,** langage orienté vers la machine ; **c. outage,** panne d'ordinateur ; **c. output,** sortie d'ordinateur ; **c. output microfilm (COM),** microfilm de sortie d'ordinateur ; **c. output microfilmer (COM),** imprimante sur microfilm ; **c. people,** spécialistes du traitement de l'information ; **c. (performance)**

measurement, métrologie informatique ; **c. phobic,** ordinophobe ; **c. population,** parc d'ordinateurs, parc informatique ; **c.-prepared,** établi par ordinateur ; **c. press,** la presse informatique ; **c. printout,** listage d'ordinateur ; **c.-processed,** traité par/sur ordinateur ou informatiquement ; **c. processing,** traitement par, sur, ordinateur ; **c.-produced,** établi par ordinateur ; **c.-produced report,** état d'ordinateur ; **c. products,** produits informatiques ; **c. program, 1.** programme machine ; **2.** programme informatique ; **c. professional,** informaticien professionnel, professionnel de l'informatique ; **c. programmer,** programmeur (sur ordinateur) ; **c. programmer-trainee,** élève-programmeur ; **c. project,** projet informatique ; **c.-ready form,** forme assimilable par l'ordinateur ; **c. records, 1.** information permanente à mettre à jour ; **2.** documents mécanographiques (états, listages) ; **c.-related,** para-informatique ; **c. ribbon,** ruban pour imprimante ; **c. room,** salle des machines, de l'ordinateur ; **c. routine,** programme interne ; **c. run,** unité, phase de traitement, passage en machine ; **c. salesman,** ingénieur commercial ; **c. school,** école d'informatique ; **c. security,** sécurité informatique ; **c. science,** ordinatique ; **c. scientist,** informaticien ; **c. section,** service informatique ; **c. service bureau,** façonnier ; **c. service center,** centre de traitement à façon ; **c. service firm,** société de services informatiques ; **c. shop,** boutique informatique ; **c. show,** salon de l'informatique ; **c.-shy,** intimidé par, réfractaire à, l'informatique, l'ordinateur ; **c. -simulated, c. -simulation,** simulé, simulation par ou sur ordinateur ; **c. site,** site informatique (lieu d'implantation, d'installation, de l'ordinateur) ; **c. specialist,** informaticien ; **c. stand,** tablette pour ordinateur ; **c. stationery,** formulaire(s), imprimé(s), informatiques, pour ordinateur ; **c. store, 1.** mémoire interne ; **2.** boutique informatique ; **c. stored,** stocké en mémoire ; **c.-stored data,** données informatiques ; **c. system,** système informatique, installation ; **c. system center,** centre d'exploitation, centre de traitement ; **c. tape,** bande pour ordinateur ; **c. telephony integration (CTI),** couplage téléphonie informatique (CTI) ; **c. terminal,** terminal d'ordinateur, terminal informatique ; **c. time,** temps machine, heures machine ; **c.-to-c.,** intercalculateur ; **c. training,** formation sur ordinateur ; **c. training school,** école d'informatique ; **c. tresspassing,** intrusion informatique ; **c. typesetting,** composition automatique ; **c.-usable form,** forme assimilable, exploitable, par machine ; **c. user,** utilisateur d'ordinateur ; **c. users association or organization,** groupement d'utilisateurs, cercle d'utilisateurs d'ordinateurs ; **c. utility,** centre public de traitement de l'information ; **c. vendor,** fournisseur, constructeur d'ordinateurs ; **c. virus,** virus informatique ; **c. vision techniques,** la visionique ; **c. vision system,** système de visionique ; **c. widow, widower,** épouse, mari, délaissé(e) par son conjoint passionné d'informatique ou de micro-informatique ; **c. wise,** qui s'y connaît en informatique ; **c. wizard,** phénomène, surdoué, de l'informatique ; **c. word,** mot machine ; **c. world,** l'informatique ; **c.-written,** établi sur ordinateur.

Computerate = computer literate.

Computercrat, technocrate de l'informatique.

Computerdom, le royaume, le monde de l'ordinateur.

Computerese, jargon (de l')informatique.

Computerist, informaticien.

Computerite = computernik.

Computerizable, informatisable.

Computerization, informatisation, mise sur ordinateur.

Computerize (to), informatiser, mettre sur ordinateur.

Computerized, informatisé ; **c. axial tomography (CAT),** tomographie axiale sur ordinateur ; **c. data,** données informatisées ; **c. drafting machine,** machine à dessiner commandée par ordinateur ; **c. file,** fichier informatisé ; **c. production control,** gestion automatisée de la production ; **c. solution,** solution informatique, solution ordinateur ; **c. report,** état d'ordinateur ; **c. typesetting,** composition automatique.

Computernik, informaticien.

Computing, **1.** calcul, traitement ; **2.** informatique ; **c. center,** centre de calcul ; **c. community,** la communauté informatique, la communauté des informaticiens ; **c. com-**

pany, société d'informatique ; **c. efficiency,** taux de disponibilité ; **c. engine,** machine à calculer (sens général) ; **c. equipment,** parc informatique ; **c. facility, c. facilities,** installation de calcul ; **c. firm = *computer firm;* c.-industry = *data processing industry;* c. laboratory,** laboratoire de calcul ; **c. machine = *computing engine;* c. machinery,** installation de calcul ; **c. network,** réseau (d')informatique ; **c. node,** nœud de traitement ; **c. power,** puissance de calcul ; **c. professional,** professionnel de l'informatique, informaticien professionnel ; **c. resources,** ressources informatiques ; **c. room,** salle des machines ; **c. show,** salon de l'informatique ; **c. speed,** vitesse de calcul ; **c. time,** durée de calcul, temps machine.

Computor* = *computer.

Comsole (Communication console), console de communication, « comsole » (Arthur Clark).

Concatenate (to), concaténer.

Concatenation, concaténation, enchaînement, chaînage.

Concatenator, symbole de concaténation #, //, etc.

Conceal (to), masquer, occulter.

Concentrator, concentrateur/diffuseur.

***Concertina,* c. fold,** pliage accordéon, pliage paravent.

Concurrency, concurrence d'accès ; **c. control,** gestion des conflits d'accès.

***Concurrent,* c. engineering,** développement simultané ; **c. jobs,** travaux concurrents ; **c. operation, c. working,** fonctionnement concurrent.

Concurrently, en concurrence.

Condensed, condensé ; **c. keyboard,** clavier réduit ; **c. instruction deck,** jeu réduit de cartes d'instructions.

***Condition,* 1.** condition, critère ; **2.** état. Voir ONE CONDITION, ZERO C.

Conditional, conditionnel ; **c. branch,** branchement conditionnel ; **c. IF,** opération conditionnelle ; **c. jump instruction,** instruction de branchement conditionnel ; **c. transfer,** branchement conditionnel ; **c. transfer of control,** branchement conditionnel.

Conditionally, conditionnellement.

Conditioning, conditionnement ; **c. time,** durée de « chambrage », d'acclimatation (séjour dans conditions ambiantes avant réutilisation).

***Conduct (to),* c. a. dialog with (to),** dialoguer avec.

***Conductive,* c. pencil,** crayon conducteur.

***Conference,* c. call(ing),** conférence téléphonique.

***Conferencing*,** conférence ; **c.-enabled PC**, PC permettant la téléconférence.

***Confidence,* c. check, c. test,** test de fiabilité (des circuits).

Configurability, configurabilité.

Configurable, configurable.

Configurate (to), graphie erronée de **Configure (to).**

***Configuration,* 1.** configuration (d'un ordinateur) ; combinaison (de perforations, de bits) ; **2. (= *setup*),** configuration, action de configurer (imprimante, etc.) ; **at c. time,** au moment de la (définition de la) configuration ; **c. control,** gestion de la configuration ; **c. file,** fichier de configuration ; **c. planning,** planification de la configuration ; **c. switch,** interrupteur de configuration.

***Configurator,* 1.** confjgurateur (programme), utilitaire de configuration ; **2.** configurateur (imprimé d'implantation de matériel).

Configure (to), composer (un ensemble), réaliser une configuration, configurer, agencer ; **c. around (to),** (s')articuler sur, autour de, s'ordonner autour de.

Confirm (to), confirmer, valider.

***Conformance,* c. testing,** test de conformité (respect d'une norme).

Congestion, encombrement.

Conglomerate, conglomérat.

Conjunction, opération ET, intersection.

Conk out (to), tomber en panne.

Connect, connexion, liaison ; **c. hours,** heures de connexion (durée) ; **c. time, 1.** durée de (la) liaison ; **2.** durée d'établissement de la liaison ; **3.** heure (d'établissement) de la liaison ; **c. time pricing,** facturation à la durée.

Connect (to), connecter, relier, mettre en communication, en présence, en relation (par ex. deux abonnés) ; **c. to (to),** rattacher à, (se) connecter à ; **c. together (to),** interconnecter ; **c. up (to),** raccorder.

Connectability, connectabilité, possibilité de connexion, de raccordement.

Connectable, connectable, raccordable.

Connected, **c. graph,** graphe connexe ; **c. speech,** parole continue.

Connectedness, connexité.

Connection, connexion, branchement, liaison, mise en communication, en présence, en relation ; **c. box, 1.** boîtier de connexion ; **2.** symbole de renvoi (dans un organigramme) ; **c. fee**, frais de connexion, de raccordement ; **c.-oriented**, orienté connexion.

Connectionism, connexionisme.

Connectionless, sans connexion.

Connectives.

Voir LOGICAL CONNECTIVES.

Connectivity, connectivité.

Connector, **1.** connecteur (multibroche) ; **2.** symbole de renvoi (dans un organigramme) ; **c. block,** bornier ; **c. industry,** la connectique.

Consecutive, **c. numbering,** numérotation consécutive, immatriculation.

Conservation, économie (de place, d'énergie, etc.).

Conserve (to), économiser (place en mémoire, énergie, etc.).

Consistency, **c. check,** contrôle de cohérence, d'uniformité, d'homogénéité.

Consistent, cohérent, homogène ; **c. with,** compatible avec.

Consolability, possibilité d'utiliser une console.

Console, pupitre de commande, console ; **c. desk,** pupitre de commande ; **c. operating log,** journal machine ; **c. operator,** pupitreur ; **c. printer,** imprimante de pupitre, console d'impression ; **c. (run) sheets,** feuillets du journal machine ; **c. typewriter ;** machine à écrire de pupitre ; **c. typewriter log,** journal machine.

Consoleer, pupitreur.

Consolette, miniconsole, « consolette ».

Consolidate (to), grouper, regrouper, fusionner, synthétiser.

Consolidation, groupage, regroupement, fusion, synthèse.

Conspicuous computing, l'informatique voyante.

Constant, constante ; **c. angular velocity (CAV),** vitesse angulaire constante ; **c. data,** constantes ; **c. linear velocity (CLV),** vitesse linéaire constante.

Constrained, calligraphique (écriture).

Construct, structure.

Construct (to), constituer, créer (une table, etc.).

Construction, constitution, création (d'une table, etc.).

Constructor, opération automatique d'initialisation de nouvelles instances (C++).

Consultancy, **c. firm,** cabinet d'experts-conseils.

Consultant, conseiller, conseil, ingénieur-conseil.

Consulting services, services d'assistance conseil.

Consumable, **c. items,** consommables.

Consumables, consommables.

Consumer, **1.** le consommateur, le particulier, le client ; **2.** par ext., (le) grand public, (la) grande diffusion ; **c. business,** le (marché) grand public ; **c.-driver,** orienté vers le grand public ; **c. electronics (CE),** électronique grand public ; **c.-friendly**, facile à utiliser (par le client) ; **c. grade,** qualité grand public ; **c.-oriented (products, etc.),** (produits, etc.) grand public ; **c.-oriented personal computer,** ordinateur individuel grand public, de grande diffusion.

Contact, **1.** contact ; **2.** contact (client) ; **c. bounce,** rebondissement du contact ; **c. closure,** fermeture de contact ; **c. management software**, logiciel de gestion des contacts ; **c. pin,** épingle de contact (de tableau de connexion).

Contactability, joignabilité (facilité avec laquelle on peut joindre un correspondant, notamment par téléphone).

Contactable, joignable.

Container, **1.** coffret, boîte (pour bande magnétique, etc.) ; **2.** conteneur.

Content, contenu (de registre, etc.) ; **c. addressable memory, c. addressed storage,** mémoire associative ; **c. industry**, l'industrie du contenu ; **c. provider**, fournisseur de contenu.

Contention, encombrement (d'une ligne, etc.), conflit d'utilisation ; mode de gestion de ligne dans lequel le terminal a l'initiative de l'appel.

Contestant, joueur, participant (à un jeu).

Context, contexte ; **c. editor,** éditeur permettant la localisation au niveau de chaque occurrence d'un mot, d'une chaîne de caractères ; **c.-free,** sans contexte, hors contexte ; **c.-sensitive,** sensible au contexte, contextuelle (aide) ; **c. swapping, c. switch(ing),** changement de contexte.

Contiguous, contigu, consécutif, adjacent.

Contingency, **c. plan,** plan de secours, plan anticatastrophes ; **c. planning,** détermination des risques.

Contingent, **c. polling,** invitation à émettre collective.

Continuation, suite ; **c. card,** carte « suite » ; **c. file,** fichier « suite » ; **c. line,** ligne « suite » ligne suivante (sur laquelle on écrit la suite d'une instruction ne tenant pas sur une seule ligne).

Continued, **c. data set,** ensemble de données multivolume.

Continuous, continu, en continu (papier, etc.), dynamique (restructuration de base de données) ; **c. cards,** cartes en continu ; **c. file,** fichier dans lequel on ne peut intercaler aucune information (par ex. bande magnétique) ; **c. form,** papier en continu ; **c. forms burster,** rupteuse ; **c. forms guillotine,** massicot pour papier en continu ; **c. speech,** parole continue ; **c. sprocket-holed stationery,** papier en continu à perforations d'entraînement ; **c. stationery set,** liasse de papier en continu ; **c. strip tab cards,** cartes en continu ; **c. tabulating card forms,** cartes mécanographiques en continu ; **c. wage envelopes,** enveloppes (de paie) en continu.

Continuously, **c. printed,** imprimé en continu ; **c. sprocketted,** à perforations en continu.

Contract out (to), sous-traiter.

Contractor, souvent, sous-traitant.

Contrast, contraste.

Contributed, **c. software,** logiciel mis en commun (par des utilisateurs ayant constitué un groupe).

Control, **1.** (a) commande, conduite, direction, gestion, maîtrise, pilotage, régie, réglementation, régulation, régularisation, etc ; **under program c.,** par programme ; (b) (par ext.) déroulement, exécution, traitement d'un programme, d'un sous-programme, etc.) ; **to assume c.,** intervenir ; **to be in c.,** être en cours d'exécution ; **to give c. to,** lancer (un programme, etc.) passer la main (à l'opérateur) ; **to pass control,** passer la main ; **to receive c.,** être lancé ; **to request c.,** demander à intervenir (opérateur) ; **to retain control,** garder, conserver la main ; **to return c. to,** repasser la main à ; **to take c.,** prendre la main intervenir ; **to transfer c. to,** passer la main, faire un transfert d'exécution (à un programme etc.) ; (c) (par ext.) unité de commande de l'unité centrale ; (d) (par ext.) bouton de commande ; (e) (par ext.) contrôleur (de périphériques etc.) ; **2.** contrôle, vérification ; **c. ball,** boule roulante ; **c. block,** bloc de contrôle ; **c. board,** tableau de commande ; **c. break,** rupture de contrôle ; **c. brush,** balai de commande ; **c. bus,** bus de commande ; **c. card,** carte-ordre, carte paramètre(s) carte de contrôle ; **c. change,** rupture de contrôle ; **c. character,** caractère de commande, de fonction, de service ; **c. circuit,** circuit de commande ; **c. circuitry,** circuits ou logique de commande ; **c. cluster,** (mini-) clavier de commande ; **c. code,** code de commande ; **c. computer,** calculateur pilote ; **c. console,** pupitre de commande ; **c. counter,** compteur d'instruction, compteur ordinal ; **c. cycle,** cycle opératoire ; **c. data,** paramètres ordres ; **c. deck,** paquet de cartes paramètres ; **c. desk,** pupitre de commande ; **c. dial,** cadran de commande ; **c. electronics,** circuits de commande ou logique ; **c. engineer,** automaticien ; **c. engineering,** l'automatique ; **c. field,** zone de contrôle ; **c. file,** fichier d'ordres ; **c. function** = ***c. operation;*** **c. grid,** grille de commande ; **c. hole,** perforation fonctionnelle ; **c. information,** paramètres, ordres, valeurs ; **c. key, 1.** touche de commande ; **2.** clé de tri ; **c. knob,** bouton de commande ; **c. language,** ordres de gestion (du superviseur) ; **c. level,** étage de contrôle ; **c. logic,** logique de commande ; **c. loop, 1.** bande pilote ; **2.** boucle d'asservissement ; **c. memory,** mémoire de contrôle ; **c. operation,** opération de service ; **c. panel, 1.** tableau, pupitre de commande ; **2.** tableau de connexion ; **c. panel cabinet,** meuble à tableaux de connexions ; **c. panel hub chart,** liste des connexions ; **c. panel wiring,** connexions ; **c. processor,** processeur pilote ; **c. program,** programme de gestion ; **c. punch,** perforation fonctionnelle ; **c. punching, 1.** perforation fonctionnelle ; **2.** perforation d'entraînement (de papier en continu) ; **c. record,** ordre de gestion ; **c. record card,** carte ordre ; **c. register,** compteur d'instruction ; **c. routine,** sous-programme de gestion ; **c. section,** unité de commande ; **c. sequence,** ordre d'exécution des instructions ; **c. signal,** signal de commande ; **c. slip,** fiche de contrôle ; **c. software,** logiciel de gestion ; **c. specification,** paramètres ; **c. statement,** ordre de contrôle ; **c. station,** station de commande ; **c. stick** = ***joy stick;*** **c. store,** mémoire microprogrammable ; **c. sym**bol, symbole de service ; **c. tape, 1.** bande pilote ; **2.** bande de commande (en commande numérique) ; **c. total,** total de controle ; **c. transfer,** branchement ; **c. unit, 1.** unité, organe de commande (dans processeur) ; **2.** contrôleur (de périphérique(s) etc.) ; **c. word,** mot de commande.

Control (to), **1.** commander, conduire, diriger, gérer, piloter, régir, réglementer, régulariser, etc. ; **2.** contrôler, vérifier.

Controllability, facilité de réglage, de pilotage, « contrôlabilité ».

Controllable, gérable, pilotable.

Controller, contrôleur, unité de contrôle ; **c. board,** carte contrôleur ; **c. unit,** contrôleur.

Convenience, **c. copier,** copieur (en) libre service ; **c. outlet,** prise pour baladeuse, fer à souder, oscillo, etc.

Conventional, **c. equipment,** matériel classique ; **c. memory**, mémoire de base ; **c. punched card equipment,** matériel mécanographique classique (à cartes perforées).

Convergence, convergence (de technologies auparavant distinctes : informatique, télécommunications, etc.).

Convergency = convergence.

Conversation, conversation, dialogue, échange.

Conversational, conversationnel, de dialogue, interactif, dialogué ; **c. device,** périphérique de dialogue ; **c. language,** langage conversationnel, langage interactif ; **c. mode,** mode dialogué, mode conversationnel ; **c. programming,** programmation conversationnelle ; **c. remote batch entry (CRBE),** télésoumission de travaux par lots en (mode) conversationnel ; **c. remote job entry (CRJE),** télésoumission de travaux en (mode) conversationnel ; **c. terminal,** terminal de dialogue.

Conversationally, en mode conversationnel.

Converse (to), dialoguer.

Conversion, **1.** conversion ; **2.** passage d'un mode de traitement à un autre ; **c. chart,** tableau de conversion ; **c. code,** code de conversion ; **c. equipment,** appareil, dispositif, de conversion ; **c. process** = ***conversion 2.;*** **c. program,** programme de conversion ; **c. table,** table de conversion.

Convert (to), convertir, (faire) passer (d'un mode à l'autre, etc.) ; **c. back (to),** reconvertir.

Converter, **1.** convertisseur ; **2.** façonnier.

Convey (to), véhiculer, acheminer (l'information, etc.).

Convolution, convolution.

Convolver, convolutionneur.

Cookbook, livre de recettes et par extension, recueil, (mini-) encyclopédie, la bible de, etc. tout document de référence.

Cookie, **1.** disquette brute ; **2.** programme mouchard.

Cooperative, **c. advertising,** publicité conjointe ; **c. processing,** traitement associatif, jarg. traitement coopératif.

Coordinate, coordonnée ; **c. addressing,** adressage par coordonnées ; **c. storage, c. store,** mémoire à sélection matricielle.

Copied-to-diskette, disquette réceptrice (d'une copie).

Copier, copieur ; **file c.,** copieur de fichier.

Copro = coprocessor.

Coprocessing, cotraitement.

Coprocessor, coprocesseur ; **c. board,** carte coprocesseur.

Copy, **1.** copie, reproduction, duplication ; **2.** exemplaire ; **3.** texte (proprement dit) ; **c. board,** porte-copie ; **c. check,** contrôle par duplication ; **c. count,** nombre d'exemplaires ; **c. holder,** porte-copie ; **c.-protected,** incopiable, protégé (logiciel) ; **c. tape,** copie de bande, bande réceptrice.

Copy (to), copier, reproduire, dupliquer ; **c. back (to)** recopier (sur support original), réintroduire ; **c. into a register (to),** mémoriser dans un registre.

Copying, duplication.

Copyright screen, écran de copyright.

Cord, cordon d'alimentation.

Cordless, sans fiche ; **c. mouse,** souris à infrarouge ; **c. plug,** cavalier.

Cordonnier, **c. system =** ***peek-a-boo system.***

Core, norme graphique en voie d'être abandonnée au profit de la norme GKS (Graphics Kernel System).

Core, **1.** noyau, tore magnétique ; **2.** par ext. : mémoire centrale ; **3.** mandrin, support de rouleau de bande perforée ; **4.** de base ; **c. array,** matrice de tores ; **c. business,** activité principale ; **c. dump,** vidage de la mémoire ; **c. dump program, c. dump routine,** sous-programme de vidage de la mémoire ; **c. image library,** bibliothèque image mémoire ; **c. index,** index en mémoire centrale ; **c. load,** chargement en mémoire ; **c. maker,** fabricant de mémoire à tores ; **c. map,** topogramme de la mémoire ; **c. matrix,** matrice de tores ; **c. memory,** mémoire à tores (magnétiques) ; **c. memory resident,** résidant en mémoire centrale ; **c. module,** module de base ; **c. plane,** plan de tores ; **c. requirements,** encombrement en mémoire ; **c. resident,** résidant en mémoire centrale ; **c. size,** capacité de mémoire ; **c. software,** logiciel de base ; **c. storage,** mémoire à tores **(magnétiques) ; c. storage location,** position de mémoire ; **c. storage position,** position de mémoire ; **c. storage unit,** unité de mémoire à tores ; **c. store =** ***c. storage;*** **c. stored,** stocké en mémoire centrale ; **c.-to-core communication,** communication intermémoire ; **c. usage,** encombrement en mémoire.

Coresidency, corésidence, cohabitation.

Coresident, corésident.

Corner, **c. cut,** coin coupé (de carte perforée) ; **c.-cut card,** carte à coin coupé.

Cornering, marquage des 4 coins (par un symbole graphique spécial) sur l'écran pour délimiter la zone d'action ; délimitation, bornage ; **c. station,** poste de changement de direction (mach. à cartes).

Coroutine, coprogramme.

Corporate, **c. data base (CDB),** base de données d'entreprise ; **c. data center,** centre informatique d'entreprise ; **c. image,** image de marque, image de l'entreprise ; **c. network,** réseau d'entreprise ; **c. publishing,** bureautique éditoriale.

Corporatewide, au niveau, à l'échelon, de l'entreprise.

Correct = ***correction.***

Correctable, corrigible (ruban).

Correcting, **c. typewriter,** machine à écrire à correction de frappe.

Correction, correction.

Corrective, **c. action,** remède, modalités de reprise, intervention ; **c. maintenance,** maintenance corrective, et par extension, dépannage ; **c. maintenance time,** temps de maintenance.

Correspondence, **c. quality printer,** imprimante qualité correspondance.

Corrupt, **c. file,** fichier altéré, dégradé.

Corrupt (to), altérer (des données, etc.).

Corruption, altération (de données, etc.), dégradation (du fonctionnement).

Cost, **c./performance ratio,** rapport prix/performance.

Costing, chiffrage.

Cottage, **c. industry,** industrie artisanale ; **c.i. programmer,** programmeur indépendant ; **c.i. programming,** programmation artisanale ; **c. software,** logiciel créé par un programmeur indépendant ; **c. worker,** travailleur indépendant.

Count, **1.** comptage ; **2.** nombre ; valeur, compte, décompte ; **c.-controlled loop,** boucle d'itération commandée par compteur ; **c. down,** comptage régressif, décomptage, compte à rebours ; **c.-down counter,** compteur régressif ; **c.-driver,** déclenché par comptage ; **c. field,** zone de comptage, compteur ; **c. up,** comptage progressif ; **c. up counter,** compteur progressif ; **c. value,** valeur d'un compteur.

Count (to), compter ; **c. down (to),** déeompter, compter à rebours ; **c. downward (to),** décompter, compter à rebours ; **c. modulo n (to),** compter modulo n ; **c. up (to),** compter ; **c. upward (to),** compter.

Counter, **1.** compteur, zone ; **2.** guichet (de banque, etc.), comptoir ; **c. clerk,** guichetier ; **c. entry,** entrée compteur (sur tableau de connexions ; **c. exit,** sortie compteur (sur tableau de connexions) ; **c. top terminal,** terminal de guichet ; **c. wheel,** roue de compteur.

Countercheck (to), contre-vérifier.

Counting, comptage ; **c. down,** décomptage, comptage à rebours ; **c. sorter,** trieuse compteuse ; **c. up,** comptage.

Country, **c. code**, préfixe de pays ; **c.-dependent,** qui varie d'un pays à l'autre ; **c.-specific,** propre à un pays.

Countrywide, **c. network,** réseau national.

Couple (to), coupler, connecter.

Course, **1.** déroulement (du programme) ; **2.** cours (de formation) ; **c. package,** composition du cours (matériel, documentation, logiciels, etc.) ; **c.-writing software,** didacticiel.

Courseware, didacticiel, logiciel éducatif ; **c. library,** didacthèque.

Cover, carter, housse, capot, panneau.

Cover (to), couvrir (territoire), desservir (client).

Coverage, couverture, zone desservie.

CP (Circuit Pack), carte de circuit imprimé équipée.

CPA = Certified Public Accountant ; **CPA firm,** cabinet d'experts-comptables, cabinet d'expertise comptable.

CPM, **1. (Cards Per Minute),** cartes/minute ; **2. (Critical Path Method),** méthode du chemin critique.

CPS, **1. (Characters Per Second),** caractères/seconde ; **2. (Cycles Per Second),** cycles/seconde.

CPU (Central Processing Unit), unité centrale (UC), processeur central ; **CPU-bound,** tributaire de (la vitesse de) l'unité centrale ; **CPU-intensive**, qui exige de nombreux calculs ; **CPU (usage) time,** temps, durée, d'utilisation du processeur, temps processeur.

CPW (Communicating Word Processor), machine de traitement de texte communicante.

CR (Carriage Return), retour chariot.

Crack (to), percer (un code), déplomber (logiciel), débrider.

Crackable, qui peut être percé (code).

Cracker, **code c.,** perceur de code, pirate informatique.

Cradle, support de combiné téléphonique.

Crank out (to), cracher, sortir, produire.

Crash, blocage ; **c. cost,** coût (sans limite de ressources) ; **c. course,** cours accéléré ; **c. dump,** vidage sur incident ; **on a c. basis,** de facon accélérée ; **c. numbering,** numérotation consécutive des feuillets (sur assembleuse) ; **c. perforation,** perforation transversale de la liasse par moletage.

Crash (to), **1.** tomber en panne ; jarg. se planter ; **2.** détruire des données enregistrées.

Crate, châssis.

Crawler, programme de recherche (sur Internet).

CRC (Cyclic Redundancy Check), contrôle de redondance cyclique.

Cream skimming, littéralement : « écrémage » : fait de n'exploiter que les liaisons rentables en abandonnant ou en défavorisant les lignes déficitaires.

Cream off (to), écrémer (un marché).

Creative, **c. computing,** l'informatique créative.

Credibility, **c. check,** contrôle de vraisemblance.

Credit, crédit ; **c. authorization terminal,** terminal de contrôle de solvabilité ; **c. black list,** liste noire ; **c. card,** carte de paiement ; **c. card company,** société émettrice de cartes de crédit ; **c. checking,** contrôle de solvabilité ; **c. rating,** contrôle de solvabilité ;

c. reporting agency or company, société contrôlant la solvabilité (d'un client potentiel).

Crimp (to), **1.** sertir ; **2.** griffer (papier).

Crimping, **1.** sertissage ; **2.** griffage, griffes de chat (papier).

Cripple (to), mettre hors service, hors de fonctionnement, invalider, neutraliser.

Crippled, **c. leap frog test,** test saute-mouton restreint ; **c. mode,** fonctionnement en mode dégradé.

Crippleware, version bridée d'un logiciel (aux fins de démonstration).

Critical, critique ; grave (erreur) ; **c. path analysis or method (CPM),** méthode du chemin critique, méthode CPM ; **c. stock lever,** seuil de réapprovisionnement.

Criticality, gravité (d'une erreur, etc.).

Crop (to), couper, découper, détourer.

Cropping, découpage, détourage.

Cross-assembler, assembleur croisé.

Cross-assembly, assemblage croisé.

Cross-bar switch, commutateur à barres croisées.

Cross-barred, commuté par barres croisées.

Cross-barring, commutation par barres croisées.

Cross-border, transfrontière, **c. b. data flow,** flux de données transfrontière (FDT) ; **c. b. network,** réseau transfrontière ; **c. b. shopping,** fait de faire ses achats de l'autre côté de la frontière.

Cross check (to), contre-vérifier.

Cross checking, contrôle par balance carrée, contre-vérification.

Cross compilation, compilation croisée.

Cross-compiler, compilateur croisé.

Cross-compiling, compilation croisée.

Cross-coupled, interconnecté.

Cross-coupling, interconnexion.

Cross domain, interdomaine.

Crossfoot, opération horizontale ; **c. total,** total horizontal.

Crossfoot (to), faire une opération horizontale.

Crossfooter, compteur à opération horizontale.

Crossfooting, opération horizontale.

Crosshair, réticule, viseur.

Cross-hatching, hachurage croisé.

Cross-industry, intersectoriel.

Cross-linker, éditeur absolu (sortie assembleur ; fichier résultant absolu).

Crossnet, interréseau.

Crossout, **c. key,** touche x (de machine à écrire).

Cross perforate (to), faire un moletage transversal (d'une liasse en continu).

Cross perforation, moletage transversal (séparant les feuillets du papier en continu).

Cross platform, inter-plate-forme, entre plates-formes.

Cross-product, produit vectoriel.

Cross-products = cross-assemblers, cross-compilers, simulators.

Cross reference, renvoi, correspondance, référence croisée ; **c. reference listing,** liste des correspondances ; **c. reference lister,** listeur de références croisées ; **c. r. table,** table des correspondances (par ex. code symbolique/code machine).

Cross reference (to), établir des correspondances, des renvois croisés.

Cross selling, interdistribution.

Cross software, logiciel croisé.

Crosstalk, **1.** interférence, diaphonie ; **2.** échange(s), dialogue.

Crosstalk (to), dialoguer.

Cross total = crossfoot total.

Crowd (to), tasser (information).

Crowding = packing.

CRT = Cathode Ray Tube ; **CRT-based terminal, CRT terminal,** terminal (de visualisation) à écran cathodique.

CRU (Customer Replaceable Unit), unité de remplacement (remplaçable par l'utilisateur).

Crunch (to), **c. numbers (to),** exécuter, faire, effectuer, des calculs.

Crunsh = console run sheet.

Crush, bourrage (de cartes, etc.).

Cryogenic, cryogénique ; **c. computer,** ordinateur cryogénique ; **c. storage, c. store,** mémoire cryogénique.

Cryogenics, cryogénie.

Cryptanalysis, cryptanalyse, analyse cryptographique.

Cryptography, cryptographie.

Cryptology, cryptologie.

Crystal, **c. display,** affichage à cristaux liquides.

C-size, format C de l'ANSI : approx. format ISO A2.

CSMA/CD (Carrier Sense Multiple Access with Collision Detection), détection de signal avec accès multiple et détection de collision.

CTD (Charge Transfer Device), dispositif à transfert de charge.

CTRL (Control) key, touche CTRL (souvent associée à une autre touche pour exécuter une commande, une fonction).

CTS (Clear To Send), prêt à émettre (PAE).

Cubicle, caisson, armoire, baie.

Cue, caractère indicateur ; **c. symbol**, caractère spécial.

Cue (to), intercaler, insérer.

CUG (Closed User Group), groupe fermé d'utilisateurs.

CU-SEE-ME, logiciel de visioconférence par Internet.

Cull (to) recueillir (données, connaissances).

Culling, suppression d'éléments indésirables (d'une image).

Cultural data, **1.** données culturelles ; **2.** données topographiques.

Cumbersome, lourd, encombrant.

Cumulative, cumulatif ; **c. area,** zone de cumul ; **c. costs,** cumul des frais ; **c. error,** erreur cumulée ; **c. index,** index cumulatif ; **c. total,** cumul.

Cumulatively, cumulativement, en cumulé.

Cupboard, armoire de rangement (de bobines).

Cupping (of tape), courbure transversale de la bande.

Currency, **1.** caractère d'actualité ; **2.** monnaie ; **c. sign or symbol,** symbole monétaire.

Current, en cours de perforation ou de lecture (carte), en cours d'exécution (programme) ; applicable, en vigueur (mot de passe) ; active en service (unité) ; **c. date,** date du jour ; **c. instruction counter** = ***program counter;*** **c. loop,** boucle de courant ; **c. mode logic (CML),** logique CML ; **c. value**, valeur actuelle ; **to be c.,** être à jour ; **to keep (a file, etc.) c.,** tenir (un fichier, etc.) à jour.

Cursor, curseur ; **c. (control) key,** touche de commande, de déplacement, du curseur ; **c. (control) pad,** clavier de commande du curseur, bloc curseur ; **c. left, right, down, up key,** touche de déplacement du curseur vers la gauche, la droite, le bas, le haut.

Cursor to (to), déplacer le curseur jusqu'à, positionner le curseur sur.

Curtate.
Voir Lower Curtate, Upper C.

Curve, courbe ; **c. fitting,** ajustement de courbe ; **c. follower,** lecteur de courbes ; **c. plotter,** traceur de courbes.

Custom, **c. built, c. designed, c. made,** fait, fabriqué sur commande, sur demande, sur mesure, « personnalisé », adapté aux besoins particuliers de l'utilisateur ; **c. chip,** circuit intégré, « puce » sur mesure, à la demande ; **c. (design) (integrated) circuit,** circuit (intégré) à la demande ; **c.-designed electronics,** électronique sur mesure ; **c. form,** imprimé spécial, imprimé fait sur demande, personnalisé ; **c. program, programming,** programme, programmation personnalisé(e) ; **c. software,** logiciel personnalisé ; **c.-tailored,** personnalisé ; **c.-written,** écrit sur demande (programme logiciel).

Customer, client, utilisateur ; **c.-activated (banking) terminal,** guichet automatique (de banque) (GAB) ; **c. base,** clientèle de base, parc ; **c. care**, assistance client ; **c. centric**, axé sur le client ; **c. churn**, perte de clients ; **c.-contributed,** (logiciels) mis en commun par des utilisateurs ayant constitué un groupement ; **c.-developed program,** programme écrit par l'utilisateur, le client ; **c.-driver,** tributaire de la clientèle ; **c. engineer,** inspecteur (en clientèle) ; technicien d'entretien, de maintenance ; **c. facing**, axé sur le client ;

c. file, fichier (des) clients ; **c. loyalty**, fidélité de la clientèle ; **c.-operated,** commandé, déclenché par le client ; **c.-operated seller terminal,** guichet automatique ; **c. retention**, fidélisation de la clientèle ; **c. runnable,** exécutable par le client ; **c. satisfaction, c. service,** taux de service ; **c. support,** assistance client.

Customizable, personnalisable.

Customization, adaptation, personnalisation.

Customize (to), personnaliser, adapter un appareil, etc. en vue d'une utilisation particulière.

Customized, **c. keyboard,** clavier personnalisé (doté des signes spéciaux demandés par le client).

Customizing = customization.

Cut (to), réduire (temps d'accès, coûts, etc.) ; couper, interrompre (une communication).

Cut and paste, coupe et insertion (de texte), « coupé-collé ».

Cut and paste (to), couper-coller.

Cut-down, **c. d. version,** version réduite.

Cut forms, documents séparés.

Cut-off, troncature ; **c. o. date,** jour de l'arrêté comptable.

Cut off (to), tronquer (nombre).

Cut-over, transition, passage, mise en service, basculement, transfert (d'un système à l'autre) ; **c. o. date,** date de mise en service d'une nouvelle installation ; **c. o. period,** période de transition, de marche en parallèle (de deux systèmes), de passage de l'ancien au nouveau système.

Cut-price, à prix réduit.

Cut-rate, **c. r. version,** version économique, version à prix réduit.

Cut set, liasse.

Cut sheet feeder, dispositif d'alimentation de documents séparés.

Cut-through, mode de transmission direct.

Cutter, couteau (pour coupe de papier en continu).

Cutting, **c. edge,** pointe du progrès, avant-garde, etc. ; **c.-e. technology**, technologie de pointe.

Cutting-off = cut-off.

Cutting-over = cut-over.

Cuttings box, boîte à confetti.

Cyber (préfixe), cyber.

Cyberbusiness, cyberentreprise.

Cybercafé, cybercafé.

Cybercash, monnaie électronique.

Cyberchat, conversation sur Internet.

Cybercop, cyberflic.

Cybercrook, cyberescroc.

Cybercrud, langage réservé aux seuls initiés sur Internet.

Cyberculture, cyberculture.

Cyberethics, déontologie d'Internet.

Cybermall, cybergallerie (marchande).

Cybernaut, cybernaute, internaute.

Cybernetician, cybernéticien.

Cyberneticist, cybernéticien.

Cybernetics, la cybernétique.

Cyberphobe, cyberphobe.

Cyberphobia, cyberphobie.

Cyberpork, fonds gouvernementaux utilisés par ceux qui gravitent dans les activités liées aux autoroutes de l'information et dont l'efficacité laisse à désirer.

Cyberpunk, pirate informatique.

Cyberian, sabir informatique d'Internet, cybérien.

Cybersex, cybersexe.

Cybershopper, acheteur sur Internet.

Cyberskating, surf sur Internet.

Cyberspace, cyberespace.

Cyberspeak, jargon d'Internet.

Cybersquatting, usurpation d'adressse.

Cybertheft, cybervol.

Cyberwar, cyberguerre.

Cyberwoozle, siphonnage de données.

Cycle, cycle ; **c. counter,** compteur de cycles ; **c. count(ing),** inventaire tournant ; **c. criterion,** nombre d'itérations ; **c. reset,** retour du compteur de cycles à la valeur initiale ; **c. shift =** ***cyclic shift;*** **c. steal (to),** voler des cycles ; **c. stealing,** utilisation « en vol de cycles », **c. time,** temps de cycle, cycle de base.

Cycle (to), **1.** itérer, répéter ; **2.** boucler un cycle ; **c. down (to),** mettre progressivement hors tension (la machine) ; **c. through (to),** tourner sur une boucle.

Cyclic, cyclique ; **c. binary code,** code Gray ; **c. code,** code cyclique ; **c. redundancy check (CRC),** contrôle de redondance cyclique ; **c. shift,** décalage circulaire ; **c. storage, c. store,** mémoire circulante.

Cycling, itération.

Cylinder, cylindre (ensemble des pistes d'une pile de disques accessibles à partir d'une seule position du bras de lecture/écriture) ; **c. index,** index des cylindres.

Cyphertext = ciphertext.

D

D/A (Digital/Analog), numérique/analogique.

DAA (Data Access Arrangement), dispositif d'accès (au réseau).

DAC (Digital-to-Analog Converter), convertisseur numérique/analogique (CNA).

DAD (Digital Audio Disk), disque audionumérique.

Daemon, démon.

Dagger, croix (typo.).

Daisy, **d. chain (to),** connecter ; **d. chain(ing),** guirlande, connexion en guirlande ; **d. (print) wheel,** rosace d'impression, marguerite ; **d. (wheel) printer,** imprimante à marguerite ; **d. wheel terminal,** terminal à marguerite.

Dancing ants = marching ants.

Dangling, qui n'est pas à sa place (logique).

Dark fiber, fibre noire.

DASD (Direct Access Storage Device), unité de stockage à accès direct, disque.

Dash, tiret ; trait (code Morse) ; **d.-dot,** trait mixte (_._._) ; **d. key,** touche trait d'union.

Dashed, **d. line,** trait discontinu.

DAT, **1. (Dynamic Address Translation),** traduction dynamique d'adresse ; **2. (Digital Audio Tape),** bande audionumérique ; **DAT box,** dispositif de traduction dynamique d'adresse ; **DAT drive,** lecteur de bande audionumérique.

Data, données ; **d. above voice (DAV),** transmission de données supravocales ; **d. access arrangement (DAA),** dispositif d'accès (au réseau) ; **d. accumulation,** collecte de données ; **d. acquisition,** acquisition de données, **d. acquisition terminal or unit,** terminal ou unité d'acquisition de données (opération plutôt automatique et sans opérateur) ; **d. adapter,** adaptateur de ligne ; **d. aggregate,** agrégat de données ; **d. bank,** banque de données ; **d. base (DB),** base de données (BD ou BDD) (voir Database) ; **d. bit,** bit utile, bit d'information ; **d. block,** bloc de données ; **d. bomb,** piège logiciel se déclenchant à l'issue d'un délai donné ; **d. book,** recueil, dossier, catalogue ; **d. bus,** bus de données ; **d. capture, d. capturing,** saisie de données ; **d. capturing device or unit,** unité de saisie (de données) ; **d. card, 1.** carte mécanographique ; **2.** carte « données » ; **d. card plant,** usine à cartes, imprimerie à cartes ; **d. carrier, 1.** support d'information ; **2.** transporteur de données (société de services) ; **d. carrier store,** mémoire à support amovible ; **d. cartridge,** chargeur ; **d. cell,** cellule (de mémoire à feuillets) ; **d. cell drive or unit,** unité de mémoire à feuillets magnétiques ; **d. center,** centre de calcul, centre (de traitement) informatique (CTI) ; **d. circuit terminating equipment (DCE),** équipement de terminaison de circuit de données (ETCD) ; **d. cleaning,** suppression des erreurs ; **d. collection,** collecte de données ; **d. collection equipment,** matériel de collecte de données ; **d. collection device or terminal (DCT),** terminal de collecte (de données) ; **d. collector,** unité de collecte de données ; **d. comms =** ***data communications;*** **d. communications,** communication de données, transmission de données, télématique ; **d. communication channel,** voie de transmission ; **d. communication controller (DCC),** contrôleur de transmission ; **d. communication equipment (DCE),** équipement de transmission de données, de téléinformatique ; **d. communication network,** réseau de transmission de données ; **d. communication processor,** ordinateur de transmission ; **d. communication terminal,** terminal de transmission ; **d. compaction,** suppression des caractères nuls ; **d. compression,** compression de données; **d. concentrator,** concentrateur de données; **d. conversion,** conversion de données; **d. corruption,** altération de données; **d. coupler,** coupleur; **d. crunching,** calculs; **d. decapsulation,** «désemballage» des données; **d. deck,** paquet de cartes «données»; **d. definition language** (DDL), langage de définition de données; **d. delimiter,** séparateur; **d. density,** densité d'enregistrement (des données); **d. description language (DDL),** langage de description de données; **d. descriptor,** descripteur de données; **d. dictionary,** dictionnaire de données, répertoire de données; **d. diddler**, falsificateur de données (délit informatique); **d. diddling,** falsification des données; **d.-directed,** dirigé par les données; **d. directory,** répertoire de données, dictionnaire de données; **d. disc,** disque enregistré; **d. dispersal, d. dissemination,** diffusion de données; **DATA Division,** division «données» (COBOL); **d.-driver,** articulé autour de la base de données; **d. element,** élément d'information; **d. encapsulation,** emballage de données; **d. encoder, d. encoding device,** enregistreur sur bande; **d. encryption standard (DES),** norme de chiffrement américaine; **d. encryption unit,** unité de chiffrement; **d. encryptor,** unité de chiffrement (de données), **d. entries,** groupe de données; **d. entry,** saisie, introduction de données; **d. entry clerk,** agent, opératrice de saisie de données; **d. entry device,** unité de saisie de données; **d. entry form,** masque ou grille de saisie (de données); **d. entry keyboard,** clavier de saisie de données; **d. entry operator** = ***d. entry clerk*** ; **d. entry screen,** écran de saisie; **d. entry station or terminal,** unité de saisie, enregistreur; **d. error**, erreur dans les données; **d. exchange (process),** échange de données; **d. feeds,** entrées, sources, de données; **d. file,** fichier de données; **d. file tape,** bande de données; **d. filer,** programme de classement de données; **d. flow,** flux, circulation de données; **d. flowchart,** organigramme de données; **d. flow diagram,** organigramme de données; **d. flow machine,** machine «flot de données»; **d. flow sheet** = ***d. flow diagram*** ; **d. format,** forme, structure, présentation de données; **d. gathering** = ***d. collection*** ; **d. generator,** générateur de données; **d. glove,** gant électronique, gant sensoriel, gant tactile; **d. graphics,** présentation graphique du contenu informationnel; **d. guarding,** protection des données; **d. guzzler,** gros consommateur de données; **d. handler, 1.** programme de manipulation de données; **2.** employé manipulant des données; **d. handling,** manipulation, traitement de données; **d. handling capacity,** capacité de traitement; **d. hiding,** masquage de données; **d. highway,** bus de données; **d. holder,** porte-copie; **d. in,** entrée de données; **d. input,** introduction, entrée de données; **d. input device** = ***d. entry device*** ; **d. inscriber,** enregistreur sur bande; **data in voice (DIV),** (transmission de) données vocales; **d. integrity,** intégrité des données; **d.-intensive,** gros consommateur de données; **d. item,** donnée élémentaire; **d. key,** touche de donnée; **d. law,** loi sur la protection des données; **d. layout,** implantation de données; **d. leakage,** fuite de données (extraction de données ou copies de données contenues dans la mémoire de l'ordinateur avec intention frauduleuse); vol de données; **d. level,** niveau (hiérarchique) d'une donnée; **d. link,** liaison (de transmission) de données; **d. link control (DLC) procedure,** procédure de liaison; **d. link escape character (DLE),** caractère d'échappement (en) transmission de données; **d. link layer,** couche liaison de données; **d. logger,** enregistreur de données; **d. logging,** enregistrement (chronologique) de données; **d. management,** gestion de données; **d. manager,** (programme) gestionnaire de données; **d. manipulation language (DML),** langage de manipulation de données; **d. mart**, marché informatique; **d. masking,** masquage de données; **d. massaging,** réduction, dépouillement de données; **d. matching** = ***computer matching*** ; **d. medium,** support d'information; **d. migration,** transfert de données d'une unité «en ligne» vers une unité «hors ligne»; **d. mining**, exploitation de gisements d'informations. **d. modem,** modem; **d. module,** infopac (IBM); **d. movement,** transfert de données; **d. multiplexer,** multiplexeur de données; **d. net, d. network,** réseau informatique, réseau (de transmission) de données; **d. originating equipment,** matériel émetteur de données; **d. origination,** création, émission de données; **d. originator,** émetteur de données; **d. out,** sortie de données; **d. output,** sortie de données; **d. pack,** disque de données; **d. packet,** paquet de données; **d. path,** chemin de données; **d. pen,** crayon électronique; **d. phone,** modem; **d. pipe,** tuyau de données; **d. plotter = *X-Y plotter*; d. pool,** base de données; **dataprep section = *d. preparation section*; d. preparation,** préparation de données; **d. preparation equipment,** matériel de préparation; **d. preparation department, room, section,** atelier de perforation, atelier mécanographique; **d. preparation supervisor,** moniteur, monitrice d'atelier; **d. processing; 1.** traitement de l'information, de données, l'informatique; **2.** le service informatique; **d. processing auditor,** contrôleur de gestion; **d. processing binder,** reliure pour états mécanographiques; **d. processing bureau,** centre de traitement à façon, façonnier; **d. processing card,** carte mécanographique, carte perforée; **d. processing center,** centre de calcul, centre de traitement de l'information (CTI); **d. processing congress,** (la) convention informatique; **d. processing consultant,** conseiller ingénieur-conseil en informatique; **d. processing course,** cours d'informatique; **d. processing department,** service mécanographique ou informatique; **d. processing equipment,** matériel informatique, ordinateur; **d. processing expert,** informaticien; **d. processing facilities,** installation informatique; **d. processing field,** l'informatique; **d. processing form,** imprimé, formulaire, informatique; **d. processing industry,** l'industrie informatique; **d. processing instructor,** moniteur (de formation); **d. processing machine,** machine à traiter l'information, ordinateur; **d. processing manager (DPM),** directeur informatique (DI); **d. processing market,** marché de l'informatique; **d. processing report,** état mécanographique; **d. processing ribbon = *computer ribbon*; d. processing run,** phase de traitement; **d. processing school,** école d'informatique; **d. processing scientist,** informaticien; **d. processing section,** service mécanographique ou informatique; **d. processing sequence,** chaîne de traitement; **d. processing serviceman,** technicien d'entretien; **d. processing staff,** personnel informaticien; **d. processing step,** unité de traitement; **d. processing supplies,** fournitures mécanographiques; **d. processing system,** ensemble de traitement de l'information, ordinateur; **d. processing task,** travail mécanographique; **d. processing techniques,** techniques informatiques; **d. processing unit,** appareil informatique; **d. processing world,** l'informatique; **d. processor, 1.** machine de traitement de l'information; **2.** informaticien; **3.** processeur de données (dans SGBD); **D. Protection Act,** loi (britannique) sur la protection des données (1984); **d. provider = *information provider (IP)*; d. purification,** contrôle des données avant traitement; **d. rate,** débit; **d. record,** enregistrement; **d. recorder,** enregistreur sur bande magnétique; **d. recording,** enregistrement de données; **d. recording medium,** support d'information, d'enregistrement; **d. recovery,** récupération de données; **d. reduction,** réduction de données; **d. reduction center,** centre de dépouillement de données; **d. repository,** gisement de données; **d. retrieval, 1.** extraction de données; **2.** transfert de données (entre disque et système); **d.-sensitive,** mis en évidence par les données; **d. set, 1.** ensemble de données, fichier; **2.** modem; **d. set ready (DSR),** modem prêt; **d. sheet,** fiche technique; **d. signalling rate,** débit binaire; **d. sink,** terminal récepteur de données, collecteur de données; **d. source, 1.** source, point d'émission, terminal émetteur (de données); **2.** gisement de données; **d. speed,** débit; **d. station,** station de données; **d. storage medium,** support d'information; **d. store,** base de données intermédiaires; **d. stream,** flot, flux de données; **d. streamer,** dérouleur en continu; **d. streaming,** transmission en continu; **d. streaming tape device,** dérouleur en continu; **d. string,** chaîne de données; **d. striping,** segmentation de données; **d. suit,** combinaison électronique; **d. switch,** commutateur de données; **d. switching exchange,** commutateur de données; **d. tablet,** table à numériser; **d. tagging,** repérage des données; **d. tape,** bande «données»; **d. terminal,** terminal de données, poste à distance, poste de télégestion, poste **terminal; d. terminal equipment (DTE),** équipement terminal de traitement de données (ETTD); **d. terminal ready (DTR),** terminal de données prêt; **d. terminal unit = *d. terminal*; d. throughput,** débit; **d. track,** piste de données; **d. transceiver,** appareil émetteur/récepteur de données; **d. transcri-**

ber, enregistreur sur bande ; **d. transcription department,** atelier mécanographique ; **d. transfer rate, d. transfer speed,** débit, cadence de transfert (de données) ; **d. transfer to and from peripherals,** échange avec les périphériques ; **d. transmission,** transmission de données ; **d. transmission equipment,** matériel de transmission de données ; **d. transmission rate,** vitesse de transmission de données ; **d. transmission terminal,** poste de télégestion ; **d. under voice (DUV),** (transmission de) données infravocales ; **d. utilities,** utilitaires de traitement de données ; **d. vac,** petit aspirateur pour nettoyage de matériels informatiques ; **d. vetting run,** passage de validation, de mise au point ; **d. visualisation**, présentation graphique (souvent de données chiffrées) ; **d. way,** voie de données ; **d. word,** mot contenant des données ; **d. word processing terminal,** terminal mixte (terminal assurant le traitement des données et le traitement de texte).

Databank* = *data bank.

Database (DB), base de données (BD ou BDD) ; **d. access method (DBAM),** méthode d'accès aux b. de données ; **d. administrator (DBA),** administrateur (personne) ou gestionnaire (programme) de base de données ; **d. chip,** puce « base de données » ; **d. description language (DBDL),** langage de description de base de données ; **d. machine (DBM),** machine base de données (MBDD) ; **d. management (DBM),** gestion de base(s) de données ; **d. management system (DBMS),** système de gestion de base(s) de données (SGBD) ; **d. manager,** gestionnaire de base de données ; **d. provider,** producteur de base de données ; **d. server,** serveur de base de données ; **d. task group,** groupe de travail sur les bases de données.

Databation, manipulation de bases de données.

Datablade, module d'extension.

***Datacom* = *data communications* ; d. net, d. network,** réseau de télématique ; **d. engineer,** (ingénieur) télématicien ; **d. package,** logiciel de transmission de données.

Datagram, datagramme.

Dataline, liaison (ligne louée entre local abonné et central de commutation).

Datamation, traitement automatique des données.

Datamining, exploitation statistique d'une base de données.

Datamonger, qui brasse de grandes quantités de données.

DATAPAC, réseau public de commutation par paquets de Telecom Canada.

Dataphone, (marque de AT & T), dataphone, modem.

Dataset* = *data set.

Datawarehouse, entrepôt de données.

***Date,* d. changed, d. compiled, d. written,** date de modification, de compilation, d'écriture (d'un programme) ; **d. conversion,** conversion de date ; **d. range,** période comprise entre deux dates ; **d. stamping,** marquage de la date, immatriculation (d'un programme).

Datebook, agenda.

***Dating,* d. routine,** programme d'écriture de la date.

Daughterboard, carte-fille,

DAV (Data Above Voice), (transmission de) données supravocales.

DAVFU (Direct Access Vertical Format Unit), unité de bande pilote à accès direct.

Daylight savings time, heure d'été (USA).

DB (Database), base de données (BD ou BDD).

DBA (Database Administrator), administrateur de base de données.

DBAM (Database Access Method), méthode d'accès aux bases de données.

DBDL (Database Description Language), langage de description de base de données.

DBM (Database Management), gestion de base(s) de données.

DBMS (Database Management System), système de gestion de base de données (SGBD).

DBOS (Disc-Based Operating System), système d'exploitation à disques.

DBS (Direct Broadcasting Satellite), satellite de (télé) diffusion directe.

DBTG (Database Task Group), groupe de travail sur les bases de données.

D-bus* = *data bus.

DC (Direct Current), courant continu ; **d. c. dump,** coupure du courant continu (sur la machine).

DCA (Distributed Communications Architecture), architecture de réseau d'Univac.

DCE (Data Circuit Terminating Equipment), équipement de terminaison de circuit de données (ETCD).

DCTL (Direct Coupled Transistor Logic), circuits à transistors couplés directement.

DDA (Digital Differential Analyzer), analyseur différentiel numérique.

DDBMS (Distributed Database Management System), système de gestion de base de données réparties (SGBDR) ;

DDC (Direct Digital Control), commande numérique directe (CNC).

DDCMP (Digital Data Communication Message Protocol), protocole de transmission de Digital Equipment Corporation (DEC).

DD/D (Data Dictionary/Directory), dictionnaire/répertoire de données.

DDD (Direct Distance Dialing), interurbain automatique.

DDE (Direct Data Entry), saisie en ligne, saisie directe.

DDL, **1. (Data Definition Language)**, langage de définition de données (LDD) ; **2. (Data Description Language),** langage de description de données.

DDP (Distributed Data Processing), traitement réparti, informatique répartie.

DDS (Digital Data Service), réseau à multiplexage temporel sur support numérique

(AIT).

Deactivate (to), mettre hors tension (un appareil, une ligne, etc.), mettre hors fonction, hors service, désactiver.

Deactivation, mise hors fonction, hors service, mise en sommeil.

Deactuation, mise hors fonction, hors service.

Dead, **d. halt,** arrêt immédiat ; **d. key,** touche ne faisant pas avancer le curseur ; **d. on arrival,** qui ne fonctionne pas, ne peut être mis en service, à sa livraison ; **d. time,** temps mort, temps d'inutilisation ; **d. tree version**, version papier (par opposition à une version électronique).

Deadlock, impasse, étreinte fatale, étreinte mortelle, blocage, interblocage.

Deadly embrace, étreinte fatale.

Deal with (to), traiter, prendre en charge (terminaux).

Dealer, revendeur.

Dealership, concession (représentation d'un constructeur par ex.)

Deallocate (to), désaffecter, libérer (un périphérique, etc.).

Deallocation, désaffectation, libération (d'un périphérique).

Deallocator, programme de libération (de volume).

Dearchive (to), transférer du disque (ou de la disquette) d'archive au disque (ou à la disquette) système, « désarchiver ».

Deassign (to), libérer.

Debatable, **d. time,** temps non imputable.

Deblock (to), dégrouper (articles groupés par blocs).

Deblocking, dégroupage.

Debounce* = *debouncing.

Debouncing, antirebond.

Debug (to), mettre au point, « déboguer » (un programme), dépanner (une machine).

Debug* = *debugging.

Debugged, mis au point (programme).

Debugger, **1.** personne qui met au point un programme, « metteur au point » **2.** (sous-) programme de mise au point, metteur au point, « débogueur ».

Debugging, mise au point, « débogage » (d'un programme), dépannage (d'une machine) ; **d. aid routine = *checkout routine* ; d. aids,** outils de mise au point ; **d. facility,** fonction de mise au point ; **d. package,** programmes de mise au point ; **d. phase,** phase de mise au point ; **d. routine,** sous-programme de mise au point ; **d. tool(s),** outil(s) de mise au point ; **d. run,** passage de mise au point ; **d. utility,** utilitaire de mise au point.

DEC (Digital Equipment Corporation).

DECdataway, réseau local industrialisé de DEC.

Decal, décalcomanie, étiquette (auto-adhésive, etc.).

Decapsulate (to), désemballer (paquet de données).

Decapsulation, désemballage (d'un paquet).

Deceleration, décélération ; **d. time,** temps d'arrêt, de décélération.

Decentralized, **d. data processing,** traitement décentralisé de l'information.

Decimal, décimal ; **d. digit,** chiffre décimal ; **d. notation,** notation décimale ; **d. number,** nombre décimal ; **d. number(ing) system,** système décimal ; **d. numeral,** numéral décimal ; **d. place,** décimale ; **d. point,** virgule décimale ; **d.-to-binary conversion,** conversion de décimal en binaire ; **d. place,** position décimale.

Decimalization, décimalisation.

Decimalize (to), décimaliser.

Decipher (to), déchiffrer, décoder, transcrire en clair.

Decipherment, déchiffrement.

Decision, décision ; **d. aid,** aide à la décision ; **d.-aid package,** décisionnel ; **d. box,** symbole de décision (logique) (dans organigramme) ; **d. criterion,** critère de choix ; **d. element,** élément à seuil ; **d. instruction,** instruction de décision ; **d. maker,** décideur, gestionnaire ; **d. making,** prise de décision ; **d.-making ability,** pouvoir de décision ; **d.-support system (DSS),** système d'aide à la décision (SAD) ; **d. table,** table de décision ; **d. table translator,** traducteur de table de décision ; **d. theory,** théorie de la décision ; **d. tree,** arbre de décision.

Deck, **1.** paquet de cartes ; **2.** platine (support) ; **3.** dérouleur de bande magnétique ; **d. arrangement,** composition du paquet de cartes ; **d. set-up =** ***d. arrangement.***

Declaration, déclaration.

Declarative, **1.** (adj.) déclaratif, -tive. **2.** (s.f.) déclarative.

Declarer, déclarateur.

Declassification, déconfidentialisation.

Declassify (to), déconfidentialiser.

Decluttering, désencombrement, nettoyage, de l'écran.

Decode (to), **1.** décoder ; **2.** déchiffrer.

Decoder, décodeur.

Decoding, décodage ; **d. circuit,** circuit décodeur, de décodage ; **d. routine,** programme de décodage.

Decollate (to), déliasser.

Decollating, déliassage ; **d. machine,** déliasseuse.

Decollatiion, déliassage.

Decollator, déliasseuse.

Decompaction, décompactage (des données).

Decompile (to), décompiler.

Decompiler, décompilateur.

Decompress (to), décompresser ; **d. back (to),** revenir à l'état antérieur.

Decompression, décompression (de données).

Deconfigure (to), exclure de, retirer de, soustraire à, la configuration ; jarg. déconfigurer.

Decorative, **d. cover,** carter extérieur.

Decoy, leurre.

Decrease (to), diminuer ; **d. by one (to),** diminuer d'une unité.

Decreasing, **d. order,** ordre décroissant.

Decrement, décrément, diminution, pas de régression, constante négative.

Decrement (to), décrémenter, diminuer, faire régresser ; **d. by one (to),** diminuer d'une unité ; **d. to (to),** ramener à.

Decrementation, décrémentation, diminution, régression.

Decrementer, décrémenteur.

Decrypt (to), déchiffrer, décrypter.

Decryption, déchiffrement, décryptage.

Dedicate (to), **1.** inaugurer (usine, etc.) ; **2.** spécialiser (matériel, etc.).

Dedicated, spécialisé, exclusif, jarg. dédié ; **d. (application) computer,** ordinateur spécialisé ; **d. core locations,** positions réservées en mémoire ; **d. line,** **1.** ligne spécialisée (LS) ;

2. alimentation (électrique) indépendante ; **d. message,** message privilégié ; **d. terminal,** terminal spécialisé ; **d. uses,** applications spéciales.

Dedication, **1.** inauguration ; **2.** spécialisation.

De-energization, désexcitation (d'un relais).

De-energize (to), désexciter (relais, etc.).

De-expedite (to), supprimer la relance (gestion de production).

De facto standard, norme «de fait», appelée «standard» en français qui s'est imposée sur un marché. Elle précède la norme officielle (*de jure standard*).

Default, défectuosité ; choix effectué par le système si aucun choix n'est effectué par l'utilisateur ; **d. assignment,** affectation implicite, systématique ; **d. (device, option, prompt, value),** (unité, option, message (guide-opérateur), valeur) implicite ; **by default,** implicitement.

Default to (to), prendre ou faire prendre implicitement (une valeur, etc.).

Defeat, **d. feature,** dispositif d'invalidation, de mise hors service.

Defeat (to), annuler l'effet (d'une option, etc.), invalider, neutraliser.

Defeatable, invalidable, supprimable.

Defeaturing, allègement de la configuration d'un produit.

Defect, défaut ; **d. mapping,** repérage, cartographie, des défauts ; **d. skipping,** contournement des défauts (sur disque) ; **d. swapping,** contournement des défauts.

Defense, **d.-oriented,** qui travaille pour l'armée, la défense ; **d.-related ICs,** circuits intégrés à usage militaire.

Defer (to), différer, ajourner.

Deference, ajournement.

Deferral, report.

Deferred, **d. addressing,** adressage différé ; **d. mount,** montage différé (d'une bande) ; **d. printing,** impression en différé, différée ; **d. restart,** relance différée.

Defragment (to), défragmenter.

Defragmentation, défragmentation.

Defragmenter, utilitaire de défragmentation, défragmenteur.

Degaussing, démagnétisation.

Deglitching, suppression des pointes.

Degradation, baisse des performances, fonctionnement en mode dégradé.

Degrade (to), **d. gracefully (to),** offrir un traitement réduit (en cas d'incident grave).

Degree, **d. of freedom,** degré de liberté.

Dehighlight (to), supprimer la mise en valeur.

Deinstall (to), démonter, retirer du service, désinstaller (un logiciel).

Deinterleave (to), remettre dans l'ordre initial.

Dejag (to), supprimer les irrégulatités, les marches d'escalier.

Dejagging, suppression de l'irrégularité des traits.

De jure standard, norme «de droit» élaborée par un organisme de normalisation. Elle entérine parfois un «standard» (*de facto standard*) existant.

Delay, retard, temporisation ; **d. line,** ligne à retard ; **d. line storage, d. line store,** mémoire à propagation.

Delay (to), retarder, différer, reporter.

Delayed, différé.

Deleave (to), déliasser.

Deleaver, déliasseuse.

Deleaving, déliassage ; **d. machine,** déliasseuse.

Deletable, supprimable.

Delete, **d. character,** caractère d'effacement.

Delete (to), éliminer, supprimer, annuler, effacer, détruire.

Deletion, élimination, suppression ; **d. file,** fichier des suppressions ; **d. record,** article éliminé.

Delimit (to), délimiter.

Delimiter, séparateur, borne.

Delimiting, **d. comma,** virgule de séparation.

Delink (to), détacher.

Deliverables, composition de la fourniture.

Deliver (to), remettre (pli, message, etc.).

Delivery, livraison et par ext. sortie, remise (d'un message) ; **d. date,** date de livraison ; **d. hopper,** magasin d'alimentation ; **d. schedule,** calendrier de livraison ; **d. spool,** bobine débitrice ; **d. time,** délai de livraison.

Delta character, carotte.

Demagnetization, démagnétisation.

Demagnetize (to), démagnétiser.

Demand, **to make heavy demands on,** très solliciter (processeur, etc.) ; **d.-paged,** paginé à la demande ; **d. paging,** pagination à la demande ; **d. processing,** traitement immédiat, traitement à la demande.

Demarc = demarcation.

Demarcate (to), délimiter.

Demarcation, délimitation ; **d. character,** caractère de délimitation.

Demigrate (to), démigrer.

Demilitarized**, d. zone (DMZ)**, zone démilitarisée.

Demo jarg., démo. ; **d. diskette,** disquette de démonstration ; **d. link,** liaison de démonstration.

Democratic, non hiérarchisé (réseau).

Demodulate (to), démoduler.

Demodulation, démodulation.

Demodulator, démodulateur.

Demographics, **customer d.,** habitudes d'achat (de la clientèle).

Demonstration, démonstration ; **d. center, deck, diskette, form, program, room,** centre, jeu (de cartes), disquette, imprimé, programme, salle, de démonstration.

Demonstrator, démonstrateur.

Demount (to), démonter (bande, etc.).

Demountable, amovible ; **d. pack,** chargeur (amovible) de disque.

Demultiplex (to), démultiplexer.

Demultiplexer, démultiplexeur.

Demultiplexing, démultiplexage.

Demux = demultiplexer.

Denial, refus (d'accès, etc.), refus de prise en charge.

Denormalize (to), dénormaliser.

Denotational semantics, sémantique dénotationnelle.

De-outline (to) = to de-highlight.

Density, densité, **d. switching,** changement de densité.

Dental, **d. office management,** gestion de cabinet dentaire.

Deny (to), **d. access to (to),** refuser l'accès à ; **to be denied access to,** se voir refuser l'accès à.

Depacketize (to), dépaqueter.

Depanelization, subdivision de cartes en sous-cartes.

Departmental, **d. computer, computing, machine, system,** ordinateur départemental, informatique départementale, machine départementale, système départemental.

Dependability, sûreté de fonctionnement, fiabilité.

Dependable**,** sûr, fiable.

Dependency, dépendance.

Dependent, **d. variable,** variable dépendante.

-dependent, lié à, tributaire de.

Depletion, appauvrissement.

Deployed, répartis (terminaux).

Deployment**,** déploiement.

Depopulate (to), retirer (cartes de C.I., etc.), dégarnir.

Depopulated, partielle (mémoire par ex.).

Depopulation, retrait du service (d'un bloc de mémoire, etc.).

Depress (to), abaisser, appuyer sur, enfoncer (un bouton, une touche), comprimer.

Depression, abaissement, enfoncement (d'un bouton, d'une touche).

Deprogramming, déprogrammation.

Depth, profondeur ; hauteur de page, nombre de lignes ; **d. cueing,** indication(s) de profondeur.

Deque, liste à 2 entrées.

Dequeue (to), retirer d'une file d'attente.

Derate (to), sous-solliciter, déclasser (une machine).

Derating, sous-sollicitation, déclassement (d'une machine).

Dereferencing, suppression d'une référence à qqch.

Deregulate (to), déréglementer.

Deregulation, déréglementation.

Derivative, dérivé, variante.

Derive (to), calculer, extraire (racine carrée).

DES (Data Encryption Standard), norme de chiffrement américaine.

Descender, lettre à queue, «descendeur» (par exemple «g» ou «j»).

Descending, **d. order or sequence,** ordre décroissant; **d. sort,** tri décroissant.

Deschedule (to), déplanifier.

Descramble (to), désembrouiller.

Descrambler, désembrouilleur.

Descrambling, désembrouillage.

Descriptive, **d. parameters,** paramètres de description.

Description, description; désignation (d'un article).

Descriptor, descripteur.

Deselect (to), supprimer (une affectation, une sélection), désélectionner.

Deserialization, mise sous forme de caractères.

Deserializer, convertisseur série par bit/parallèle par bit.

Deshuffle (to), désentrelacer.

Deshuffling, désentrelacement.

Design, **d. automation (DA),** conception assistée par ordinateur; **d. engineer,** ingénieur d'études; **d. review,** examen de projet; **d. rule : 1 µm design rule,** géométrie de 1 µm.

Design (to), concevoir; **design around (to),** articuler sur, bâtir autour de; **d. into (to),** intégrer; **d. out (to)** éliminer, supprimer.

Designate (to), indiquer.

Designation, indication; **d. punching,** perforation fonctionnelle.

Designator, indicateur.

Designed-in, incorporé, intégré.

Designer, concepteur, créateur.

Desk, bureau, pupitre; **d.-bound,** intransportable (ordinateur cantonné au bureau en raison de son poids); **d. calculating machine,** machine à calculer de bureau; **d. calculator** = ***d. calculating machine*****; d. check (to),** mettre au point la programmation (par analyse des différentes branches de l'organigramme); **d. checking,** contrôle de programmation; **d. debugging** = ***d. checking*****; d. inquiry unit,** poste d'interrogation, poste de réservation; **d. management,** gestion du bureau; **d. set,** poste de réservation; **d.-sharing = hot desking**; **d.-size(d) computer,** ordinateur de bureau; **d. telephone set,** poste téléphonique de bureau; **d. terminal,** terminal de bureau; **d.-top :** Voir DESKTOP; **d. topper,** unité (ordinateur, calculateur) tenant sur une table, un bureau.

Deskew(ing), correction de désalignement (de bande).

Deskew (to), supprimer (défaut d'alignement).

Deskill (to), déqualifier.

Deskilling, déqualification.

Deskside, vertical, placé à côté d'un bureau, en tour (unité).

Desktop, **1.** adj. qui tient sur un bureau (ordinateur), intransportable (par opposition à l'ordinateur portable). **2.** subs. = ***desktop computer*** **; d. calculator,** machine à calculer de bureau; **d. computer,** ordinateur de bureau, de table ; **d. expansion base**, station d'accueil (pour ordinateur portable); **d. organizer,** gestionnaire de bureau; **d. publishing (DTP),** publication assistée par ordinateur (PAO), la PAO, (variantes : édition de bureau, édition électronique, microédition, éditique, etc.); **d. publishing software,** logiciel de PAO.

Desophisticated, désophistiqué.

Despooler, programme d'impression désynchronisée.

Despread (to), désétaler.

Destage (to), transférer de mémoire rapide vers mémoire moins rapide, désactiver.

Destaging, transfert de mémoire à mémoire, désactivation.

Destination, **d. field,** zone réceptrice, zone de destination; **d. node,** nœud destinataire; **d. terminal,** terminal récepteur.

Destructive, **d. read(ing), read (out) (DRO),** lecture destructive.

Destructor, opération automatique de finalisation d'un objet à supprimer.

Desuspend (to), reprendre (exécution suspendue).

Detach (to), libérer (un périphérique).

Detachable, amovible; **d. keyboard,** clavier mobile, clavier séparé (non solidarisé à la machine); **d. plugboard,** tableau de connexion amovible.

Detached, **d. keyboard,** clavier séparé.

Detacher, rupteuse, rupteur, éclateur.

Detail, **d. card,** carte détail; **d. file,** fichier mouvement(s); **d. line,** ligne détail; **d. printing,** impression d'une ligne par carte; **d. record,** article mouvement; **d. roll,** bande de contrôle (de caisse enregistreuse); **d. tape** = ***detail roll.***

Detailed, **d. flowchart,** organigramme détaillé (de programmation).

Detect, détection.

Detect (to), détecter, déceler.

Dethread (to), retirer une bande.

Detour (to), dérouter.

Detouring, déroutement.

Detune (to), réduire les possibilités (d'un appareil).

De-underline (to), désouligner.

De-underscore (to), désouligner.

De-update (to), revenir à une version antérieure (d'un fichier) en supprimant la mise à jour, rétrograder (un fichier).

Develop (to), jarg. développer (logiciel), calculer (adresse); créer, élaborer (programme).

Developer, réalisateur.

Development, développement; calcul (d'adresse); **d. facilities,** outils, moyens, de développement; **d. programmer,** programmeur de développement; **d. time,** temps d'élaboration, de réalisation (des programmes).

Deviation, écart (stat.).

Device, **1.** dispositif (au sens restreint : appareil supplémentaire); **2.** unité, appareil, périphérique; **d. adapter,** adaptateur de périphérique; **d. control character,** caractère de service; **d. control unit,** contrôleur de périphérique(s); **d.-controller,** contrôleur de périphérique(s); **d.-dependent,** tributaire du type d'unité; **d. driver, d. handler,** module (ou programme) de gestion (ou de commande) de périphérique, pilote de périphérique; **d.-independent,** non tributaire du type d'unité; **d.-specific,** propre à un appareil, une unité.

DFT (Diagnostic Function Test), test de fiabilité.

Dhrystone test, test Dhrystone (évaluation des performances).

Diacritic, (signe) diacritique.

Diagnosable, diagnosticable.

Diagnose (to), diagnostiquer, faire le diagnostic de (panne).

Diagnostic, **d. center,** centre de diagnostic; **d. check,** test de diagnostic; **d. disc or diskette,** disquette de diagnostic; **d. message,** message de diagnostic, d'erreur; **d. processor,** processeur de diagnostic; **d. program,** programme de diagnostic; **d. routine,** programme de diagnostic; **d. test,** test de diagnostic.

Diagonal, **d. (mark),** signe «/».

Diagram, schéma, graphique, diagramme.

Diagram (to), représenter schématiquement.

Diagrammatically, schématiquement.

Diagramming, **d. template,** organigraphe.

Dial, cadran (d'appel); (par abus) bouton gradué; **d. back,** rappel (= contrôle de l'utilisateur); **d. backup,** ligne téléphonique de secours; **d. in**, appel entrant; **d. out**, appel sortant; **d. seizure,** prise directe; **d. tone,** tonalité d'invitation à numéroter; **d.-up,** composition (sur cadran), établissement d'une liaison entre postes par cadran; **d.-(up) line, link, network,** ligne, liaison commutée, réseau commuté.

Dial (to), faire un numéro; **to dial 999,** faire le 999; (langage PTT) composer un numéro ou numéroter; afficher une valeur (au moyen d'un bouton gradué); **d. a computer (to),** appeler un ordinateur (par cadran d'appel); **d. back (to),** rappeler; **d. into (to),** introduire (à partir d'un cadran).

Dial(l)er, composeur (de numéros).

Dial(l)ing, composition (d'un numéro), numérotation (PTT); appel par cadran.

Dialog = dialogue.

Dialogue, dialogue; **d. box,** boîte de dialogue; zone de dialogue (Macintosh).

Diamond, **d.-shaped box,** losange.

Diary, agenda.

Dibit, dibit.

Dichotomizing, **d. search,** recherche dichotomique.

Dichotomy, dichotomie.

Dicing, découpage (d'une tranche en puces), quadrillage.

Dictating, **d. machine,** machine à dicter.

Dictionary, **d. code,** correspondance entre liste alphabétique de mots anglais et codes; **d.-driver,** articulé autour d'un dictionnaire (de données).

DID (Direct Inward Dialing), sélection directe à l'arrivée (SDA).

Diddling.
Voir DATA DIDDLING.

Die, **1.** matrice; **2.** poinçon; **3.** (plur. dice), dé (résultant du quadrillage d'une tranche (wafer)).
Voir PUNCH DIE.

Diff amp = differential amplifier.

Differential, **d. ampliffer,** amplificateur différentiel; **d. analyzer,** analyseur différentiel.

Diffusion, **d. furnace,** four à diffusion.

Digest (to), **d. data (to),** assimiler des données.

Digicash, monnaie électronique.

Digit, chiffre; **in d. form,** sous forme numérique; **d. compression,** compression des chiffres binaires; **d. key,** touche de chiffre; **d. place,** position de chiffre; **d. position** = ***d. place*** ; **d. pulse,** impulsion d'information; **d. punch,** perforation numérique (lignes 0 à 9 de carte perforée); **d. row,** ligne numérique (de carte perforée).

Digital, numérique, « digital »; **d. adder,** additionneur complet; **d./analog,** numérique/analogique; **d. audio disc (DAD),** disque audionumérique; **d. audio tape (DAT),** bande audionumérique : **d. cash**, monnaie électronique; **d. channel,** voie numérique; **d. clock,** horloge numérique; **d. computer,** calculateur numérique; **d. data,** données numériques; **d. data subset,** modem; **d. differential analyzer (DDA),** analyseur différentiel numérique; **d. divider,** diviseur numérique; **d. imaging**, imagerie, prise d'images, numérique; **d. integrator,** intégrateur numérique; **d. keyboard,** clavier numérique; **d. link,** liaison numérique; **d. multiplier unit,** multiplicateur numérique; **d. optical disk,** disque optique numérique (DON); **d. optical recording (DOR),** enregistrement optique numérique; **d. paper,** papier numérique; **d. (output) printer,** imprimante numérique; **d. plotter,** traceur numérique; **d. representation,** représentation numérique; **d. signal processor (DSP),** processeur de signaux numériques; **d. subset,** modem; **d. subtracter,** soustracteur numérique; **d. switch,** autocommutateur numérique; **d. tape transport,** dérouleur de bande magnétique; **d.-to-analog converter (DAC),** convertisseur numérique/analogique (CAN); **d. video or versatile disk (DVD),** disque vidéo numérique, disque DVD, disque numérique polyvalent.

Digital = Digital Equipment Corporation (DEC).

Digitalize (to) = digitize (to).

Digitally, numériquement, sous forme digitale; **d.-controlled,** à commande numérique; **d.-programmed machine-tool,** machine-outil à commande numérique (MOCN).

Digitiser (G.B.) = digitizer.

Digitizable, numérisable.

Digitization, numérisation.

Digitize (to), convertir en numérique, numériser, « digitaliser ».

Digitizer, convertisseur analogique/numérique, numériseur, lecteur de coordonnées, « digitaliseur ».

Digitizing, numérisation; **d. pad, plotter or tables,** numériseur, tablette à numériser; **d. software,** logiciel de numérisation.

Digraph = directed graph.

Dimension (to), dimensionner.

Dimensional, **two-d., three-d.,** à deux, à trois, dimensions.

Diminished, **d. radix complement,** complément restreint.

Dimmed, provisoirement inaccessible ou inutilisable (disque, commande, etc.).

DINA (Distributed Information Processing Network Architecture), architecture de réseau NEC.

Ding, petit impact, « pet » (sur un disque, etc.).

Dingbats, **1.** ornements typographiques ; **2.** nom d'une police de caractères ; **3.** nom d'un jeu informatique.

Dink Chester, disque Winchester de 3 1/2 pouces.

Diode, diode ; **d. transistor logic (DTL),** circuits à diodes et transistors.

DIP (Dual-In-line Package), boîtier à double rangée de connexions ; **DIP switch,** interrupteur à positions multiples, microinterrupteur.

Direct, **d. access,** accès direct, accès sélectif ; **d. access arrangement (DAA),** dispositif d'accès au réseau ; **d. access device,** unité à accès sélectif ; **d. access file,** fichier à accès direct ; **d. access storage device (DASD),** unité de stockage à accès direct ; **d. access storage media (DASM),** support à accès direct ; **d. access vertical format unit (DAVFU),** unité de bande pilote à accès direct ; **d. address,** adresse absolue ; **d. addressing,** adressage direct ; **d. broadcast(ing) satellite (DBS),** satellite de (télé)diffusion directe ; **d. channel,** canal (de distribution) direct ; **d. code** = ***absolute code*** ; **d. control,** commande directe ; **d. current (D.C.),** courant continu ; **d. data entry (DDE),** saisie directe ; **d. digital control (DDC),** commande numérique directe ; **d. distance dialing (DDD),** l'automatique ; **d. file,** fichier direct, fichier organisé par adresses ; **d. insert subroutine** = ***open subroutine*** ; **d. instruction,** instruction à opérande direct ; **d. inward dialing (DID),** sélection directe à l'arrivée (SDA) ; **d. memory access (DMA),** accès direct (à la) mémoire ; **d. outward dialing (DOD),** prise directe du réseau ; **d. read after write (DRAW),** lecture directe après écriture (aux fins de contrôle) ; **d. satellite link,** liaison directe par satellite ; **d. view storage tube (DVST),** tube à mémoire à vision directe.

Directed, **d. beam,** balayage cavalier.

Direction, **d. of sort,** sens du tri (croissant ou décroissant)

Directive, pseudo-instruction.

Directory, répertoire ; annuaire ; **d. file,** fichier répertoire ; **d. lookup,** consultation de répertoire, d'annuaire ; **d. tree,** arborescence des répertoires.

Dirty, modifié (segment ou page), altérée (alimentation électrique).

Disable (to), rendre inutilisable, mettre hors service ; invalider (circuit), désactiver, neutraliser

Disabling, invalidation, mise hors fonction.

Disallow (to), interdire.

Disarm (to), invalider (interruption, etc.).

Disassemble (to), **1.** démonter (matériel) ; **2.** désassembler (progr.).

Disassembler, désassembleur.

Disassembly, **1.** démontage ; **2.** désassemblage (prog.).

Disaster, catastrophe, sinistre ; **d. dump,** vidage en « catastrophe » ; **d. recovery,** reprise (du traitement) après un sinistre (incendie, etc.) ; **d. recovery plan,** plan antisinistre.

Disburse (to), diffuser.

Disc = disk.

Discard (to), mettre au rebut, jeter ; supprimer (chiffres).

Discharge (to), éjecter, projeter (gouttes d'encre).

Discipline, **line d.,** gestion de ligne(s), protocole de communication.

Disclaimer, exonération de responsabilité.

Disconnect, déconnexion.

Disconnect (to), déconnecter, débrancher, couper le téléphone (par ex. à une personne qui n'a pas payé sa facture téléphonique) ; détacher (d'une chaîne).

Disconnection, déconnexion, débranchement.

Discount, remise (sur un prix).

Discrepancy, différence, divergence, contradiction, écart, non concordance, discordance.

Discrete, discontinu, discret, isolé (mot); **d. components,** composants discrets, composants non intégrés; **d. manufacturer,** fabricant de pièces détachées; **d. representation,** représentation discrète.

Discretely, de façon discrète.

Discretionary hyphen, trait d'union préférentiel, césure facultative.

Discrimination, **d. instruction,** instruction de décision.

Disenable (to), interdire, invalider, inhiber, arrêter.

Dish, **d. antenna,** antenne parabolique.

Dishonour (to), ne pas honorer (demande, appel).

Disinstall (to), retirer du service.

Disintegrator, destructeur de documents.

Disjoint, non consécutif.

Disjunction, réunion logique, «OU» inclusif.

Disk, **1.** disque; **2.** par ext. disquette, disque souple; **d. array,** pile de disques; **d.-based (system, etc.),** à disques, stocké sur disque (système d'exploitation); **d. box,** boîte à disquettes; **d. cabinet,** meuble pour disques; **d. cache,** mémoire cache sur disque; **d. cacheing,** mise en mémoire cache sur disque; **d. cartridge,** chargeur; **d. control routine,** (sous-) programme de gestion (pour) disque; **d. control unit, d. controller,** contrôleur de disques; **d. directory,** répertoire disques; **d. drive (unit),** unité de disques; **d. drive controller,** contrôleur de disque; **d. driver program,** programme de gestion de disques; **d. dump,** vidage de disque, analyse de disque; **d. duplexing,** double enregistrement sur deux disques distincts et autonomes (chacun ayant ses propres contrôleur, alimentation, etc.); **d. duplication,** duplication de disque; **d. envelope,** enveloppe de disquette; **d. farm,** batterie (d'unités) de disques; **d. file, 1.** fichier (sur) disque, fichier-disque; **2.** unité de disques; **d. handler,** unité de disques; **d.-held file,** fichier (sur) disque(s); **d.-intensive,** gros utilisateur de disques; **d. jacket,** jaquette (plastique) de disquette; **d. library,** bibliothèque sur disques; **d. management,** gestion disques; **d. maker,** fabricant de disques; **d. master,** fichier maître disques; **d. mirroring,** écriture miroir (enregistrement sur deux disques distincts gérés par un contrôleur commun); **d. operating system (DOS),** système d'exploitation à disques; **d.-oriented (computer, etc.),** à disques; **d. pack,** chargeur; **d. pack cabinet,** meuble de rangement pour chargeurs; **d. pack canister, d. pack container,** cloche de protection (de chargeur de disques), «gamelle» (argot); **d. pack drive,** unité de disques (à chargeur); **d. platter,** plateau (de disque); **d. player,** lecteur de disque; **d. port,** port «disque»; **d.-resident,** résidant sur disques; **d. server,** serveur de disques; **d. shadowing,** double enregistrement (sur deux disques dont l'un est le disque principal et l'autre le disque de secours - en cas d'incident, il y a transfert sur le second disque); **d. sort,** tri sur disques; **d. space,** espace disque(s); **d. space manager,** gestionnaire d'espace disque; **d. spanning,** extension (reconnaissance de deux disques comme une seule entité); **d. speed,** vitesse de rotation des disques; **d. stack,** pile de disques; **d. storage,** mémoire à disques; **d. storage controller,** contrôleur d'unité(s) de disques; **d. storage drive,** unité de disques; **d. storage file,** unité de disques; **d. storage subsystem,** (sous-ensemble de) mémoire à disques; **d. storage unit,** unité de disques; **d. store,** mémoire à disques; **d. striping,** entrelacemeut (répartition des fichiers sur plusieurs disques); **d. support shaft,** arbre porte-disques; **d. surface,** face de disque; **d. swaps,** échanges disques; **d. transport,** unité de disque; **d. unit,** unité de disque; **d. utility,** utilitaire (pour) disque; **d. volume,** volume de disque.

Voir MAGNETIC DISK.

Diskette, disquette; **d.-based operating system,** système d'exploitation à disquette(s); **d. box,** boîte à disquette; **d. drive, d. drive unit (DDU), d. (storage) unit,** unité de disquette, lecteur de disquette; **d. file,** fichier sur disquette; **d. holder,** boîte à disquettes; **d. mailer,** pochette d'expédition de disquette(s); **d. storage box,** boîte à disquettes; **d. organizer,** classeur à disquettes; **d. tutorial,** cours sur disquette.

Diskless, sans disque (nœud, station de travail).

Dismount (to), démonter (bobine, volume).

Disordered, non trié, non ordonné (fichier).

Dispatch (to), expédier, acheminer.

Dispatcher, distributeur, répartiteur.

Dispatching, distribution, répartition.

Dispense (to), débiter (bande, etc.), distribuer.

Dispenser, distributeur.

Disperse (to), diffuser, disséminer.

Dispersed, **d. data processing (DDP),** informatique répartie, traitement réparti des données.

Dispersal, diffusion, dissémination.

Dispersion.

Voir TEST DATA DISPERSION.

Displacement, déplacement.

Display, **1.** affichage, visualisation, présentation sur écran ; **2.** image-écran ou écran ; **3.** unité à écran, écran ; visuel (J.O.) ; **on display (to be),** être présenté ; **d. board or card, 1.** tableau d'affichage ; **2.** adaptateur vidéo ; **d. console,** console de visualisation ; **d. device,** unité ou écran de visualisation ; **d. file,** fichier graphique, fichier de visualisation ; **d. layout sheet,** dessin d'image-écran ; **d. light,** voyant d'affichage, voyant de signalisation ; **d. monitor,** écran de visualisation ; **d.-oriented language,** langage d'affichage ; **d. panel,** tableau, panneau d'affichage ; **d. screen, 1.** écran de visualisation ; **2.** image affichée, contenu de l'écran ; **d. station,** clavier-écran ; **d. terminal (unit),** terminal à écran (de visualisation), écran, visu ; **d. tube,** tube cathodique (de visualisation) ; **d. unit,** unité de visualisation, d'affichage, visu ; **d. window,** viseur (de machine à calculer).

Display (to), afficher, visualiser, présenter (sur écran, dans une exposition), apparaître ; **d. again (to),** réafficher, réapparaître.

Displayable, affichable.

Disposable, jetable.

Disruption, interruption.

Dissector, dissecteur.

Disseminate (to), diffuser.

Dissemination, diffusion.

Dissolve (to), faire disparaître (sur écran, etc.).

Distance, **d.-insensitive, d.-sensitive (rate, etc.),** tarif(ication), indépendant(e) de, tributaire de, la distance ; **d. teaching,** téléenseignement.

Distortion, distorsion.

Distribute (to), répartir, ventiler, décentraliser (traitement).

Distributed, réparti, décentralisé ; **d. computing,** informatique répartie, traitement réparti, décentralisation des moyens de traitement, décentralisation du traitement ; **d. database (DDB),** base de données réparties (BDR) ; **d. database management system (DDBMS),** système de gestion de base de données réparties (SGBDR) ; **d. intelligence,** intelligence répartie ; **d. data processing (DDP) =** ***distributed computing.***

Distribution, répartition, ventilation ; **d. channel (deck, disk, medium, pack, tape, etc.),** canal, paquet, disquette, support, disque, bande de distribution (support fourni au client) ; **d. frame,** répartiteur (tél.).

Distributor, distributeur (de matériels, logiciels, etc.).

Disturb (to), perturber, déranger.

Disturbance, perturbation, dérangement.

Dither (to), juxtaposer (des points de couleur).

Dithering, juxtaposition de points de couleur différente (affichage couleur) pour donner l'illusion d'une nouvelle couleur.

Diversion, transfert, déroutement.

Divert (to), transférer, dérouter sur, vers.

Divide, **d. check,** division par zéro.

Divide (to), diviser ; **to divide A into B,** diviser B par A ; **d. into (to),** segmenter.

Divided, **d. light,** voyant en 2 parties.

Dividend, dividende.

Divider, **1.** diviseur ; **2.** intercalaire, séparateur.

Division, division ; **d. sub-routine,** sous-programme de division.

Divisor, diviseur.

DJNR (Dow Jones News/Retrieval), nom d'un serveur américain.

DLE (Data Link Escape Character), caractère d'échappement (en) transmission.

DMA (Direct Memory Access), accès direct (à la) mémoire.

DML (Data Manipulation Language), langage de manipulation de données.

DNA (Distributed Network Architecture), architecture de réseau de NCR.

DNC (Direct Numerical Control), commande numérique directe.

DNS (Distributed Network System), architecture de réseau de Control Data.

Do, **d. the coding (to),** écrire les instructions.

Dockable, extractible (se dit d'un ordinateur servant de ***DESKTOP*** et de ***LUGGABLE***).

Docking, installation d'un portable sur sa station d'accueil; **d. station** or **unit**, station d'accueil (pour ordinateur portable).

Document, document; **d. carriage,** chariot porte-document; **d.-centric,** centré sur les documents; **d. cut form printer,** imprimante de documents séparés; **d. design,** création d'imprimés; **d. feeder,** dispositif d'alimentation (de documents); **d. handler,** lecteur de documents; **d. handling,** manipulation de documents; **d. handling speed,** vitesse de traitement des documents; **d. imaging,** la documentique; **d. jogger,** taqueuse; **d. personalising machine,** machine à personnaliser les documents; **d. rate,** vitesse de traitement des documents; **d. reader,** lecteur de documents; **d. retrieval,** recherche documentaire; **d. shredder,** destructeur de documents; **d. sorter,** trieuse de documents; **d. tractor,** entraîneur de papier; **d. viewer,** visionneuse (de microfiches, etc.).

Document (to), documenter.

Documentary, **d. information retrieval,** recherche documentaire, informatique documentaire.

Documentation, documentation; **d. book,** dossier d'application.

DOD, **1. (Direct Outward Dialing),** prise directe du réseau (PDR); **2. (Digital Optical Disk),** disque optique numérique (DON).

Dollar, **d. format,** format dollar (+ 2 chiffres après la virgule).

Domain, domaine; **d. name**, nom de domaine; **d. name server (DNS),** serveur de noms de domaine.

Domestic, interne, national; par ext. américain, français, anglais, etc.

Done?, exécuté? terminé?

Dongle, clé électronique, clé de protection, « dongle ».

Don't care, indifférent (état).

Donut = doughnut.

Dopant, dopant.

Dope, information(s).

Dope (to), doper.

Doping, dopage.

DOR (Digital Optical Recording), enregistrement numérique optique.

Dorfed up, détérioré (fichier).

Dormancy, latence (d'un défaut).

Dormant, (mise) en sommeil (tâche) latent (défaut); **d. file,** fichier de consultation; **d. terminal,** terminal inactif; **to go d.,** se mettre en sommeil.

DOS (Disc Operating System), système d'exploitation à disques (SED); **DOS box =** ***compatibility box;*** **DOS prompt,** invite du DOS : >.

Dot, point; **d.-addressable,** adressable au niveau du point; **d. chart,** nuage de points; **d. command,** commande précédée d'un point, par exemple : .PRINT; **d.-dash line,** trait mixte; **d. matrix,** matrice de points; **d. (matrix) printer,** imprimante par points, imprimante matricielle; **dots per inch (DPI),** nombre de points par pouce; **d. pitch,** espacement des points; **d. printing,** impression par points; **d. product,** produit scalaire.

Dotted, **d. box,** encadré tireté; **d. line,** trait tireté.

Dottedness, tireté.

Double, double; **d.-bit error,** erreur (portant) sur 2 bits; **d. buffered word channel,** canal avec tampon de 2 mots; **d. click (to),** cliquer deux fois (souris); **d. clicking**, double clic; **d.-density,** (à) double densité (disquette); **d. document test,** contrôle d'alimentation de deux documents; **d.-duty,** à double vocation; **d. entry,** double saisie (saisie + ressaisie); **d.-entry bookkeeping,** comptabilité en partie double; **d. feed,** alimentation de deux documents (à tort); **d. keying,** double saisie (saisie + ressaisie); **d. length number,** nombre en longueur double; **d. length wor-**

king, travail en longueur double ; **d. precision,** double précision ; **d. precision number,** nombre en double précision ; **d. punch,** double perforation ; **d. punch blank column check,** contrôle colonnes vierges et doubles perforations ; **d. punch (to),** faire une double perforation ; **d. punching technique,** double frappe ; **d.-side(d),** double face (circuit imprimé, disquette) ; **d.-sided printing,** impression recto-verso ; **d. space, spacing,** double interligne ; **d. stream,** sur 2 rangs, juxtaposée (impression) ; **d. strike, d. striking,** frappe répétée (pour obtenir un caractère « gras ») ; **d. track tape recorder,** magnétophone deux pistes.

Doughnut, **d.-shaped,** en forme d'anneau, torique.

Dow Jones News Retrieval/Service (DJNRS), nom d'un serveur américain.

Down, abaissé (touche, plume de traceur) ; en panne, arrêtée (machine) ; **d. arrow,** flèche ↓ ; **d. sequencing,** coupure progressive de l'alimentation électrique.

Downgrade, adaptation vers le bas, sous-ensemble, version réduite.

Downgrade (to), adapter vers le bas de gamme.

Downgraded, **d. version,** version réduite.

Downline loader, téléchargeur.

Downline loading = downloading.

Downlink, liaison descendante (satellite).

Download = downloading.

Download (to), transférer (fichiers, logiciel, etc.) du système central vers les satellites, effectuer un téléchargement, télécharger, rapatrier.

Downloadable, téléchargeable.

Downloaded font, police téléchargée.

Downloader, téléchargeur, programme de téléchargement.

Downloading, téléchargement (système central vers satellites), rapatriement.

Downmarket, (de) bas de gamme.

Downshift (to), passer en minuscules.

Downsize (to), **1.** réduire la taille, l'encombrement ; **2.** micromiser (ce terme ne semble pas prendre).

Downsizing, décentralisation du traitement (transfert d'applications d'un site central vers des mini-ordinateurs ou un réseau de micros). La traduction proposée « micromisation » ne semble pas prendre.

Downtime, durée d'immobilisation, d'indisponibilité.

Downward, **d. compatibility,** compatibilité descendante.

DP = Data processing; DP man, informaticien ; **DP person,** informaticien(ne) ; **DP shop,** installation informatique.

DPC (Data Processing Center), centre de traitement de l'information.

Dper, informaticien.

DPI (Dots Per Inch), ppp (points par pouce).

DPM, **1. (Data Processing Manager),** directeur informatique (DI) ; **2. (Documents per minute),** documents/minute.

Draft mode, printer, quality, mode rapide, imprimante rapide, qualité ordinateur (impression rapide qualité « listage », par opposition à la qualité correspondance ou courrier, plus lente mais supérieure).

Drafting, **d. package,** logiciel de dessin.

Drag (to), déplacer (la souris).

Drag and drop (to), glisser-déposer, glisser-relâcher.

Dragging, entraînement (de l'image), déplacement (du curseur).

DRAM (Dynamic RAM), mémoire RAM dynamique, mémoire DRAM.

Draughting = drafting.

DRAW (Direct Read After Write), lecture directe après écriture (aux fins de contrôle).

Draw (to), dessiner, tracer ; **d. a flowchart (to),** faire, tracer, établir, un organigramme.

Drawing, **d. board 1.** planche à dessin ; **2.** carte (électronique) dessin ; **d. file,** fichier de dessins ; **d. rate,** vitesse de tracé ; **d. software,** logiciel de dessin.

DRCS (Dynamically Redefinable Character Set), jeu de caractères dynamiquement redéfinissable, alphabet mou.

Dribbleware, logiciel fantôme (annoncé mais qui ne sort jamais).

Drill, **d. tape,** bande de perçage.

Drill down (to), naviguer par une série d'hyperliens.

Drive, **1.** entraînement ; **2.** (a) unité (de bande, de disque, etc.) (b) lecteur (de disquette, etc.) ; **d. array,** système multidisque ; **d. bay,** baie d'unité ; **d. boy,** meuble contenant une unité ; **d. capstan,** cabestan d'entraînement ; **d. designator,** nom d'unité ; **d. letter,** lettre (A, B, C) désignant l'unité de disquette ou le disque dur ; **d. maker**, fabricant d'unités ; **d. pulse,** impulsion de commande.

Drive (to), **1.** entraîner ; **2.** commander, piloter (imprimante, etc.).

-driven, piloté, commandé (par ordinateur) ; **date-d. engineering change,** modification technique exécutable à une date donnée.

Driver, **1.** (matériel) circuit d'attaque, de commande ; **2.** (logiciel) logiciel de pilotage, programme pilote, pilote (gestion de périphérique), module.

Driving, **d. software,** logiciel de commande (de table traçante, etc.), logiciel de pilotage (d'imprimante, etc.).

DRO (Destructive Read-Out), lecture destructive.

Drop, **1.** retombée ; **2.** branchement ; **d. dead graphics,** graphique de haute résolution ; **d. in,** information parasite ; **d. out,** perte d'information (par affaiblissement) ; **d. dead halt,** arrêt immédiat.

Drop (to), **1.** tomber, retomber ; **2.** éliminer ; **d. off (to),** éliminer (des bits) par décalage ; **d. out (to),** retomber (relais).

Drop-down menu, menu déroulant.

Drop-off, point de raccordement (d'une ligne).

Drum, tambour ; **d.-bound,** limité par la vitesse du tambour ; **d. dump,** vidage de tambour ; **d. file,** fichier sur tambour ; **d. mark,** drapeau, article (sur tambour) ; **d. memory,** mémoire à tambour ; **d. plotter,** traceur à tambour ; **d. printer,** imprimante à tambour ; **d. speed,** vitesse de rotation du tambour ; **d. storage, d. store,** mémoire à tambour ; **d. unit,** unité à tambour.

Drumbeat, rythme (gestion de production).

DRS (Document Retrieval System), système de recherche documentaire.

Dry, **d. bulb temperature,** température (boule) sèche ; **d. run(ning) =** ***desk checking.***

DSA (Distributed System Architecture), architecture de réseau s'intégrant au concept DSE.

DSDD (Double Sided Double Density), double face double densité (DFDD) (disquette).

DSE (Distributed System Environment), architecture de réseau de Bull.

D-size, format D de l'ANSI : approx. format ISO A1.

DSN (Distributed System Network), architecture de réseau de Hewlett-Packard.

DSR (Data Set Ready), modem prêt.

DSS (Decision-Support System), système d'aide à la décision (SAD).

DSSD (Double Sided Single Density), double face simple densité (DFSD) (disquette).

DTE (Data Terminal Equipment), équipement terminal de traitement de données (ETTD).

DTL (Diode Transistor Logic), circuits à diodes et transistors.

DTMF (Dual-Tone MultiFrequency), **DTMF pad,** clavier multifréquence.

DTP (Desktop Publishing), publication assistée par ordinateur (PAO), édition de bureau, édition électronique ; **DTP package,** logiciel de PAO.

DTR (Data Terminal Ready), terminal de données prêt (TDP).

Dual, double, bi ; **d.-banked,** à double rangée ; **d. (-bin) sheet feeder,** introducteur feuille à feuille double bac ; **d.-capstan drive,** entraînement par double cabestan ; **d. card,** carte-document ; **d. channel,** canal double ; **d.-channel controller,** contrôleur bicanal ; **d. coding,** double programmation (par deux programmeurs différents) ; **d. controller =** ***d.-channel controller*** ; **d.-density controller,** contrôleur double densité ; **d.-disc configuration,** configuration bidisque, à deux disques ; **d.-drive unit,** disquette double ; **d.-feed device,** unité à double entraînement, à double mouvement de papier ; **d.-form feed,** double mouvement de papier ; **d.-function system,** système mixte (traitement de texte + traitement de données) ; **d.-gender connector,** connecteur mâle/femelle ; **d.-**

height board, carte double hauteur ; **d.-in-line package (DIP),** boîtier à double rangée de connexions ; **d.-job stream,** double file ; **d. operation,** fonctionnement en parallèle (par ex. mécanographie classique et gestion sur ordinateur) ; **d. paper feed printer,** imprimante à deux mouvements de papier ; **d.-pixel memory,** mémoire à double densité de points ; **d.-port(ed),** à double accès ; **d. porting,** double accès ; **d.-processor,** biprocesseur ; **d.-processor computer,** ordinateur biprocesseur ; **d.-purpose card,** carte-document ; **d.-sided,** (a) (à) double face (b) recto/verso (impression) ; **d.-sided double density (DSDD),** double face double densité (DFDD) ; **d.-sided floppy disk,** disquette double face ; **d.-sided single density (DSSD),** double face simple densité (DFSD) ; **d. sourcing,** approvisionnement double (à deux sources) ; **d.-speed,** bivitesse ; **d.-spindle disc drive,** unité de disques bipile ; **d.-standard,** binorme, bistandard ; **d.-station,** biposte ; **d.-track tape,** bande à deux pistes ; **d.-use,** à deux usages.

Dub (to), appeler, dénommer, « baptiser ».

Dumb, **d. device,** appareil, périphérique, non intelligent (n'ayant pas d'autonomie) ; **d. terminal,** terminal « non intelligent », terminal passif.

Dummy, faux, factice, fictif ; **d. instruction,** instruction fictive ; **d. loser,** faux perdant (tri) ; **d. string,** monotonie creuse ; **d. winner,** faux gagnant (tri).

Dump, vidage, image-mémoire ; **d. check,** contrôle par vidage ; **d. checkpoint tape,** bande de vidage sur point de reprise ; **d. device**, unité de vidage (destinataire d'un BACKUP) ; **d. point = *checkpoint;* d.-taking program,** programme de vidage ; **d. tape,** bande de vidage ; **d. time,** durée du vidage ; **take a d. (to),** faire un vidage.

Dump (to), **1.** vider, faire un vidage (d'une mémoire), prendre une image-mémoire ; **d. to (to),** transférer, copier, écrire (sur bande, disquette) ; **2.** couper l'alimentation électrique.

Dumper, programme de vidage.

Dumping, vidage.

Duodecimal, duodécimal.

Dupe (to) = duplicate (to).

Duplex, bidirectionnel (ligne), en double (équipement), recto-verso (impression).

Duplexing, **1.** duplexage ; **2.** doublement (d'un ordinateur, fichier, etc. aux fins de sécurité).

Duplicate, double, synonyme (même adresse de randomisation), doublon ; **d. record,** enregistrement en double.

Duplicate (to), reproduire, dupliquer, copier ; **d.-punch (to),** reproduire sur perforatrice duplicatrice.

Duplicated, **d. record,** copie d'enregistrement (aux fins de sécurité).

Duplicating, **d. card punch,** perforatrice duplicatrice.

Duplication, reproduction, duplication ; **d. check,** contrôle par duplication.

Dust, **d. cover,** housse.

Duty, **d. cycle,** temps de mise sous tension, pourcentage d'utilisation.

DVD (Digital Video Disc), disque vidéo numérique, disque DVD ; **DVD player**, lecteur de disque DVD.

DVST (Direct View Storage Tube), tube à mémoire à vision directe.

Dyadic, **d. operation,** opération sur deux opérandes ; **d. processor,** processeur dyadique (deux unités de traitement) (IBM).

Dynamic, dynamique, évolutif ; vivantes (données) ; **d. address translation (DAT),** traduction dynamique d'adresse ; **d. allocation,** affectation dynamique ; **d. check**, contrôle dynamique ; **d. dump,** vidage dynamique ; **d. error,** erreur dynamique ; **d. memory,** mémoire dynamique ; **d. printout,** impression dynamique ; **d. programming,** programmation dynamique ; **d. RAM (DRAM),** mémoire RAM dynamique ; **d. reconfiguration,** reconfiguration dynamique ; **d. relocation,** translation dynamique ; **d. storage, d. store,** mémoire dynamique ; **d. subroutine,** sous-programme dynamique ; **d. test,** essai dynamique.

Dynamically, dynamiquement, en cours d'exécution ; **d.-redefinable character set (DRCS),** jeu de caractères dynamiquement redéfinissable (JCDR), aphabet mou.

Dynamicizer, convertisseur parallèle-série.

Dynaturtle, curseur traçant (tortue) en langage Logo.

E

e-, (abréviation de electronic), **e-beam**, faisceau électronique ; **e-biz, e-business**, échanges électroniques, par voie électronique (sens général, sans qu'il y ait commerce proprement dit) ; **e-cash**, monnaie électronique ; **e-commerce,** commerce électronique ; **e-journal**, journal électronique ; **e-mail**, courrier électronique ; **e-mail server**, serveur de courrier électronique ; **e-money**, monnaie électronique ; **e-purse**, porte-monnaie électronique ; **e-shopper**, télacheteur sur Internet ; **e-snooping**, espionnage électronique ; **e-wallet**, porte-monnaie électronique ; **e-zine**, magazine électronique.

EAM (Electrical Accounting Machine), machine comptable électrique, machine électro-comptable ; **EAM card,** carte mécanographique ; **EAM equipment,** matériel classique.

EAN (European Article Numbering), numérotation européenne des articles (NEA).

EAPROM (Electrically Alterable Programmable Read-Only Memory), mémoire morte programmable modifiable électriquement.

Earlier, antérieure (version, etc.).

EAROM (Electrically Alterable Read Only Memory), mémoire morte modifiable électriquement.

Earphone, écouteur.

Earth station, station terrienne.

Ease, **e. of use,** facilité, souplesse, d'utilisation, d'emploi.

Easy Load, marque d'une cartouche de bande IBM.

Easy-to-reach, facilement accessible.

Eavesdropping, écoute clandestine (des lignes, etc.).

Eat (to), consommer (de la mémoire, etc.).

EBB (Electronic Bulletin Board), babillard électronique (Canada) ; service télématique (France).

EBCDIC (Extended Binary Coded Decimal Interchange Code), code EBCDIC (code 8 bits).

ECC (Error-Correcting Code), code correcteur d'erreurs.

Echo, **e. check(ing),** contrôle par écho.

Echo (to), faire écho, renvoyer, répercuter.

Echoplex, echoplex.

ECL (Emitter Coupled Logic), logique à couplage par l'émetteur.

ECO (Engineering Change Order), ordre de modification technique.

E-COM (Electronic Computer-Originated Mail), courrier électronique du U.S. Postal Service.

ECR (Electronic Cash Register), caisse enregistreuse électronique.

EDC (Error-Detection Code), code détecteur d'erreur.

Edge, arête, bord, tranche ; **e. card** = ***e.-punched card*** ; **e.-coded card,** carte à perforations marginales ; **e. connector,** connecteur plat ; **e. cutter** = ***e. trimmer*** ; **e. enhancement**, accentuation des contours ; **e.-notched card,** carte à encoches marginales ; **e.-perforated,** à perforations marginales ; **e.-punched card, 1.** carte à perforations marginales (en recherche documentaire) ; **2.** carte à bord perforé ; **e.-triggered,** déclenché par front d'impulsion ; **e. trimmer,** coupe-rives.

Edgelit display, affichage à éclairage transversal haut et bas.

EDI (Electronic Data Interchange), échange de données informatisé (EDI) ; **EDI interrupus** (voir RIP-AND-READ).

Edit, correction(s), modification(s), « édition » ; **e. key,** touche de correction ; **e. mask,** masque d'édition.

Edit (to), mettre en forme, « éditer » (les données) (en entrée ou en sortie), corriger ; **e. for errors (to),** rechercher des erreurs dans qqch, corriger qqch ; **e. in (to),** insérer ; **edit into a line (to),** injecter dans une ligne (d'impression), insérer ; **e. out (to),** éliminer, supprimer.

Editability, possibilité d'édition des données.

Editable, modifiable, corrigible.

Edited, **e. result,** résultat après édition.

Editing, préparation, mise en forme des données, « édition », correction ; **e. character,** caractère d'édition.

Editor, programme d'édition, éditeur.

EDP (Electronic Data Processing), traitement électronique des données ; **EDP center,** centre de calcul ; **EDP course,** cours d'informatique ; **EDP department,** service informatique ; **EDP forms,** imprimés informatiques ; **EDP man,** informaticien ; **EDP-related,** lié à l'informatique ; **EDP salesman,** ingénieur commercial ; **EDP school,** école d'informatique.

EDS (Exchangeable Disc Store), unité de disques à chargeur.

Educational, éducatif ; **e. computer,** ordinateur d'enseignement ; **e. computing,** informatique éducative ; **e. establishment,** établissement d'enseignement ; **e. software,** logiciel éducatif, didacticiel ; **e. television (ETV),** télévision éducative.

Edutainment, enseignement fondé sur le jeu.

EEPROM (Electrically Erasable Programmable Read Only Memory), mémoire morte programmable effaçable électriquement.

EEROM, E^2 ROM (Electrically Erasable Read Only Memory), mémoire morte effaçable électriquement.

Effective, effectif, actif, en vigueur ; **e. address,** adresse réelle, adresse modifiée ; **e. instruction,** instruction effective, opératoire ; **e. time,** temps utile.

Effectivity, entrée en vigueur, en application, prise d'effet.

Effector, caractère de mise en page.

Efficiency, efficacité, rendement.

Efficient, performant (programme).

EFT (Electronic Funds Transfer), transfert électronique (interbancaire) de fonds.

EFTPOS (Electronic Funds Transfer At Point of Sale), transfert électronique de fonds au point de vente (TEF/TPV).

EFTS (Electronic Funds Transfer System), système électronique de transfert (interbancaire) de fonds.

EGA board, carte EGA.

Egoless programming, méthodologie d'écriture visant à la standardisation des programmes et partant à la simplification de leur maintenance.

Egress, sortie.

Eigenvalue, valeur propre.

Eigenvector, vecteur propre.

Eight, **e.-bit byte,** octet ; **e.-processor system,** système octoprocesseur.

Eighty, **e.-column card,** carte « 80 colonnes ».

EIN (European Informatic Network), réseau expérimental reliant des centres de recherche européens.

EIS (Executive Information System), système de pilotage d'entreprise.

Either, **e.-or operation,** opération OU inclusif ; **e.-way communication,** mode bidirectionnel à l'alternat.

Eject (to), éjecter.

Ejection, éjection ; **e. track,** piste d'éjection.

Elapsed, **e. time,** temps écoulé ; **e. time clock,** compteur de temps machine.

Electric, électrique ; **e. accounting machine (EAM),** machine comptable électrique ; **e.-accounting machine department,** service mécanographique ; **e. accounting machine equipment,** matériel mécanographique classique ; **e. calculating machine,** machine à calculer électrique ; **e. cash register,** caisse enregistreuse électrique ; **e. delay line,** ligne à retard ; **e. typewriter,** machine à écrire électrique.

Electrographic, **e. printer,** imprimante électrographique.

Electroluminescent, **e. display,** affichage électroluminescent.

Electro-magnet, électro-aimant.

Electro-mechanical, électro-mécanique.

Electron, **e. beam recording (EBR),** enregistrement par faisceau électronique.

Electronic, électronique ; **to go electronics,** s'électroniser ; **e. accounting machine (EAM),** machine comptable électronique ; **e. analog computer,** calculateur analogique électronique ; **e. banking,** services bancaires électroniques, la « bancatique » ; **e. brain,** cerveau électronique ; **e. bulletin board (EBB),** service télématique (France) ; babillard électronique (Québec) ; **e. business**, commerce électronique ; **e. calculator,** calculatrice électronique, machine à calculer électronique ; **e. cash**, monnaie électronique ; **e. cash register (ECR),** caisse enregistreuse électronique ; **e. chequebook,** chéquier électronique ; **e. circuitry,** circuits électroniques ; **e. commerce**, commerce électronique ; **e. commuting,** télétravail ; **e. component,** composant électronique ; **e. computer,** calculateur électronique, ordinateur ; **e. computer center,** centre de calcul électronique ; **e. cottage,** concept du travail à domicile mettant en œuvre un matériel tel que machine de traitement de texte, micro-ordinateur, etc., généralement connecté à un ordinateur central ; **e. data interchange (EDI),** échange de données informatisé (EDI) ; **e. data processing (EDP),** traitement électronique de l'information, des données, informatique ; **e. data processing equipment,** matériel électronique de traitement de l'information ; **e. data processing machine (EDPM),** machine électronique de traitement de l'information ; **e. data processing system,** ordinateur ; **e. data processor,** ordinateur (électronique) ; **e. datebook,** agenda électronique ; **e. diary,** agenda électronique ; **e. digital computer,** calculateur numérique électronique ; **e. directory (service),** annuaire électronique ; **e. document processing,** gestion électronique de documents (GED) ; **e. engineer,** ingénieur électronicien ; **e. filing,** archivage électronique ; **e. funds transfer (EFT),** transfert électronique de fonds (TEF) ; **e. funds transfer at point of sale (EFTPOS),** transfert électronique de fonds au point de vente (TEF/TPV) ; **e. funds transfer system (EFTS),** système électronique de transfert de fonds ; **e. imaging,** imagerie électronique ; **e. information kiosk,** borne interactive ; **e. mall**, galerie marchande électronique ; **e. optical disk,** disque optique réinscriptible ; **e. journal,** journal électronique ; **e. mail (EM),** courrier électronique ; **e. mailbox,** boîte aux lettres électronique ; **e. mall**, galerie marchande électronique ; **e. meeting,** téléconférence ; **e. message system,** système de messagerie électronique ; **e. messaging,** messagerie électronique ; **e. money**, monnaie électronique ; **e. office,** (le) bureau électronique ; **e. paint system,** palette électronique ou graphique ; **e. payment,** paiement électronique ; **e. payment terminal,** terminal de paiement électronique (TPE), terminal monétique ; **e. phone directory terminal,** terminal-annuaire ; **e. publishing,** édition électronique (EE) ; **e. purse,** porte-monnaie électronique (PME) ; **e. shopper**, téléacheteur sur Internet ; **e. shopping,** téléachats ; **e. snooping**, espionnage électronique ; **e. spreadsheet, 1.** feuille de calcul électronique (affichée sur l'écran) ; **2.** tableur (programme proprement dit) ; **e. storage, 1.** mémoire électronique ; **2.** archivage électronique ; **e. switch,** bascule électronique ; **e. switching system,** système de commutation électronique, autocommutateur ; **e. trading,** commerce électronique, « la commercique » ; **e. wallet,** portefeuille électronique ; **e. worksheet =** ***electronic spreadsheet*** **; e. workstation,** poste de travail électronique.

Electronically, électroniquement, par voie électronique ; **e.-based directory,** annuaire électronique ; **e.-held,** électronique (fichier).

Electronics, l'électronique ; **e. engineer,** ingénieur électronicien, ingénieur en électronique ; **e. industry,** industrie électronique ; **e. serviceman,** dépanneur électronicien ; **e. technicien,** électronicien.

Electroniture, mobilier pour appareils électroniques.

Electrostatic, électrostatique ; **e. printer,** imprimante électrostatique ; **e. storage, e. store,** mémoire électrostatique.

Element.
Voir Data Element, Logical E.

Elemental, élémentaire.

Elementary, **e. item,** donnée blémentaire (Cobol).

Elevated, **e. flooring,** faux plancher.

Eleven, **e.-high disc storage drive,** unité de 11 disques ; **e. punch,** perforation 11.

Ellesify (to), ellesifier (intégrer sur circuits LSI).

Ellipsis, points de suspension.

EM, **1. (End of Medium),** fin de support ; **2. (Electronic Mail),** courrier électronique ; **3. (Entry Marker),** curseur.

Email = e-mail.

Email (to), envoyer par courrier électronique.

EM cash, tiret cadratin ; **EM space**, cadratin.

Embed (to), inclure, intégrer, « enfouir ».

Embeddable, intégrable, « enfouissable ».

Embedded, intégré, « enfoui » ; **e. blank,** espace intercalaire ; **e. command,** commande intégrée ; **e. computer,** ordinateur spécialisé intégré à un équipement ; **e. controller,** contrôleur dédié.

Embedding, intégration, enfouissement.

Embellish (to), enrichir.

Embellishment, enrichissement.

Emboldening, impression répétée avec décalage (pour obtenir un caractère plus épais.

Embossment, foulage.

Emitter, **1.** émetteur ; **2.** distributeur ; **e. pulse,** impulsion de distributeur.

Emoticon. Voir SMILEY.

Emphasis, mise en valeur (italique, gras, etc.).

Emphasize (to), mettre en valeur (caractères, etc.).

Employee, **e. file,** fichier du personnel.

Empower (to), habiliter.

Empowerment, **1.** habilitation ; **2.** mise à disposition (d'outils).

Empty, **e. medium,** support vide ; **e. shell,** local (vide) prêt à recevoir une installation informatique.

EMS (Electronic Message System), système de messagerie électronique.

Emulate (to), émuler.

Emulating software, logiciel d'émulation.

Emulation, émulation ; **e. board,** carte d'émulation.

Emulator, émulateur ; **e. board,** carte d'émulation.

EN cash, tiret demi-cadratin ; **EN space,** demi-cadratin.

Enable (to), **1.** mettre en service ; **2.** permettre, valider (circuit) activer ; **e. again (to),** revalider ; **e. pulse,** impulsion de validation.

-enabled, sélectionné, validé (option), intégré à qqch, compatible avec, supportant.

Enabling, **1.** qui valide ; **2.** qui valorise ; **e. signal,** signal de validation ; **e. technology,** technologie dynamisante, motrice, habilitante.

Encapsulate (to), encapsuler ; « emballer » (mise en paquets de données) ; intégrer.

Encapsulation, encapsulation.

Encipher (to), chiffrer.

Encipherment = encryption.

Enclose (to), délimiter.

Enclosed, **e. characters,** caractères bornés, délimités, par des crochets, parenthèses ou accolades.

Enclosure, **1.** armoire, enceinte, **2.** rubrique de description.

Encode (to), coder, encoder, programmer.

Encoder, codeur.

Encoding, codage.

Encrypt (to), chiffrer, coder.

Encryption, chiffrement.

Encryptor, unité de chiffrement.

End, fin, extrémité ; **e.-around carry,** report circulaire, report bouclé ; **e.-around shift,** permutation circulaire ; **e. mark,** drapeau indicateur ; **e. of block (EOB),** fin de bloc ; **e. of data (EOD),** fin de données ; **e. of file (EOF),** fin de fichier ; **e.-of-file card,** carte de fin de fichier ; **e.-of-file label,** label de fin de fichier ; **e.-of-file mark,** marque de fin de fichier ; **e. of form (EOF),** fin de feuillet, fin de papier ; **e. of job (EOJ),** fin de travail ; **e. of medium (EOM),** fin de support ; **e. of message (EOM),** fin de message ; **e. of reel (EOR),** fin de bobine ; **e.-of-reel mark,** marque de fin de bobine ; **e.-of-reel senti-**

nel, drapeau de fin de bobine ; **e. of tape (EOT),** fin de bande ; **e.-of-tape label,** label de fin de bande ; **e.-of-tape marker,** marque de fin de bande ; **e.-of-tape sensor,** détecteur de fin de bande ; **e.-of-tape sentinel,** drapeau de fin de bande ; **e. of transmission (EOT),** fin de transmission ; **e. print (to),** imprimer en bout de carte ; **e. printing,** impression en bout de carte ; **e.-to-e. control, protocol,** contrôle, protocole de bout en bout ; **e. user,** utilisateur final (plur. utilisateurs finals) ; **e. user computing,** informatique individuelle.

Endian, procédure de stockage.
Voir BIG ENDIAN et LITTLE ENDIAN.

Ending, **e. address,** adresse de fin ; **e. file label,** label de fin de fichier ; **e. label,** label fin ; **e. period,** point terminal ; **e. tape label,** label de fin de bande.

Endless, **e. form,** imprimé en continu ; **e. tape,** bande sans fin, boucle.

Endorse (to), endosser (chèque).

Endorser, endosseur.

Endorsing, **e. unit,** unité d'endossement.

Endwise, **e. feed,** alimentation colonne par colonne.

Energization, mise sous tension (machine), excitation (relais).

Energize (to), exciter (relais).

Energy saver, utilitaire de gestion d'alimentation électrique.

Engaged, occupé, **e. signal** (Brit :), signal d'occupation.

Engine, **1.** jarg. machine ; **2.** moteur (d'impression, de S.E., etc.).

Engineer (to), concevoir, agencer.

Engineering, **e. calculations, e. computations,** calculs techniques ; **e. change (EC),** modification technique ; **e. change order (ECO),** ordre de modification technique ; **e. data control (EDC),** gestion des données techniques ; **e. data sheet,** fiche signalétique ; **e. terminal,** terminal pour bureau d'études ; **e. time,** temps d'immobilisation (pour entretien ou dépannage) ; **e. units,** unités techniques ; **e. workstation (EWS),** poste de travail pour ingénieur.

English, **E-like language,** langage évolué.

Enhance (to), rehausser, améliorer, perfectionner, enrichir, mettre en évidence, en valeur (sur l'écran, par soulignement, clignotement, vidéo inverse, etc.), faire ressortir, accentuer (contours, bords).

Enhanced, dont les performances ont été améliorées ; **E. Graphics Adapter,** adaptateur EGA ; **e. keyboard,** clavier amélioré ; **e. small device interface (ESDI),** interface ESDI.

Enhancement, amélioration, perfectionnement, enrichissement (d'images) ; mise en évidence, mise en valeur (d'une zone, d'un caractère, sur l'écran), extension, complément, accentuation (des contours, des bords) ; **e. mode MOS,** MOS à enrichissement ; **e. products,** produits d'extension.

Enlarge (to), agrandir.

Enlargement, agrandissement.

Enqueue (to), mettre en file d'attente.

Enquire (to).

Voir INQUIRE (TO).

Enquiry.

Voir INQUIRY.

Enter, **e. KEY,** touche ENTREE ou RETOUR ; **e. mode,** mode enregistrement.

Enter (to), introduire, entrer, des données (en mémoire), saisir, remplir une rubrique (en indiquant des paramètres), lancer (un sous-programme), passer à, prendre (un état), choisir, sélectionner, se mettre dans (un mode de fonctionnement), passer (en mode…) ; **e. again (to),** réintroduire, ressaisir.

Enterprise-wide, au niveau de l'entreprise.

Entertainment, **e. electronics,** électronique de loisir ; **e.-oriented products,** produits de loisir ; **e. software,** logiciel de loisir.

Entire, **e. agreement clause,** clause des 4 coins.

Entity, entité.

Entrant, **latest e. in (a market),** dernier venu ; **new e.,** nouveau venu.

Entrapment, implantation volontaire de défauts apparemment réels dans un système pour détecter les tentatives de pénétration.

Entrenched, **strongly e.,** solidement implanté.

Entry, **1.** introduction (au clavier, etc.), saisie, entrée ; **2.** valeur, donnée, paramètre, élément (de table), indication, rubrique (de liste, etc.) ; **3.** nouveau venu (par ex. à l'informatique), nouveau matériel ; **e. address,** adresse de lancement ; **e. instruction,** instruction d'entrée ; **e. level** (machine, etc.), (de) bas de gamme ; **e. marker (EM),** curseur ; **e. point** (point d') entrée, adresse de lancement.

Envelope, **e. feeder,** dispositif d'alimentation d'enveloppes ; **e. filling and sealing machine,** machine à insérer et à fermer les enveloppes ; **e. inserting machine,** machine à mettre sous enveloppe, inséreuse ; **e. opening machine,** machine à ouvrir le courrier.

Environment, ambiance, contexte d'utilisation, cadre d'utilisation (d'un matériel, d'un programme), milieu (industriel, etc.), atmosphère (corrosive, etc.), paysage informatique, univers ; **e. division,** division environnement (COBOL) ; **in a multiprogramming e.,** (dans le cadre d'une exploitation) en multiprogrammation.

Environmental, d'ambiance ; **e. conditions,** conditions ambiantes, ambiance ; **e. control,** climatisation.

EO (End Of Address, Block, Card, etc.), fin de..., etc.

EPROM (Electrically Programmable Read Only Memory), mémoire morte programmable électriquement, mémoire EPROM.

EPSS (Experimental Packet Switching Service), réseau expérimental de transmission de paquets (British Post Office).

Equal, **e. comparison,** égalité ; **e. sign,** signe égal, =.

Equalization, égalisation (modems, etc.).

Equalizer, égaliseur.

Equate (to), rendre égal à, associer à, faire correspondre.

Equation, **e. solver,** machine servant à résoudre les équations linéaires.

Equipment, matériel, équipement, machines ; **e. bay,** baie à matériel, baie électronique ; **e. compatibility,** compatibilité de matériels ; **e. failure,** panne, incident ; **e.-initiated interrupt,** interruption interne ; **e. inventory,** parc de matériel ; **e. malfunction report,** rapport d'incident ; **e. manufacturer,** constructeur ; **e. operator,** opérateur (sur machine) ; **e.-oriented,** qui se rapporte à un matériel particulier ; **e. population,** parc de machines ; **e.-specific,** propre à un matériel ; **e. unit,** unité (de matériel de traitement de l'information).

Erasability, possibilité d'effacement.

Erasable, effaçable ; **e. optical disk,** disque optique réinscriptible ; **e. storage, e. store,** mémoire effaçable.

Erase, effacement ; **e. character,** caractère d'effacement ; **e. count,** nombre d'effacements ; **e. head,** tête d'effacement.

Erase (to), effacer.

Erasing, effacement ; **e. head,** tête d'effacement.

Erasure, effacement.

Eratosthenes'sieve, crible d'Eratosthène.

Ergo arm, bras articulé.

Ergonomic, ergonomique.

Ergonomically, **e.-designed,** ergonomique, de conception ergonomique.

Ergonomicist, ergonomiste.

Ergonomics, l'ergonomie.

Ergonomist, ergonomiste.

Error, erreur ; **e. (to be in),** être erroné ; **e. analysis routine,** s/p d'analyse d'erreurs ; **e. burst,** paquet d'erreurs ; **e. card,** carte erronée ; **e.-catching RAM,** mémoire de test (enregistrant les résultats de tests) ; **e.-checking code,** code correcteur ou détecteur d'erreur ; **e.-checking circuitry,** circuits de contrôle d'erreurs ; **e. condition,** cas d'erreur, situation d'erreur ; **e.-correcting code (ECC),** code correcteur d'erreurs ; **e.-correcting memory,** mémoire à correction d'erreur(s) ; **e.-correction routine,** sous-programme de correction d'erreurs ; **e. count,** nombre d'erreurs ; **e.-detecting code,** code détecteur d'erreurs ; **e. detection routine,** sous-programme de détection d'erreurs ; **e. exit,** sortie sur erreur ; **e. flag,** drapeau d'erreur ; **e.-free,** exempt d'erreur, sans incident, sans histoire ; **e. handler, e. (-handling) routine,** sous-programme de traitement d'erreurs ; **e. list,** liste des erreurs ; **e. log,** journal (de consignation) des erreurs ; **e.-logging,** enregistrement, consignation, des erreurs ; **e. message,** message d'erreur ; **e.-producing,** générateur d'erreurs ; **e. prone,** sujet aux erreurs ; **e. range,** fourchette d'erreur ; **e. rate,** taux d'erreurs ; **e. recovery,** reprise sur incident ; **e. recovery procedure (ERP),** procédure de reprise (en cas d'erreur) ; **e. report,** état sélectif ; **e. reporting,** signalisation des erreurs ; **e. retry,** tentative de relance, de reprise (en cas d'erreur) ; **e. return,** retour en cas d'erreur ; **e. routine,** sous-programme de correction d'erreurs ; **e. seeding,** implantation d'erreurs, ensemencement ; **e. tag,** drapeau erreur ; **e. tape,** bande recevant les erreurs.

Error (to), être victime d'une, subir une, erreur.

ES (Expert System), système expert (SE).

ESANET, réseau européen de l'Agence Spatiale Européenne (ASE).

Escalator effect, banalisation progressive.

Escape, **e. character,** caractère d'échappement ; **ESCAPE key,** touche ESC ou ECHAP ; **e. sequence,** séquence d'échappement.

***Escrow*,** **key e.**, tiers de confiance ; **e. unit,** réceptacle, compartiment.

ESDI (Enhanced Small Device Interface), interface ESDI.

E-size, format E de l'ANSI : approx. format ISO A0.

Establish (to), établir (communication, liaison)

Establishment, **1.** établissement, bâtiment, centre (de recherche, etc) ; **2.** établissement (d'une session, etc).

Estate agent practice, cabinet immobilier.

Etch, attaque, gravure.

Etch (to), attaquer, graver.

Etchant, agent d'attaque, solution d'attaque.

Etching = etch.

Ethernet, réseau local de Xerox Corporation.

Ethics, **computer e.,** déontologie (de l') informatique.

Eurocard, Eurocarte.

EURONET (EUROpean NETwork), réseau européen de la CEE pour l'accès aux bases de données scientifiques et techniques des pays membres.

European, **E. Article Number (EAN),** numérotation européenne des articles (NEA) ; **E. format,** format jour/mois/année.

Evaluate (to), évaluer ; résoudre (équation), développer ; **evaluate to (to),** avoir, donner, comme résultat.

Evaluation, évaluation (équation) ; **e. (board, copy, disk, diskette, unit, etc),** (carte, exemplaire, disque, disquette, unité, etc.) d'évaluation.

Even, pair ; **e. ones parity,** parité ; **e. parity,** parité ; **e. parity bit,** bit de parité, clé de parité ; **e. parity check,** contrôle par parité.

Event, événement ; **e.-controlled, e.-driven,** déclenché par l'événement ; **e. counter,** compteur d'événements.

Evocation, appel (de procédure, etc.).

Evoke (to), appeler (procédure, programme, etc.).

Evolutionary, évolutif.

Examine, **e. a status word (to),** tester, interroger (un mot d'état).

Except, **e. gate =** ***exclusive-or element.***

Exception, exception ; **e. handling,** traitement des exceptions ; **e. principle system,** gestion par exception (consistant à ne signaler que les écarts par rapport aux prévisions) ; **e. report,** état signalant les écarts, les anomalies ; **e. reporting,** signalisation des écarts.

Excess, en surnombre, excédentaire ; **e.-three code,** code « plus trois ».

Exchange, échange, permutation, dialogue.

Exchange (to), intervertir, permuter, échanger, dialoguer.

Exchangeable, amovible (disque, etc.) ; **e. disc store (EDS) or drive,** unité de disque à chargeur.

Exclusion, exclusion.

Exclusive, **e. disjunction,** OU exclusif ; **e. OR element,** élément OU exclusif ; **e. OR operation,** opération OU exclusif ; **e. OR operator,** opérateur OU exclusif ; **e.-ORING,** opération OU exclusif.

Exclusively OR (to), faire un OU exclusif.

Ex-directory (to go), se faire mettre sur la liste rouge (liste des abonnés au téléphone dont le nom n'apparaît pas dans l'annuaire).

Executable, exécutable.

Execute,* e. cycle, e. phase = *execution cycle.

Execute (to), (s')exécuter, dérouler (un programme).

Execution, exécution, déroulement ; **e. cycle,** cycle opératoire ; **e. time, 1.** durée d'exécution ; **2.** moment de l'exécution ; **e. (to be in),** se dérouler (programme).

Executive,* executive information system (EIS),** système de pilotage d'entreprise ; **e. program,** superviseur ; **e. routine =** ***e. program ; **e. workstation,** poste, station, de travail du cadre.

***Exercise (to),* 1.** choisir (option) ; **2.** contrôler, tester, solliciter.

Exerciser, programme de test, testeur.

Exhausted, épuisé (stock), saturé (table), atteint (nombre maximum d'itérations).

Exhibit (to), présenter (un produit, etc.).

Exhibitor, exposant.

***Existence,* e. time,** temps de présence en mémoire.

Exit, sortie ; **e. hub,** plot de sortie (de tableau de connexion) ; **e. point,** point de sortie d'un programme.

Exit (to), sortir (d'un programme, du système, etc.), quitter (un logiciel, etc.), désélectionner (un mode).

EXOR (to), combiner dans une porte OU exclusif.

Exotic, particulier, rare, noble (application, etc.).

Expand (to), développer, étendre, afficher des options supplémentaires (boîte de dialogue).

Expandability, extensibilité, possibilité d'extension, capacité d'extension,

Expandable, extensible, évolutif ; qui peut avoir une mémoire d'expansion (système).

***Expanded,* e. memory,** mémoire d'expansion ; **e. print,** grands caractères.

Expander box, boîtier d'extension.

Expansibility, extensibilité.

Expansible, extensible.

Expansion, expansion ; **e. base**, station d'accueil ; **e. board,** carte d'extension ; **e. slot,** emplacement, logement, libre (pour extension).

Expedite (to), accélérer, relancer (ordre de fabrication, etc.).

Expendables, (les) consommables (papier, ruban, etc.).

***Expert,* e. system (ES),** système expert (SE) ; **e. system generator,** générateur de systèmes experts ; **e. system shell,** système expert générique.

***Expertise,* 1.** expérience, compétence(s) ; **2.** (calque de l'anglais), expertise.

Explode (to), ventiler (contenu d'une zone de données), éclater (les besoins) ; détacher (un secteur de graphique circulaire) ; décompacter (contenu de disquette).

Explosion, étalement (d'une zone), éclatement, décomposition (des besoins).

Exponent, exposant.

***Exponential,* e. smoothing,** lissage exponentiel.

Exponentiate (to), élever à une puissance.

Exponentiation, élévation à une puissance.

Export (to), exporter (données, etc.).

Expression, expression.

***Extend (to),* 1.** agrandir, augmenter, enrichir (possibilités) ; **2.** valoriser, calculer un montant (multiplier le prix unitaire par la quantité).

Extendability, extensibilité.

Extended, étendu ; **e. COBOL,** COBOL étendu ; **e. memory,** mémoire d'extension ; **e. value,** montant.

Extender, unité d'extension ; **e. board,** châssis d'extension.

Extendible, qui peut avoir une mémoire d'extension (système).

***Extension,* 1.** augmentation, extension (d'un langage, d'un système, d'un nom de fichier, etc.) ; **e. cable,** câble d'extension, rallonge ; **2.** valorisation, calcul du montant (quantité multipliée par prix unitaire) ; **3.** poste intérieur (tél.) ; **4.** rallonge (él.) ; **e. hunting,** recherche de poste libre (tél.).

Extent, domaine (IBM), étendue.

***Exterior,* e. label,** étiquette d'identification (de bobine).

External, externe ; **e. format,** forme externe ; **e. hard disk,** disque dur externe ; **e. medium,** support externe ; **e. memory,** mémoire externe, auxiliaire ; **e. modem,** modem externe, non intégré ; **e. party,** abonné extérieur ; **e. storage, e. store,** mémoire externe, auxiliaire.

Externally, **e.-stored program,** programme câblé (sur tableau de connexions).

Extract, extrait.

Extract (to), extraire ; prendre en charge (instruction).

Extraction, extraction ; prise en charge (d'une instruction).

Extractor, masque.

Extraneous, étranger, parasite, intempestif ; **e. ink,** tache d'encre.

Extranet, extranet.

F

F-format, format (de longueur) fixe.

F2F (Face To Face), face à face.

FA (Factory Automation), automatisation industrielle.

***Fabric,* f. ribbon,** ruban (en) tissu.

Face, recto (d'une carte perforée, etc.); **f. change character,** caractère de changement de jeu; **f. down,** face vers le bas (document); **f. down and 12-row first,** face imprimée vers le bas et ligne des 12 en avant; **f. down feed,** alimentation face en dessous; **f. up,** face vers le haut (document); **f. up feed,** alimentation face en dessus.

Faceplate, cache.

Facilities, ressources, installations; moyens (de production), supports de transmission; **f. management (FM),** infogérance (prise en charge globale des moyens informatiques d'une entreprise).

Facility, **1.** installation, usine, unité (de production, de fabrication, etc.), établissement (industriel), produit, outil, système; **2.** possibilité, logiciel, utilitaire, option, fonction; **overlay f.,** fonction de recouvrement; **3.** voie de transmission.

Facsimile, télécopie, fac-similé; **f. device, f. machine, f. terminal, f. transceiver, f. unit, fax unit,** télécopieur.

Factor, facteur, raison (d'une progression).

Factorial, factorielle (subs. fém.).

***Factory,* f. automation (FA),** automatisation industrielle; **f. data collection,** collecte de données en usine, industrielles; **f. data-entry terminal,** terminal de saisie industrielle; **f. data management,** gestion de données industrielles; **f. (data) terminal,** terminal industriel; **f. environment,** milieu industriel; **f. floor terminal,** terminal d'atelier; **f. network,** réseau usine; **f. programmed,** programmé à l'usine, en usine; **f. set,** réglé en usine, à l'usine.

Factorywide, au niveau (de l') usine.

***Facts,* f. base,** base de faits.

***Factual,* f. base,** base de faits.

Fail (to), échouer, tomber en panne, ne pas aboutir (recherche), ne pas réussir, ne pas parvenir à; **f. a test (to),** ne pas subir un test avec succès; **f. to feed (to),** ne pas avancer sur la piste (carte); **f. softly (to),** offrir un traitement dégradé (en cas d'incident).

Failover, reprise sur incident (commutation de serveur).

Failsafe, à sécurité intégrée.

Failsoft, à dégradation progressive; **f.-s. operation,** traitement en mode dégradé.

Failsoftness, possibilité de dégradation, dégradabilité, du traitement.

Failure, défaillance, panne, incident; **f. rate,** taux de défaillance; **f. recovery,** reprise sur incident; **f. to detect,** etc., la non-détection de.

Fairness, équité.

Fake root, faux répertoire racine (sous-répertoire fonctionnant comme répertoire racine).

Fake (to), simuler.

***Fall (to),* f. through (to),** passer en séquence.

Fallback, modification de l'exploitation (à la suite d'un incident) pour poursuivre le traitement, position de repli, reprise; **f. circuit,** circuit de secours; **f. speed,** vitesse réduite, vitesse de repli.

Fallout, défaillance (de composants électroniques); **f. rate,** taux de rebut.

False, **1.** faux; **2.** à tort, intempestif; **f. drops,** références non pertinentes (en recherche documentaire) ; **f. ceiling,** faux plafond ; **f. floor,** faux plancher ; **f. retrieves, f. retrievals,** références non pertinentes (en recherche documentaire) ; **f. triggering,** déclenchement intempestif.

Fan, ventilateur.

Fan (to), aérer les cartes (pour éliminer l'électricité statique).

Fanfold, à pliage accordéon, à pliage paravent ; **f. cards,** cartes en continu à pliage paravent ; **f. paper,** papier en continu à pliage paravent.

Fanfolded, à pliage paravent.

Fan-in, entrance, facteur pyramidal d'entrée

Fanning, aération des cartes.

Fan-out, sortance, facteur pyramidal de sortie.

FAQ (Frequently Asked Questions), questions fréquemment posées.

Far-end crosstalk, télédiaphonie

Farm **1.** batterie (de microprocesseurs) ; **2.** forêt (d'antennes).

Fast, **f. access,** accès rapide ; **f. a. memory (FAM), f. a. storage,** mémoire à accès rapide ; **f. store** = ***f. access storage*** **;** **f. changing,** qui évolue rapidement ; **f. core format,** en forme rapide ; **f. forward,** avance rapide ; **f. Fourier transform (FFT),** transformation de Fourier rapide (TFR) ; **f.-growing,** en pleine évolution, en pleine extension, porteur (marché) ; **f.-moving,** qui évolue rapidement (situation), à taux de mouvement élevé (article) ;

FAT (File Allocation Table), table d'affectation des fichiers.

Fat, à haut débit (ligne), puissant ou lourd (par opposition à léger) ; **f. client**, PC lourd disposant de logiciels locaux puissants et de beaucoup de mémoire (synonyme de thick client) ; **f. pipe**, ligne à haut débit.

Fatal, **f. error,** erreur bloquante.

Fatbits, gros points (grossis sur écran).

Father, **f. file or tape,** fichier créateur ou bande créatrice ; **f.-son technique,** technique consistant à conserver la génération d'une bande ou d'un fichier ayant servi à en créer une autre jusqu'à ce que cette dernière ait elle-même créé une version plus récente.

Fault, faute, défaillance, incident, anomalie ; **f. control memory,** mémoire à contrôle d'erreurs ; **f. finding,** dépistage, détection d'erreur, dépannage ; **f.-finding test,** test de localisation de panne ; **f.-free,** mis au point (programme) : **f. insertion** = ***fault seeding*** **;** **f. intolerant,** sensible aux défaillances ; **f. isolation,** localisation de défauts, d'incidents ; **f.-locating test,** test de localisation de panne ; **f. seeding,** implantation, ensemencement (d'erreurs) ; **f. time,** temps d'arrêt ; **f. tolerance,** insensibilité aux défaillances, tolérance aux pannes ; **f.-tolerant (computer, computing, etc.),** insensible aux défaillances, à tolérance de pannes ; **f. tree,** arbre, arborescence de défaillances.

Faulty, incriminé, défectueux, défaillant.

Fax = ***Fac-simile*** **; f. board or card,** carte télécopie ; **f. directory,** répertoire ou annuaire des (possesseurs de) télécopieurs ; **f. machine,** télécopieur ; **f. maker,** fabricant de télécopieurs ; **f. roll,** bobine (de papier) pour télécopieur ; **f. unit,** télécopieur.

Fax (to), envoyer par télécopieur, télécopier, jarg. faxer.

FCO (Field Change Order), ordre (d'exécution) de modification en clientèle, mise à jour, mise à niveau etc.

FD (Floppy Disk), disquette.

FDD (Floppy Disk Drive), lecteur de disquette.

FDM (Frequency-Division Multiplexer or Multiplexing), multiplexeur ou multiplexage en fréquence.

FDMA (Frequency Division Multiple Access), accès avec multiplexage en fréquence.

FE (Format Effector), caractère de mise en page.

FEA (Finite Element Analysis), analyse par la méthode des éléments finis.

Feasibility, faisabilité, possibilité de réalisation ; **f. committee,** comité chargé d'étudier l'utilisation éventuelle d'un ordinateur, comité d'automatisation, comité d'évaluation, comité informatique ; **f. report, f. study,** étude d'opportunité d'emploi (d'un ordinateur), étude préalable, étude de faisabilité.

Feature, **1.** caractéristique ; **2.** (a) dispositif, mécanisme (de sécurité, etc.) ; (b) fonction, option ; **f. phone,** téléphone à fonctions ; **f.-rich**, qui offre de nombreuses fonctions ; **f. size,** définition de trait, largeur de trait.

Fedwire, réseau fédéral (américain).

Feed, avance, avancement, «alimentation» (d'une carte, d'une bande, etc.) ; **f. alert,** incident d'alimentation ; **f. failure,** défaut d'alimentation ; **f. finger,** palpeur ; **f. gate,** filière d'alimentation ; **f. hole,** perforation d'entraînement ; **f. hopper,** magasin d'alimentation ; **f. knife,** couteau d'alimentation ; **f. knob,** bouton d'avance ; **f. path,** chemin suivi par la bande ; **f. pin,** picot d'entraînement (du papier) ; **f. pitch,** pas d'entraînement ; **f. rate,** vitesse d'alimentation ; **f. reel,** bobine débitrice ; **f. roll,** rouleau d'alimentation (de cartes) ; **f. slot,** fente d'introduction (de carte, etc.) ; **f. track,** voie d'entraînement ; **feed(ing) tray,** magasin d'alimentation.

Feed (to), faire avancer, «alimenter» (une carte perforée) ; faire avancer, débiter (de la bande) ; **f. back (to),** réintroduire, réinjecter, faire remonter (l'information) ; **f. in, into (to),** introduire en machine, en mémoire ; **f. onto (to) (a take-up reel),** s'enrouler (sur une bobine réceptrice) ; **f. (cards, etc.) past (to),** faire défiler des cartes (devant un poste de lecture, etc.).

Feedback, réaction, rétroaction, réinjection, retour ou remontée de l'information.

Feeder, **f. bin,** magasin d'alimentation.

Feedforward, **f. control,** commande prédictive.

Feeding = feed.

Feedout.
Voir FORM FEEDOUT.

Feeler, **f. pin,** palpeur de lecture.

Feline card, carte Feline (marque déposée).

FEM (Finite Element Method) = Finite Element Analysis.

Female, **f. intonated voice,** voix féminine ; **f. programmer,** programmeuse.

Fence, borne, séparation, frontière, limite ; **f. bit,** bit de séparation.

Fence (to), borner, séparer.

Fenceable, séparable.

Fencing, délimitation.

FEP (Front-End Processor), processeur frontal ou, par abrév., frontal.

Ferrite, ferrite ; **f. core,** tore de ferrite ; **f. core storage, f. core store,** mémoire à tores de ferrite.

Ferroelectric, ferroélectrique.

Ferromagnetic, ferromagnétique.

Ferromagnetics, ferromagnétisme.

FET (Field Effect Transistor), transistor à effet de champ (TEC).

Fetch, extraction, accès, appel ; **f. protect,** restriction d'accès (à la mémoire).

Fetch (to), extraire, prendre en charge (une instruction, etc.), prélever appeler (sous-programme etc.), aller chercher.

FF, **1. (Flip Flop),** bascule ; **2. (Form Feed),** présentation de feuille.

FFT (Fast Fourier Transform), transformation de Fourier rapide (TFR).

FGL (Fourth Generation Language), langage de quatrième génération (L4G).

Fiber, fibre ; **f.-based**, par fibre optique ; **f. in the loop (FITL),** fibre dans la boucle ; **f. optics**, fibres optiques ; **f. link**, liaison par fibres optiques ; **f. to the building (FTTB),** fibre jusqu'à l'immeuble ; **f. to the curb (FTTC)**, fibre jusqu'à l'armoire ; **f. to the home (FTTH),** fibre à domicile ; **f. wire (to),** relier par fibres optiques.

Fibonnaci search, recherche dichotomique.

Fiche = microfiche; **f. reader, f. viewer,** lecteur de microfiches.

Fiched, sur microfiche(s).

Field, **1.** zone (de mémoire, de carte, d'instruction, etc.) champ ; **2.** secteur, domaine ; **in the field,** en secteur, en clientèle, sur place, sur le terrain ; **f. designator,** indicateur de zone ; **f. effect transistor (FET),** transistor à effet de champ (TEC) ; **f. engineer (FE),** technicien d'entretien, de maintenance, inspecteur de maintenance ; **f. engineering,** service d'intervention en clientèle ; **f. erasable,** effaçable par l'utilisateur (mémoire) ; **f.-installed machines,** ensemble des machines installées en clientèle, parc de machines ; **f. installation**, installation sur site ; **f. length,** longueur de zone ; **f. maintenance,** maintenance en clientèle ; **f. modification,** modification en clientèle ; **f. mark,** drapeau de zone ; **f.-oriented data,** données organisées au niveau de la zone ; **f. programmable,** programmable par l'utilisateur (mémoire morte programmable) ; **f.-programmable logic array (FPLA),** réseau logique programmable par l'utilisateur ; **f.-proven,** rodé, mis au point en clientèle (programme, etc.) ; **f. replaceable,** remplaçable en clientèle ; **f. replaceable unit (FRU),** module, sous-ensemble, interchangeable (en clientèle, sur place) ; **f. retrofit,** mise à niveau en clientèle ; **f. service,** service d'entretien en clientèle ; **f. tested,** rodé, mis au point en clientèle (programme, etc.) ; **f. upgrade,** extension en clientèle, sur place ; **f. upgradable,** améliorable, extensible en clientèle.

Fieldata, code Univac.

FIFO (First In First Out), (système) premier entré premier sorti (pile, etc.)

Fifth, **f. generation (5G) computer, computing,** ordinateur, informatique de cinquième génération ; **f. generation language (5GL),** langage de cinquième génération (L5G).

Figure, chiffre ; **figures shift,** inversion chiffres.

File, **1.** fichier (sur cartes, bande, disque, etc.) ; **2.** (abusivement) unité de disques ; **f. batching, f. blocking,** groupage de fichiers ; **f. building routine,** sous-programme de constitution de fichier ; **f. clerk,** archiviste ; **f. compression,** réduction du volume d'un fichier par suppression des informations redondantes ; **f. consolidation,** fusion de fichiers ; **f. control (table),** (table de) gestion de fichiers ; **f. conversion,** conversion de fichiers ; **f. copier,** copieur, programme de copie de fichiers ; **f. design,** définition des fichiers ; **f. designer,** analyste ; **f. directory,** répertoire de(s) fichiers ; **f. drawer,** tiroir à dossiers suspendus ; **f. extension,** extension de fichier ; **f. feed,** rampe de chargement ; **f. folder,** presse-papiers (Mac) ; **f. gap,** espace entre fichiers ; **f. girl,** archiviste ; **f. growth,** augmentation de volume du fichier ; **f. handle,** identificateur de fichier ; **f. handler,** programme de gestion de fichiers ; **f. ID,** ID (de) fichier ; **f. identification,** nom de fichier ; **f. layout** = ***f. design*** ; **f. length,** taille de fichier ; **f. lock(ing),** verrouillage de fichier, au niveau (du) fichier ; **f. maintenance,** tenue, mise à jour (d'un fichier) ; **f. management system,** système de gestion de fichier(s) ; **f. manager,** gestionnaire, programme de gestion de fichiers ; **f. mark,** drapeau de fin de fichier ; **f. name,** nom de fichier ; **f. opening routine,** sous-programme d'ouverture de fichier ; **f. protection,** protection de fichier ; **f. protect ring, f. protection ring,** bague d'autorisation d'écriture ; **f. record design** = ***f. design*** ; **f. reel,** bobine débitrice ; **f. reel connector,** attache femelle (sur bobine débitrice) ; **f. reference,** consultation de fichier ; **f. separator,** séparateur de fichiers ; **f. server,** serveur de fichiers ; **f. sharing,** utilisation collective de fichiers ; **f. size,** volume (d'un fichier) ; **f. store,** mémoire-fichier ; **f. table,** table de fichier(s) ; **f. tape, 1.** bande sur bobine débitrice ; **2.** images d'archives (audiovisuel) ; **f. tape reel,** bobine débitrice ; **f. tidying,** réorganisation de fichiers ; **f. transfer,** transfert de fichier ; **f. unit,** unité de disques ; **f. vault,** local à archives.

File (to), classer, stocker ; **f. away (to),** ranger, archiver.

Fileless, sans fichiers (nœud).

Filename = ***file name.***

Filestore = ***file store.***

Filing, rangement, archivage, classement ; **f. clerk,** archiviste ; **f. department,** archives ; **f. space,** espace de rangement.

Fill, **f. character** = ***filler character*** ; **f. pattern,** dessin de remplissage.

Fill-in-the-blanks, remplissage des blancs dans un masque préétabli présenté sur un écran ; **f.-in-the-blanks form,** masque d'écran.

Fill (to), remplir, garnir ; **f. in the blanks (to),** remplir les blancs, remplir le masque affiché, la grille (de visualisation) affichée, les cases vides.

Filler, caractère de remplissage, d'appoint ; **f. bit,** bit de remplissage.

Film, couche, film ; **f. card** = ***microfiche*** ; **f. file,** fichier sur film ; **f. magazine,** chargeur ; **f. optical sensing device,** lecteur optique de film ; **f. recorder,** unité d'enregistrement sur film.

Film (to), **1.** filmer ; **2.** microfilmer.

Filmsort, **f. card,** carte à microfilm.

Filter, **1.** filtre ; **2.** masque.

Filter (to), filtrer ; **f. out (to),** éliminer par filtrage.

Final, **f. total,** total général.

Financial, f. file, fichier financier, fichier de données financières ; **f. lease** = ***full payout lease*** ; **f. management,** gestion financière ; **f. model(l)er,** logiciel de modélisation financière ; **f. model(l)ing,** modélisation financière.

Find, fait de trouver l'élément recherché (caractère, chaîne de caractères, etc.) ; **when a find is made,** en cas d'occurrence (de la valeur).

Find (to), trouver, calculer (racine carrée), découvrir (erreur), rechercher, localiser ; **file not found,** fichier introuvable.

Fine-grained, « à granulation fine » (grand nombre de petits processeurs).

Fine tune (to), fignoler (réglage), mettre au point (programme), optimiser (exploitation).

Fine tuning, fignolage (d'un réglage), mise au point d'un programme, optimisation de l'exploitation.

Finger, utilitaire d'identification.

Fingerprints, empreintes digitales ; empreinte, marque (d'un logiciel).

Finite, **f. element analysis (FEA),** analyse par la méthode des éléments finis ; **f.-state machine,** automate fini, automate à nombre fini d'états.

Fire, **f. control,** commande de tir ; **f.-control computer,** calculateur de tir ; **f. drill, 1.** (sens propre) exercice d'incendie ; **2.** entraînement à la récupération et à la réorganisation des données ; **f. fighter**, technicien en logiciel assurant la correction des bogues.

Fire (to), déclencher (marteaux d'impression) ; projeter (gouttelettes d'encre).

Firewall, pare-feu, coupe-feu (éviter garde-barrière).

Firing, déclenchement (des marteaux d'impression).

Firmware (F/W), microprogrammation, micrologique, microprogrammes, micrologiciel (ne pas confondre avec Microsoftware : logiciel pour micros) ; **f.-based, f.-controlled, f.-driven,** microprogrammé, piloté par microprogramme.

First, **on a f. come f. served basis,** premier arrivé, premier traité ; **f. in f. out (FIFO),** système premier entré, premier sorti ; **f. item list,** indication de groupe ; **f.-level address** = ***direct address*** ; **f. page,** écran d'accueil ; **f. remove subroutine,** sous-programme de premier niveau ; **f. time computer user, first timer,** nouveau venu (à l'informatique), donc, débutant, novice, profane, etc.

Fit (to), tenir (sur l'écran, sur une ligne, dans une zone).

Fitting.
Voir CURVE.

Five, **f.-high stack,** pile de cinq disques.

Fix, correction, réparation.

Fix (to), **1.** fixer ; **2.** (U.S.), réparer, corriger (erreur)

Fixed, fixe ; **f. block,** bloc de longueur fixe ; **f. cycle operation,** fonctionnement à cycle fixe ; **f. data,** constantes ; **f. disk, 1.** disque fixe ; **2.** disque dur ; **f. disk drive,** (unité de) disque dur ; **f. disk store (FDS),** disques (à têtes) fixes ; **f. field,** zone fixe ; **f. head disks,** disques à têtes fixes ; **f. index word,** mot d'index fixe ; **f. length record,** article de longueur fixe ; **f. length record system,** système d'enregistrement à longueur fixe ; **f. point,** virgule fixe ; **f. point arithmetic,** calcul en virgule fixe ; **f. point calculation,** calcul en virgule fixe ; **f. point part,** mantisse ; **f. point representation,** représentation en virgule fixe ; **f. program computer,** calculateur à programme fixe ; **f. radix notation,** notation à base fixe ; **f. storage, f. store,** mémoire fixe ; **f.-width font,** police non proportionnelle ; **f. word length,** longueur de mot fixe.

Flag, drapeau, fanion, indicateur, code, balise ; **f. bit,** bit indicateur, bit de signalisation ; **f.-free,** sans piste mutée (disque).

Flag (to), indiquer, signaler (au moyen d'un drapeau, d'un astérisque, etc.).

Flag up (to), afficher.

Flagging, balisage, signalisation.

Flagship product, produit vedette, produit phare.

Flame, message agressif adressé à une personne ou à un groupe.

Flame (to), s'adresser agressivement ou vulgairement à un groupe de discussion pour le perturber; **f. war**, échanges virulents entre internautes.

Flange, flasque (de bobine de bande).

Flangeless, sans flasque.

Flap-down keyboard, clavier rabattable.

Flash, **f. memory,** mémoire flash.

Flash (to), clignoter.

FlashCard, carte FlashCard.

Flashchip, puce flash.

Flashing, clignotement.

Flat, **f. bed drafting machine,** machine à dessiner à plat; **f. bed plotter,** traceur à plat; **f.-bed scanner**, scanner à plat; **f. cable,** câble-ruban; **f. display, f.-faced screen,** écran plat; **f. file,** table à deux dimensions; **f.-fee billing**, facturation au forfait, le forfait; **f.-folded forms,** papier en continu à pliage paravent; **f. pack, 1.** boîtier plat; **2.** liasse (papier en continu); **f. plotter,** traceur à plat; **f. rate,** tarif fixe; **f. screen,** écran plat; **f. table,** table à deux dimensions.

Flavor, **1.** dialecte (d'un langage); **2.** type, présentation, sorte.

Flaw, défaut; **f.-free,** sans défauts; **f. management,** gestion des défauts; **f. map(ping),** carte, cartographie, des défauts.

Flawless, sans défauts.

Fleet, parc (de véhicules); **f. management,** gestion de parc de véhicules.

Flex = flexible; **f. circuit,** circuit souple; **f. disc,** disque souple; **f. drive,** unité de disquette; **f. time,** horaire variable.

Flexibility, souplesse d'emploi, adaptabilité.

Flexible, flexible, souple; **f. disc (drive) (FDD),** (unité de) disque souple, disquette; **f. manufacturing system** (FMS), système de fabrication flexible, atelier flexible; **f. printed wiring,** câble souple; **f. working hours (FWH),** horaire variable.

FlexyDisk, disque souple, disquette, flexette (BASF).

Flexidrive, unité de disque souple.

Flexiplace, lieu de travail (d'un télétravailleur).

Flexitime = flexible working hours.

Flick, **at the f. of a switch,** en basculant un interrupteur.

Flick (to), **f. through (to),** parcourir, «feuilleter» (pages de vidéotex).

Flicker, scintillement, papillotement; **f.-free,** sans scintillement.

Flicker (to), scintiller.

Flight, **f. computer,** ordinateur de vol; **f. reservation system,** système de réservation de places d'avion; **f. simulator,** simulateur de vol; **f. time,** temps de frappe (des fils d'impression).

Flimsy, carte intercalée.

Flip (to), basculer (tore), permuter (valeurs), tourner (pages vidéotex), retourner (image); **f. back and forth (to),** alterner entre; **f. down (to),** rabattre; **f. up (to),** relever.

Flip-chart, tableau à feuilles arrachables pour conférence, «flip-chart».

Flip chip, pastille à protubérances.

Flip down, rabattable (clavier).

Flip-flop (FF), **1.** bascule (électronique); **2.** bascule (de dérouleurs, etc.).

Flippy, **f. disc,** disquette à deux faces d'enregistrement, disquette double face.

Float = floating; **f.-to-fixed conversion,** conversion virgule flottante/virgule fixe.

Float, battement (méthode du chemin critique).

Float (to), **1.** flotter; **2.** banaliser.

Floating, flottante (virgule); banalisé (canal, etc.); **f. add,** addition en virgule flottante; **f. address,** adresse relative; **f. floor,** faux plancher; **f. head,** tête flottante; **f. instruction set (FIS),** jeu d'instructions (en) virgule flottante; **f. point (FP),** virgule flottante; **f. point arithmetic**, calcul en virgule flottante; **f. point base** = ***f. point radix***; **f. point calculation, f. point computation,** calcul en virgule flottante; **f. point package,** programmes de calcul en virgule flottante; **f. point processor (FPP),** processeur virgule flottante; **f. point radix,** base de la caractéristique; **f. point representation,** représentation en virgule flottante; **f. point routine,** programme en virgule flottante.

Flood fill algorithm, algorithme de coloration.

Floor, plancher ; **f. area, f. space,** encombrement (au sol) ; **f. load,** charge uniformément répartie ; **f.-standing,** autonome (physiquement).

Floppy (disk), **1.** disquette, disque souple ; **2.** (par ext.), unité de disquette(s) ; **f.-based,** qui s'articule autour d'une disquette, à disquette ; **f.-based computer,** ordinateur à disquette ; **f. d. controller (FDC),** contrôleur de disquette ; **f. (disc) drive** = ***flexible disc drive.***

Floppy Tape™, marque déposée d'une unité de sauvegarde (bande) de Cipher Data Products, Inc.

FLOPS (Floating Point Operations Per Second), opérations (en) virgule flottante par seconde.

Flow, circuit, circulation (de l'information), flux, flot (de données) ; déroulement (des opérations) ; **f./job shop,** production mixte ; **f. control**, contrôle de flux ; **f. of control,** ordre d'exécution (des programmes, opérations, etc.) ; **f. path,** branche de traitement ; **f. process diagram** = ***systems flowchart*** ; **f. shop,** atelier faisant de la fabrication en série, production en continu (domaine chimique, pétrolier).

Flow (to), circuler (information) ; **f. back and forth (to),** circuler ; **f. in (to),** arriver (information, etc.) ; **f. out (to),** sortir (information, etc.).

Flowchart, organigramme, ordinogramme ; **f. generator,** générateur d'organigrammes ; **f. package,** logiciel, progiciel de tracé d'organigrammes ; **f. symbol,** symbole d'organigramme ; **f. template,** organigraphe.

Flowchart (to), établir, faire, un organigramme.

Flowcharter, traceur d'organigrammes.

Flowcharting, établissement d'un organigramme ; **f. template,** organigraphe.

Flow-diagram, organigramme, ordinogramme.

Flow-diagramming, établissement d'un organigramme.

Flowshop.
Voir Flow.

Fluidics, la fluidique.

Flush, **left f., right f.,** fer à gauche, fer à droite.

Flush (to), vider (tampon) ; justifier (à droite, à gauche) ; **f. out (to),** vider (file d'attente, etc.).

Flying, **f. height,** écart entre têtes de L/E et disque.

FM, **1. (Facilities Management)**, infogérance (prise en charge globale de la gestion d'une installation informatique) ; **2. (Frequency Modulation),** modulation de fréquence ; **3. (Flexible Manufacturing)**, fabrication flexible.

FMS (Flexible Manufacturing System), atelier de fabrication flexible.

F/O (Fiber Optic), fibre optique.

Foil, transparent pour rétroprojection.

Fold (to), plier ; aller à la ligne ; **f. down (to),** rabattre ; **f. up. (to),** relever.

Fold, pli, pliure.

Folded, **f. checksum,** clé de contrôle.

Folder, dossier.

Folding, pliage (d'indicatif, etc.) ; **f. machine,** machiner à plier, plieuse.

Fold-out, **f. o. keyboard,** clavier rabattable.

Follow-the-sun policy, politique de permanence 24 heures sur 24 (fait qu'un pays prenne la relève d'un autre pendant la nuit).

Follower, **f. block,** presse-cartes, presse-documents.

Follow-me, renvoi temporaire (téléphone).

Follow-up, suivi.

Font, police, jeu (de caractères) ; **f. card,** carte police ; **f. cartridge,** cartouche de police ; **f. change character,** caractère de changement de jeu.

Foolproof, infraudable.

Foolproofing, détrompage.

Footage, longueur en pieds.

Footer, pied de page.

Foothold, **to capture, to establish, to gain a f.,** commencer à s'implanter.

Footing, écriture d'un titre ou d'un numéro en bas de page.

Footnote, note en bas de page.

Footnoting, écriture de notes en bas de page.

Footprint, **1.** encombrement, place occupée; **2.** (spat.), empreinte du lobe d'antenne; **3.** preuve de pénétration ou d'utilisation illégale d'un système informatique.

Forbidden, interdit; **f. combination check,** contrôle par détection de code interdit.

Force (to), forcer (à une valeur), imposer.

FordNet, réseau de Ford Aerospace and Communications.

Forefront, avant-garde, pointe (de la technologie, etc.).

Foreground, premier plan; **f. area,** zone de front; **f. operation or processing,** traitement de front; **f. program,** programme de front, programme prioritaire.

Foregrounding = ***foreground processing.***

Foreign, étranger (et par ext. notamment européen, vu des États-Unis).

Forespace (to), faire un espace en avant.

Forgiveness, indulgence.

Forgiving, «qui pardonne», indulgent, tolérant (qui tolère certaines fautes de l'opérateur ou de l'utilisateur).

Fork (Unix), processus de «prise de double», de duplication.

Forking, point de départ d'un traitement parallèle.

Form, **1.** papier (le plus souvent continu); **2.** (a) imprimé, formule, formulaire (b) page, feuillet (entre 2 moletages transversaux); **3.** par ext. : masque, grille (de saisie, d'écran, de visualisation); **f. definition utility,** utilitaire de définition de masques; **f. depth,** hauteur de feuillet; **f.-driver,** à base de masques; **f. driver,** gestionnaire de masques; **f. factor,** encombrement; **f. feed (FF),** présentation de feuille, changement ou saut de page; **f. feed character,** caractère de présentation de feuille, de changement de page; **f. feeding** = ***f. feed***; **f. feed-out,** éjection du papier; **f.-filling,** fait de remplir un imprimé ou un masque d'écran; **f. flash,** impression de cadre; **f. letter,** lettre type; **f. out,** sortie de papier; **f. overlay,** cadre d'impression; **f. positioning,** mise au repère du papier; **f. release lever,** levier de libération de papier; **f. separator** = ***decollator***; **f. set,** liasse; **f. throw,** saut de papier. Voir aussi FORMS.

Formal, formel, **f. language,** langage formel.

Format, **1.** tracé, dessin (d'une carte), composition, constitution, découpage interne, organisation, articulation, structure (fichier, données, etc.), présentation (d'un état, d'une information, etc.), masque d'écran, masque de saisie, grille de saisie; **the size and format of a message,** la longueur et la structure d'un message; **2.** format; **f. control,** commande d'édition; **f. effector** = ***layout character***; **f. file,** fichier-format; **f. loop,** bande pilote; **f. tape,** bande pilote; **f. tape punch,** poinçonneuse manuelle pour bande pilote.

Format (to), composer (un message à envoyer), «éditer», préparer (une ligne à imprimer), mettre en forme, structurer, formater (disquette); **f. text as a table (to),** présenter un texte sous forme de tableau.

Formatless, à structure non figée, libre.

Formatted, **f. capacity,** capacité après formatage; **f. report,** état structuré.

Formatter, module, programme, de mise en forme, formateur.

Formatting, **1.** formatage (d'une disquette, etc.), mise en forme, structuration; **2.** enrichissement (d'un texte).

Formed, **f. character,** caractère formé (complet) (par opposition à ceux des imprimantes matricielles).

Forms, **f.-based,** articulé autour de grilles, de masques; **f. burster,** rupteuse; **f. cart,** chariot récepteur de papier; **f. chute,** fente d'alimentation; **f. compressor,** presse-papier; **f. decollator,** déliasseuse; **f. design,** analyse des imprimés; **f. designer,** créateur de masques, de formulaires, etc., analyste, personne chargée d'étudier les imprimés; **f. driven,** à base de masques; **f. enclosure,** coffret de protection de papier; **f. file,** fichier de grilles (de visualisation), de masques (de saisie); **f. handling equipment,** matériel de façonnage, matériel annexe; **f. handling machine,** machine de façonnage; **f. hanger,** porte-rouleau (de papier); **f. intensive,** qui utilise un grand nombre de masques ou grilles d'écran; **f. length,** hauteur du papier; **f. library,** bibliothèque de grilles; **f. man** = ***f. designer***; **f. manufacturer,** fabricant spécialisé dans les imprimés; **f. pack,** liasse; **f. path,** chemin de papier; **f. set,** liasse;

f. slitter, couteau ; **f. stacker,** récepteur de papier d'imprimante ; **f. stand,** support de papier ; **f. tractor,** entraîneur de papier ; **f. weight,** grammage ; **f. writing equipment,** matériel d'impression (imprimante, machine à écrire, etc.).

Forth, nom d'un langage de programmation.

FORTRAN (FORmula TRANslation), Fortran ; **F. compiler,** compilateur Fortran.

Forward, **f.-backward counter,** compteur progressif-régressif, compteur-décompteur ; **f. branching, reference,** branchement, référence, aval ; **f. chaining,** chaînage avant (SE) ; **f. channel,** voie d'aller ; **f. link,** liaison aval ; **f. printing,** impression de gauche à droite ; **f. recovery,** restauration par progression ; **f. slash,** caractère / ; **f. sort,** tri croissant ; **f. tape speed,** vitesse de défilement (en marche avant).

Forward (to), envoyer, expédier.

Forward, **f. space (to),** faire un saut en marche avant (bande).

Found, **file not found,** fichier introuvable.

Fount = font.

Four, **f.-bit byte,** quartet ; **f.-color printer,** imprimante quatre couleurs, en quadrichromie ; **f.-function desk calculator,** calculateur de bureau 4 opérations ; **f.-pen plotter,** traceur (à) quatre plumes ou stylos ; **f. processor system,** système quadri-processeur.

Fourth, **f. generation language (FGL or 4GL),** langage (de programmation) de quatrième génération (L4G) ; **f. generation tools (4GT),** outils de quatrième génération.

Fox, **f. message,** message utilisant toutes les lettres de l'alphabet, tous les chiffres, et destiné à vérifier le bon fonctionnement. « THE QUICK BROWN FOX JUMPED OVER THE LAZY DOG'S BACK 1234567890... SENDING », et dont voici deux équivalents en français : a) VOYEZ LE BRICK GÉANT QUE J'EXAMINE PRES DU WHARF ; b) ZOÉ, MA GRANDE FILLE, VEUT QUE JE BOIVE CE WHISKY DONT JE NE VEUX PAS.

FPLA (Field Programmable Logic Array), réseau logique programmable par l'utilisateur.

FPP (Floating Point Processor), processeur virgule flottante.

FPS (Frames per second), images par seconde, images/seconde.

Fractal, fractale (subs. fém.).

Fractional, **f. part,** partie fractionnaire.

Frame, colonne (de bande magnétique ou perforée) ; unité d'information (en enseignement programmé) ; image (de film) ; bloc (en transmission de données) ; trame, séquence (télécommunications) ; page ; répartiteur (tél.) ; structure type (système expert) ; **f. grabbing,** acquisition d'images ; **f. grab, grabber or grabbing (board or card),** carte de numérisation d'images ; **f. relay,** relais de trame.

Frame (to), encadrer, borner, délimiter.

Framestore, mémoire d'images, bibliothèque d'images.

Framework, nom d'un logiciel intégré (Ashton-Tate).

Framing, encadrement, **f. bits,** bits d'encadrement.

Fraternity, **computer f.,** communauté des informaticiens.

Free (to), libérer, décharger (d'un traitement).

Free, libre, inoccupé, disponible ; **f.-access floor,** faux plancher ; **f.-field,** à cliché non imposé ; **f.-form, f.-format,** à structure non imposée ou libre ; **f.-space manager,** gestionnaire d'espace libre ; **f.-standing, 1.** physiquement autonome, séparé ; **2.** autonome (au plan fonctionnel) ; **3.** (logiciel) non spécifique, non propre.

Freehand drawing, dessin à main levée.

Freephone, numéro vert, numéro d'appel gratuit.

Freeware, logiciel gratuit, logiciel du domaine public.

Freeze, **f. date,** date limite (au-delà de laquelle les modifications ne sont plus acceptées), date de figeage ; **f. frame,** arrêt sur image (télévision).

Freeze (to), figer, bloquer (système, clavier, image-écran) ; geler (fonds).

Freezing, figeage, blocage.

Frequency, fréquence ; **f. agility**, agilité de fréquence ; **f. band,** bande de fréquences ; **f.-derived channel,** voie dérivée en fréquence ; **f. division multiplexer, multi-**

plexing (FDM), multiplexeur, multiplexage en fréquence ; **f. modulation,** modulation de fréquence ; **f. range,** gamme de fréquences ; **f. shift keying (FSK),** modulation par déplacement de fréquence.

Friction, **f. feed,** entraînement par friction.

Friendliness, caractère convivial, convivialité (d'un logiciel, etc.).

Friendly, convivial, accueillant (point de vente) et, plus simplement, facile à utiliser.
Voir OPERATOR-F., PROGRAMMER-F., USER-FRIENDLY.

Frills, fioritures.

Frill, **f. removal,** suppression des éléments superflus.

FROM, **f. address,** adresse émettrice ; **F. date,** date début ; **F. node,** nœud origine.

FROM (Fusible Read-Only Memory), mémoire morte à fusible.

Front, **f. clipping plane,** plan avant de découpage ; **f. end (to),** servir d'ordinateur frontal à ; **f. edge of technology,** pointe de la technologie ; **f.-end computer, f.-end machine, f.-end processor (FEP), f.-ender,** calculateur, ordinateur, processeur, frontal ; frontal (subs.) ; **f. feed,** introduction frontale ; **f.-feed carriage,** chariot à alimentation frontale ; **f. loading,** chargement frontal ; **f. office applications,** applications de guichet (par opposition aux applications d'arrière-guichet) ; **f. rim,** flasque avant (de bobine).

Frozen, **f. date =** ***freeze date.***

FRU (Field Replaceable Unit), élément, unité, module, interchangeable (sur place, en clientèle).

FS (File Separator), séparateur de fichiers.

FSK (Frequency Shift Keying), modulation par déplacement de fréquence.

FTP (File Transfer Protocol), protocole de transfert de fichier.

Fugitive glue, colle invisible assurant la fixation de formulaires préimprimés sur un papier en continu.

Full, plein, saturé ; intégral, in extenso (texte) ; **f. adder,** additionneur complet ; **f. blown,** complet, disposant de toutes les fonctions ; **f. COBOL,** COBOL complet ; **f. duplex,** duplex intégral, bidirectionnel simultané, « full duplex » ; **f.-feature(d),** complet, qui dispose de toutes les fonctions ou options ; **f.-fledged,** à part entière ; **f. keyboard,** clavier complet ; **f.-length board or card,** carte longue ; **f.-length slot,** emplacement long ; **f.-length word,** mot (réservé) non abrégé ; **f.-line (maker, supplier),** constructeur, fournisseur, offrant une ligne complète de produits ; **f.-motion video**, vidéo animée ; **f. name,** nom développé (in extenso), nom complet ; **f. page display,** écran pleine page ; **f. payout lease,** crédit-bail à remboursement intégral ; **f. screen,** pleine page ; **f.-screen editing,** édition pleine page ; **f. screen (text) editor,** éditeur (de texte) pleine page ; **f.-sized drive,** unité de disquette de 8 pouces ; **f. text,** texte intégral.

Fully, **f.-connected,** à interconnexion intégrale (réseau) ; **f.-formed character,** caractère préformé (par opposition aux caractères formés de points) ; **f. populated,** carte de C.I. totalement équipée ; **f.-punched hole,** perforation à confetti entièrement détaché ; **f.-qualified (name),** (nom) complet ; **f.-tested program,** programme au point.

Function, fonction ; **f. chart,** diagramme fonctionnel ; **f. code,** code de service, code fonctionnel ; **f. generator,** générateur de fonctions ; **f. hole,** perforation fonctionnelle ; **f. key,** touche de fonction, de service (machine à écrire, etc.) ; **f. keyboard,** clavier de fonctions ; **f. part,** partie fonction ; **f. table,** table de fonctions.

Functional, fonctionnel ; **f. character =** ***control character*** ; **f. code,** code de service ; **f. design,** conception fonctionnelle ; **f. diagram,** schéma fonctionnel ; **f. message,** message de service ; **f. symbol,** symbole fonctionnel ; **f. unit,** organe, élément (de machine).

Functionality, fonctionnalité(s), potentiel, fonctions.

Functor, foncteur.

Fundamental, **f. operations,** opérations de base.

Fuse, fusible ; **f. link PROM,** mémoire morte à fusibles.

Fusible, **f. link,** fusible ; **f. read only memory (FROM),** mémoire morte à fusible.

Future, **f.-proof,** à l'abri du vieillissement (matériel), protégé (investissement), évolutif.

Fuzziness, le flou.

Fuzzy, **f. logic,** logique floue ; **f. sets,** ensembles flous.

FW (Firmware), micrologiciel.

FWH (Flexible Working Hours), (l')horaire variable.

G

GaAs (gallium arsenide), arséniure de gallium.

Gadgetry, ensemble d'accessoires.

Gain (to), **g. control (to),** intervenir.

Gallery, présentation.

Gallium arsenide (GaAs), arséniure de gallium.

Game, jeu ; **g. chip,** puce-jeu ; **g. console,** console de jeu ; **g. designer,** créateur, concepteur de jeux ; **g.-oriented, 1.** spécialisé dans les jeux (entreprise) ; **2.** ludique (jeux de micros) ; **g.-playing program,** programme de jeux ; **g. port,** port pour connexion de jeux électroniques ; **g. software,** ludiciel ; **g. theory,** théorie des jeux.

Games, **g. console**, console de jeux ; **g. paddle,** manette de jeu.

Gameware, ludiciel.

Gaming, **g. package,** programmes de jeux d'entreprise.

Gamut, gamme, palette (de couleurs, etc.).

Gang, **g. punch,** perforatrice reproductrice de constantes ; **g. punching,** perforation en série.

Gang (to), grouper.

Gang punch (to), perforer en série.

Gantt, **g. chart,** diagramme de Gantt.

Gap, intervalle ; trou, emplacement vide (dans fichier) ; **g. digits,** caractères de remplissage.

Garage, **g.-built,** de construction artisanale ; **g. outfit,** société artisanale ; **g. shop operator,** artisan-constructeur.

Garbage, informations incohérentes, inintelligibles, parasites, etc. ; **g. collecting, g. collection,** regroupement, récupération de place (en mémoire) ; **g. collector,** programme récupérateur (de place), « ramasse-miettes » ; **g. in, g. out** (GIGO), la qualité des résultats est fonction de la qualité des données à l'entrée, (MIMO (hum.)).

Garble (to), tronquer, mutiler.

Garbled, déformé, mutilé, tronqué, incohérent, parasité.

Garbling, déformation, détérioration.

Garden, de type courant, ordinaire, banal.

Gas, **g. discharge display,** affichage à décharge gazeuse ; **g. panel,** écran à plasma.

Gate, **1.** porte, châssis, volet (d'entraîneur à ergots) ; **2.** porte (électr.), grille, gâchette (thyristor) ; **g. array,** circuits prédiffusés ; **g. count,** nombre de portes.

Gatekeeper, responsable du contenu d'un site.

Gate (to), déclencher.

Gateway, **1.** centre de transit international (telecom) ; **2.** passerelle ; processeur, système de communication interréseau, module d'adaptation ; **3.** chemin d'accès ; **g. board or card,** carte passerelle ; **g. cities,** villes des E.-U. par lesquelles passe le trafic international : New York, Washington et San Francisco, points d'accès.

Gatewaying, établissement de passerelles.

Gather (to), grouper, regrouper ; **g. write (to),** écrire en regroupant.

Gathering, groupage, collecte.

Gating, déclenchement.

GB (gigabyte), gigaoctet (1 milliard d'octets).

GCR (Group Coded Recording), enregistrement par groupes.

GDT (Graphic Display Terminal), terminal graphique.

Gear, matériel.

Gear up (to), s'équiper.

Gen, génération (d'un système).

Gen (to), générer (un système).

Gender, **g. bender or g. changer,** adaptateur mâle/mâle, femelle/femelle, inverseur de connexion.

General, **g. consumer,** grand public ; **g. ledger,** comptabilité générale ; **g. program,** programme général, banalisé ; **g. purpose (GP),** universel, à vocation multiple, polyvalent, à usage général ; **g. purpose (GP) computer,** ordinateur universel ; **g. purpose interface bus (GPIB),** (ANSI-IEEE 1978), bus GPIB ; **g. purpose storage,** mémoire banale ; **g.-purpose terminal,** terminal banalisé ; **g. register,** registre banalisé ; **g. routine** = ***g. program*** ; **g. storage, g. store,** mémoire banale.

Generalized, **g. routine,** programme général.

Generate-and-go, génération-exécution.

Generate (to), créer, engendrer ; générer (prog.) ; dégager (chaleur) ; émettre (message, signal, etc.), éditer (rapport, état).

Generated, **computer-g.,** de synthèse (image) ; **g. address,** adresse calculée.

Generating, **g. program, g. routine,** programme générateur.

Generation, **1.** génération (de machines, de fichiers, de langages, etc.) **2.** création, génération, production ; émission (message).

Generator, générateur, programme générateur, **g. program,** générateur.

Generic, générique, **g. font**, police générique.

Generics, généricité (ADA).

GEnet, réseau (local) de General Electric.

Genlock(ing), synchronisation.

Geographic, **g. information system (GIS),** système d'information géographique (SIG), la « géomatique ».

Gesture, symbole représentant une commande.

Get, lecture, opération de lecture.

Get (to), lire, faire une lecture ; **g. back to (to), g. out of (to),** revenir à, sortir d'(une fonction) ; **g. off the ground (to),** décoller (industrie) ; **g. on the computer (to),** accéder à l'ordinateur ; **g. stuck in a loop (to),** se bloquer sur une boucle ; **get to (to),** accéder à.

Getting started, premiers pas, initiation, etc.

Gflops = gigaflops.

Ghost, **g. hyphen,** caractère de coupure possible.

Ghost(ing), image dédoublée.

Ghost (to), doubler la machine principale (en parlant de l'ordinateur de secours) avec mise à jour en double des fichiers disques.

Gibberish, **g. total,** total mêlé.

Gigabit, gigabit ; **g. router**, gigarouteur.

Gigabyte, gigaoctet (10^9).

Gigaflops, 1 milliard d'opérations en virgule flottante par seconde.

Gigaword, gigamot.

GIGO (Garbage In, Garbage Out), la qualité des résultats est fonction de la qualité des données à l'entrée.

Give (to), **g. control (back) to,** (re)passer la main à ; **g. the turn (to),** donner le droit de parole.

GKS (Graphics Kernel System), norme graphique internationale.

Glare, éblouissement ; **g. filter,** filtre anti-éblouissement.

Glare-free, ami-réfléchissant.

Glass, **g. teletype** = ***visual display unit*** ; **g. wire,** fibre optique ; **g. wiring,** câblage en fibres optiques.

Glitch, **1.** signal transitoire ; transitoire (subs) ; **2.** incident, panne.

Glitching, déformation des signaux.

Global, **1.** commun, global ; **2.** mondial (réseau, etc.), à l'échelle planétaire ; **3.** (par abus) global (dans le sens « mondial ») ; **g. address,** adresse génétale ; **g. backup,** sauvegarde totale (du disque dur sur un autre support) ; **g. market**, marché mondial ; **g. memory,** mémoire commune ; **g. optimization,** optimisation globale ou générale ; **g. reference,** référence commune ; **g. replace,** remplacement général ; **g. search and replace,** recherche et remplacement (ou substitution) automatiques ; **g. variable,** variable globale.

Globalization, mondialisation.

Globalize (to), (se) mondialiser.

Globally, à l'échelle mondiale, à l'échelle planétaire.

Globe, **g.-shaped typing element,** élément d'impression en forme de boule, de sphère.

Glossary, **1.** glossaire ; **2.** parfois : synonyme de **boilerplate.**

Glow (to), briller ; s'allumer (voyant).

Glue, **g. chips,** puces de liaison ; **g. logic,** logique, circuits, de liaison.

Glue (to), associer (des composants).

Glut, **information g.,** pléthore d'informations, la surinformation.

Glyph, glyphe.

Gnomon, symbole graphique d'orientation.

Go, **on the g.,** en déplacement, itinérant (personnel).

Go (to), **go blank (to),** s'effacer (écran) ; **go digital (to),** se numériser ; **go down (to), 1.** tomber en panne ; **2.** parcourir (une liste) ; **go electronics (to),** s'électroniser ; **go global (to),** se mondialiser ; **go off (to),** s'éteindre (voyant) ; **go live (to), go on (to), go on the air (to),** entrer en service ; **g. through (to),** parcourir une boucle, une liste, etc. ; **go to sleep (to),** s'arrêter.

Go-ahead, « feu vert » ; **g. a. tone,** tonalité d'invitation à transmettre.

Go-anywhere, passe-partout, portable.

Golden, **g. key**, touche OR ; **g. number**, numéro privilégié.

Goodput, débit utile (trames non altérées).

Gopher, gopher.

GO TO less programming, programmation sans GO TO.

GO TO statement, instruction GO TO.

Golf, **g. ball printer,** imprimante à sphère ; **g. ball typewriter,** machine à écrire à boule, à sphère.

Gouraud shading, méthode d'illumination de Gouraud.

Government, gouvernement, administration ; **g. report,** état statistique ; **g. reporting,** fourniture d'états statistiques (mensuel, trimestriel, annuel).

GPIB (General Purpose Interface Bus), bus d'interface universel.

Grab (to), saisir, etc., par ext. numériser, s'emparer (du jeton).

Grabber, dispositif de saisie ; **g. hand,** main preneuse (sur écran).

Graceful, **g. degradation,** dégradation harmonieuse, fonctionnement en mode dégradé, avec dégradation progressive ; **g. shutdown,** arrêt automatique sans perte de données.

Gracefully.
Voir DEGRADE GRACEFULLY (TO).

Grade, **1.** qualité ; **2.** type (de circuit) ; **g. down,** tri décroissant ; **g. up,** tri croissant.

Grade (to), classer, ordonner.

Graded, **g. index fiber,** fibre à gradient d'indice.

Graduated pricing, tarification modulée.

Grain, **g. of salt**, nombre de 12 bits complétant la norme DES ; **g. size,** finesse du grain.

Grammar, **g. checker,** correcteur grammatical.

Grand, **g. total,** total général ; **g.-total key,** touche total général ; **g. totalling,** totalisation générale.

Grandfather, **g. cycle, g./son technique,** conservation portant sur trois générations de fichiers ; **g. tape,** bande « première génération ».

Grandfather (to), cesser de faire évoluer un ordinateur (en se contentant d'en faire la maintenance).

Grandfathering, **1.** dérogation (FCC) ; **2.** rotation sur trois générations.

Grandparent = grandfather.

Granularity, **1.** degré de finesse ; **2.** granularité, palier de progression (de capacité de mémoire, par ex. 64K).

Graph, graphique ; **g. paper,** papier quadrillé ; **g. plotter,** traceur de courbes ; **g. theory,** théorie des graphes.

Graph (to), représenter sous forme de graphique.

Graphic, graphique ; **g. character,** caractère graphique ; **g. COM recorder,** imprimante graphique sur microfilm ; **g. database,** base de données graphiques ; **g. data processing,** traitement de l'information graphique, informatique graphique, infographie ; **g. device,** unité, périphérique, graphique ; **g. display terminal (GDT),** terminal graphique ; **g. display,** visualisation graphique ; **g. display terminal or unit,** terminal ou unité graphique ; **g. output,** infographie (marque déposée par Benson) ; **g. package,** logiciel graphique ; **g. processor,** processeur graphique ; **g. ROM (GROM),** mémoire ROM graphique ; **g. seats,** nombre d'utilisateurs simultanés ; **g. software,** logiciel graphique, graphiciel ; **g. tablet,** tablette graphique ; **g. terminal,** terminal graphique.

Graphical, graphique ; **g. interface,** interface graphique ; **G. Kernel System (GKS),** système GKS ; **G. User Interface,** interface GUI.

Graphicless, sans possibilités graphiques.

Graphics, traitement graphique, « le graphique » ; **g. adapter,** adaptateur graphique ; **g.-based (system),** à base de graphismes ; **g. board or card,** carte graphique ; **g.-capable,** qui offre des possibilités graphiques ; **g. chip,** puce graphique ; **g. (display) controller (GDC),** contrôleur graphique ; **g. file,** fichier graphique ; **g. industry**, industrie graphique ; **g.-intensive,** jarg. à fort pourcentage « graphique » ; **g. library,** bibliothèque de graphiciels ; **g. memory,** mémoire graphique ; **g.-oriented,** à vocation graphique ; **g. package,** progiciel graphique ; **g. processor,** processeur graphique ; **g. software,** logiciel graphique, graphiciel, grapheur ; **g. printer,** imprimante graphique ; **g. unit,** unité, périphérique, graphique ; **g. workstation,** station de travail graphique.

Graphite, **g. pencil,** crayon au graphite.

Graphitize (to), mettre sous forme graphique.

Graticule, réticule.

Graunch, défaillance machine.

Graveyard, **g. shift**, brigade de nuit, équipe de nuit.

Gray, **G. code,** code Gray, code binaire réfléchi ; **G. Giant = *IBM*** ; **g. marketing**, marketing et diffusion illicites.

Graybar land, zone d'attente (des internautes qui attendent le chargement d'une page web).

Greeking, texte sans signification, parfois en pseudo-latin, servant à afficher la présentation générale de la composition.

Green, qualifie un ordinateur qui ne pollue pas (éléments recyclables, rechargeables ou biodégradables) ; **g. computing**, l'informatique verte.

Greenfield site, site test, site pilote.

Green Thumb, service « agro-informatique » du Département américain de l'agriculture.

Greet (to), accueillir.

Greeting, accueil ; **g. message,** message d'accueil.

Gregorian, **G. date,** date selon le calendrier grégorien.

Grey, **g. Giant, g. Mother = *IBM* ; g. literature,** documents officieux, non officiellement répertoriés, tels que thèses, mémoires, rapports, jarg. « littérature grise » ; **g. market,** marché « gris » ; **g. scale,** échelle de gris.

Greyness, le gris.

Grid, quadrillage (papier), grille (sur écran), grille (de tube électronique).

Voir Control Grid.

Gridding, quadrillage.

Gridlock, information (due à une pléthore d'informations).

Grind out (to), sortir, « cracher » (de l'information) (par ex. sur imprimante).

Gripper, pince (robot, etc.).

Grit, **g. wheel,** roue d'entraînement.

G-ROM (Graphic Read-Only Memory), mémoire morte graphique.

Grooving, **g. machine,** encocheuse.

Grosch's law, loi de Grosch.

Grounding pad, tapis antistatique.

Group, **1.** groupe ; **2.** famille (d'articles), **g. code(d) recording (GCR),** enregistrement par groupes ; **g. indication,** drapeau groupe ; **g. item,** mot groupe ; **g. mark,** drapeau groupe, marque de groupe ; **g. printing,** impression récapitulative (par groupe) ; **g. separator (GS),** séparateur de groupes (de données) ; **g. technology (GT),** technologie de groupe (TG) ; **g. theory,** théorie des ensembles.

Groupware, travail en groupe, travail de groupe, travail collaboratif, synergiciel, collecticiel.

Grouping, groupage (d'articles, etc.).

Grow (to), croître, (faire) évoluer.

Growable, extensible.

Growing, porteur (marché).

Growth, croissance, évolution, extension ; **g. industry**, industrie porteuse ; **g. path,** voie d'évolution, trajectoire de croissance ; **g. power,** possibilité d'évolution, d'extension ; **g. rate,** taux de croissance.

GS (Group Separator), séparateur de groupes (de données).

GT (Group Technology), technologie de groupe.

Guide, **g. edge,** bord de référence ; **g. margin,** marge de référence.

Guillotine, massicot ; **g. operator,** massicotier.

Guillotine (to), massicoter.

Guillotining, massicotage.

Gulp, groupe d'octets.

Gun.
Voir LIGHT GUN.

H

HA (Home Automation), domotique.

Hack, attaque.

Hack (to), attaquer ; **h. into (to),** pénétrer (un système).

Hackable, piratable.

Hacker, **1.** fana, mordu, de l'ordinateur, de l'informatique ; **2.** intrus, pirate informatique.

Hacking, effraction, intrusion, informatique.

Hackproof, non piratable.

Half, **h.-adder,** demi-additionneur ; **h. duplex,** bidirectionnel à l'alternat, semiduplex « half duplex » ; **h.-height,** demi-hauteur (carte, disque Winchester) ; **h. inch tape,** bande demi-pouce ; **h. incher,** unité de bande (d'un) demi-pouce ; **h.length card,** carte courte ; **h. pulse,** demi-impulsion ; **h.-subtracter,** demi-soustracteur ; **h. word,** demi-mot.

Half adjust (to), arrondir.

Half-toning, demi-teintes.

Halt, arrêt ; **h. instruction,** instruction d'arrêt.

Halt (to), (s')arrêter, (s')interrompre.

Hammer, marteau ; **h. bank,** rangée de marteaux ; **h. firing,** déclenchement des marteaux. Voir PRINT HAMMER.

Hamming, **H. code,** code de Hamming ; **H. distance,** distance de Hamming.

Hand, **h. calculator,** machine à calculer mécanique ; **h.-coded patchwork,** séquence de correction ; **h.-coded routine,** sous-programme écrit (par opposition à généré) ; **h. coding,** programmation (écrite par programmeur) ; **h.-fed,** introduite manuellement (carte) ; **h. feed punch,** perforatrice à alimentation manuelle ; **h.-holding,** fait d'aider l'utilisateur à faire ses premiers pas en informatique (notamment par la formation) ; **h. marked document,** document porteur de marques (au crayon graphite, etc.) ; **h. mounter,** monteuse de cartes à microfilm ; **h.-printed,** écrit en caractères d'imprimerie ; **h.-printed character reader,** lecteur de caractères calligraphiques ; **h. printing,** calligraphie ; **h. pulling,** extraction (de cartes) ; **h. punch = *h. feed punch* ; h.-sorted,** trié à la main ; **h. tailoring,** adaptation, personnalisation ; **h.-written,** manuscrit ; **h.-written instruction,** instruction écrite par le programmeur (par opposition à instruction générée) ; **h. writing reader,** lecteur de caractères manuscrits.

Hand (to), **h. code (to),** écrire une séquence ; **h. off,** changer de cellule (tél. cellulaire) ; **h. over (to),** remettre (qqch. à qqun) ; **h. sort (to),** trier à la main ; **h. swipe (to),** (faire) passer manuellement (carte de paiement, etc. dans lecteur).

Handheld, portatif ; manuel (photostyle) ; à déplacement manuel (curseur) ; **h. wand,** crayon lecteur.

Handle, **1.** nom d'utilisateur, pseudo ; **2.** identificateur, nom de fichier.

Handle (to), **1.** manier, manipuler ; **2.** traiter, prendre en charge, absorber (charge), résoudre (conflits d'accès), honorer (appel).

Handler, **1.** machine ; **2.** programme de traitement, de gestion ; module (logiciel).

Handling, **1.** manutention, manipulation ; **2.** traitement, prise en charge.

Hand-over, **1.** (moment du) changement de poste ; **h.-over date,** date de remise (du matériel au client, etc.) ; **2.** transfert automatique de communication.

Hands free, mains libres (tél.).

Handset, combiné téléphonique.

***Handshake* = *handshaking*; h. message,** message d'établissement de liaison, message de colloque.

Handshaking, établissement d'une liaison, colloque, prise de contact, échange de signaux de commande, la «poignée de main», mise en communication, protocole de transmission.

Hands-on, commande manuelle; **h.-o. training,** formation pratique.

Hang onto (to), connecter, raccorder.

***Hang,* h. up,** arrêt imprévu (de la machine, du programme).

Hang up (to), s'arrêter (machine), raccrocher (téléphone); **h. up in a loop (to),** tourner sur une boucle.

***Hanging,* h. indent,** présentation en sommaire; **h. line,** ligne en sommaire.

***Hard,* h. automation,** automatisation non progammable; **h. card,** carte disque dur; **h.-code,** programme spécifique; **h. copy,** sortie sur support en papier, trace écrite; **h. copy device, terminal or unit,** unité, terminal d'impression (laissant une trace écrite); **h. copy printer,** imprimante de recopie (d'écran); **h. core,** résidant; **h. crash,** panne (du) système (avec perte de données); **h. disk (HD),** disque dur (DD) (par opposition à «floppy disk»); **h. disk drive (HDD),** unité de disque dur; **h. disk unit,** unité de disque dur; **h. drive** = ***hard disk drive*; h. error,** erreur persistante ou permanente; **h. failure,** incident permanent; **h. hyphen,** trait d'union imposé, césure imposée (par l'opérateur); **h. page break,** changement de page imposé; **h. real-time**, temps quasi réel; **h. return,** retour ligne obligatoire; **h. sectored, h. sectorising,** (à) sectorisation matérielle, (à) sectorisation fixe; **h. stop,** arrêt immédiat.

HardCard, carte «disque dur» (marque).

Harddisk board or card, carte disque dur.

Harddiskless, sans disque dur.

Hardware (H/W), matériel, machine(s), équipement, dispositif, mécanisme; **h.-based,** réalisé par matériel; **h. bug,** incident machine; **h. check,** contrôle câblé; **h. compatibility,** compatibilité matérielle; **h. configuration,** configuration machine ou matérielle; **h.-dependent,** lié à un matériel particulier; **h. device,** dispositif câblé; **h. engineer,** ingénieur constructeur; **h. environment** = ***h. configuration*; h. failure,** incident machine; **h. firm,** constructeur d'ordinateurs (souvent à l'exclusion des périphériques); **h.-intensive,** qui exige beaucoup de, gourmand en, matériel; **h. interface,** interface matérielle; **h. key,** clé (interdisant l'utilisation d'un matériel); **h. maker or manufacturer,** constructeur de matériels et par ext. d'ordinateurs; **h. monitor,** moniteur matériel, moniteur «hardware»; **h. platform,** plate-forme matérielle; **h. products,** matériels ou produits matériels; **h. register,** registre interne; **h. requirements,** configuration machine ou matérielle; **h. unit,** unité (matérielle); **h. vendor,** fournisseur de matériel.

Hardwire (to), câbler (une fonction).

Hardwired, câblée (fonction).

Harness, faisceau (de câbles), groupe de canaux.

Harness (to), exploiter, domestiquer.

***Harsh,* h. environment,** environnement hostile.

Hash, informations parasites; **h. coding,** adressage calculé; **h. key**, touche #; **h. mark, h. sign,** signe #; **h. table,** table de hachage; **h. total,** total de contrôle, total de hachage.

Hashing, hachage.

Hatch (to), hachurer.

***Hatch,* h. filled,** hachuré.

Hatching, hachurage.

Hate site, site de défoulement, site haineux.

***Hayes,* H.-compatible,** compatible Hayes.

***Haywire,* go h. (to),** tomber en panne, se dérégler.

***HD,* 1. (Hard Disk),** disque dur; **2. (High Density),** haute densité.

HDA (Head Disk Assembly), bloc étanche de disque Winchester.

HDD (Hard Disk Drive), (unité de) disque dur.

HDLC (High-Level Data Link Control Procedure), procédure de commande de liaison de données à haut niveau, procédure HDLC.

Head, tête : **24-pin head,** tête (à) 24 aiguilles; **h. actuator,** mécanisme de positionnement (des têtes de L/E) ; **h.-carrying arm,** bras porte-têtes ; **h. cleaning diskette,** disquette de nettoyage de tête ; **h. crash,** écrasement de la tête de L/E sur le disque ; **h. disk assembly (HDA),** bloc étanche de disque Winchester ; **h. disk interference (HDI) = *head crash* ; h. down display,** visualisation tête basse ; **h. end,** tête de réseau ; **h. gap,** entrefer ; **h. life,** longévité de la tête ; **h.-mounted display (HMD),** casque virtuel ; **h. of form,** haut de feuillet ; **h.-per-track (disk) memory,** disques à têtes fixes (à 1 tête par piste) ; **h. stepping rate,** cadence de déplacement (de piste à piste) ; **h. switching,** commutation des têtes.

Header, **1.** en-tête ; **2.** barrette (de contact) ; **h. block = *heading block* ; h. card,** carte en-tête ; **h. label,** label début ; **h. record,** enregistrement en-tête.

Heading, **1.** en-tête, titre ; **2.** écriture d'un titre ou d'un numéro en haut de page ; **h. block,** bloc début ; **h. card,** carte en-tête ; **h. routine,** sous-programme d'initialisation.

Headparking, parcage, mise au repos, de la tête.

Health, état de santé (d'un processeur, etc.) ; **h. check**, bilan de santé ; **h. monitoring**, test permanent des données physiques vitales au système.

Heap, segment de mémoire (Lisp).

Heart, cœur, pièce maîtresse, plaque tournante (d'un système).

Heartbeat, rythme.

Heat, **h.-sensitive paper,** papier thermosensible ; **h. sink,** dissipateur thermique, radiateur.

Heavy, **h. iron, h. metal**, grosse machine, gros système ; **h. user,** gros utilisateur.

-held.
Voir HANDHELD, SYSTEM-HELD.

Helical, **h. scan.,** balayage hélicoïdal ; **h. scan recording,** enregistrement hélicoïdal.

Hello, **h. program,** programme d'accueil de l'utilisateur ; **h. screen,** écran d'accueil.

Help, aide ; **HELP command,** commande HELP ; **h. desk**, service d'assistance utilisateur, de support technique ; **h. file,** fichier d'aide ; **h. key,** touche d'aide (permettant d'obtenir du système des informations complémentaires) ; **h. line,** service d'assistance ; **h. mode,** mode aide, mode assistance ; **h. panel,** panneau d'aide (panneau explicatif affiché par l'ordinateur en réponse à une demande d'aide) ; **h. screen,** écran d'aide.

Here is, ici (télétype).

Heritage, héritage ; **h. system**, système dont on hérite (et dont on retarde le remplacement en raison des coûts entraînés).

Hermaphroditic connector, connecteur hermaphrodite.

Hesitation, suspension (d'une séquence au profit d'une autre).

Heterogeneous, hétérogène (réseau, etc).

Heuristic, heuristique ; **h. program, h. routine,** programme heuristique.

Heuristically, de façon heuristique.

Heuristics, l'heuristique.

Hex = hexadecimal; in h. form, sous forme hexadécimale ; **h. display,** affichage hexadécimal ; **h. dump,** vidage (en) hexadécimal ; **h. notation,** numération hexadécimale ; **h. pad,** clavier hexadécimal ; **h. switch,** interrupteur hexadécimal.

Hexadecimal, hexadécimal ; **h. digit, display**, chiffre, affichage, hexadécimal ; **h. number system,** système de numération hexadécimal.

Hidden, caché (non affiché sur l'écran - code d'enrichissement), masqué ; **h. code,** code caché ; **h. file,** fichier caché (par ext. confidentiel), inaccessible ; **h. line,** ligne cachée ; **h. line removal,** suppression des lignes cachées ; **h. surface removal,** suppression des surfaces cachées.

Hide (to), faire disparaître, cacher (codes d'enrichissement) ; masquer (données).

Hiding.
Voir DATA HIDING.

Hierarchy, hiérarchie ; **screen h.,** arborescence d'écrans.

High, **h.-activity file,** fichier subissant un grand nombre de mouvements, fichier à taux de mouvement élevé ; **h.-boy,** meuble haut ; **h. byte,** octet de poids fort ; **h. core,** partie haute de la mémoire ; **h. delimiter,** borne supérieure ; **h.-density disk,** disque(tte) haute densité ; **h.-density tape,** bande enregistrée en haute densité ; **h. end (of a range),** haut (d'une gamme) ; **h.-end computing,** la grande informatique ; **h.-gain amplifier,** amplificateur à gain élevé ; **h.-growth,** porteur (marché, secteur) ; **h.-level data link control procedure (HDLC),** procédure de commande de liaison de données à haut niveau, procédure HDLC ; **h.-level (programming) language (HLL),** langage (de programmation) évolué, langage de haut niveau (LHN) ; **h.-long bias test** = ***marginal testing*** ; **h. order,** poids fort ; **h.-order bit,** bit de poids fort, bit de gauche ; **h.-order language,** langage évolué ; **h.-performance,** performant, à haute(s) performance(s), rapide ; **h.-performance channel,** canal rapide ; **h.-pitched tone,** tonalité aiguë ; **h.-rate terminal,** terminal à débit élevé ; **h. resolution (hi-res),** (à) haute résolution ; **h.-speed carry,** report simultané ; **h.-speed channel,** canal rapide ; **h.-speed format,** forme absolue ; **h.-speed memory,** mémoire rapide ; **h.-speed plotter,** traceur rapide ; **h.-speed printer,** imprimante rapide ; **h.-speed terminal,** terminal lourd ; **h.-speed rewind,** rebobinage à grande vitesse ; **h.-speed store** = ***h.-speed memory*** ; **h. tech(nology),** (à) haute technologie ; **h. ticket item,** produit dont le prix unitaire est élevé ; **h. usage,** à fort trafic, à trafic intense (ligne) ; **h. way,** bus.

Highboy, meuble haut.

Higher, supérieur, de version plus récente (DOS, etc.) ; **h.-order language,** langage (de programmation) évolué.

Highlight(ing), mise en valeur, mise en évidence (d'une zone de l'écran, etc.), marquage.

Highlight (to), mettre en valeur, mettre en évidence (zone, caractère de l'écran, etc.), faire ressortir, signaler, positionner la barre lumineuse, par ext., sélectionner.

Highlight bar, barre lumineuse.

Highly, **h. reliable,** à haute fiabilité.

Highway, bus.

Hill climbing, escalade (syst. expert).

HiNet, réseau local de Digital Microsystems Inc.

Hi-rel, (à) haute fiabilité.

Hi-res, (à) haute résolution.

Hi-tech, (à) haute technologie.

Histogram, histogramme.

History, historique ; **h. card,** carte ou fiche « historique » (enregistrant par ex. les différentes interventions faites sur une machine) ; **h. file,** fichier historique ou fichier d'archives ; **h. tape,** bande « historique ».

Hit, **1.** obtention d'une réponse pertinente en recherche documentaire, correspondance, occurrence, **2.** fait qu'à un article permanent corresponde un article mouvement ; **h. list,** liste des documents trouvés ; (recherche documentaire), liste des réponses positives (à une requête) ; **h. rate,** taux de présence (en antémémoire) ; **h. ratio,** taux de pertinence.

Hit (to), appuyer sur, enfoncer, taper sur, frapper (une touche) ; **h. the marketplace (to),** arriver sur le marché.

Hit-on-the-fly printer, imprimante à la volée.

Hit-on-the-run printer, imprimante à la volée.

Hitch, **1.** incident ; **2.** connexion.

Hitch (to), se connecter.

Hither plane.
Voir BACK CLIPPING PLANE.

Hive, ruche.

Hiway = highway.

HLL (High-Level Language), langage évolué.

HMD (Head-Mounted Display), casque virtuel.

Hoax, message annonçant une catastrophe démesurée (réelle ou non), canular.

Hobby, **h. computer,** ordinateur de l'amateur, du micro-amateur ; **h. computing,** informatique amateur ; **h. market,** marché de l'ordinateur amateur.

Hobbyist, micro-amateur.

Hog (to), monopoliser (l'unité centrale, etc.).

Hold, maintien, blocage ; **to put on h.,** mettre en attente, suspendre ; **to take off h.,** libérer, débloquer ; **h. delivery,** remise (de messages) sur demande ; **h. queue,** file de travaux en attente d'exécution.

Hold (to), tenir, maintenir, contenir ; mobiliser (appareil, ressources) ; bloquer (appareil) ; **h. down (to),** maintenir (une touche abaissée, etc.) ; **h. up (to),** suspendre (traitement, exécution).

Hole, trou, perforation ; **h. count check,** contrôle du nombre de perforations ; **h.-in-the-wall**, distributeur de billets encastré (dans un mur) ; **h. pattern,** configuration de perforations ; **h. site,** position possible de perforation (dans une carte, une bande perforée, etc.).

Holeburning, création de cuvettes.

Holidays.
Voir PRINT HOLIDAYS.

Hollerith, **H. card,** carte en code Hollerith, carte IBM ; **H. code,** code Hollerith ; **H.-coded card,** carte en code Hollerith ; **H. equipment,** matériel classique, matériel à cartes.

Hologram, hologramme.

Holographic, holographique.

Holography, holographie.

Home, **1.** foyer, domicile, domestique, familial ; **2.** national, intérieur ; **h. address,** adresse piste ; **h. automation (HA),** la domotique ; **h. banking,** la banque à domicile ; **h.-banking terminal,** terminal de télépaiement ; **h.-based (shopping, work, etc.),** fait à domicile, depuis le domicile (téléachats, télétravail, etc.) ; **h.-based (office) worker,** télétravailleur ; **h. brew,** « maison » (système, ordinateur) ; **h. computer,** ordinateur domestique, ordinateur « à domicile », ordinateur familial ; **h. computer buff,** fana de l'ordinateur à domicile ; micro-amateur ; **h. computing,** (L')informatique domestique, (L')informatique familiale ; **h. delivery,** livraison ou remise à domicile ; **h. fax,** télécopieur personnel ; **h. grown, 1.** réalisé à la maison, « maison », de fabrication artisanale (logiciel) ; 2. national (industrie) ; **h. information services and systems,** services et systèmes de télématique domestique ; **h. key,** touche position 1, touche début d'écran ; **h.-made,** « maison » ; **h. market, 1.** marché intérieur ; **2.** marché de l'ordinateur domestique ; **h. office worker,** télétravailleur ; **h. page**, page d'accueil ; **h. position,** position de repos (d'un organe), position initiale, position début d'écran (curseur) ; **h. record,** enregistrement initial ; **h. row,** rangée alphabétique de milieu de clavier ; **h. shopping,** téléachats ; **h. terminal,** terminal domestique ; **h. user**, l'utilisateur domestique, l'amateur, le particulier ; **h. worker,** télétravailleur ; **h. working,** télétravail ; **h.-written,** « maison ».

Home (to), **the cursor homes to row 1, column 1,** le curseur se place, se positionne, sur la colonne 1 de la ligne 1.

Homenet, réseau de General Electric C° pour la commande à distance d'appareils ménagers.

Homothety, homothétie.

Hood, capot (insonorisant, etc.) ; boîtier (de connecteur), bonnette (oscilloscope).

Voir VIEWING HOOD.

Hook (structure), structure d'accueil, point d'accueil (pour logiciel).

Hook (to), **h. into, to (to),** connecter, raccorder à ; **h. up (to),** connecter, interconnecter.

Hook-up, connexion, liaison ; **h. up fee,** taxe de raccordement.

Hop, tronçon ; connexion directe entre deux nœuds, saut.

Hopper, magasin d'alimentation (de cartes) ; **h. jam,** bourrage dans (le) magasin ; **h. posts,** poteaux de magasin ; **h. side plate,** flasque de magasin.

Hopperful, capacité (d'un magasin d'alimentation de cartes).

Horizontal, horizontale (application, etc.) ; **h. package,** logiciel horizontal ; **h. parity check,** contrôle de parité longitudinale ; **h. perforations =** ***cross perforations*** **;** **h. pitch,** nombre de caractères/pouce horizontalement ; **h. processor,** processeur horizontal.

Hosed up = dorfed up.

Hospital, **h. administration,** gestion hospitalière ; **h. computing, h. data processing,** informatique hospitalière.

Hospitality**, h. management**, gestion hôtelière.

Host, **1.** ordinateur hôte, ordinateur principal, central ; **2.** ordinateur serveur, centre serveur ou serveur ; **3.** ordinateur de compilation (par opposition à l'ordinateur d'exécution) ; **4. a host of,** une multitude de ; **h. adapter,** adaptateur hôte ; **h.-based, h.-driven,** géré par le système central ; **h. bus,** bus hôte ; **h. computer, h. machine, h. processor, h. system =** ***host*** **;** **h. load,** (télé)chargement depuis l'hôte ; **h. operator,** opérateur du système central ; **h. resident,** qui réside dans l'ordinateur central ; **h. site,** point, lieu, central.

Host (to), accueillir (congrès, exposition) ; héberger, abriter (services sur ordinateur) ; prendre en charge (utilisateurs) ; recevoir, loger ; superviser.

Hosted party, l'hébergé.

Hosting, hébergement (de services, etc.) ; supervision ; **h. business**, l'activité d'hébergement ; **h. machine,** machine d'accueil, l'hébergeur.

Hot, **h. button,** jarg. argument de vente ; **h. desk (to),** pratiquer le système bureau à la carte ; **h. desker**, praticien du système bureau à la carte ; **h. desking**, bureau à la carte : concept de gestion de l'espace bureau pratiqué dans certaines grandes entreprises et consistant à ne pas attribuer un bureau à chaque collaborateur. Ceux des collaborateurs travaillant essentiellement en clientèle ou itinérants doivent se faire réserver un bureau équipé lorsqu'ils prévoient de passer un certain temps (quelques heures, une journée) dans leur entreprise ; **h. fix(ing)**, correction dynamique (en cas de secteur disque défectueux) ; **h. job,** travail urgent, prioritaire ; **h. key,** raccourci clavier ; **h. line,** ligne directe (pour téléassistance, dépannage téléphonique, etc.) ; **h. link (to),** se transférer (sur un autre site) ; **h. list, 1.** liste des cartes perdues, volées ou trafiquées ; **2.** liste des meilleures ventes (logiciels, etc.) ; **3.** liste des sites les plus fréquentés ; **h. office** = ***hot desking*** ; **h. plug**, remplacement à chaud (sans arrêt du système) ; **h. pluggable**, à connexion immédiate (sans arrêt du système) ; **h. plugging**, connexion sans arrêt du système ; **h. potato routing,** acheminement dans lequel le commutateur cherche à se débarrasser au plus vite de son paquet ; **h. replacement,** remplacement immédiat ; **h. site,** salle informatique entièrement équipée (prévue en cas de sinistre informatique) ; **h. spot,** petit groupe d'instructions ; **h. standby,** secours automatique, immédiat (système biprocesseur), attente automatique ; **h. swap** ; remplacement à chaud ; **h. swappable**, remplaçable à chaud.

Hoteling = ***hot desking***.

HotJava, navigateur HotJava.

Hotkey to (to), accéder directement à ; **h. back to (to),** revenir (directement) à... par une touche rapide.

Hotkeying, accès direct (par touche).

Hotliner, technicien en assistance téléphonique.

Hotel, **h. management,** gestion hôtelière ; **h. reservation,** réservation hôtelière.

Hotlink, lien hypertexte.

Hourglass, sablier.

House, **h. automation,** la domotique.

House (to), loger, recevoir.

Housekeeping, (opérations de) gestion interne ; **h. operations,** opérations de servitude, opérations annexes, « d'intendance » ; **h. routine,** sous-programme de service, de servitude.

Housing, logement.

HSM (High-Speed Memory), mémoire rapide.

HSP (High-Speed Printer), imprimante rapide.

HSR (High-Speed Reader), lecteur rapide.

HTML (Hypertext Markup Language), langage HTML.

HTTP (Hypertext Transfer Protocol), protocole HTTP.

Hub, **1.** moyeu porte-bobine (de dérouleur, etc.) ; **2.** plot (de tableau de connexions) ; **3.** (fig.) plaque tournante, pivot ; **4.** concentrateur ; **h. computer,** ordinateur central ; **h. (go-ahead) polling,** invitation à émettre de proche en proche.

Hue, teinte.

Human, **h.-computer interface (HCI),** interface homme-machine ; **h. engineered,** ergonomique ; **h. engineering,** ergonomie ; **h. factors,** ergonomie ; **h. factors expert,** ergonomiste ; **h.-oriented,** ergonomique, conçu pour l'utilisateur non spécialisé ; **h.-oriented language,** langage proche du langage courant.

Hunt, **h. and peck typing,** frappe à un seul doigt ; **h. mode,** recherche du caractère SYN.

Hunting, recherche d'équilibre, pompage (dans un système à asservissement) ; recherche de ligne libre (tél.).

Hush cover, capot d'insonorisation ou insonorisant.

H/W or HW (hardware).
Voir Hardware.

Hybrid, hybride (calculateur, circuit, réseau).

Hydra, périphérique multifonctions.

Hyperbus, réseau de Network Systems Corp.

Hypercard, Hypercard (logiciel Macintosh).

Hypercube, hypercube.

Hypermedia, hypermedia.

Hyperserver, hyperserveur.

Hypertalk, Hypertalk (langage de manipulation d'Hypercard).

Hypertext, hypertexte ; **h. link**, lien hypertexte.

Hyperware, logiciel fictif (destiné à tester l'intérêt qu'il présenterait).

Hyphen, trait d'union ; **h. drop,** suppression du trait d'union.

Hyphen pull, push (to), justifier à gauche, à droite.

Hyphenate (to), mettre un trait d'union.

Hyphenation, coupure d'un mot, césure ; **h. dictionary,** dictionnaire de césure.

Hysteresis, hystérésis ; **h. loop,** boucle d'hystérésis.

I

IAP (Industrial Applications Programming), logiciels d'application sectoriels (LAS).

I²L (Integrated Injection Logic), logique intégrée à injection.

I-beam pointer, curseur en forme de I.

IBM-compatible, jarg. compatible IBM (compatible avec le matériel IBM).

IBM card, carte IBM, carte perforée.

IBMer, employé d'IBM.

IBMese, le jargon (informatique) (d')IBM.

IC (Integrated Circuit), circuit intégré (CI) ; **IC card,** carte de CI ; **IC chip,** puce (de CI) ; **IC count,** nombre de puces ; **IC house, IC maker,** fabricant de circuits intégrés.

Icon, symbole graphique, graphisme « icône » ; **i.-based, i.-driven,** à base d'icônes ou de graphismes (menu).

Iconic, iconique.

Iconize (to), mettre sous forme d'icônes.

ID (Identification), **ID card reader,** lecteur de cartes d'identification, d'identité ; **ID card laminator,** machine à plastifier les cartes d'identification ; **id number,** numéro d'identification, identifiant.

Ident, identification.

Identification, identification, indicatif, identifiant, nom (de fichier, etc.) ; **i. label,** étiquette d'identification extérieure (sur bobine).

Identifier, identificateur, identifiant.

Identify (to), identifier, désigner ; **i. oneself (to),** se présenter, donner son identification (au système), se faire (re)connaître (du système).

Identifying, **i. code,** code d'identification.

Identity (gate, operation, etc.), (porte, opération, etc.) d'identité.

Idiot, **i. tape,** bande au kilomètre ; **i. terminal** = ***dumb terminal***

Idle, inactif ; **i. period,** période d'inactivité ; **i. time,** temps mort, temps d'inactivité ; **i. timer,** compteur de temps d'inactivité.

Idle (to), tourner à vide.

IDP (Integrated Data Processing), (l')informatique intégrée.

IEEE-488, référence du bus GPIB.

I/F (Interface), interface.

I-field (Information field), zone (d')information.

I-format, format entier.

IF-AND-ONLY IF operation, équivalence logique.

IF-THEN operation, inclusion.

Ignore, **i. character,** caractère d'omission, de suppression.

Ignore (to), ne pas tenir compte de, ne pas prendre en compte, passer outre, sauter.

Ikon = Icon.

ILAN (Industrial Local Area Network), réseau local industriel.

Illegal, interdit ; **i. character,** caractère interdit.

Illegally, en dehors des règles.

Illuminated, **to become i.,** s'allumer.

Image, image ; **i. acquisition,** acquisition d'images ; **i. board,** carte de numérisation d'images ; **i.-carrying medium**, support (porteur) d'images ; **i. enhancement,** enrichissement d'images ; **i. file,** fichier vidéo ; **i. processing,** traitement d'images ; **i. processor,** unité de traitement d'images ; **i. specifier,** spécification d'image.

Imager, imageur ; **i. chip,** puce « images ».

Imagery, images, données-image.

Imaginal storage, mémoire d'images.

Imaging, prise d'images, imagerie ; **i. board,** carte de numérisation d'images.

Imbedded = embedded.

Immediate, **i. access,** accès direct ; **i. address,** adresse directe ; **i. instruction,** instruction à opérande direct ; **i. processing,** traitement à la demande, traitement immédiat.

Impact, **i. hammer,** marteau d'impression ; **i. printer,** imprimante à impact.

Impact (to), frapper.

Impactless, **i. printer,** imprimante sans impact.

Impersonate (to), se faire passer pour, usurper (une identité).

Impersonation, usurpation d'identité.

Implement (to), mettre en application, en place, en œuvre, appliquer.

Implementation, mise en application, en place, en œuvre ; version (souvent propre à un constructeur) ; **i. specific,** propre à une version.

Implementer = implementor.

Implementor, personne chargée de la mise en application.

Implied, implicite ; **i. binary point,** virgule binaire implicite.

Implode (to), condenser ; **i. into memory (to),** regrouper en mémoire.

Implosion, implosion.

Imply (to), impliquer.

Import (to), importer, récupérer (des données).

Import-export, transférabilité, interchangeabilité (d'un programme).

Import-export (to), échanger (des données).

Imprint (to), imprimer.

Imprinter, dispositif d'impression.

Improve (to), réduire (temps d'accès).

Impulse, impulsion ; **i. noise,** bruit impulsionnel.

Impulse (to), émettre une impulsion.

Impulsive, **i. noise,** bruit impulsionnel.

IN (Information Network), réseau IBM.

IN, entrée.

Inaccuracy, imprécision.

Inactive, non mouvementé (article), non en cours de déroulement (programme), inactif, inopérant.

Inactivity timeout, temporisation fixe.

In-between, raccord.

In-betweener, dessin-raccord.

In-betweening, liaison entre images, intervallage.

Inboard, interne (disque).

Inbound, dans le sens terminal → ordinateur, vers l'intérieur.

IN box, corbeille « arrivée » (courrier).

Inbuilt = built-in.

Inch (to), avancer en pas à pas (bande, etc.).

Incher, **8-incher,** disque souple de 8 pouces.

Incidental, **i. time,** temps divers.

Inclusion, inclusion.

Inclusive OR, OU inclusif.

Incoming, d'arrivée, d'entrée, entrant ; **i. call,** appel entrant ; **i. data,** données « en entrée » ; **i. traffic,** trafic en réception.

Inconsistency, incohérence, manque d'homogénéité, divergence.

Inconsistent, **1.** incohérent ; **2.** irrégulier.

Incorporate (to), intégrer (unité à système, etc.), bénéficier (par ex. des dernières améliorations).

Incorruptible, inaltérable.

Increase (to), faire progresser (un compteur) ; **i. by one (to),** faire + 1, faire progresser d'une unité (compteur d'itération).

Increasing, croissant ; **in i. order,** en ordre croissant.

Increment, incrément, valeur de progression, pas de progression constante positive, tranche, palier, bloc, module, bond ; **i. size or step,** pas.

Increment (to), incrémenter ; faire progresser, faire évoluer (compteur) ; **i. by one (to),** faire + 1 (sur un compteur d'itération), augmenter d'une unité.

Incremental, incrémentiel ; **i. backup,** sauvegarde incrémentielle ; **i. compiler,** compilateur incrémentiel ; **i. computer,** calculateur incrémentiel ; **i. drive,** unité incrémentielle ; **i. plot,** plotter, tracé, traceur, incrémentiel.

Incrementally, (en) pas à pas, par tranches, selon une progression régulière.

Incrementation, incrémentation, augmentation, progression.

Incrementing, croissant.

Indent, rentré, décrochement.

Indent (to), rentrer (une ligne), faire un décrochement, un rentré, décaler, mettre en retrait, renfoncer.

Indentation, décrochement, rentré, renfoncement, décalage, mise en retrait.

Indented, **i. bill of materials,** nomenclature multiniveau.

Indention = indentation.

Independent, indépendant ; **i. software vendor (ISV),** fournisseur indépendant de logiciels ; **i. variable,** variable indépendante.

-independent, indépendant de, non tributaire de.

Index, **1.** index, répertoire ; **2.** indice ; **i. card,** fiche ; **i. file,** fichier (d')index ; **i. hole,** trou-repère ; **i. point,** point machine ; **i. position,** position d'index ; **i. register,** registre d'index ; **i. track,** piste index ; **i. word,** mot d'index.

Index (to), **1.** indexer, répertorier ; **2.** positionner.

Indexable, indexable.

Indexed, **i. address,** adresse variable (indexée) ; **i. sequential,** séquentiel indexé ; **i. sequential access method (ISAM),** méthode d'accès séquentiel indexé ; **i. sequential file,** fichier en séquentiel indexé.

Indexer, personne chargée de l'indexation (d'un ouvrage).

Indexing, **1.** indexation ; **2.** positionnement.

Indicative, **i. information,** indicatif(s).

Indicator, **1.** indicateur, voyant ; **2.** indicateur (interrogeable par programme) ; **3.** indice (de performances, etc.) ; **i. light,** voyant de signalisation.

Indigenous, nationale (industrie).

Indirect, **i. address,** adresse indirecte ; **i. addressing,** adressage indirect ; **i. channel,** canal indirect (de distribution) ; **i. control,** commande indirecte.

Indirection, adressage indirect.

Industrial, **i. computing, i. data processing,** informatique industrielle ; **i. control computer,** calculateur industriel ; **i. environment,** milieu industriel ; **i. electronics,** électronique industrielle ; **i. Local Area Network,** réseau local industriel (RLI) ; **i. minicomputing,** mini-informatique industrielle.

Industry, industrie ; **i.-compatible,** compatible au niveau de l'industrie ; **i. image,** image de marque ; **i.-leader,** chef de file, jarg. « locomotive » ; **i.-leading**, leader de l'industrie ; **i.-oriented,** industriel, à vocation industrielle ; **i.-specific,** propre à une industrie, sectoriel ; **i. standard (IS)**, norme (*de jure standard*).

Industrywide, au niveau de l'industrie.

Ineffective, **i. time,** temps d'inutilisation.

Infant, **i. industry,** industrie à ses (premiers) balbutiements, industrie naissante ; **i. mortality,** mortalité infantile (des puces électroniques).

Infeed, côté entrée ; **i. tractor,** entraîneur à picots côté entrée.

Inference, **i. engine,** machine, moteur d'inférence(s) (syst. expert).

In-field = in-the-field.

Infile (to), classer.

Infix, **i. notation,** notation infixée.

Inflexibility, rigidité, manque de souplesse (d'un système).

Inflexible, rigide, qui manque de souplesse (système, etc.).

Info = information. ; **i. center,** infocentre.

Infobahn, autoroute de l'information, inforoute.

Infoduct, pipeline d'informations.

Infomediary, infomédiaire.

Informatics, **1.** Marque déposée de la SSI américaine Informatics Inc. ; **2.** l'informatique ; **i. center,** centre de traitement à façon.

Information, informations, renseignements ; **i. bank =** ***data bank*** ; **i. base =** ***data base*** ; **i. bearing signal,** signal porteur d'information ; **i. bit,** bit d'information, bit utile ; **i. carrier,** support d'information ; **i.-carrying medium,** support d'information ; **i. center,** infocentre ; **i. channel, 1.** circuit de l'information ; **2.** canal de données (dans bande perforée, par opposition au canal d'entraînement) ; **3.** canal de transmission ; **i. content,** contenu informationnel ; **i. department,** service informatique ; **i. engineer,** ingénieur informaticien ; **i. engineering,** informatique ; **i. explosion,** explosion de l'information ; **i. flow,** flux informationnel, cheminement de l'information ; **i. gap,** trou ; **i. gathering,** collecte de données ; **i. guzzler**, gros consommateur d'informations ; **i. handling,** manipulation, traitement de l'information ; **i. hiding,** masquage d'informations ; **i. highway**, autoroute de l'information, inforoute ; **i.-hungry (reader, etc.),** qui a soif d'informations ; **i. man,** informaticien ; **i. message,** message informatif ; **i.-moving instruction,** instruction de transfert ; **i. network (IN),** réseau informatique ; **i. overload**, pléthore d'informations ; **i. pack,** dossier (d'informations) ; **i. packing density,** densité d'enregistrement (de l'information) ; **i. processing,** traitement de l'information ; **i. processing center,** centre de traitement de l'information, centre de calcul ; **i. processing industry,** l'informatique (en tant qu'industrie) ; **i. processing system,** ordinateur, système informatique ; **i. processing utility,** centre de traitement de l'information ; **i. processing world,** le monde, le domaine de l'informatique ; **i. provider (IP),** producteur de base de données ; **i. resource management (IRM),** gestion (optimale) des ressources en informations ; **i. retrieval, 1.** recherche d'informations, consultation (base de données, etc.) ; **2.** recherche documentaire ; **i. retrieval center (IRC),** centre serveur ; **i. retrieval service (IRS),** centre serveur ; **i. retrieval system,** système de recherche documentaire ; **i. retriever,** utilisateur ; **i. science,** l'informatique (en tant que science) ; **i. separator,** séparateur ; **i. service,** serveur ; **i. service provider,** prestataire de services ; **i. sheet,** fiche technique ; **i. sink,** récepteur d'informations ; **i. source,** émetteur d'informations ; **i. specialist,** informaticien ; **i. spinner,** (centre) serveur ; **i. storage and retrieval (ISR),** stockage et recherche d'informations ; **i. storage capacity,** capacité de stockage (d'informations) ; **i. storage medium,** support d'information ; **i. superhighway**, autoroute de l'information, inforoute ; **i. system (IS),** système d'information (SI) ; **i. technologist,** informaticien ; **i. technology** (IT), technologie de l'information, l'informatique ; **i. theory,** théorie de l'information ; **i. utility,** (centre) serveur ; **i. vendor** (centre) serveur ; **i. word,** mot d'information ; **i. worker,** informationnel (subs.).

Informational, relatif à l'information, informationnel ; **i. message,** message informatif.

Informationally, sur le plan information.

Informative, **i. message,** message informatif.

Infotainment, informatique de loisir.

Ingress, entrée.

Inhabit (to), **i. n bytes (to),** occuper n octets, avoir un encombrement de n octets (en mémoire).

Inherent, **i. error** = ***inherited error*** ; **i. store,** mémoire inhérente.

Inheritance, héritage (système expert, etc.).

Inherited, hérité ; **i. error,** erreur héritée.

Inhibit, **i. pulse,** impulsion de blocage ; **i. wire,** fil de blocage.

Inhibit (to), interdire, invalider, empêcher, neutraliser, bloquer, mettre hors service.

Inhibiting, interdiction, invalidation, neutralisation, mise hors service ; **i. error,** erreur bloquante ; **i. signal,** signal d'interdiction.

Inhibitor, inhibiteur, circuit « à moins que ».

In-house, interne, en interne, en propre, intérieur, intégré, « maison », privé, propre (système), réalisé en interne ; **in-h. data processing,** traitement de l'information sur place (chez l'utilisateur et non pas chez un façonnier) ; **in-h. software,** logiciel maison (réalisé par l'utilisateur).

Initial, **i. instructions,** instructions initiales ; **i. orders** = ***i. instructions*** ; **i. program loader,** chargeur ; **initial program load(ing) (IPL),** procédure de chargement initial ; **i. system load (ISL),** chargement initial du système.

Initialization, initialisation ; **i. deck,** jeu d'initialisation.

Initialize (to), initialiser, émettre (message) ; **i. to a value (to),** initialiser à une valeur.

Initiale (to), lancer (un programme), déclencher (une opération), amorcer, établir (communication), émettre (message).

Initiation, lancement, déclenchement ; **i. status,** état au lancement (d'une opération).

Initiator, préparateur (programme).

Ink, encre ; **i.-jet printer,** imprimante à jet d'encre ; **i. recorder,** enregistreur à stylet ; **i. ribbon,** ruban encreur.

Inkjet, imprimante à jet d'encre.

Inkjet printer, imprimante à jet d'encre.

Inking, encrage.

In-line, **i.-l. coding,** séquence incorporée à la partie principale du programme ; **i.-l. processing,** traitement direct, immédiat ; **i.-l. sequence,** séquence normale ; **i.-l. subroutine,** sous-programme ouvert.

Inode, inode (UNIX).

Inoperable, **i. condition,** impossibilité de fonctionnement.

Inoperative, non en fonctionnement.

In-place, existant, en place (réseau, etc.).

In-plant, sur place, intérieur, interne, intégré, dans l'usine même, « maison », en interne ; **i.-plant course,** cours donné sur place.

In-process, **i.-p. inventory control,** gestion des en-cours (de fabrication).

Input, **1.** entrée, introduction, saisie (de données) ; **2.** ***(= input data),*** données en entrée, données à traiter, paramètres, etc. ; **i. activity,** mouvements ; **i. area,** zone (d')entrée, zone d'introduction ; **i. auditing,** contrôle des données à l'entrée ; **i. block, 1.** = ***input area,*** **2.** bloc d'entrée ; **i. bound,** limité par la vitesse des périphériques (d')entrée ; **i. buffer,** tampon d'entrée ; **i. card,** carte (d')entrée ; **i. card deck,** paquet de cartes entrée ; **i. clerk,** opératrice de saisie ; **i. coding,** séquence d'entrée ; **i. data,** données (d')entrée, données à traiter, paramètres, etc. ; **i. deck,** paquet de cartes entrée ; **i. device,** unité, périphérique d'entrée ; **i. document,** document à traiter, document de base ; **i. drive,** unité d'entrée ; **i. editing,** préparation des données à l'entrée ; **i. equipment,** matériel d'entrée ; **i. feeder,** magasin d'alimentation ; **i. file,** fichier (d')entrée, fichier en lecture ; **i. forms,** papier avant impression ; **i. header label,** label début de bande entrée ; **i. hopper,** magasin d'alimentation (de cartes) ; **i. job stream,** séquence des unités de traitement (en) entrée ; **i. keyboard,** clavier d'entrée, d'introduction ; **i. limited** = ***i. bound*** ; **i. magazine,** magasin d'alimentation ; **i. line,** groupe de caractères suivi d'un retour chariot et transmis à l'ordinateur ; **i. medium,** support d'entrée, d'introduction ; **i. message,** message entrée ; **i.-oriented,** conçu en fonction de l'introduction des données ; **i./output :** voir ci-après ; **i. paper bin,** plateau d'alimentation de papier ; **i. preparation equipment,** matériel de préparation ; **i. preparation section,** atelier de saisie ; **i. program,** sous-programme d'introduction ; **i. reader,** programme de lecture ; **i. register,** registre d'entrée ; **i. request,** demande d'introduction de message (faite par la machine à l'opérateur) ; **i. routine** = ***i. program*** ; **i. section,** zone d'entrée, d'introduction ; **i. speed,** vitesse d'introduction ; **i. spool,** bobine débitrice ; **i. stack,** pile d'entrée ; **i. stack tape,** bande d'entrée en binaire ; **i. stacker,** magasin d'alimentation ; **i. station,** poste de saisie de données ; **i. stream,** train de travaux en entrée, train d'entrée ; **i. tape,** bande entrée, bande en lecture, bande émettrice (copie de bande) ; **i. terminal,** terminal d'entrée ; **i. tractor,** entraîneur côté entrée ; **i. trailer label,** label fin de bande entrée ; **i. transaction,** mouvement entrée ; **i. unit,** périphérique d'entrée ; **i. tray,** bac à feuilles ; **i. work queue,** file de travaux en entrée.

Input/output (I/O), entrée/sortie ; **i./o. bound** = ***i./o. limited*** ; **i./o. control,** gestion des entrées/sorties ; **i./o. control section,** unité de commande des entrées/sorties ; **i./o. control system,** système de gestion des entrées/sorties ; **i./o. control unit** = ***i./o. control section*** ; **i./o. controller (IOC),** contrôleur d'entrée/sortie ; **i./o. device,** unité, périphérique d'entrée/sortie ; **i./o. driver,** programme de gestion des E/S ; **i./o. limited,** tributaire de, asservi à, la vitesse des périphériques d'entrée/sortie ; **i./o. multiplexer (IOM),** multiplexeur des entrées-sorties ; **i./o. processor,** processeur d'E/S ; **i./o. typewriter,** machine à écrire émettrice/réceptrice, machine à écrire d'entrée/sortie.

Input (to), introduire, entrer (en mémoire, etc.), saisir (données), appliquer (impulsion, signal).

Inputting, introduction.

Inquire (to), interroger.

Inquirer, demandeur.

Inquiry, interrogation, consultation (d'un fichier, etc.) ; **i.-response terminal,** poste d'interrogation(-réponse) ; **i. terminal, i. station,** poste, terminal, d'interrogation (-réponse).

Inscribe (to), marquer.

Inscriber, dispositif d'inscription, enregistreur.

Insensitive, insensible à, indépendant de. Voir DISTANCE.

Insert, insertion ; **i. mode,** mode insertion.

Insert (to), insérer, introduire (carte dans paquet), injecter (caractère dans ligne à imprimer), intercaler (instruction dans programme), monter, mettre en place, placer, mettre (disquette dans lecteur) ; **i. tab stops (to),** poser (taquets de tabulation).

Inserter = inserting machine.

Inserting, **i. machine,** machine à mettre sous enveloppe.

Insertion, **1.** insertion, mise en place ; **2.** nouvel article, nouveau caractère, etc.

Inset, incrustation.

Inset (to), incruster.

Inside-plant = in-plant.

Insignificant, non significatif.

Install (to), s'installer (options, etc.), implanter ; exécuter, appliquer (modifications), mettre en place (réseau).

Installation, **1.** installation, mise en place ; **2.** installation, matériel, système, configuration ; **3.** (par ext.) utilisateur ; **i. date,** date d'installation ; **i.-dependent,** qui varie selon la configuration ; **i. time,** temps de mise en route ; **i.-written routine,** sous-programme écrit par l'utilisateur.

Installed, **i. base,** parc de machines, parc informatique, jarg. base installée ; **i. value of computer equipment,** valeur du parc (d'ordinateurs).

Instance, **1.** occurrence (d'un mot) ; **2.** instance, instanciation.

Instancing, instanciation.

Instantiate (to), instancier.

Instantiation, instanciation.

In-store, **i.-s. credit card,** carte privative.

Instruct (to), ordonner, charger... de.

Instruction, instruction (du programme) ; **i. address,** adresse de l'instruction ; **i. address counter,** compteur d'instruction ; **i. area,** zone de mémoire réservée aux instructions, zone d'implantation des instructions ; **i. card,** carte instruction ; **i. code, 1.** = ***operation code*** ; **2.** code d'instructions ; **i. complement,** répertoire d'instructions ; **i. counter,** compteur d'instruction ; **i. decoding,** décodage de l'instruction ; **i. fetch(ing),** prise en charge de l'instruction ; **i. format,** structure de l'instruction ; **i. manual,** manuel d'instruction ; **i. mix,** combinaison d'instructions ; **i. register,** registre d'instruction ; **i. repertoire, i. repertory,** répertoire d'instructions (d'une machine, d'un langage, etc.) ; **i. set,** jeu d'instructions ; **i. time,** temps d'exécution d'une instruction ; **i. word,** mot instruction.

Instructional, **i. computer,** ordinateur utilisé pour l'enseignement ; **i. computing,** informatique éducative.

Instructor, instructeur, moniteur.

Instrumentware, logiciel de tests pour appareils.

IN tape, bande entrée.

Integer, nombre entier ; **i. constant,** constante entière ; **i. part,** partie entière ; **i. programming,** programmation en nombres entiers.

Integrability, intégrabilité (capacité à s'intégrer à qqch).

Integral, entier (nombre) ; incorporé intégré, interne (appareil).

Integrally, en valeurs entières.

Integrand, intégrande.

Integrated, intégré ; **i. circuit (IC),** circuit intégré (CI) ; **i. communication controller (ICC),** contrôleur de transmission intégré ; **i. data processing (IDP),** traitement intégré des données, de l'information ; **i. decision-support system (IDSS),** système intégré d'aide à la décision (SIAD) ; **I. Digital Network (IDN),** réseau numérique intégré (RNI) ; **i. injection logic (I^2L),** logique intégrée à injection ; **i. RAM,** mémoire RAM intégrée ; **Integrated Services Digital Network**

(ISDN), réseau numérique à intégration de services (RNIS).

Integration, intégration ; **i. level,** densité d'intégration.
Voir LSI, MSI, SLSI, SSI, ULSI, VLSI.

Integrator, intégrateur.

Integrity, intégrité.

Intelligence, **1.** informations ; **2.** capacité de traitement, « intelligence » (intégrée à un appareil) ; **i. bit,** bit d'information, bit utile ; **i. hole,** perforation significative.

Intelligent, **i. computer-assisted instruction (ICAI),** enseignement intelligemment assisté par ordinateur (EIAO) ; **i. agent**, agent intelligent ; **i. copier,** copieur intelligent ; **i. knowledge-based system (IKBS),** système expert ; **i. multiplexer or i. mux,** multiplexeur statistique ; **i. terminal,** terminal intelligent (programmable par l'utilisateur).

-intensive.
Voir CPU-INTENSIVE, COMPUTATION I., LABOR-I., INPUT/OUTPUT I., MEMORY-I., SOFTWARE-I.

Interact with (to), dialoguer avec.

Ineraction, interaction, dialogue.

Interactive, interactif, conversationnel, de dialogue ; **i. computing,** informatique interactive, conversationnelle ; **i. debugging,** mise au point interactive ; **i. graphics,** infographie interactive ; **i. kiosk**, borne interactive ; **i. panel,** écran, panneau, affiché par l'ordinateur pendant le dialogue avec l'utilisateur ; **i. programming,** programmation interactive ; **i. query language (IQL),** langage d'interrogation interactif.

Interactively, interactivement, de façon interactive, en mode interactif, en interactif.

Interactiveness, interactivité.

Interactivity, interactivité.

Interbank, interbancaire (réseau, etc.).

Interblock, **i. gap,** espace interbloc ; **i. space =** ***i. gap.***

Interboard, intercarte.

Intercept, interception.

Interchange, échange (d'informations, etc.) ; permutation ; **i. diskette,** disquette format d'échange.

Interchange (to), échanger, permuter.

Interchangeable, interchangeable, amovible (disques, etc.).

Interchannel, intercanal.

Interchip, **i. distance,** écart entre puces.

Intercity, interurbain ; **i. links,** liaisons interurbaines.

Intercomputer, intercalculateur.

Interconnect, **1.** interconnexion ; **2.** bus d'interconnexion ; **i. company or firm,** fournisseur de centraux et d'autocommutateurs.

Interconnect (to), interconnecter.

Interconnectability, possibilité d'interconnexion, interconnectabilité.

Interconnectable, interconnectable.

Interconnection, interconnexion.

Interdevice, interunité, interappareil.

Interdigital, **i. pause,** interchiffre.

Interface (I/F), **1.** interface (mot féminin) ; **2.** liaison, jonction ; **i. board,** carte d'interface.

Interface with (to), s'interfacer avec, connecter, relier, assurer l'interface.

Interfaceable, connectable.

Interfacing, interface, liaison, connexion, mise en relation.

Interfere with (to), perturber.

Interference, perturbation, parasite(s).

Interfering, **i. signal,** signal parasite.

Interfile, interfichier.

Interfile (to), intercaler, interclasser.

Interfold (to), plier.

Interior, **i. label,** label de bande.

Interface (to), entrelacer, imbriquer.

Interlaced, entrelacé (balayage).

Interlacing, entrelacement.

Interleave (to), imbriquer (des programmes, etc.).

Interleaved, **i. carbon,** carbone intercalaire ; **i. carbon set, i. stationery,** liasse carbonée.

Interleaving, imbrication (de programmes, etc.), entrelacement.

Interlink (to), relier, enchaîner.

Interlock (to), verrouiller, bloquer, solidariser.

Interlude, séquence d'élaboration.

***Intermediate,* i. control change,** rupture au niveau intermédiaire.

Intermix (to), mélanger.

Intermodule, intermodule.

Internal, interne ; **i. audit,** contrôle interne (par contrôleurs financiers appartenant à l'entreprise) ; **i. format,** forme interne ; **i. hard disk,** disque dur interne ; **i. memory,** mémoire interne ; **i. storage, i. store,** mémoire interne.

***Internally,* i.-stored program,** programme enregistré.

Internaut, internaute.

Internet, Internet ; **I. access provider**, fournisseur d'accès Internet ; **I. Protocol (IP),** protocole IP.

Internetter, internaute.

Internetting = internetworking.

Internetwork, interréseau.

Internetworking, interconnexion de réseaux ; **i. software,** logiciel d'interconnexion.

Internodal, internœud.

Interoperability, interfonctionnement (possibilité d'échange d'informations entre deux systèmes ou plus).

Interoperate with (to), (inter) fonctionner avec.

***Interpersonal,* i. messaging (IPM),** messagerie interpersonnelle.

Interpolation, interpolation ; intervallage.

Interpolator, interclasseuse.

Interposer, interposeur.

Interpret (to), **1.** traduire une carte (imprimer son contenu le long du bord supérieur) ; **2.** décoder (instruction, etc.) ; **3.** transcoder.

Interpretation, **1.** traduction (d'une carte) ; **2.** décodage.

Interpretative = interpretive.

Interpreted BASIC, BASIC interprété.

Interpreter, **1.** traductrice (machine) ; **2.** programme d'interprétation, interpréteur.

Interpreting, traduction (d'une carte etc.).

Interpretive, interprétatif ; **i. code =** ***i. routine*** ; **i. compiler,** compilateur interprétatif ; **i. program,** programme interprétatif ; **i. routine,** programme interprétatif.

Interpretively, interprétativement, de façon interprétative.

Interprocess, interprocessus.

Interprocessor, interprocesseur.

***Interrecord,* i. gap (IRG),** espace interbloc.

***Interregister,* i. transfer,** transfert de registre à registre.

Interrogate (to), interroger, consulter, tester (indicateur).

***Interrogating,* i. pulse,** impulsion de test ; **i. typewriter,** machine à écrire d'interrogation.

Interrupt, interruption de programme ; **i. control routine =** ***i. routine*** ; **i.-driver,** déclenché par interruption ; **i. handler (IH),** programme de gestion des interruptions ; **i. handling,** traitement des interruptions ; **i. latency,** délai de prise en charge d'une interruption ; **i. location,** adresse de renvoi (en cas d'interruption de programme) ; **i. (processing) routine,** sous-programme d'interruption ; **i. servicing routine,** sous-programme de traitement des interruptions ; **i. vector,** vecteur d'interruption.

Interrupt (to), interrompre.

Interruptible, interruptible.

Interruption, **1.** interruption (prog.) ; **2.** coupure (élec.).

Intersite, intersite, entre sites.

Intersperse (to), intercaler.

***Interstage,* i. punching,** perforation intercalée.

Intertask, intertâche(s).

***Interval,* i. timer,** horloge, rythmeur.

Intervening, intermédiaire, intercalaire.

Interwork with (to), (inter) fonctionner avec.

Interworking, interfonctionnement, interopérabilité, dialogue, échanges entre matériels de constructeurs différents.

In-the-field (upgrading, etc.), en secteur, en clientèle, sur place, chez le client.

Intracity, intra-urbain.

Intrafacility, à l'intérieur de l'entreprise.

Intranet, intranet.

In-transit, **i.-t. storage,** mémoire de transit.

Intra-storage, **i.-s. transfer,** transfert interne.

IN-tray, corbeille arrivée.

Intro (to), introduire, lancer.

Introduce (to), introduire, présenter; lancer, mettre sur le marché (produit, etc.), mettre en place (procédure).

Introduction, introduction; lancement, mise sur le marché (produit, etc.), mise en place (procédure).

Introductory, de lancement (prix, etc.); **i. course,** cours d'initiation.

Intruder, intrus.

Intuitive, intuitif.

Invalid, incorrect, erroné, invalide.

Invalidate (to), invalider.

Inventory, **1.** inventaire; **2.** stock; parc (de machines); **take an i. (to),** faire l'inventaire; **i. control,** gestion de stock; **i. file,** fichier de stock; **i. position,** situation du stock; **i. status report,** état de stock; **i. taker,** personne chargée de l'inventaire; **i. turnover,** rotation de stock.

Inverted, **i. file,** fichier inversé; **i. filing,** classement inversé.

Inverter, onduleur.

Invigilator, contrôleur de séquence.

Invite (to), inviter; **i. input from (to),** demander, solliciter, l'introduction de données (au clavier, etc.).

Invocation, appel (de programme, etc.).

Invoice, facture.

Invoice (to), facturer.

Invoicing, facturation; **i. clerk,** facturière; **i. machine,** facturière (machine).

Invoke (to), appeler (programme, etc.), solliciter (service).

Invoking, d'appel (programme).

Involution, élévation à une puissance.

Involved, compliqué, complexe (calcul, etc.).

I/O (Input-output), entrée(s)-sortie(s) (E/S); **I/O driver,** module de gestion d'E/S; **I/O processor (IOP),** processeur d'E/S.
Voir INPUT.

Ion implantation, implantation ionique.

Ion implanted, à implantation ionique.

IP, **1. (Information Provider),** producteur de base de données; **2. (Intranet Protocol),** protocole intranet, protocole IP.

IPA (Information Processing Architecture), architecture de réseau d'ICL.

IPC (Industrial Process Control), conduite de processus industriel.

IPL (Initial Program Load), procédure de chargement initial.

IPS (Instructions Per Second), instructions/seconde.

IR (Information Retrieval), recherche documentaire, recherche d'informations.

IRAM (Integrated RAM), mémoire RAM intégrée.

Iron, jarg. matériel.

Iron out (to), éliminer (erreurs).

Irrecoverable, irréparable; bloquante (erreur).

Irrelevant, non pertinent (information).

Irretrievable, inaccessible, introuvable.

Irretrievably, irrémédiablement.

IS (Informaion System), système d'information (SI).

ISAM (Indexed Sequential Access Method), méthode d'accès séquentiel indexé.

ISDN (Integrated Services Digital Network), réseau numérique à intégration de services (RNIS).

Island, ordinateur isolé non connecté à un réseau; **i. of automation,** îlot d'automatisation; **numeric i.,** bloc numérique.

ISO/OSI (International Standards Organization/Open Systems Interconnection), interconnexion de systèmes ouverts de l'ISO.

Isolate (to), isoler; localiser (panne, etc.).

ISP (Internet Service Provider), fournisseur d'accès Internet (FAI).

ISR (Information Storage and Retrieval), stockage et recherche d'informations.

Issue, sortie (de stock) ; **i. card,** carte «sortie de stock».

Issue (to), émettre (commande, etc.) ; présenter (message), rendre (la monnaie).

Issuing, émetteur ; **i. department,** service émetteur.

ISV (Independent Software Vendor), fournisseur indépendant de logiciels.

IT (Information Technology), technologie de l'information, l'informatique, le secteur de l'informatique ; **IT company**, société d'informatique ; **IT industry**, le secteur de l'informatique ; **IT people**, les informaticiens.

Item, **1.** article (au sens commercial) ; **2.** article, élément d'information ; **3.** option (dans menu) ; **i. advance,** progression d'article ; **i. card,** carte article ; **i. design,** définition du découpage des articles ; **i. file,** fichier (des) articles ; **i. layout** = ***i. design*** ; **i. of equipment,** appareil ; **i. size,** longueur d'article.

Itemization, détail (d'un prix, etc.).

Itemize (to), détailler (prix, etc.).

Itemized billing, facturation détaillée.

Iterate (to), itérer, répéter.

Iteration, itération, répétition ; **i. count,** nombre d'itérations ; **i. loop,** boucle d'itération.

Iterative, itératif ; **i. process,** itération.

Iteratively, de façon itérative.

I-triple-E (Institute of Electrical and Electronics Engineers).

I-way (Information highway), autoroute de l'information, inforoute.

J

Jabber, émission continue (d'un terminal monopolisant la ligne), jacasserie, jacassement.

Jack, plot (de tableau de connexions); **j. paner,** tableau de connexions.

Jacket, jaquette (de disquette).

Jacketing, mise sous jaquette.

Jackplug, cavalier.

Jackplug (to), relier par cavalier.

Jackplugging, liaison par cavalier, connexions.

Jagged lines, traits en escalier.

Jagging, représentation par traits en escalier.

Jaggies, effet d'escalier, marches d'escalier.

Jam, bourrage (de cartes, de papier); **j. circuit,** circuit ami-bourrage; **j. free,** qui ne peut se bloquer (mécanisme); **j. proof,** anti-bourrage.

Jam (to), (se) bloquer.

Japan Inc. = les Japonais.

Japanese, **j. abacus,** soroban.

Java, langage (de programmation) Java dû à Sun Microsystems (origine : nom argotique du café en américain); **J. applet**, une applet, une appliquette; **J. bytecode**, code objet Java; **J.-capable browser**, navigateur Java; **J. chip**, puce Java; **J. development kit (JDK),** kit de développement Java; **J.-enabled browser**, navigateur Java; **J. Virtual Machine (JVM),** machine virtuelle Java.

JavaBeans, composants Java réutilisables, JavaBeans.

JavaOS, système d'exploitation Java0S.

JavaScript, langage JavaScript.

JCL (Job Control Language), langage de contrôle de travaux.

JDK (Java Development Kit), kit de développement Java.

Jelly, **j. beans,** circuits intégrés.

Jellyware, jarg. le personnel.

JES (Job Entry System), système de soumission de travaux.

Jet (to), projeter (encre).

JIT (Just-in-time).

Voir Just-In-Time.

Jitter, gigue, instabilité (d'un signal, etc.).

Job, travail, «job»; **j. accounting,** comptabilisation, statistiques de travaux; **j. bank,** banque de l'emploi; **j. card,** carte «temps de travail» (passé sur une pièce); **j. clock,** pendule de pointage; **j. control,** gestion des travaux; **j. control file,** fichier de gestion des travaux; **j. control information** = ***j. control language***; **j. control language (JCL),** langage de contrôle de travaux, ordres de gestion des travaux; **j. control language processor,** compilateur d'ordres de travaux; **j. control statement,** ordre de contrôle de travaux; **j. deck,** paquet de cartes (d'un travail); **j. entry,** soumission de travaux; **j. entry system (JES),** système de soumission de travaux; **j. fair,** salon du recrutement; **j. input device, file, stream,** unité, fichier, flot, d'entrée de travaux; **j. library,** bibliothèque de travaux; **j. management,** gestion des travaux; **j. mix,** groupe de travaux; **j.-oriented terminal,** terminal spécialisé; **j. output device, file, stream,** unité, fichier, flot, de sortie de travaux; **j. pipe**, tuyau de travaux; **j. pipe driver**, pilote de tuyau de travaux; **j. queue,** file (d'attente) de travaux; **j. scheduler,** programmateur de travaux; **j. sequence,** chaîne de travaux; **j. sequencing,** enchaînement des travaux; **j. shop,** atelier travaillant à la demande, atelier organisé en sections homogènes; **j. stack** = ***j. stream***; **j. stack device,** unité support de travaux; **j. step,**

étape de travail, activité ; **j. stream,** file, flot de travaux, train de travaux ; **j. swapping,** échange de travaux ; **j. termination,** fin de travail ; **j. ticket,** bon de travail.

Jobset, ensemble de travaux.

Jog (to), secouer, battre un paquet de cartes (pour en aligner les bords), taquer.

Jogger, taqueuse (de documents) ; **j. plate,** plaque de battage.

Jogging, battage (de cartes) ; taquage, alignement (de feuilles).

Joggle (to), battre (des cartes), taquer (des feuilles) ; **j. plate,** plaque de battage (des cartes).

Joggler, batteur de cartes.

Joggling, battage (de cartes) ; taquage (de feuilles) ; **j. plate,** plaque de battage.

John Doe (JDOE) = M. Martin (nom quelconque).

Joined-up handwriting, écriture manuscrite enchaînée (dont les lettres sont liées).

Joint, **j. ordering,** groupage de commandes.

Joker, caractère de remplacement, de substitution.

Journal, journal ; **j. file,** fichier-journal ; **j. printer,** imprimante sur journal ; **j. roll, j. tape,** bande-journal (de machine comptable) ; **j. roll reader, j. tape reader,** lecteur de bande journal.

Journalization, journalisation.

Journalize (to), enregistrer dans un journal, journaliser.

Journalizing, journalisation.

Journalling, journalisation.

Joystick, manche à balai ; manette de jeu, manchet.

Juke-box, chargeur automatique de disques, « juke-box ».

Julian date, date selon le calendrier julien.

Jumble (to), brouiller (par chiffrement, etc.).

Jump, branchement, renvoi sur une séquence, un sous-programme, etc. ; **j. instruction,** instruction de branchement ; **j. scrolling,** défilement par saut.

Jump (to), faire un branchement ; **j. back (to),** revenir à la séquence principale ; **j. backward (to),** faire un branchement amont ; **j. forward (to),** faire un branchement aval ; **j. into a subroutine (to),** se brancher sur un sous-programme ; **j. out of a subroutine (to),** sortir d'un sous-programme ; **j. the queue (to),** sauter plusieurs places dans une file d'attente (en fonction de certains critères).

Jumper, cavalier (de tableau de connexions) ; jarretière (téléphone) ; **j. selectable,** sélectionnable par cavalier ; **j. wire,** cavalier.

Jumpering, jarretiérage (tél.).

Junction box, boîte de dérivation.

Junior, **j. character,** caractère le moins significatif (d'un mot machine).

Junk mail, publicités inopportunes envoyées par fax.

Junk (to), mettre ou envoyer à la casse, mettre au rebut, ferrailler.

Just-in-time (JIT), juste à temps (JAT), flux tendu ; **Just-in-Time (JIT) compiler**, compilateur JIT ; **Just-in-Time hotelling**, réservation d'un bureau non permanent dans le cadre du concept de « bureau à la carte ».

Justification, justification (terme d'imprimerie) ; cadrage (à gauche ou à droite dans une zone).

Justified.
Voir LEFT-JUSTIFIED, RIGHT-JUSTIFIED.

Justify (to), justifier (un texte), cadrer (= par abus, serrer le contenu d'une zone à droite ou à gauche quand ce contenu ne remplit pas toute la zone).

JVM (Java Virtual Machine), machine virtuelle Java.

K

K = 2^10^ = 1024.

Kanji font, police de caractères Kanji.

Kansas, **K. city standard,** norme de bande de cassette.

Karnaugh map, diagramme de Karnaugh.

KAT, **K. code,** code Katakana.

Kb (kilobit), kilobit.

KB = Kbyte, kilo-octet.
Voir KILO.

Kbaud, kilobaud.

KBD (KeyBoarD), clavier.

KBPS (Kilobits Per Second), kilobit par seconde.

Keep (to), sauvegarder (fichier); **k. a record of (to),** enregistrer, conserver la trace de; **k. track of (to),** suivre, faire le suivi de.

Kern = Kerning.

Kern (to), modifier l'écartement de deux caractères.

Kernel, **1.** noyau (sens gén.) **2.** partie résidente du système d'exploitation.

Kernelized, qui comporte un noyau (système d'exploitation); **k. operating system,** système d'exploitation dont le module de contrôle d'accès est inaccessible.

Kerning, réduction de l'espace entre caractères, crénage.

Key, **1.** touche (de clavier), touche, bouton (de départ, d'arrêt); **2.** indicatif, critère, clé (de tri, d'identification, etc.); code; clé (d'accès); **3.** clé (de verrouillage); **4.** légende (d'une figure); **5.** (adj.) clé, essentiel, vital; **k. card,** carte d'accès (codée); **k. combination,** séquence de touches; **k. escrow,** tiers de confiance; **k. field,** zone de la clé; **k. file,** **1.** fichier des clés; **2.** fichier essentiel; **k. frame,** instant-clé (animation); **k. mat,** grille de clavier; **k.-operated switch,** interrupteur à clé; **k. overlay,** masque de touches; **k. press,** abaissement d'une touche; **k. rollover,** enchaînement des touches; **k. sequence,** combinaison de touches; **k. tip,** dessus de touche; **k.-to-disc, k. to-tape device or unit** = ***keyboard-to -disc, keyb oardto-tape device or unit.***

Key (to), **1.** coder l'information **2.** classer (selon une clé); **k. in (to),** introduire par l'intermédiaire d'un clavier, introduire manuellement, imposer (une valeur, etc.), saisir.

Key-actuated, commandé par touche, par clavier.

Keyboard, clavier; **k. accounting machine,** machine comptable à clavier; **k. actuated,** à clavier; **k. based,** à clavier; **k. computer** = ***accounting computer***; **k. condom,** enveloppe de protection de clavier; **k. controlled,** commandé par clavier; **k. data entry unit,** poste d'introduction de données par clavier; **k. device,** appareil à clavier; **k. display terminal,** terminal d'affichage à clavier; **k.-driven,** à clavier, commandé par clavier; **k. encoder,** enregistreur à clavier; **k. entry,** **1.** introduction par clavier; **2.** appareil d'introduction par clavier; **k. entry machine,** unité d'introduction de données par clavier; **k. inquiry,** interrogation par clavier; **k. inquiry device,** unité d'interrogation par clavier; **k. layout,** présentation, disposition, du clavier; **k. lockout,** verrouillage, blocage (du clavier); **k. lockup,** verrouillage (logique) du clavier; **k. machine,** machine à clavier; **k. operated,** commandé par clavier; **k. operated punch,** perforatrice à clavier; **k. operator,** opérateur, opératrice, claviste; **k. perforator** = ***k. punch***; **k. printer,** imprimante à clavier; **k. punch,** perforatrice à clavier; **k. selection,** sélection par clavier;

k. send-receive set, téléscripteur émetteur-récepteur à clavier ; **k.-shy,** complexé par le clavier (dirigeant, etc.) ; **k. template,** grille de clavier ; **k. terminal,** terminal à clavier ; **k.-to-disc device or unit,** enregistreur sur disque ; **k.-to-tape device, k.-to-tape inscriber,** enregistreur sur bande (magnétique) ; **k. typing punch,** perforatrice imprimante à clavier.

Keyboard (to), introduire par clavier (composition de textes).

Keyboarder, agent de saisie, claviste.

Keyboarding, saisie sur clavier, composition, frappe, pupitrage.

Keybounce, rebondissement de la touche.

Keycap, dessus de touche.

Keycluster, groupe de touches.

Key depression, frappe, abaissement d'une touche ; **k. d. rate,** vitesse de frappe.

Key-driven, commandé par touche, par clavier ; **k.-d. computer** = ***accounting computer.***

Keyed, **1.** avec clé, par clé **2.** muni d'un détrompeur ; **k. access,** accès par clé(s) ; **k. data,** données introduites, frappées, au clavier ; **k. sequential access method (KSAM),** méthode d'accès séquentiel avec clés.

Keying, introduction, imposition au clavier, frappe ; **k. equipment,** matériel de perforation ; **k. error,** erreur de perforation, erreur de frappe ; **k. in,** introduction au clavier, imposition ; **k. speed,** vitesse de frappe.

Key label, nom de la touche.

Keylock, verrou de sécurité ; **k. switch,** interrupteur à verrou de sécurité.

Key-operated, commandé par touche, par clavier.

Keypad, bloc de touches, clavier ou pavé numérique.

Keypunch, perforatrice à clavier, poinçonneuse ; **k. center,** atelier de perforation ; **k. department,** atelier de perforation ; **k. desk,** tablette de travail (pour perforeuse) ; **k. error,** erreur de perforation ; **k. girl,** perforatrice, perforeuse ; **k. instructor,** monitrice de perforation ; **k. leader,** monitrice de perforation ; **k. machine,** perforatrice à clavier ; **k. operator,** perforatrice, perforeuse ; **k. room,** atelier de perforation ; **k. school,** école de perforation ; **k. section,** atelier de perforation ; **k. supervisor,** monitrice de perforation ; **k. trainee,** élève perforatrice.

Keypunch (to), perforer (en utilisant un clavier).

Keypuncher, perforatrice, perforeuse (personne).

Keypunching, perforation (à l'aide d'un clavier) ; **k. error,** erreur de perforation ; **k. room,** atelier de perforation.

Key-rate, vitesse de frappe.

Key rollover, prise en charge des touches dans l'ordre de frappe.

Keyset, **1.** clavier ; **2.** composé sur un clavier.

Keysort, **k. card,** carte à perforations marginales.

Keyspace, nombre de combinaisons (mot de passe alphanumérique par exemple).

Keystation, poste de perforation (à clavier).

Keystone distortion, distorsion en trapèze, en clé de voûte.

Keystem, queue de touche.

Keystroke, frappe (d'une touche), manipulation ; **k. rate,** cadence de frappe.

Keystroke (to), frapper, introduire au clavier.

Keystroking, frappe, saisie sur clavier ; **k. error,** erreur de frappe, de perforation ; **k. rate,** vitesse de frappe.

Key-to-disc, unité d'enregistrement direct sur disque.

Keytop, dessus de touche.

Key-to-tape, **k.-t.-t. device** = ***keyboard-to-tape device;*** **k.-t.-t. unit** = ***k.-t.-t. device.***

Key-verified, vérifiée (carte).

Key-verifier, vérificatrice, vérifieuse (personne).

Key-verify (to), vérifier une carte (au moyen d'une vérificatrice).

Keyswitch, clé.

Keyword, mot clé ; **k. parameter,** paramètre à mot clé ; **k. search(ing),** recherche par mot clé.

Kick out (to), sortir, expulser, éjecter, de la mémoire.

Kid-proof, qui résiste aux enfants.

Kill (to), supprimer (procédures, etc.), arrêter (une exécution).

Killed, arrêté prématurément.

Killer, littéralement «tueur», produit-vedette. Voir BASHER.

Kilo, kilo (2^{10} = 1 024).

Kilobit, kilobit.

Kilobyte, kilo-octet.

Kilostream, service de transmission de données numériques de British Telecom.

Kiloword, kilomot.

Kiosk, **electronic information k.**, borne interactive.

Kit, trousse, nécessaire (de nettoyage, etc.); lot de pièces; «kit»; **k. maker,** fabricant de kits; **in kit form,** en «kit»; **press k.**, dossier de presse.

Kitting, groupage; **k. list,** liste de groupage.

Klu(d)ge, terme désignant un assemblage malheureux d'éléments (ordinateur «boiteux», etc.).

Kludging, bricolage malheureux.

Klutz, profane en informatique.

Knapsack problem, le problème du sac à dos (recherche d'optimisation).

Knife, **1.** couteau (d'alimentation de cartes); **2.** poinçon de perforation.

Knob, bouton (souvent moleté), molette (de réglage).

Knowbot, robot de recherche de connaissances.

Knowledge, **k. acquisition,** acquisition des connaissances; **k. base,** base de connaissances; **k.-based system (KBS),** système expert; **k. engineer,** (ingénieur) cogniticien; **k. engineering,** cognitique, génie cognitif, ingénierie de la connaissance; **k. harvesting,** collecte des données; **k. industry,** industrie de matière grise; **k. worker,** employé d'un secteur de matière grise.

Knowledgeware, produits à base de systèmes experts.

Known, **k. good board,** carte réputée bonne; **k. job,** travail connu (du système).

Knurled, moleté (bouton, etc.).

KOPS (Kilo Operations Per Second), milliers d'opérations par seconde.

KW (kiloword), kilomot.

L

***Lab* = *laboratory*; lab. time,** travaux pratiques.

Label, **1.** étiquette (sens général); **2.** label (de bande, etc.), libellé, référence, appellation, légende; **l. check failure,** non-concordance de labels; **l. checking,** contrôle des labels; **l. checking routine,** sous-programme de contrôle de labels; **l. engineering** = ***badge engineering*; l. handling routine,** sous-programme de traitement de labels; **l. line,** ligne des libellés; **l. paper,** papier pour étiquettes (publipostage); **l. printer,** imprimante d'étiquettes; **l. processing routine** = ***l. handling routine*; l. record,** article-label, label; **l. writing,** écriture de labels.

Label (to), **1.** écrire des labels, immatriculer (bande, disque, etc.); annoter (résultats); affecter un libellé, une légende, légender etc.; **2.** étiqueter.

Labelled, **l. file,** fichier avec labels; **l. solution,** solution annotée; **l. tape,** bande immatriculée, bande avec labels.

Labelling, **1.** immatriculation (de bande, etc.); **2.** écriture de labels, de libellés, légendage. **l. routine,** sous-programme d'écriture de labels.

Labor, **l.-intensive** (industrie) de main-d'œuvre; **l.-i. applications,** applications utilisant beaucoup de main-d'œuvre.

Lace, **l. punching,** perforation en grille, grille.

Lace (to), faire une grille dans une carte, «griller» une carte.

Laced, **l. card,** carte «grillée».

Lacing, grille dans une carte.

Lake, espace fermé.

Laminating, **l. machine,** machine à plastifier.

Laminator* = *laminating machine.

LAN (Local Area Network), réseau local (RL); **LAN Manager,** LAN Manager (logiciel de Microsoft); **LAN Server**, LAN Server.

Land, dépôt conducteur (C.I.); **l.-based line, l. line,** ligne terrestre; **l. pattern,** configuration (de C.I.).

Landmark test, test de vitesse (processeur).

Landscape format or mode, format horizontal ou à l'italienne, présentation ou orientation à l'italienne; jarg. format «paysage».

Language, langue, langage (de programmation, etc.); **l. processor,** compilateur; **l. statement,** instruction; **l. subset,** sous-ensemble d'un langage; **l. translator,** programme de traitement de langage, traducteur.

Lap, **l. computer** = ***laptop computer.***

Lap-held, portatif (que l'on peut poser sur ses genoux).

Laptop* = *lap top computer.

Laptop computer, ordinateur portatif (que l'on peut poser sur ses genoux).

Large, gros (client, document, fichier, utilisateur), grand (compte); (grand compte = Ministère, grosse société); **l.-ticket item,** produit dont le prix unitaire est élevé.

Large-scale, de grande puissance; **l.-s. computer,** ordinateur de grande puissance, gros ordinateur; **large-scale integration** (LSI), intégration à grande échelle.

Laser, laser; **l.-based, l.-driven,** à laser; **l. beam recording (LBR),** enregistrement par rayon laser; **l. disk,** disque laser; **l. drive,** unité de disque laser; **l. memory,** mémoire à laser; **l. pen,** crayon laser; **l. printer,** imprimante (à) laser; **l. scanner,** lecteur laser; **l. till,** caisse à lecture laser; **l. trimming,** ajustage au laser.

Lash together (to), associer, connecter.

Lashup, configuration (de processeurs).

Last, **l.-in first out (LIFO),** système dernier entré, premier sorti ; **l. mile**, raccordement ultime d'un réseau à un domicile.

Latch, **1.** loquet, loqueteau ; **2.** bascule (électronique).

Latching, maintien, verrouillage.

Latency, temps d'attente ; **l. time =** ***latency.***

Lateral, **l. parity,** parité transversale ; **l. parity check,** contrôle de parité transversale ; **l. parity track,** voie de parité transversale.

Latest, **l. addition, l. member,** dernier-né (d'une gamme).

Lathing, rotation (géométrie).

Launch (to), lancer (nouveau produit, programme, etc.).

Launching, lancement (d'un nouveau produit, etc.).

Law, **l. enforcement (agency),** (responsables du) maintien de l'ordre ; **l. firm, l. office, l. practice,** cabinet juridique.

Layer, spire (de bande), couche (de circuit intégré, de réseau, etc.).

Layered, **l. architecture,** architecture en couches, en pelure d'oignon.

Layering, organisation en couches.

Layout, tracé (d'une carte), disposition (d'un clavier), présentation (d'un état), topogramme (de bande, de mémoire), implantation (en mémoire), agencement (local) ; **l. character,** caractère de mise en page ; **l. form,** imprimé (pour dessin de carte, présentation d'état, etc.) ; **l. sheet =** ***l. form.***

Lazy write, écriture différée.

LCD (Liquid Crystal Display), affichage à cristaux liquides.

LDM (Limited-Distance Modem), modem courte distance.

Lead, **1.** fil, sortie (de CI) ; **2.** contact établi avec un client potentiel, par ex. pendant un salon ; **l.-blanked**, avec espaces à gauche ; **l. count,** nombre de fils ; **l. end =** ***leading end;*** **l. frame,** cadre de montage ; **l. pencil,** crayon à mine graphitée ; **l. referral,** orientation vers les contacts, communication d'une liste de contacts ; **l. time,** délai ; **l. tracking software**, logiciel de suivi des contacts ; **manufacturing l. time,** délai de fabrication ; **procurement l. time,** délai d'approvisionnement.

Leaded, équipé de fils (boîtier).

Leader, **1.** chef de file, « ténor », « locomotive » (dans un domaine particulier) ; **2.** amorce (de bande magnétique) ; **l. card,** carte d'ouverture ; **l. connector,** raccord mâle (de bande magnétique) ; **l. dots,** points de conduite (typ.).

Leaderless, sans amorce (bande).

Lead-in, **l. i. character,** caractère initial ; **l. i. page,** page d'accueil.

Leading, **1.** grand (constructeur) ; **2.** de gauche, en tête ; **l. character,** caractère de gauche, de poids fort, en tête ; **l. edge,** bord avant (de carte, de document) ; **l. edge of the art,** avant-garde, pointe, de la technique, de la technologie ; **l. edge manufacturer,** constructeur à la pointe de la technique ; **l.-edge products, technology,** produits, technologie, de pointe ; **l. end,** début de bande magnétique, etc. ; **l. pad,** caractères de remplissage à gauche ; **l. zero,** zéro en tête, à gauche, non significatif.

Leadless, sans fil (boîtier).

Leaf (through) (to), feuilleter, parcourir (pages, etc.).

Leapfrog, **l. test,** test sélectif, test « saute-mouton ».

Leapfrog (to), sauter (génération de technologie, de machines, etc.).

Learner, l'apprenant (EAO).

Learning, apprentissage ; **l. machine,** machine à enseigner.

Leased, **l. circuit,** circuit spécialisé ; **l. line,** ligne spécialisée.

Leasing, crédit-bail.

Least, **l.-cost routing,** acheminement (par le chemin) le plus économique ; **l. recently used (LRU) algorithm,** algorithme d'ancienneté ; **l. significant bit (LSB), character (LSC), digit (LSD),** bit, caractère, chiffre, le moins significatif, de poids faible.

Leave (to), sortir (d'un système, etc.).

Lectern, pupitre de conférencier.

LED (Light-Emitting Diode), diode électroluminescente (DEL) ; **LED display, LED readout,** affichage à diodes électroluminescentes.

-led.
Voir PRODUCT-LED, SERVICE-LED.

Ledger, grand livre, registre ; **l. card,** carte compte à piste magnétique, fiche de compte ; **l. card auto reader,** lecteur automatique de cartes à piste magnétique ; **l. computer,** ordinateur à cartes comptes magnétiques ; **l. file,** fichier sur cartes à piste magnétique ; **l. tape,** bande journal.

Leeway = float.

Left, **l.-justified,** cadré à gauche.

Left justify (to), cadrer à gauche.

Leftmost, de gauche, de poids fort (rang).

Leg, tronçon (d'une ligne de transmission), branche, section, étape.

Legacy, legs, héritage ; **l. system**, système traditionnel (qualifie un système dont on a hérité et dont on voudrait souvent pouvoir se débarrasser).

Legal, autorisé, admis ; **l. data bank,** banque de données juridiques ; **l. database,** base de données juridiques ; **l. market (place),** le secteur, le domaine, juridique ; **l. retrieval,** recherche de données juridiques ; **l. size(d) paper,** papier au format 8 1/2" × 14" (21,6 × 35,6 cm) ; **l. software,** logiciel juridique.

Leisure software, logiciel de loisir (jeux, etc.).

Length, longueur (de bloc, d'article, etc.) ; hauteur (de feuillet, de page) ; durée (équipe de travail, impulsion).

Lessonware, didacticiel.

Letter, **l. bomb** (mot à mot « lettre piégée »), message destiné à perturber le matériel du destinataire ; **l. file,** fichier de lettres, fichier-lettres ; **l. of commitment,** lettre d'engagement ; **l. of intent,** lettre d'intention ; **l. opener,** machine à ouvrir les enveloppes, le courrier ; **l. opening machine = *l. opener*** ; **l. quality printer (LQP),** imprimante qualité « courrier » ; **l. sealer,** machine à fermer les enveloppes ; **l. sealing machine = *l. sealer*** ; **l. size,** format 8 1/2 » x 11 » ; **l. sorter,** machine à trier le courrier ; **l. sorting machine = *l. sorter*.**

Letters, **l. code,** code « lettres » ; **l. shift,** inversion lettres.

Lettering, **l. guides,** normographe.

Level, niveau, moment (de code), seuil ; densité, degré (d'intégration de CI) ; **8-l. code,** code à 8 moments ; **8-l. tape,** bande à 8 canaux.

Leveler, vérin.

LF (Line Feed), avancement d'un interligne.

LIB (Library), bibliothèque (BIB).

Libname, nom de bibliothèque.

Librarian, **1.** bibliothécaire ; **2.** programme de gestion de bibliothèque ; **l. directory,** répertoire de bibliothèque.

Library, bibliothèque (de programmes) ; **l. disc,** disque bibliothèque ; **l. handler,** programme de gestion de bibliothèque ; **l. maintenance,** maintenance de bibliothèque ; **l. manager,** gestionnaire de bibliothèque ; **l. member,** unité de bibliothèque ; **l. program,** programme de bibliothèque ; **l. release,** mise en service (d'une bibliothèque) ; **l. routine,** programme de bibliothèque, programme standard ; **l. search,** recherche en bibliothèque ; **l. subroutine,** sous-programme de bibliothèque ; **l. tape,** bande-bibliothèque.

Licensor, le concédant.

Licensing, cession, octroi, de licence(s).

Licensee, le cessionnaire.

Life, durée de vie, longévité (d'un produit, etc.).

LIFO (Last-In First Out), système dernier entré, premier sorti.

Lift (to), décrocher (combiné), relever (plume de traceur).

Lifter, **ribbon l.,** guide passe-ruban.

Lift-off tape, ruban correcteur, bande d'effacement par enlèvement.

Light, **1.** lumière ; **2.** voyant (lumineux), témoin, indicateur ; **l. beam,** faisceau, pinceau lumineux ; **l.-duty peripheral,** périphérique léger ; **l.-emitting diode (LED),** diode électroluminescente (DEL) ; **l. gun,** stylet pointeur, crayon lumineux, photostyle, crayon électronique ; **l. pen,** photostyle ; **l.-pen detect(ion), hit, strike,** détection par photostyle ; **l. sensor = *light pen*** ; **l. sensitive,** photosensible.

Lights out environment, environnement informatique en service réduit.

Lightning cutover, mise en œuvre précipitée.

Lightware, **l. communications,** communications par fibres optiques.

LILO (Last in, Last Out), dernier entré, dernier sorti.

Limit, **l. check,** contrôle de vraisemblance.

-limited.
Voir COMPUTER-LIMITED, COMPUTER L., INPUT L., INPUT/OUTPUT L., TAPE L.

Limited, **l. distance modem (LDM),** modem courte distance.

Limiter, borne, drapeau, séparateur (de zones, etc.).

Line, **1.** ligne, trait, courbe ; **2.** ligne (téléphonique, etc.) ; **l. adapter (unit),** adaptateur de ligne(s) ; **l. art,** mode trait (PAO) ; **l.-at-a-time printer,** imprimante ligne par ligne ; **l.-at-a-time printing,** impression ligne par ligne ; **l. balancing,** équilibrage de chaîne de montage ; **l. bid,** demande de ligne ; **l. chart,** courbe ; **l. control, 1.** saut de papier ; **2.** gestion de ligne(s) ; **l. control unit,** unité de gestion de lignes ; **l. (control) discipline,** gestion de lignes, protocole de communication ; **l. count,** nombre de lignes ; **l. drawing set,** jeu de caractères semi-graphiques ; **l. driver,** amplificateur de puissance, module de commande de ligne ; **l. editing,** édition ligne par ligne ; **l. feed (LF),** avancement d'un interligne, changement de ligne ; retour (à la) ligne ; **l. feed character,** caractère de changement de ligne ; **l. feed code,** code de changement de ligne ; **l. folding,** pliage de ligne ; **l. graph,** courbe ; **l. height,** densité verticale (en lignes/pouce) ; **l. hit,** perturbation électrique, parasite ; **l. hole,** perforation d'entraînement ; **l. hunting,** recherche de postes libres ; **l. length,** largeur (de la ligne d'impression), nombre de caractères/ligne ; **l.-oriented editing, editor,** édition, éditeur « ligne » (travaillant au niveau de la ligne par opposition au « screen-oriented editor » qui travaille au niveau de la page-écran) ; **l. polling,** balayage (des terminaux) ; **l. printer,** imprimante ligne par ligne ; **l. printing,** impression par ligne ; **l. scrolling,** défilement ligne par ligne ; **l. servicing,** gestion de ligne(s) ; **l. space,** interligne ; **l. space lever,** levier d'interligne ; **l. spacing,** interlignage ; **l. speed,** débit d'une ligne ; **l. switching,** commutation de lignes ; **l. width,** largeur de trait.

Linear, linéaire ; **l. predictive coding (LPC),** codage à prédiction linéaire ; **l. programming,** programmation linéaire ; **l. regression,** régression linéaire.

Linearisation, linéarisation.

Linearity, linéarité.

Linearize (to), linéariser.

Linearly, linéairement.

Linefeed (to), changer de ligne, faire un changement de ligne.

Line-up, éventail (de produits).

Lingware, logiciels linguistiques.

Link, liaison (téléphonique, etc.) lien (entre zones de base de données, etc.) artère ; unité de 512 mots ; **l. address,** adresse de chaînage ; **l. board,** carte d'adaptation (entre versions successives) ; **l. control procedure =** ***link protocol*** ; **l.-edited,** qui a fait l'objet d'une édition de liens ; **l. layer,** couche liaison de données ; **l. library,** bibliothèque de liaison ; **l. loader =** ***linkage loader*** ; **l. protocol,** protocole de communication ; **l. word,** mot de chaînage.

Link (to), **1.** relier, connecter, raccorder, interconnecter, rattacher, associer ; **2.** enchaîner, assembler ; **l. back (to),** renvoyer au programme principal ; **l. edit (to),** faire une édition de liens. ***Linkage,*** liaison, chaînage, enchaînement ; **l.-editing,** édition de liens ; **l. editor,** éditeur de liens ; **l. loader,** chargeur-éditeur de liens.

Linked, **l. sequential file,** fichier (en) séquentiel enchaîné ; **l. subroutine,** sous-programme fermé ; **l. unit,** module édité.

Linker, éditeur de liens.

Linking, liaison, enchaînement, assemblage ; **l. editor =** ***linkage editor;*** **l. loader =** ***linkage loader.***

Linkup, liaison.

Linpack benchmark, test Linpack.

Lint, **l.-free,** non pelucheux (chiffon).

LIPS (Logical Inferences per Second), inférences logiques/seconde.

Liquid, **l. crystal,** cristal liquide ; **l. crystal display (LCD),** affichage à cristaux liquides.

Lisp, langage LISP ; **L. machine,** machine LISP.

List, liste, liste imprimée, listage ; **l. device,** unité de listage ; **l. directed,** dirigé par liste ; **l. file,** fichier de listage ; **l. price,** prix tarif, prix catalogue ; **l. processing,** traitement de liste ; **l. speed,** vitesse d'impression en liste.

List (to), **1.** dresser (une liste), énumérer, recenser, répertorier, présenter (dans un certain ordre) ; **2.** imprimer, lister (sur imprimante) ; **l. at (to),** avoir un prix tarif de, coûter (au prix tarif) ; **l. for (to),** avoir un prix tarif de ; **l. out (to),** sortir sur imprimante, lister.

Listen mode, mode écoute.

Listen (to), écouter, recevoir, être à l'écoute de.

Listen to (to), se mettre à l'écoute (réseau, etc.).

Listener, récepteur, « écouteur » (programme, etc.), module d'écoute.

Listening, écoute.

Lister, imprimante listeuse, listeuse ; **l. printer** = ***lister*** ; **l. program,** programme de listage.

Listing, liste imprimée, listage ; **l. paper,** papier en continu ; **l. roll** = ***tally roll*** ; **l. tape,** bande de listage.

Lite = ***light.***

Literacy, degré de connaissance.

Voir COMPUTER LITERACY.

Literal, littéral, constante.

Literate.

Voir COMPUTER LITERATE.

Literature, littérature (au sens large), documentation ; **l. search,** recherche bibliographique.

Little endian, format de stockage dans lequel l'octet de poids le plus faible est stocké à l'adresse mémoire la plus basse.

Live, **l. camera**, caméra Internet ; **l. data,** données réelles ; **l. keyboard,** clavier interactif ; **l. test,** essai réel.

Livecam, caméra Internet.

Liveware, personnel informaticien.

LLL (Low-Level Language), langage peu évolué.

LNA (Local Network Architecture), architecture de réseau local d'IBM.

Load, **1.** charge ; **2.** chargement ; **l. address,** adresse de chargement ; **l.-and-go,** chargement-exécution ; **l. balancing,** équilibrage de la charge ; **l. card,** carte de chargement ; **l. deck,** paquet de cartes « chargeur » ; **l. factor,** densité d'occupation ; **l. key,** poussoir de chargement ; **l. leveling,** lissage de la charge ; **l. member,** membre exécutable ; **l. module,** module chargeable, module de chargement (IBM) ; **l. point,** première position de lecture ou d'écriture (d'une bande) ; **l. program,** chargeur ; **l. sharing,** répartition de la charge de traitement (par ex. entre 2 processeurs) ; **(at) l. time,** (au) moment du chargement ; **l. tray** = ***loading tray*** ; **l. unit,** module chargeable.

Load (to), charger (un programme), mettre des cartes (dans un magasin d'alimentation), garnir (un registre), monter (une bande, un disque), entrer (valeur) ; **l. down (to),** charger.

Loadable, chargeable ; **in l. format,** sous forme chargeable, exploitable.

Loaded with (to be), recevoir.

Loader, chargeur, programme de chargement.

Loading, chargement (d'un programme), mise en place (d'une bande magnétique), garnissage (d'un registre) ; **l. error,** erreur de charge ; **l. process,** chargement ; **l. program, l. routine,** programme de chargement ; **l. tray,** rampe de chargement.

Loafing, sous-utilisation (mémoire, etc.).

Lobby, installation intérieure (d'un terminal).

Local, local, et par ext. (du point de vue américain) : étranger, national (industrie, etc.) ; **l. area network (LAN),** réseau local (RL) ; **l. mode,** mode local, mode autonome ; **l. net** = ***local area network (LAN)*** ; **l. network architecture (LNA),** architecture de réseau local d'IBM ; **l. variable,** variable locale.

Locality-of-reference, groupement des consultations (accès fréquents à des enregistrements adjacents).

Localizability, possibilité d'adaptation (d'un logiciel) à un autre pays.

Localization, adaptation, notamment d'un logiciel, aux exigences particulières d'un pays, («francisation» dans le cas de la France); jarg. «localisation»; **l. product leader (LPL),** «localiseur».

Localize (to), adapter (un logiciel, etc.), «franciser», jarg. «localiser».

Locally, localement, en local, au niveau local; **l.-produced subroutines,** sous-programmes de l'utilisateur.

Locate, **l. mode,** mode localisation.

Locate (to), **1.** localiser, rechercher (en mémoire, etc.), repérer; **2.** implanter; **3.** indiquer.

Location, lieu, implantation, point d'implantation, site, établissement; emplacement, adresse (en mémoire); **l. counter,** compteur d'instruction, compteur ordinal; **l. symbol,** adresse symbolique.

Locator, releveur de coordonnées.

Lock (to), verrouiller (clavier, enregistrement), synchroniser; **l. in (to), 1.** «piéger», fidéliser de force (la clientèle); **to be locked in,** être «pieds et poings liés», être piégé, être prisonnier de; **2.** se synchroniser (modems, etc.); **lock out (to),** verrouiller, évincer (utilisateur), interdire l'utilisation (d'un appareil), l'accès (à un système), éliminer (concurrence); **be locked out (to),** se voir interdire l'utilisation de, l'accès à.

Lockable, verrouillable (enreg.); blocable (roulettes).

Lock-in, état de dépendance (fait qu'un client soit prisonnier des produits ou services d'un fournisseur).

Locking, verrouillage, blocage (clavier); **l. shift character,** caractère de maintien.

Lockout, verrouillage, attribution exclusive d'une ressource (à un travail, un programme).

Lockstep (to run in), fonctionner en synchronisme.

Lockword, mot de verrouillage.

Log, journal; **l. file,** fichier de consignation, fichier de journalisation, fichier-journal.

Log (to), enregistrer (chronologiquement) le déroulement d'un traitement, consigner; **l. in (to), log on (to),** exécuter la procédure d'entrée en communication, se présenter; ouvrir (session), «entrer» dans le système (utilisateur), décliner son identité, se faire prendre en charge par le système, se connecter; **log off (to), l. out (to),** exécuter la procédure de fin de traitement, sortir du système (utilisateur), clore (session).

Logged, **l. drive**, unité par défaut.

Logger, enregistreur chronologique, consignateur.

Logging, journalisation, consignation, enregistrement; **l. device,** unité d'enregistrement, enregistreur; **l. file,** fichier de consignation; **l. in, l. on,** procédure d'entrée en communication, prise de contact (avec le système), ouverture de session, demande de connexion; **l. off, l. out,** procédure de fin de traitement, sortie du système, fermeture de session, fin de connexion; **l. printer,** imprimante de consignation, d'enregistrement; **l. record,** enregistrement de consignation.

Log-in = logging-in.

Log-off = logging-off.

Log-on = logging-on**; l.-on page,** page d'accueil.

Log-out = logging-out.

Logic, **1.** (adj.) logique; **2.** (subs.) logique (d'une machine, etc.); **l. analyzer,** analyseur logique; **l. array,** réseau logique; **l. bomb,** fraude informatique consistant à placer dans un programme une séquence d'instructions déclenchable au moment opportun, «piège» à retardement, «bombe à retardement»; jarg. «bombe logique»; **l. circuit,** circuit logique; **l. design,** structure logique, conception logique; **l. design engineer =** ***l. engineer*****; l. diagram,** schéma logique; **l. element,** élément logique; **l. engineer,** ingénieur logicien; **l. error,** erreur de logique; **l. flowchart,** organigramme logique; **l. function,** fonction logique; **l. gate,** porte logique; **l. IF,** IF logique; **l. instruction,** instruction logique; **l. level,** niveau logique; **l. network,** réseau logique; **l. operation,** opération logique; **l. operator,** opérateur logique; **l. path seeking =** ***logic seeking*****; l. seeking,** optimisée (impression bidirectionnelle); **l. shift,** décalage logique; **l. state analyzer,** analyseur d'états logiques; **l. symbol,** symbole logique.

Logical, logique; **l. add(ition),** addition logique; **l. AND circuit,** circuit ET; **l. com-**

parison, comparaison logique ; **l. conjunction,** intersection logique ; **l. connective,** opérateur logique ; **l. connector** = ***l. connective*** ; **l. design,** structure logique, conception logique ; **l. diagram,** schéma logique ; **l. disjunction,** OU exclusif ; **l. element,** élément logique ; **l. error,** erreur de logique ; **l. flowchart,** organigramme logique ; **l. function,** fonction logique ; **l. inference,** inférence logique (système expert) ; **l. instruction,** instruction logique ; **l. multiply,** opération ET ; **l. operator,** opérateur logique ; **l. product,** opération ET ; **l. OR circuit,** circuit OU ; **l. record,** enregistrement logique, article ; **l. shift** = ***circular shift*** ; **l. sum,** somme logique ; **l. symbol,** symbole logique ; **l.-to-physical device translation table,** table de correspondance unités logiques/unités physiques ; **l. unit (LU),** unité logique ; **l. unit number (LUN),** numéro d'unité logique.

Logician, logicien.

Logo (= logotype) **1.** logo, (de société) ; **2.** panneau de société, dessin de marque ; **3.** mire (apparaissant sur l'écran).

LOGO, langage LOGO (langage de programmation).

Long, **l. feed,** saut en haut de feuillet ; **l.-life,** (de) longue durée ; **l.-haul,** (à) grande distance (modem, etc.) ; **l. throw** = ***l. feed.***

Longitudinal, **l. check character (LCC),** caractère de parité longitudinale ; **l. (parity) check,** contrôle de parité longitudinale ; **l. perforation,** moletage longitudinal (dans papier en continu) ; **l. redundancy check (LRC),** contrôle de redondance longitudinale.

Look-ahead, préanalyse, lecture par anticipation, lecture anticipée.

Look at (to), consulter (table, etc.).

Look-alike, produit (disque, système d'exploitation, etc.) censé concurrencer un produit existant et lui être supérieur, « sosie », « copie conforme ».

Look and feel, présentation, aspect.

Look-behind, procédure d'affectation des ressources à un programme en fonction de ses besoins précédents.

Look-up, consultation (de table, etc.), recherche ; **l.-up table (LUT),** table (à consulter).

Look up (to), consulter (une table), rechercher (dans une table).

Look-print ratio, rapport consultation/impression (microfilm).

Loop, **1.** boucle (d'itération) ; **2.** boucle (de bande pilote), « mou » ; **3.** circuit (de graphe) ; **l. chamber,** colonne à dépression ; **l. checking,** contrôle par comparaison (entre données émises et données reçues) ; **l.-controlled,** commandé par bande pilote ; **l. counter,** compteur de boucles ; **l. network,** réseau en boucle ; **l. stop,** arrêt bouclé ; **l. storage bin,** puits à dépression (de dérouleur) ; **l. test,** test de bouclage ; **to go into a l.,** tourner sur une boucle.

Loop (to), tourner sur une boucle, se bloquer ; **l. back (to),** se (re)boucler ; **l. infinitely (to), l. through endlessly (to),** tourner sur une boucle, (se) boucler, se bloquer ; **l. through a sequence (of operations) (to),** itérer sur une suite d'opérations.

Loophole, faille (dans un système de protection).

Looping, itération.

Loose-coupled, = ***loosely-coupled.***

Loosely-coupled, à couplage lâche.

Lo-res, (à) faible résolution.

Lossless, sans perte.

Lossy, qui entraîne une perte.

Low, **l.-activity,** à faible taux de mouvement (article) ; **l. boy,** meuble bas ; **l.-cost,** économique (version) ; **l. delimiter,** borne inférieure ; **l.-density tape,** bande (enregistrée) en faille densité ; **l. end (of a range),** bas (d'une gamme de machines) ; **l.-growth market,** marché peu porteur ; **l.-level flowchart,** organigramme détaillé ; **l.-level language (LLL),** langage bas de gamme ; **l.-order (bit, position, etc.),** (bit, position, etc.) de poids faible, de droite ; **l.-order 4 K,** positions de mémoire de 0 à 4 095 ; **l.-paper condition,** approche de fin de papier ; **l. profile,** extra-plat, surbaissé (clavier) ; **l.-rate terminal,** poste terminal lent, à faible débit ; **l.-speed unit,** unité lente ; **l.-tape condition,** approche de fin de bande ; **l.-usage item,** article peu mouvementé.

Lowboy, meuble bas.

Lower,* l. bound,** borne inférieure ; **l. case,** bas de casse (imprimerie) ; lettres minuscules, position « corbeille haute » (de machine à écrire, etc.) ; **l. curtate,** partie basse (d'une carte perforée) ; **l. end of a range,** bas d'une gamme ; **l. memory,** partie inférieure de la mémoire (positions de 0 à ...) ; **l. storage, l. store =** ***l. memory.

Lowest-level (operation), (opération) la plus élémentaire.

***Loyalty*, l.-building**, fidélisation ; **l. card**, carte de fidélité.

LP (Linear Programming), programmation linéaire (PL).

LPM (Lines Per Minute), lignes/minute.

LQ (Letter Quality), qualité courrier.

LQP (Letter-Quality Printer), imprimante qualité courrier.

LRC (Longitudinal Redundancy Check(ing)), contrôle de redondance longitudinale, contrôle LRC.

LRCC (Longitudinal Redundancy Check Character), caractère de contrôle de redondance cyclique.

LRU (Least Recently Used) algorithm, algorithme d'ancienneté.

LSB (Least Significant Bit), bit le moins significatif.

LSC (Least Significant Character), caractère le moins significatif.

LSD (Least Significant Digit), chiffre le moins significatif.

LSI (Large Scale Integration), intégration à grande échelle.

Lug around (to), transporter, trimbaler.

Luggable, transportable (fonctionnant sur secteur), mais non portatif.

Lukasiewicz,* L. notation =** ***Prefix notation.

LUN (Logical Unit Number), numéro d'unité logique.

Lurker, observateur passif qui lit les messages dans un groupe de discussion sans participer à ce groupe.

Lurking, observation passive.

M

M-bug (Millenium bug), le bogue de l'an 2000.

Ma Bell =AT&T.

MAC (Medium Access Control), contrôle d'accès au réseau.

Machinable, assimilable par une machine.

Machine, machine ; **m.-acceptable,** assimilable par une machine ; **m. accounting,** comptabilité mécanographique ; **m. accounting department,** service mécanographique ; **m. address,** adresse absolue ; **m. available time,** temps machine disponible ; **m.-based,** automatisé, mécanisé, etc. ; **m. check, 1.** contrôle automatique ; **2.** incident machine ; **m. code,** code machine, code interne ; **m. configuration,** configuration machine ; **m. cycle,** cycle machine, cycle de traitement ; **m. direction,** sens machine (du papier) ; **m. error,** erreur machine ; **m. failure,** incident machine ; **m. fault,** défaillance machine ; **m. file,** fichier mécanographique ; **m.-independence,** non subordination à une machine particulière ; **m.-independent,** non lié à un type de machine particulier ; **m.-independent language,** langage non lié à un type de machine particulier ; **m. instruction,** instruction machine ; **m. instruction code,** code d'instructions machine ; **m. instruction set (MIS),** jeu d'instructions ; **m. language,** langage machine ; **m. language code,** langage machine ; **m. learning,** apprentissage (d'une machine) ; **m. load,** charge d'une machine ; **m. loading schedule,** plan de charge d'une machine ; **m. log,** journal machine ; **m. operation,** opération machine ; **m.-operator,** opérateur mécanographe ; **m.-oriented language,** langage orienté machine ; **m. population,** parc de machines ; **m.-prepared report,** état mécanographique ; **m.-processable,** exploitable par (une) machine ; **m. produced report,** état mécanographique ; **m.-readable medium,** support exploitable, assimilable, compréhensible par une machine ; **m. recognizable =** ***m. sensible*** ; **m. reel,** bobine réceptrice ; **m. room,** salle des machines ; **m. room supervisor,** chef d'atelier ordinateur ; **m. run,** passage en machine ; **m. script,** information en code machine ; **m. sensible,** assimilable par une machine ; **m. sorted,** trié à la machine ; **m. specific,** non universel, propre à une machine ; **m. spoilt work time,** temps de reprise : **m. time,** temps machine ; **m. time usage,** répartition du temps machine ; **m. translation,** traduction automatique ; **m.-usable medium,** support exploitable par machine ; **m.-usage chart,** tableau d'utilisation du temps machine ; **m. vision,** visionique ; **m. word,** mot machine ; **m. word length,** longueur du mot machine.

Macro-, **1.** macro- ; **2.** macro-instruction ; **m.-assembler,** macro-assembleur ; **m.-assembly program,** procramme macro-assembleur ; **m.-call,** appel de macro-(instruction) ; **m.-command,** macro-commande ; **m. computing,** la macro-informatique, la grande informatique ; **m.-expansion,** développement d'une macro-instruction ; **m.-generating program,** programme macro-générateur ; **m.-generator,** programme macro-générateur ; **m.-instruction,** macro-instruction ; **m.-library,** bibliothèque de macro-instructions ; **m. preprocessor,** préprocesseur de macros ; **m.-processor,** macro-processeur ; **m.-program, m. routine,** macro-programme ; **m.-statement,** macro-instruction.

Macrocomputing, la macro-informatique, la grande informatique.

Macroize (to), mettre sous forme de macro-instructions.

Macroprogramming, macroprogrammation.

Macrostore, zone mémoire pour macros (TI).

Made, **m. to measure,** sur mesure, personnalisé.

Mag (magnetic), **m. card,** carte (d'identification) magnétique; **m. stripe,** piste magnétique; **m. tape, 1.** dérouleur (de bande magnétique); **2.** bande (support).

Magazine, magasin d'alimentation, ou de réception (de cartes); magasin (de mémoire à feuillets magnétiques); chargeur (disque).

Voir INPUT MAGAZINE, OUTPUT M.

Magenta, magenta.

Magnetic, magnétique; **m. band,** piste de carte magnétique; **m. bubble memory (MBM),** mémoire à bulles magnétiques; **m. card, 1.** feuillet magnétique; **2.** = ***ledger card*;** **m. card file,** fichier sur feuillets magnétiques; **m. card reader (MCR),** lecteur de cartes magnétiques; **m. card store,** mémoire à feuillets magnétiques; **m. cell,** cellule magnétique; **m. charac**ter, caractère magnétique; **m. character reader,** lecteur de caractères magnétiques; **m. character recognition,** reconnaissance des caractères magnétiques; **m. character sorter,** trieuse de documents; **m. core,** tore magnétique; **m. core matrix,** plan de mémoire; **m. core memory,** mémoire à tores magnétiques; **m. core plane,** plan de tores magnétiques; **m. core storage,** mémoire à tores magnétiques; **m. core storage plane,** plan de tores magnétiques; **m. core storage unit,** mémoire à tores magnétiques; **m. core store,** mémoire à tores magnétiques; **m. delay line,** ligne à retard magnétique; **m. disc,** disque magnétique; **m. disc file,** fichier sur disque magnétique; **m. disc storage, m. disc store,** mémoire à disques magnétiques; **m. disc unit (MDU),** unité de disque magnétique; **m. arum,** tambour magnétique; **m. drum storage,** mémoire à tambour magnétique; **m. drum store,** mémoire à tambour magnétique; **m. film,** film magnétique; **m. film file,** fichier sur film magnétique; **m. film handler,** dérouleur de film magnétique; **m. film store,** mémoire à bande magnétique perforée; **m. film unit,** unité de mémoire à film magnétique; **m. head,** tête magnétique; **m. ink,** encre magnétique; **m. ink character reader,** lecteur de caractères magnétiques; **m. ink character recognition (MICR),** reconnaissance magnétique de caractères; **m. ledger card,** carte à piste magnétique; **m. memory,** mémoire magnétique; **m. reader,** magnétolecteur; **m. readout,** lecture magnétique; **m. recorder,** enregistreur magnétique; **m. recording,** enregistrement magnétique; **m. recording head,** tête d'enregistrement magnétique; **m. recording medium,** support d'enregistrement magnétique; **m. sensing,** lecture magnétique; **m. shift register,** registre à décalage magnétique; **m. spot,** spot magnétique; **m. storage,** mémoire magnétique; **m. storage medium,** support d'enregistrement magnétique; **m. store,** mémoire magnétique; **m. strip,** feuillet magnétique; **m. strip device,** mémoire à feuillets magnétiques; **m. stripe,** piste magnétique (de carte compte); **m. stripe card,** badge d'identification; **m. stripe recording,** enregistrement sur bande marginale; **m. stripe reader (MSR),** lecteur de badge d'identification; **m. striped ledger card,** carte à piste magnétique; **m. tape (MT),** bande magnétique (BM); **m. tape cartridge,** cartouche de bande magnétique; **m. tape cassette,** cassette de bande magnétique; **m. tape certifier,** certifieur de bande magnétique; **m. tape cleaner,** nettoyeur de bandes magnétiques; **m. tape cluster,** bloc de dérouleurs; **m. tape computer,** ordinateur à bandes; **m. tape controller,** contrôleur de dérouleur.(s) de bande magnétique; **m. tape converter,** convertisseur de bande magnétique; **m. tape deck,** dérouleur de bande magnétique; **m. tape drive,** dérouleur de bande magnétique; **m. tape encoder,** enregistreur sur bande; **m. tape file,** fichier sur bande magnétique; **m. tape group** = ***magnetic tape cluster*;** **m. tape handler,** dérouleur de bande magnétique; **m. tape inscriber,** enregistreur sur bande; **m. tape limited,** limité par la vitesse des dérouleurs; **m. tape memory,** mémoire à bande magnétique; **m. tape processor (MTP),** processeur de bandes; **m. tape reader,** lecteur de bande magnétique; **m. tape recorder,** magnétophone; **m. tape reel,** bobine de bande magnétique; **m. tape station,** dérouleur de bande magnétique; **m. tape storage, m. tape store,** mémoire à bande magnétique; **m. tape subsystem,** sous-ensemble dérouleur de bande magnétique; **m. tape tester,** appareil à contrôler les bandes magnétiques; **m. tape transport,** dérouleur de bande magnétique ; **m. tape truck,** chariot pour bobines de bande magnétique ; **m. tape unit (MTU),** dérouleur de bande magnétique ; **m. tape volume,** volume de bande magnétique ; **m. thin film,** film mince ; **m. thin film storage,** mémoire à film mince ; **m. track,** piste magnétique ; **m. wand,** crayon-lecteur (magnétique) ; **m. wire,** fil magnétique ; **m. wire store,** mémoire à fil magnétique.

Magnetizable, magnétisable.

Magnetization, magnétisation.

Magnetize (to), magnétiser.

Magnetized, **m. spot,** spot magnétique.

Magnetizer, **m. head,** tête de magnétisation.

Magnetizing, **m. head,** tête de magnétisation.

Magnetographic printer, imprimante magnétographique.

Magneto-optical **(MO),** magnéto-optique.

Magnetostriction, magnétostriction.

Magnetostrictive, **m. delay line,** ligne à retard à magnétostriction.

Magnification, grossissement.

Magnify (to), grossir, faire un grossissement.

Magnifying, **m. bar,** réglette grossissante ; **m. glass**, loupe.

Magnitude, grandeur.

Mail, **1.** courrier, messagerie ; **2.** la poste ; **m. bombing**, bombardement (fait d'inonder de messages un destinataire dans un but malveillant) ; **m. box (MB), 1.** boîte à lettres, tampon ; **2.** boîte à lettres (BAL) (courrier électronique) ; **m. handler,** machine à traiter le courrier ; **m. inserter,** machine à mettre sous enveloppe ; **m. manager,** gestionnaire de courrier ; **m. merge,** fusion de deux fichiers dont l'un contient le texte et l'autre les noms et adresses ; **m. opener,** machine à ouvrir les enveloppes ; **m. order business,** (la) vente par correspondance ; **m. order catalog,** catalogue de vente par correspondance ; **m. order firm or house,** société, entreprise, de vente par correspondance, de vente sur catalogue ; **m. order selling,** (la) vente par correspondance ; **m. server,** serveur de courrier ; **m. sorting,** tri du courrier ; **m. stop,** poste de courrier (PC) interne.

Mail (to), expédier (par la poste) ; **m. back (to),** réexpédier, renvoyer.

Mailbox, boîte à lettres.

Mailboxing, utilisation de boîtes à lettres.

Mailer, **1.** liasse de papier en continu (pour insertion dans enveloppes) ; **2.** pochette d'expédition (de disquettes, etc.).

Mailing, envoi ; **m. list,** liste de diffusion, publipostage.

Mailphore, fichier messages.

Mailshot, publipostage.

Main, **m. board,** carte mère ; **m. computer,** ordinateur central, principal ; **m. console,** console principale ; **m. distributing frame,** répartiteur principal (tél.) ; **m. file,** fichier permanent ; **m. file tape,** bande portant le fichier permanent ; **m. frame, 1.** processeur central ; **2.** gros ordinateur ; **m. frame company, m. frame maker,** constructeur de gros ordinateurs ; **m. framer,** constructeur d'ordinateur ; **m. line flowchart,** organigramme général ; **m. file program,** programme principal ; **m. line switch,** interrupteur général ; **m. memory,** mémoire centrale (MC) ; **m. menu**, menu principal ; **m. program, m. routine,** programme principal ; **m. site,** site principal (lieu d'exploitation où est généralement installé l'ordinateur central) ; **m. storage, m. store,** mémoire centrale.

Mains, le secteur, l'alimentation secteur, le réseau ; **m. power disturbance,** perturbation de l'alimentation (électrique) ; **m.-run,** qui fonctionne sur secteur.

Maintain (to), **1.** mettre à jour, actualiser (un fichier) ; **2.** assurer la maintenance (d'un matériel, d'un logiciel).

Maintainability, maintenabilité, facilité de maintenance.

Maintainer, personne ou société chargée de la maintenance (du logiciel, etc.).

Maintenance, **1.** mise à jour ; **2.** maintenance (d'un matériel, d'un logiciel), entretien ; **m. agreement, m. contract,** contrat de maintenance ; **m. engineer,** inspecteur en clientèle, technicien de maintenance ; **m. firm,** société de maintenance ; **m.-free,** ne nécessitant pas de maintenance ; **m. man,** technicien de maintenance ; **m. pack,** unité (de disque) de maintenance ; **m. panel,** panneau de maintenance ; **m. programmer,** programmeur de maintenance ; **m. programming,** programmation de maintenance ; **m. schedule,** calendrier de maintenance ; **m. stand-by time,** temps de garde ; **m. time,** durée de maintenance.

Major, **m. control change,** rupture au niveau supérieur ; **m. cycle,** cycle majeur ; **m. key,** indicatif majeur.

Make (to), formuler (demande), confectionner (câble), créer (fichier).

Make or buy, dilemme « acheter ou fabriquer », « faire ou faire faire ».

Maker, **1.** constructeur, fabricant ; **2.** créateur, générateur (programme).

Makeup time, temps de reprise (réexécution des travaux interrompus, etc.).

Male, **m.(-intonated) voice,** voix masculine.

Malfunction, mauvais fonctionnement, défaillance ; **m. report,** rapport d'incident ; **m. routine,** sous-programme de traitement d'incidents.

Malfunction (to), mal fonctionner.

Malicious, malveillant (appel, virus, etc.) (et non pas malicieux).

Mall, galerie marchande.

MAN (Metropolitan Area Network), réseau métropolitain.

Man, **m.-machine communications,** dialogue homme-machine ; **m.-machine interface (MMI),** interface homme-machine.

Manageable, gérable, manipulable.

Management, **m. by exception,** gestion par exception ; **m. consultancy firm =** ***management consulting firm*** ; **m. consultants,** conseillers en organisation ; **m. consulting firm,** cabinet d'organisation ; **m. game,** jeu d'entreprise (gestion simulée) ; **m. gaming,** jeux d'entreprise ; **m. information system (MIS),** système intégré de gestion (SIG) ; **m. report,** état de gestion, tableau de bord ; **m. science,** science de la gestion, gestion scientifique ; **m. tool,** outil de gestion.

Manager, **1.** directeur, dirigeant, gestionnaire, responsable, chef, etc. ; **2.** programme de gestion, gestionnaire, module (de gestion, etc.).

Managerial, de gestion.

Manchester, **code, coding, scheme,** code Manchester.

Manipulate (to), manipuler ; triturer (indicatif).

Manipulation, manipulation (de données, etc.) ; **m. rate,** vitesse de traitement.

Mantissa, mantisse.

Manual, **m. control,** commande manuelle ; **m. input,** entrée manuelle des données ; **m. input unit,** unité d'entrée manuelle.

Manually, **m.-coded routine,** programme utilisateur.

Manufacture (to), fabriquer ; **m. into (to),** intégrer.

Manufacturer, fabricant (de composants), constructeur (d'ordinateurs) ; **m.'s software,** logiciel du constructeur ; **m.-specific,** propre à un constructeur (système d'exploitation par exemple) ; **Manufacturers Productivity Network (MPN),** Réseau de Productivité Industrielle (RPI) (Hewlett-Packard).

Manufacturing, fabrication ; **M. Automation Protocol (MAP),** protocole d'automatisation industrielle (de General Motors) ; **m. company,** entreprise industrielle ; **m. facilities,** moyens de production ; **m. facility,** unité de production ; **m. lead time,** délai de fabrication ; **m. operation,** unité de production, **m. order (MO),** ordre de fabrication (OF) ; **m. plant,** unité de fabrication.

Manware, personnel informaticien.

MAP (Manufacturing Automation Protocol), protocole d'automatisation industrielle (de General Motors).

Map, plan d'implantation (en mémoire) ; table de correspondances ; topographie (de la mémoire) ; projection, application.

Map (to), faire une projection, établir une correspondance, appliquer ; **m. out (to),** éliminer (secteur défectueux, etc.).

Mapping, **1.** cartographie ; **2.** application, mise en correspondance, projection.

Marching, **m. display**, affichage dernière ligne saisie (photocomp.) ; **m. ants,** points clignotant ou défilant dans une zone de sélection d'image.

Margin, marge (d'un document), rive (de papier d'imprimante) ; **m. notched card =**

edge-notched card **; m.-punched card,** carte à perforations marginales ; **m. remover,** appareil à couper les rives ; **m. scale,** réglette graduée ; **m. stop,** margeur.

Marginal, **m. check(ing),** contrôle des tolérances ; **m. hole punched card,** carte (perforée) à perforations marginales (d'entraînement) ; **m. perforation,** moletage longitudinal ; **m. punched binder,** reliure pour imprimés mécanographiques ; **m. punched card,** carte à perforations marginales ; **m. punching,** perforations marginales (d'entraînement) ; **m. test(ing) =** ***m. check(ing).***

Marginally, **m.-punched,** à perforations marginales ; **m.-punched set,** liasse de papier en continu à perforations marginales.

Mark, marque, repère ; **to reach, to pass, the 1000 mark,** atteindre, franchir, le cap des 1 000 unités ; **m. reader,** lecteur de marques ; **m. reading,** lecture optique de marques ; **m. scanning =** ***m. reading*** **; m. sense card,** carte à lecture graphique ; **m. sensing,** lecture de marques ; **m. sensing reproducer,** reproductrice (perforant des cartes à partir de cartes graphitées).

Mark (to), marquer ; **m. scan (to),** lire optiquement ; **m. sense (to),** lire des marques (sur une carte).

Marked, porteur de marques ; repéré (câble) ; **m. data,** données sous forme de marques ; **m. document,** document porteur de marques.

Marker = ***mark.***

Market, marché ; **m.-driven,** axé sur le marché, dicté par le marché ; **m. niche =** ***market slot*** **; m. place,** le marché ; **m. slot,** créneau (d'un marché) ; **m. survey,** étude de marché ; **m. window =** ***market slot.***

Market (to), commercialiser.

Marketable, commercialisable.

Marketing, commercialisation.

Marquee, zone de sélection.

Marshall (to), trier.

Marshalling, **m. sequence =** ***collating sequence.***

Mart = ***market.***

Mash (to), appuyer sur un bouton.

Mask, **1.** masque ; **2.** masque, grille (de saisie, d'écran) ; **m. making,** fabrication de masques (pour C.I.) ; **m. programming,** programmation par masques.

Mask (to), masquer, filtrer ; **m. out (to),** éliminer par masque.

Maskable, masquable ; **m. interrupt,** interruption masquable.

Voir NON-MASKABLE.

Masked, **m. ROM,** mémoire ROM masquée.

Masking, masquage, filtrage.

Masquerade as (to), se faire passer pour quelqu'un d'autre, usurper l'identité de quelqu'un.

Masquerading, usurpation d'identité.

Mass, **m. mailing,** publipostage ; **m. market,** le marché grand public, la très grande diffusion (TGD) ; **m. memory,** mémoire de grande capacité, mémoire de masse et par ext. disque(s) de grande capacité ; **m.-produced,** fabriqué en série ; **m. storage, m. store =** ***m. memory*** **; m. storage controller,** contrôleur d'unités de disques ; **m. storage device or unit (MSU),** mémoire de grande capacité, et par ext. disque(s) de grande capacité et parfois dérouleur ; **m. storage system (MSS),** système de stockage.

Massage (to), réduire (données), triturer, traiter.

Massfaxing, envoi (par fax) à des destinataires multiples.

Massively-parallel computer or processor, ordinateur, processeur, à parallélisme massif, jarg. massivement parallèle.

Master, matrice (de disque optique à reproduire) ; **m. card,** carte maîtresse ; **m. catalog,** catalogue maître, général ; **m. clear,** remise à zéro générale ; **m. clock,** horloge pilote, horloge mère, rythmeur ; **m. computer,** ordinateur pilote ; **m. console,** console maîtresse ; **m. data,** données permanentes ; **m. disc, 1.** disque d'exploitation ; **2.** disque émetteur (en duplication) ; **m. file,** fichier permanent, fichier maître, fichier de base ; **m. file item,** article (du fichier) permanent ; **m. file record,** article (du fichier) permanent ; **m. file tape,** bande portant le fichier permanent ; **m. group,** groupe tertiaire ; **m. index,** index principal ; **m. input file,** ancien fichier permanent ; **m. instruction tape,** bande programme d'exploitation ; **m. key,** clé principale ; **m.**

mode, mode maître ; **m. output file,** nouveau fichier permanent ; **m. processor,** processeur maître ; **m. program,** programme principal ; **m. record,** article du fichier permanent ; **m. record key,** indicatif de l'article du fichier permanent ; **m. routine,** programme principal ; **m. station,** station maîtresse ; **m. switch,** interrupteur général ; **m. tape,** bande maîtresse, bande à dupliquer ; **m. terminal,** terminal maître ; **m. unit,** unité pilote.

Mastering, matriçage.

Masthead, cartouche (mot masc. dans ce sens) d'un journal.

Match, assortiment, correspondance ; **m. condition,** concordance ; **m. field,** zone ou critère de tri ; **m. key,** critère de tri ; **when a match is found,** en cas d'égalité.

Match (to), assortir (par ex. des cartes), croiser (des fichiers), répondre (à un critère de recherche) ; **if the delimiters in your command don't match,** ... ne sont pas symétriques.

Matching, **1.** (subs.) assortiment, croisement (de fichiers) ; **2.** (adj.) ; **m. record,** article correspondant.

Voir COMPUTER MATCHING, PATTERN MATCHING.

Mate (to), connecter, solidariser.

Material Requirements Planning (MRP), calcul des besoins nets (CBN).

Math, **1.** mathématiques ; **2.** calcul(s) ; **m. board,** carte mathématique ; **m. chip,** puce « mathématique » ; **m. coprocessor,** coprocesseur mathématique ; **m. hierarchy,** hiérarchie des opérateurs mathématiques ; **m.-intensive,** à fort pourcentage de calculs ; **m. library,** bibliothèque de programmes mathématiques ; **m. package,** progiciel mathématique ; **m. set,** jeu de caractères mathématiques.

Mathematical, mathématique ; **m. check,** contrôle arithmétique ; **m. model,** modèle mathématique ; **m. programming,** programmation linéaire.

Mating, connexion, appariement.

Matte, cache (subs. masc.).

Matrix, matrice ; **m. inversion,** inversion de matrice ; **m. printer,** imprimante par points, imprimante matricielle ; **m. storage, m. store,** mémoire à sélection matricielle.

Mature, stabilisé (logiciel).

Maximize (to), agrandir.

Maximum, **m. access time,** temps d'accès maximal.

Maxterm, maxterme.

Maze, labyrinthe.

Mb (Megabit), mégabit.

MB (Megabyte), mégaoctet.

MBM (Magnetic Bubble Memory), mémoire à bulles magnétiques.

MBPS (Millions of Bits Per Second), millions de bits/seconde.

MBZ (Must Be Zero), doit (doivent) être à zéro.

MCI Communications Corp., société (privée) de télécommunications américaine.

MCR (Magnetic Character Reader), lecteur de caractères magnétiques.

MDS (Microprocessor Development System), système de développement à microprocesseur.

Mean, **m. repair time,** temps moyen de réparation ; **m. time between errors (MTBE),** temps moyen entre erreurs ; **m. time between failures (MTBF),** moyenne des temps de bon fonctionnement ; **m. time between maintenances (MTBM),** durée moyenne entre maintenances ; **m. time to failure (MTTF),** durée moyenne sans pannes ; **m. time to market,** délai moyen de mise sur le marché ; **m. time to repair (MTTR),** durée moyenne de reprise ; **m. time to service rectoral (MTSR),** temps moyen de rétablissement du service.

Measurement, mesure, métrologie.

Measuring, **m. instrument,** appareil de mesure.

Mechanical, mécanique ; **m. (desk) calculator,** machine à calculer mécanique ; **m. translation,** traduction automatique.

Mechanically, **m. produced (report),** (état) établi mécanographiquement.

Mechanizability, mécanisabilité.

Mechanizable, mécanisable.

Mechanization, mécanisation

Mechanize (to), mécaniser.

Media, support ; **m. content provider**, fournisseur de contenu ; **m. conversion,** conversion de support ; **m. industry,** la médiatique, les médias ; **m. library,** médiathèque ; **m. manufacturer,** fabricant de supports (disquettes, bandes) ; **m.-resident software,** logiciel résidant sur disque, disquette, etc.

Medial, **m. strip,** bande de séparation (entre cartes perforées en continu).

Medical, **m. computing,** l'informatique médicale ; **m. database,** base de données médicales ; **m. data processing** = ***medical computing;*** **m. electronics,** l'électronique médicale ; **m. imagery, m. imaging,** l'imagerie médicale.

Medically, **m.-oriented,** médical, à vocation médicale.

Medium, **1.** (subs. ; plur. media) support d'information ; **2.** (adj.) moyen ; **m.-scale computer,** ordinateur de moyenne puissance ; **m.-scale integration (MSI),** intégration à moyenne échelle ; **m.-size(d) computer,** ordinateur de moyenne puissance.

Meeting, **m. scheduling,** planification des réunions.

Meg, Mega, még-, méga-, (10^6).

Megabaud, 1 million de bauds.

Megabit, 1 million de bits.

Megabuck, 1 million de dollars.

Megabyte (Mb), 1 million d'octets, 1 mégaoctet.

Megachip, mégapuce.

Megaflops (1 million floating point operations per second), 1 million d'opérations en virgule flottante par seconde.

Megalips (1 million logical inferences per second), 1 million d'inférences logiques par seconde.

Megapixel, mégapixel.

Megastream, service de transmission de données numériques de British Telecom.

Megaword, mégamot.

Member, membre ; **latest, newest m.,** dernier-né (d'une gamme de produits, etc.).

Membership, appartenance à (un groupe, etc.) ; les membres.

Membrane keyboard, clavier à membrane

Memo pad, agenda électronique

Memorization, mémorisation.

Memorize (to), mémoriser.

Memory, mémoire (centrale) ; **m. bank,** bloc de mémoire ; **m.-based,** implanté en mémoire (système d'exploitation) ; **m. board or card,** carte mémoire ; **m. capacity,** capacité de la mémoire ; **m. chip,** puce mémoire ; **m.-consuming, m.-consumptive** = ***memory-eating*** ; **m. cycle,** cycle de base (de la mémoire) ; **m. diagram,** topogramme mémoire ; **m. dump,** vidage de la mémoire ; **m.-eating,** coûteux, « gourmand » en mémoire, encombrant, gros consommateur de mémoire ; **m.-efficient,** économe en mémoire qui optimise l'utilisation de la mémoire ; **m. expansion board,** carte d'extension mémoire ; **m. fill,** remplissage, garnissage de la mémoire ; **m.-hungry**, gourmand en mémoire ; **m.-intensive,** gourmand en mémoire ; **m.-jogger,** pense-bête ; **m. layout,** topogramme de la mémoire ; **m. location,** adresse de mémoire ; **m. management (unit) (MMU),** (unité de) gestion mémoire ; **m. map(ping),** topographie mémoire, carte mémoire ; **m. munching,** gourmand en mémoire ; **m. pagina,** organisation en pages ; **m. print-out,** impression du contenu de la mémoire, vidage sur imprimante ; **m. protect, m. protection,** protection de la mémoire ; **m. register,** registre mémoire ; **m. requirements,** occupation, encombrement en mémoire (d'un programme, etc. ; **m.-resident,** résidant en mémoire ; **m.-saving,** qui consomme peu de, économe en, mémoire ; **m. scrubbing,** nettoyage de la mémoire (élimination de certaines erreurs) ; **m. size,** capacité de la mémoire ; **m. space,** espace mémoire ; **m. stack,** empilage de plans de tores ; **m.-to-m.,** intermémoire.

Menu, **1.** menu (liste d'options proposée à l'opérateur) ; **2.** que l'on compose « à la carte » ; **m. bar,** barre de menus (Mac) ; **m.-building,** création de menus (sur l'écran) ; **m. handler,** gestionnaire de menus ; **m.-based, m.-driven, m.-oriented,** « piloté » par menu(s), à base de menus, mis en œuvre par enchaînement de menus ; **m. item,** option (dans un menu), article de menu (Mac) ; **m. picking,**

sélection de menu ; **m. tree,** arbre, arborescence, de menus.

Merchant chips, puces du commerce.

Mercury, mercure ; **m. delay line,** ligne à retard à mercure ; **m. storage,** mémoire à ligne à retard à mercure.

Merge, fusion ; **m. generator,** générateur (de programme) d'interclassement ; **m. key,** indicatif de classement ; **m. routine,** programme de fusion.

Merge (to), fusionner, interclasser.

Merger, fusion (de sociétés, etc.).

Merging, fusion, interclassement ; **m. sort,** rangement par interclassement.

Mesh, maille ; **m. generator,** mailleur ; **m. network**, réseau maillé ; **m. topology,** maillage ; **m. sort** = ***merging sort.***

Message, message ; **m. accumulation,** accumulation de messages ; **m.-based,** à base de messages ; **m. control program,** programme de gestion de messages ; **m.-driven** = ***message-based*** ; **m. file,** fichier de messages ; **m. handler,** gestionnaire de messages ; **m. handling,** traitement de messages ; **m. header,** en-tête de message ; **m. manager,** gestionnaire de messages ; **m. processing, m. processor,** traitement, système de traitement, de messages ; **m. queue,** file d'attente de messages ; **m. router,** routeur de messages ; **m. routing,** acheminement de messages ; **m. service,** (service de) messagerie ; **m. switching,** commutation de messages ; **m. switching center,** centre de commutation de messages ; **m. transfer agent (MTA),** agent de transfert de message (ATM).

Messaging, messagerie ; **m. service,** service de messagerie.

Metacompiler, compilateur de compilateur, métacompilateur.

Metadata, métadonnées.

Metafile, métafichier.

Metalanguage, métalangue.

Metaphor, jarg. icône, graphisme.

Meter, **m. reader,** releveur de compteurs ; **m. reading,** relevé de compteur ; **m.-reading day,** jour de relevé (du compteur).

Metering, taxation.

Method, méthode.
Voir MONTE CARLO METHOD.

Metrics, métrologie (du logiciel, etc.).

Metropolitan Area Network (MAN), réseau métropolitain.

Mezzanine board, carte mezzanine.

Mflops (Millions of floating point operations per second), millions d'opérations en virgule flottante par seconde.

Mice.
Voir MOUSE.

MICR (Magnetic Ink Character Recognition), reconnaissance magnétique des caractères.

Micro, micro-, µ, 10^{-6}.

Micro, micro, micro-ordinateur.

Micro-assembler, micro-assembleur.

Micro-assembly, **m. a. language,** langage de micro-assemblage.

Micro-based = ***micro-computer controlled.***

Microbreak, microcoupure (de courant).

Microbit (Microprocessor built-in test), méthode de test automatique des systèmes à microprocesseur.

Micro buff, micro amateur, fana, mordu, de la micro-informatique.

Micro business, micro-informatique.

Microcassette, microcassette.

Microchip, puce (électronique), circuit intégré.

Microcircuit, microcircuit.

MicroCOBOL, MicroCOBOL, langage COBOL pour micro-ordinateurs.

Micro-codability, microprogrammabilité.

Micro-code, microcode, microprogrammation.

Microcode (to), microprogrammer.

Micro-coded driver, program or routine, microprogramme.

Micro-coding, microprogrammation.

Micro-computer (µc), micro-ordinateur, µc ; **m. c. based, m. c. controlled,** piloté par, articulé sur, un micro-ordinateur ; sur micro (application) ; **m. c. business,** la micro-informatique ; **m. c. expert,** microinformaticien ; **m. c. software,** micrologiciel.

Microcomputerist, micro-informaticien.

Microcomputing, micro-informatique ; **m. industry,** (l'industrie de) la micro-informatique.

Micro-controlled = micro-computer controlled.

Microcontroller, microcontrôleur.

Microcycle, microcycle.

Micro-debug utility, micro-utilitaire de mise au point.

Micro DBMS, SGBD pour micro-ordinateurs.

Microdiagnostic, microdiagnostic ; **m. package,** logiciel de microdiagnostic.

Microdisk, (micro)disquette de 3 1/2".

Microdiskette, (micro)disquette de 3 1/2".

Microdrive, unité de (micro)disquette de 3 1/2".

Micro-editor, micro-éditeur.

Microelectronics, la micro-électronique.

Microfiche, microfiche ; **m. file,** fichier sur microfiches ; **m. reader,** lecteur de microfiches ; **m. viewer,** visionneuse de microfiches.

Microfilm, microfilm ; **m. file,** fichier sur microfilm ; **m. film printer,** imprimante sur microfilm ; **m. film strip,** bande de microfilm ; **m. viewer,** visionneuse de microfilm.

Microfilm (to), microfilmer.

Microfilming, microfilmage.

Microfloppy, microdisquette (3 1/2").

Microform, microforme.

Micrographics, la micrographie.

Microimage, micro-image.

Microinch, micropouce.

Micro-instruction, micro-instruction.

Micro-interruption, micro-coupure.

Microkernel, micronoyau.

MicroLan, microréseau local.

Micrologic = firmware.

Microm (micro-coded read-only memory), mémoire morte microprogrammée.

Micro-mainframe link, liaison micro(s)/ gros ordinateur.

Micromaker, constructeur de micro-ordinateurs, de micros.

Micro manager, responsable de la micro.

Micro market, le marché des micros.

Micro-miniaturization, microminiaturisation.

Microminicomputer, micromini (mini articulé autour d'un microprocesseur).

Micromodule, micromodule.

Micronet, nom d'un réseau de micro-ordinateurs.

Micronode, micronœud.

Micropack, microboîtier.

Micropackaging, microassemblage.

Microperforated, à microperforations (papier en continu).

Micro-peripheral, micropériphérique.

Micropit, microcuvette.

Microprinter, micro-imprimante.

Microprocessing, microtraitement, micro-informatique.

Microprocessor (MPU, μP), microprocesseur ; **m.-based, m.-controlled, m.-driven,** piloté par, commandé par, articulé sur, autour d'un microprocesseur, à microprocesseur ; **M. Development System (MDS),** système de développement de programmes pour microprocesseurs.

Microprogram, microprogramme.

Microprogram (to), microprogrammer.

Microprogrammable, microprogrammable.

Microprogrammed, **m. routine,** microprogramme.

Microprogrammer, microprogrammeur.

Microprogramming, microprogrammation.

Micropublishing, micro-édition.

Micro-punch, petit perforateur pour étiquettes perforées.

Micro-routine, microprogramme.

Microscopic pit, microcuvette.

Microsecond, microseconde.

Microsoftware, micrologiciel (logiciel pour micros).

Microspacing, micro-espacement.

Microstepping, micropas.

Microstore, micromémoire.

Micro-terminal, micro-terminal.

Micro-to-mainframe link = Micro-mainframe link.

Microwave, micro-onde ; **m. link,** liaison hertzienne.

MicroWinchester, disque Winchester de 3 1/2".

***Middle,* m. of the line,** milieu de gamme.

Middleware, logiciel intermédiaire.

Mid-form slitting, coupe en « Y ».

Midicomputer, ordinateur de moyenne puissance.

Mid-range, (de) milieu de gamme, intermédiaire.

Migratable, évolutif.

Migrate (to), passer (d'un matériel à l'autre, etc.).

***Migration,* 1.** transfert (de données, de pages) ; **2.** transition, passage (d'un matériel à l'autre) ; **m. path,** voie d'évolution ; **m. programming,** émulateurs et convertisseurs.

Milestone, jalon.

***Military,* m. computer,** ordinateur (à usage) militaire ; **m. computing,** informatique militaire.

***Mill,* m. time,** temps de traitement sur unité centrale.

Millenium,* m. bomb**, le problème du passage à l'an 2000 ; **m. bug**, le bogue de l'an 2000 ; **m. computer bomb = *millenium bomb.

Mimic, simulation ; **m. computer,** ordinateur qui double (en « l'imitant ») l'ordinateur en service et peut immédiatement le remplacer ; **m. diagram,** synoptique.

Mimic (to), simuler.

Mimicking, usurpation d'identité.

Mindware, logiciels d'organisation (tels que Thinktank, Brainstormer, Idea Processor, Maxthink).

Mine (to), exploiter statistiquement (base de données).

Mini(-), mini(-).

Mini, mini, mini-ordinateur.

***Miniature,* to go m.,** se miniaturiser.

Miniaturization, miniaturisation.

Miniaturize (to), miniaturiser.

Mini-based, qui s'articule autour d'un mini-ordinateur, sur mini-ordinateur, sur mini (application, etc.).

Minicartridge, mini-cartouche.

Mini-cassette, mini-cassette.

Mini-computer, mini-ordinateur ; **m. c. business,** la mini-informatique.

Minidisc, mini-disque.

Minidiskette, mini-disquette.

Minifab, mini-usine de fabrication de puces électroniques.

Minifloppy, mini-disquette ; **m. drive (disc),** unité de mini-disquette.

Minify (to), réduire.

Mini-maker, constructeur de mini-ordinateurs.

Minimal,* m. latency coding = *minimum delay coding.

Minimization, minimalisation.

***Minimize (to),* 1.** minimaliser ; **2.** réduire (fenêtre, etc.).

***Minimum,* m. configuration,** configuration minimale ; **m. delay coding,** programmation à temps d'exécution minimal ; **m. distance code,** code à distance minimale.

Miniperipheral, mini-périphérique.

Mini-printer, mini-imprimante.

Mini-software, logiciel pour mini-ordinateurs, pour minis.

Mini-tower, mini-tour.

Mini Wini, mini Winchester.

Minnow-disk, mini-disque.

***Minor,* m. control change,** rupture au niveau inférieur ; **m. cycle,** cycle mineur ; **m. key,** indicateur mineur.

Minterm, minterme.

Minuend, terme dont on soustrait.

MIP rate = MIPS.

MIPS (Millions of Instructions Per Second), millions d'instructions par seconde.

Mirror site, site miroir.

Mirrored disk, disque doublé (par disque miroir.

Mirror (to), **1.** créer un disque miroir ; **2.** créer une image-miroir (par rotation).

Mirroring, doublement (d'une base de données, etc.), écriture miroir (simultanément sur deux disques), réflexion (domaine graphique) ; **m. disks,** disque copié (original) et disque miroir.

MIS (Management Information System), système intégré de gestion (SIG).

Misalignment, défaut d'alignement.

Misapplication, mauvaise application, mauvaise utilisation.

Misapply (to), mal appliquer, mal utiliser.

Misbilling, erreur de facturation.

Miscalculate (to), faire une erreur de calcul.

Miscalculation, erreur de calcul.

Miscoding, erreur de programmation.

Miscompare, inégalité.

Misconfiguration, mauvaise (définition de la) configuration.

Miscount, erreur de calcul, de comptage.

Miscount (to), faire une erreur de calcul.

Misdiagnosis, erreur de diagnostic.

Misdialling, erreur de numérotation.

Misfeed, défaut d'alimentation, passage défectueux (d'une carte).

Misfeed (to), mal s'alimenter (carte).

Misfeeding = misfeed.

Misfile, erreur de classement.

Misfile (to), mal classer.

Misfiling, erreur de classement.

Mishandle (to), faire une fausse manœuvre.

Mishandling, fausse manœuvre.

Misidentifying, erreur d'identification.

Misinformation, informations erronées.

Misinterpret (to), mal interpréter.

Miskeying, erreur de frappe, de saisie.

Mislabelled, **m. tape,** bande comportant des labels erronés.

Mismanage (to), mal gérer.

Mismanagement, mauvaise gestion.

Mismatch, erreur d'assortiment, différence, non-concordance, discordance.

Mismatch (to), faire une erreur d'assortiment.

Mismatching = mismatch.

Misnumber (to), faire une erreur de numérotation, mal numéroter.

Misplace (to), déclasser, mal classer.

Misplaced, déclassé.

Misplacement, déclassement, erreur de classement.

Mispocket, erreur de sélection de case.

Misposting, erreur d'écriture.

Mispress (to), se tromper de touche, ne pas appuyer sur la bonne touche.

Mispressed, abaissé par erreur (touche).

Misprint, erreur d'impression.

Misprint (to), faire une erreur d'impression.

Mispunch (to), faire une erreur de perforation.

Mispunching, erreur de perforation.

Misread (to), faire une erreur de lecture.

Misreading, erreur de lecture (de carte, etc.).

Misregister = misregistration.

Misregister (to), être mal aligné, mal cadré.

Misregistration, erreur, défaut, de cadrage, décadrage.

Misroute (to), mal acheminer une carte, etc. (dans une case).

Miss rate, taux d'insuccès (non présence dans antémémoire, etc.).

Missing, manquant ; **m. comma,** absence de virgule.

Mission, **m.-critical**, **1.** (à l'origine) vital, indispensable, essentiel au succès de la mission ; **2.** (par ext. et banalisation), vital pour l'entreprise ; **m.-specific**, **1.** propre à la mission ; **2.** (par extension) propre à l'objet visé.

Missort, erreur de tri.

Missort (to), faire une erreur de tri.

Misspell (to), mal orthographier.

Misspelling, faute d'orthographe.

Misstacked, mal rangée, mal classée, mal empilée (carte).

Mistake, erreur.

Mistype (to), mal frapper, faire une erreur de frappe.

Miswired, mal câblé.

Mix, assortiment, éventail (de produits), cocktail (d'applications); choix (de périphériques, etc.); **m. and match,** mélangé, mixte, « hybride », panaché.

Mix (to), mélanger, associer, combiner, croiser (des fichiers), marier (texte et graphiques); **mix and match (to),** combiner, associer, panacher.

Mixed, mixte; **m. base,** base mixte (de numération); **m. base notation, m. radix notation,** numération à base multiple.

MM/DD/YY = MM/JJ/AA (mois, jour, année).

MMI (Man-Machine Interface), interface homme-machine.

MMU (Memory Management Unit), unité de gestion (de) mémoire.

Mnemonic, mnémonique; **m. code,** code mnémonique; **m. symbol,** symbole mnémonique, par ex. MPY pour MULTIPLY.

Mnemonically, de façon mnémonique.

Mnemonics, la mnémonique.

MO disk, disque magnéto-optique.

Mobile, mobile, itinérant, en déplacement (utilisateur, etc.); **m. computing,** l'informatique nomade; **m. executive**, cadre itinérant; **m. phone**, téléphone portable; **m. worker,** itinérant.

Model, **m. building,** modélisation.

Model(l)ing, modélisation; **m. package,** logiciel de modélisation.

Modem (to), envoyer par modem.

Modem, modem, modulateur-démodulateur; **m.-based,** qui utilise des modems (liaison); **m. board,** carte modem; **m. eliminator,** simulateur de modem; jarg. éliminateur de modem; **m. link,** liaison par modem; **m. tester,** testeur de modem.

Modeming, utilisation d'un modem.

Modification, modification. Voir ADDRESS MODIFICATION.

Modifier, modificateur; **m. register,** registre d'index; **m. store,** mémoire d'index.

Modify (to), modifier (adresse, etc.); **m. access,** droit de modification.

Mods, jarg. (les) modifs.

Modular, modulaire; **m. compilation,** compilation modulaire, séparée; **m. construction, m. design,** construction modulaire; **m. programming,** programmation modulaire.

Modularity, modularité.

Modularization, modularisation.

Modularize (to), modulariser.

Modulation, modulation; **m. rate,** rapidité de modulation.

Modulator, **m./demodulator,** modulateur-démodulateur, modem.

Module, module (de construction, de programme, etc.), bloc; **m.-based,** organisé en modules, modulaire; **m.-to-m.,** intermodule.

Modulo, **m. n check,** contrôle modulo n.

Moebius, **M. loop,** boucle de Moebius.

Mom and Pop Market, les petits commerçants, le petit commerce classique.

Momentary, **m. action switch,** interrupteur sans maintien.

Monadic, **m. operation,** opération unaire (à un opérande).

Money machine, distributeur de billets.

Moniker, objet capable de lancer et d'initialiser un autre objet.

Monitor, **1.** moniteur; **2.** écran, récepteur de contrôle; **m. printer,** imprimante de contrôle; **m. program, m. routine,** (programme) moniteur; **m. stand,** bras-support d'écran; **m. typewriter,** machine à écrire de contrôle.

Monitor (to), **1.** surveiller, suivre le déroulement d'une opération; **2.** examiner, tester (l'état d'un mot qualitatif, etc.).

Monitoring, analyse, contrôle, surveillance, surveillance médicale.

Monkey test, test de logiciel servant à déterminer si ce logiciel se plante.

Mono, **m. display,** écran monochrome.

Monoboard, monocarte.

Monocase, police de caractères ne comportant que des majuscules ou des minuscules (signifie souvent « majuscules » implicitement).

Monochrome, monochrome (écran, etc.).

Monogrammed diskette, disquette portant le logo de l'entreprise.

Monolithic, monolithique.

Monoprogramming, monoprogrammation.

Monospaced, non proportionnel (espacement).

Monte Carlo method, méthode de Monte Carlo.

MOPS (Millions of Operations Per Second), millions d'opérations par seconde.

Morph into (to), transformer en.

Morphing, morphing, morphage.

MOS (Metal Oxide Semiconductor), MOS.

Mosaic, **m. printer,** imprimante par points.

Most, **most significant bit (MSB), character (MSC), digit (MSD),** bit, caractère, chiffre, le plus significatif, de poids fort.

Mother, **M. Blue** = IBM.

Motherboard, carte mère, fond de panier.

Mothercard = motherboard.

Mount, montage (de bobine, etc.) ; **m. request,** demande de montage.

Mount (to), monter (bobine, volume, disquette).

Mouse (plur. **mice,** parfois **mouses** en informatique), (la) souris ; **m.-based, m.-controlled, m.-driven,** piloté, commandé, manipulé, par (la) souris ; **m. click**, clic de souris ; **m. driver,** pilote de souris ; **m. mat (TM), m. pad,** tapis-support de souris ; **m. pointer,** flèche de la souris ; **m. port,** port (pour) souris ; **m. potato**, utilisateur qui reste très longtemps connecté (voir COUCHE POTATO) ; **m. selectable, selection,** sélectionnable, sélection, par (la) souris ; **m. support**, gestion de la souris, « support souris ».

Mouseless, sans (recourir à une) souris.

Move, transfert (d'informations), déplacement ; **on the m.,** en déplacement, itinérant (utilisateur).

Move (to), **1.** (se) déplacer, avancer, circuler (jeton) ; **2.** transférer (des informations), amener (curseur dans une position), déplacer, faire défiler (bande) ; **m. accross (to),** circuler (sur un bus, etc.) ; **m. around (to),** déplacer (sur l'écran) ; **m. backward (to),** (faire) reculer ; **m. forward (to),** progresser, défiler en marche avant (bande), (faire) avancer (d'un caractère, etc.) ; **m. from one screen to another (to),** passer d'un écran à l'autre ; **m. in (to), 1.** introduire en mémoire ; **2.** avancer (déplacer vers l'amont) un ordre de fabrication ; **m. out (to), 1.** sortir de la mémoire ; **2.** différer (déplacer vers l'aval) un ordre de fabrication ; **m. past (to),** défiler (devant tête de lecture, etc.) ; **m. through screens (to),** passer d'un écran à l'autre ; **m. to (to),** amener jusqu'à, au niveau de, positionner sur (curseur).

Movement, **1.** déplacement, avancement (papier, carte dans piste, etc.), défilement (bande, etc.) ; **2.** transfert (d'informations) ; **3.** mouvement (opération).

Mover, **1.** déménageur ; **2.** vendeur. Voir BOX MOVER.

MPS (Microprocessor system), système microprocesseur.

MPU (Microprocessor Unit), microprocesseur.

MRP**, 1. (Material Requirements Planning),** calcul des besoins nets (CBN) ; **2. (Manufacturing Resource Planning),** planification des ressources de fabrication ; **3. (Manufacturing Requirements Planning),** planification des besoins en fabrication.

MSB (Most Significant Bit), bit de poids fort.

MSC (Most Significant Character), caractère de poids fort.

MSD (Most Significant Digit), chiffre de poids fort.

MS-DOS, système d'exploitation pour micros 16 bits (de Microsoft Inc.).

MSI (Medium Scale Integration), intégration à moyenne échelle.

MSR (Magnetic Strip Reader), lecteur de badge d'identification.

MT (Magnetic Tape), bande magnétique et par extension, dérouleur de bande magnétique.

MTBE (Mean Time Between Errors), temps moyen entre erreurs.

MTBF (Mean Time Between Failures), moyenne des temps de bon fonctionnement.

MTBM (Mean Time Between Maintenance), durée moyenne entre maintenances.

MTTF (Mean Time To Failure), durée moyenne sans pannes.

MTTR (Mean Time To Repair), durée moyenne de reprise.

Mudding, fait de jouer au Donjon (Mud = Multi-user Dungeon).

Muddle (of cards), bourrage de cartes.

Mult, astérisque.

Multi-, multi- ; **m. address,** à plusieurs adresses ; **m. address instruction,** instruction multiadresse ; **m. address message,** message multidestinataire, multidiffusion ; **m. addressing,** envoi multiple d'un même message à plusieurs destinataires ; **m. bit error,** erreur (portant) sur plusieurs bits ; **m. cast,** multidestinataire ; **m. channel,** multicanal, multivoie ; **m. chip,** multipuce ; **m. computer,** multicalculateur ; **m. computing,** multicalcul ; **m. criterion,** multicritère ; **m. defined symbol,** nom symbolique à définitions multiples ; **m. device subsystem,** sous-ensemble comportant plusieurs périphériques ; **multi-drive (system),** système multiunités ; **m. drop =** ***multipoint*** ; **m. file reel,** bobine multifichier ; **m. file tape,** bande muftifichier ; **m. file volume,** volume multifichier ; **m. font,** multipolice ; **m. font reader,** lecteur multipolice ; **m. function board,** carte multifonction ; **m. function terminal,** terminal multifonction ; **m. jobbing,** traitement multitravail ; **m. layer,** multicouche ; **m. layer board,** carte multicouche ; **m. leaving,** imbrication multiple, transmission imbriquée ; **m. level,** multiniveau ; **m. line controller,** contrôleur multiligne ; **m. lingual,** capable d'utiliser plusieurs langages ; **m. location company,** entreprise à établissements multiples ; **m. media,** multimédia ; **m. node,** multinœud ; **m. part forms, paper, set, stationery,** liasse ; **m. part tag,** étiquette multivolet, à plusieurs volets (détachables) ; **m. pass compiler,** compilateur multipasse ; **m. pass program,** programme nécessitant plusieurs passages ; **m. path(ing),** multi-voie, multichemin ; **m. pen,** multiplume ; **m. pin connector,** connecteur multibroche ; **m.-ply =** ***multipart*** ; **m. point,** multipoint ; **m. point link,** liaison multipoint ; **m. port,** multiaccès, multivoie ; **m. process (to),** travailler en multitraitement ; **m. processing,** multitraitement ; **m. processor,** multicalculateur ; **m. program computer,** ordinateur travaillant en multiprogrammation ; **m. program operation, m. program working,** fonctionnement en multiprogrammation ; **m. programming,** multiprogrammation ; **m. punch (to),** faire des perforations multiples ; **m. punching,** multiperforation ; **m. purpose,** à usages multiples ; **m. purpose computer,** ordinateur universel ; **m. read feeding,** alimentation à lecture réitérée ; **m. reel file,** fichier multibobine ; **m. seat,** multiposte ; **m. server,** multiserveur (architecture) ; **m.-speaker,** multilocuteur ; **m. spindle drive,** unité de disques multipile ; **m. station,** multiposte, multiclavier ; **m. strike (ribbon),** ruban non réutilisable ; **m. tasking (system),** traitement multitâche ; **m. terminal,** multiterminal ; **m. thread(ing),** multifile ; **m. user,** à utilisateurs multiples, multi-utilisateur ; **m. vendor environment,** univers multiconstructeur ; **m. vendor site,** site mixte ; **m.-vendor system,** système constitué d'éléments provenant de fournisseurs différents, système multiconstructeur hétérogène ; **m. viewport,** multifenêtre ; **m. volume file,** fichier multivolume ; **m. way,** multivoie ; **m. way conversion,** multiconversion ; **m. windowing,** multifenêtrage ; **m. word field,** zone comportant plusieurs mots.

Multicast, diffusion multiple.

Multicasting, diffusion multiple.

Multidimensional, multidimensionnel.

Multimedia, multimédia ; **m. computing,** l'informatique multimédia ; **m. touch kiosk**, borne multimédia à écran tactile.

Multiple, multiple ; **m. address,** à plusieurs adresses, multi-adresse ; **m. address message,** message à plusieurs destinataires ; **m. file tape,** bande multifichier ; **m. keyboard system,** système multiclavier ; **m. line printing,** impression multiligne ; **m. part =** ***multipart*** ; **m. precision,** multiprécision ; **m. programming,** multiprogrammation ; **m. punching,** multiperforation ; **m. reel file,** fichier multibobine ; **m. regression,** régression multiple ; **m. shift operation, m. shift working,** travail en plusieurs postes ; **m. station,** multiposte ; **m. system,** ensemble multicalculatbur ; **m. tape lister,** imprimante multibande ; **m. use card,** carte à usages multiples.

Multiplex, multiplex.

Multiplex (to), multiplexer.

Multiplexer (max) = multiplexor.

Multiplexing, multiplexage.

Multiplexor, multiplexeur ; **m. channel,** canal multiplexeur.

Multiplicand, multiplicande.

Multiplication, multiplication.

Multiplier, multiplicateur.

Multiply, multiplication.

Multiply, **m.-defined symbol,** symbole défini plusieurs fois.

Multiply (to), multiplier.

Multiplying, **m. punch,** calculatrice perforatrice.

Multipoint, multipoint.

Multiport(ed), à accès multiples.

Multiprotocol, multiprotocole.

Multisite, multisite, à établissements ou installations multiples.

Multisourcing, à sources (d'approvisionnement) multiples.

Multisync(hronous), multisynchrone.

Multitiered, multiniveau (réseau, etc.).

Multivalued, multivalué.

Multivendor, multiconstructeur.

Multiviewport, multifenêtre.

Mundane, courant, banal (application).

Must, **m.-do operations,** opérations obligatoires ; **m. enter,** (zone à) entrée obligatoire ; **m. fill,** (zone à) remplissage obligatoire.

Mute, document mutilé ; **m. facility,** fonction « déplacement neutre » (déplacement de la plume d'un traceur sans marquage ni modification des paramètres).

Mute (to), mettre en sommeil (terminal, etc.).

Mutilated, détérioré (carte), tronqué (message, information).

Mutilation, détérioration (de l'information).

Mutual, **m. key,** critère commun (de classement).

Mux (Multiplexer), multiplexeur.

Mylar **(Trade-mark of E.I. du Pont de Nemours),** Mylar.

N

N, **N-address code,** code à N adresses; **N-channel MOS, (NMOS),** MOS à canal N; **N-core-per-bit storage, N-core-per-bit store,** mémoire à N tores par bit; **N-dimensional array,** tableau à n dimensions; **N-key rollover,** prise en charge de N touches dans l'ordre de frappe; **n-version programming,** programmation en n versions; **N-way switch** = ***variable connector.***

NACK (Negative Acknowledge), accusé de réception négatif.

Nagware, avis de rappel à payer (un logiciel en participation shareware).

NAK = NACK

Naked, dépouillé, nu, déshabillé; **n. mini** = famille d'ordinateurs de Computer Automation.

Nambler, parieur jouant sur des sites de jeu Internet.

Name, nom, indicatif, identificateur; **n. clash,** conflit entre noms; **n. file,** fichier nominatif; **n.-linked computer data,** données nominatives; **n. table,** table des noms symboliques, des étiquettes.

Name (to), affecter un nom, nommer, « baptiser », citer, désigner.

Named pipe, tube nommé.

Naming, affectation d'un nom, désignation, jarg. nommage.

NAND, **N. element,** élément NON-ET.

Nanosecond, nanoseconde (10^{-9}).

NAP (Network Access Point), point d'accès au réseau.

Narrowcasting, diffusion restreinte.

N-ary, N-aire.

Nascent, naissant, à ses (premiers) balbutiements (marché, industrie, etc.).

Nationwide, à l'échelon national, d'envergure nationale.

National, **n. characters,** caractères tels que : #, $, etc.

Native, **n. mode,** mode naturel.

Natlang, langage naturel.

NatSemi, National Semiconductor.

Natural, **n. language,** langage naturel; **n. sequence,** suite naturelle.

Navigate (to), parcourir, explorer (base de données), naviguer (sur Internet).

Navigation, parcours, exploration (base de données).

NCN (Nixdorf Communication Network), architecture de réseau de Nixdorf.

NCP (Network Control Protocol), protocole de gestion de réseau.

NCR (No Carbon Required) paper, papier autocopiant.

NDRO (Non Destructive Read Out), lecture non destructive.

Near, **n. letter quality** (NLQ), qualité pseudo-courrier.

Nearsupercomputer, minisuper, minisuper-calculateur.

Need-to-know, **need to know (of the user),** nécessité d'accès (de l'utilisateur à un fichier); **n. to k. basis (on a),** en fonction des informations à connaître, sélectivement; **n. to k. list,** liste sélective; **n. to. k. policy,** politique de communication d'informations « modulée ».

Needle, aiguille (de tri, etc.); **n. printer,** imprimante à aiguilles; **n. sort card,** carte à perforations marginales; **n.-sorted,** trié à l'aiguille; **n. sorting,** tri à l'aiguille.

Needle (to), utiliser une aiguille pour sélectionner des cartes.

Negate (to), réaliser une inversion.

Negater, inverseur.

Negation, négation, inversion.

Negative, **n. acknowledgment (NAK),** accusé de réception négatif ; **n. list,** listes des cartes volées, perdues ou trafiquées.

Negentropy, néguentropie.

Neither-nor operation, opération NON-OU.

Nerd, **computer n.,** informaticien enfermé dans ses pensées.

Nest (to), emboîter, imbriquer.

Nestability, gigognarité.

Nestable, emboîtable.

Nested loop, boucle emboîtée ; **n. subroutine,** sous-programme emboîté.

Nesting, emboîtement, imbrication ; **n. loops,** boucles emboîtées ; **n. subroutines,** sous-programmes emboîtés.

Net (to), **1.** relier par (un) réseau. **2.** envoyer par réseau

***Net*,** **1.** (abréviation de Network) réseau ; **2.** (abréviation d'Internet), le Net ; **n. casting,** diffusion sur la toile ; **n. processor,** processeur de réseau.

***Nethead*,** utilisateur accro à Internet.

***Netiquette*,** l'étiquette du Net, le code de bonne conduite du Net.

Netlist, liste d'interconnexions.

Netstation, station de réseau.

***Netspeak*,** jargon d'Internet.

***Netizen*,** internaute.

***Netlag*,** décalage de la transmission sur le Net.

Netting, calcul des besoins nets (fabrication).

Netware, logiciel gestionnaire de réseau (de Novell).

Netwide, au niveau du réseau.

Network, réseau, graphe ; **n. address,** adresse réseau ; **n. administrator,** administrateur de réseau ; **n. analyzer,** analyseur de réseau ; **n. architecture,** architecture de réseau ; **n. board,** carte réseau ; **n. calculator,** analyseur de réseau ; **n. card,** carte réseau ; **n.-centric,** axé sur le réseau ; **n. computer (NC),** ordinateur de réseau ; **n. computing,** informatique en réseau ; **n. control center (NCC),** centre de contrôle de réseau ; **n. control processor,** ordinateur de gestion de réseau ; **n. control protocol (NCP),** protocole de gestion de réseau ; **n. flooding,** envahissement du réseau (grand nombre de petits ou grands messages) ; **n. hotspot,** saturation d'un nœud ; **n. layer,** couche réseau ; **n. management,** gestion de réseau(x) ; **n. management software,** logiciel de gestion de réseau ; **n. manager, 1.** gestionnaire de réseau (personne) ; **2.** gestionnaire de réseau (programme) ; **n. node,** nœud de réseau ; **n. operator,** exploitant de réseau ; **n. processor,** processeur de gestion de réseau ; **n. server,** serveur de réseau ; **n.-specific,** propre à un réseau (procédure, etc.) ; **n. terminal,** terminal de réseau ; **n. topology,** topologie de réseau (anneau, étoile, etc.).

Network (to), (inter)connecter.

***Networkability*,** capacité d'intégration au(x) réseau(x).

Networkable, connectable, intégrable, à un réseau.

Networked station, station de réseau.

Networking, mise en réseau, gestion de réseau(x) ; **n. software,** logiciel de gestion de réseau.

Neural network or net, réseau neuromimétique, réseau neuronal.

Neurocomputer, ordinateur neuronal.

Neurocomputing, l'informatique neuronale, la neuromimétique.

New, nouveau ; **n. account,** nouvelle référence ; **n. computer user,** nouveau venu à l'informatique ; **n. customer,** nouvelle référence ; **n. master file,** nouveau fichier permanent ; **n. page,** page suivante.

***Newbie*,** utilisateur novice.

Newest member, dernier-né (d'une gamme, etc.).

Newline, **n. character,** caractère d'interligne.

***Newsgroup*,** groupe de discussion, forum.

***Newsitem*,** contribution (Internet).

Newsletter, bulletin d'information(s) (techniques).

Next, **n. higher (number),** nombre immédiatement supérieur, nombre supérieur le plus proche ; **n.-to-last page,** avant-dernier feuillet.

Nib, plume.

Nibble, groupe de quatre bits, quartet.

Niche, créneau (d'un marché).

Nine, **n.-edge leading,** alimentation ligne des neuf en tête.

Nines, **n. complement,** complément à neuf.

Ninety, **n.-column card,** carte (de) 90 colonnes.

N-key rollover, prise en compte enchaînée de n touches dans l'ordre de frappe.

NL = newline character.

NLQ (Near-Letter Quality), qualité pseudo-courrier.

NMOS (N-channel MOS), MOS à canal N.

No-, **n.-address instruction,** instruction sans adresse ; **n. charge machine fault time,** temps d'inutilisation imputable à un mauvais fonctionnement de la machine ; **n.-charge non machine fault time,** temps d'inutilisation non imputable à un mauvais fonctionnement de la machine ; **n.-op instruction,** instruction ineffective ; **n.-operation instruction =** ***n.-op instruction*** **; no such device,** appareil inexistant ; **no-wait,** à attente nulle (mémoire) ; **n.-wait state,** sans temps d'attente.

Nodal, **n. processor,** processeur nodal.

Node, nœud (réseau), sommet ; **n. computer,** ordinateur nodal ; **n. processor,** processeur nodal.

No-frills, (version) dépouillée (s'oppose à **Bells and whistles**).

Noise, bruit, parasite ; **n. reducer,** carter d'insonorisation.

Nominal, **n. ledger,** comptabilité générale.

Nomogram = alignment chart.

Non, **n. addressable,** non adressable ; **n.-arithmetic shift =** ***circular shift*** **; n.-automatable,** non automatisable ; **n.-automated,** non automatisé ; **n.-blank,** non vierge, perforé ; **n.-blank character,** caractère autre qu'un blanc ; **n.-breaking,** insécable ; **n.-buffered,** non doté d'un tampon, « non tamponné » ; **n. cached,** sans, n'utilisant pas d'antémémoire ; **n.-computer people,** non-informaticiens ; **n.-computing personnel,** personnel non informaticien ; **n.-concurrent,** non simultané ; **n.-conjunction,** non conjonction, opération « NAND » ; **n.-contiguous,** non consécutif, isolé, disjoint ; **n.-control,** asservi ; **n.-crossbarred,** non commutable ; **n.data information,** informations autres que les données à traiter ; **n.-dedicated,** non spécialisé, non dédié ; **n. deletable,** non supprimable ; **n.-destructive addition,** addition non destructive ; **n.-destructive read, n.-destructive reading, n.-destructive readout,** lecture non destructive ; **n.-disjunction,** opération NI, opération NON-OU ; **n.-DP personnel,** personnel non informaticien ; **n.-edited (data), 1.** (données) avant mise en forme ; **2.** (données) non mises en forme ; **n.-equivalence,** non-équivalence, « OU » exclusif ; **n.-equivalence element,** comparateur d'inégalité, élément « OU » exclusif ; **n.-erasable storage, n.-erasable store,** mémoire non effaçable ; **n.-exchangeable disc,** disque fixe ; **n. fluffy,** non pelucheux (chiffon) ; **n.-full payout lease,** crédit-bail à remboursement partiel ; **n.-glare,** non éblouissant ; **n.-hardware**, immatériel ; **n.-hit condition,** non-correspondance ; **n.-impact printer,** imprimante sans impact ; **n.-interlaced,** non entrelacé ; **n. keyed,** sans détrompeur ; **n.-linear optimization,** optimisation non linéaire ; **n.-linear programming,** programmation non linéaire ; **n.-locking shift character,** caractère sans maintien ; **n.-maskable,** non masquable ; **n.-maskable interrupt (NMI),** interruption non invalidable ; **n.-numeric,** non numérique ; **n.-operational instruction,** instruction ineffective ; **n.-operable,** non en état de fonctionnement ; **n.-oriented graph,** graphe non orienté ; **n.-overridable,** à priorité absolue ; **n. pageable,** non paginable ; **n.-polarized return to zero recording,** enregistrement non polarisé avec retour à zéro ; **n.-print(ing) character,** caractère non imprimable ; **n.-printing calculating machine,** machine à calculer non imprimante ; **n.-procedural,** non procédural (langage) ; **n.-production work,** travail non productif (de mise au point) ; **n.-proprietary,** non spécifique à un constructeur ; **n.-recoverable error,** erreur non réparable ; **n.-removable,** inamovible, fixe ; **n.-repro-**

ducing codes, codes de service non reproduits dans la bande créée ; **n.-resettable,** non effaçable ; **n.-resident,** qui ne réside pas en permanence en mémoire centrale ; **n.-return to reference recording,** enregistrement non-retour à zéro ; **n.-return to zero recording,** enregistrement non-retour à zéro ; **n.-scheduled maintenance time,** temps d'entretien non prévu ; **n. scrollable,** qui ne disparaît pas au haut de l'écran ; **n.-sharable,** non partageable ; **n.-significant zero,** zéro non-significatif ; **n.-simultaneous transmission,** transmission à l'alternat ; **n.-standard,** spécial, personnalisé ; **n.-standard character set,** jeu de caractères spécial ; **n.-standard format file,** fichier non standard ; **n.-stock item,** article non en stock ; **n. stop applications,** applications tournant 24 heures sur 24 ; **n.-stylized,** non stylisé ; **n. swappable,** non éjectable, non évacuable (programme) ; **n.-text message,** message sans texte ; **n.-unique,** en double ; multiple, homonymes (noms) ; **n.-volatile storage, n.-volatile store,** mémoire rémanente ; **n.-zero,** différent de zéro.

Nonsense, **n. total =** ***hash total;*** **n. total check,** contrôle par totalisation.

No-op, opération ineffective.

NOP (No-operation), opération ineffective.

NOR, **NOR element,** élément NON-OU, élément NI, mélangeur-inverseur.

Normal, **n. stage punching,** perforation normale ; **n. zero,** zéro non barré.

Normalization, normalisation.

Normalize (to), normaliser.

NOT, **NOT-AND element,** élément NON ET.

Notarize (to), notariser.

Notarization, notarisation.

Notation, **1.** notation, numération ; **2.** conventions d'écriture.

Notch, encoche (de carte magnétique, etc.) ; **n. coding,** encochage (de cartes à encoches marginales).

Notch (away) (to), encocher (une carte, etc.).

Notebook or notebook computer or notebook-size(d) computer, ordinateur portable format A4, ordinateur bloc-notes (à clavier).

Notepad, tablette électronique, ardoise électronique (à stylet, sans clavier).

NOT-IF-THEN, exclusion.

Nought, **n. state,** état zéro.

Noughts complement = true complement.

Nozzle, buse.

Nucleus (pl. nuclei), noyau (partie résidente du système d'exploitation) ; cœur, pièce maîtresse (d'un système).

Nuisance call, appel malveillant.

Null, nul ; **n. modem,** faux modem ; **n. representation,** caractère nul ; **n. string,** chaîne vide.

Nullification, annulation.

Nullify (to), annuler.

NUM LOCK, (touche de) verrouillage numérique, touche Verr Num.

Number, nombre, numéro, chiffre ; **n. base,** base de numération ; **n. cruncher,** machine à calculer (au sens général) ; ordinateur principal (par opposition à l'ordinateur de gestion de lignes) ; **n. crunching,** calcul ; **n. one,** (le) numéro un ; **n. representation,** représentation des nombres ; **n. sign,** signe #, dièse, le « fagot » ; **n. system,** système de numération.

Number (to), numéroter, immatriculer.

Numbering, numérotation, immatriculation ; **n. machine,** numéroteur automatique ; **n. plan,** plan de numérotage (tél.) ; **n. system,** système de numération.

Numeral, **1.** (adj.) numéral ; **2.** (subs.) chiffre ; **n. system,** système de numération.

Numeration, **n. system,** système de numération.

Numeric, numérique ; **n. character,** caractère numérique ; **n. character set,** jeu de caractères numériques ; **n. code,** code numérique ; **n. coding,** codage numérique ; **n. data,** données numériques ; **n.-intensive,** à fort pourcentage de calculs ; **n. (key)pad,** bloc (de touches) numérique (sur clavier), clavier numérique, pavé numérique ; **n. punch,** perforation numérique ; **n. word,** mot numérique.

Numerical, numérique ; **n. analysis,** analyse numérique ; **n. code,** code numérique ; **n. control (NC),** commande numérique

(CN) ; **n. control tape,** bande-pilote de commande de machine-outil ; **n. data,** données numériques ; **n. information,** informations numériques ; **n. machine,** machine numérique ; **n. methods engineer,** numéricien ; **n. sorting,** tri numérique ; **n. tape** = ***numerical control tape.***

Numerically, numériquement ; **n. controlled machine-tool,** machine-outil à commande numérique (MOCN) ; **n.-intensive** = ***numeric-intensive***.

Numerics, chiffres, caractères numériques.

N-version programming, programmation en n versions.

N/W (Network), réseau.

Nybble = ***nibble.***

O

OA (Office Automation), (la) bureautique.

Object, **o. code,** code résultant, séquence résultante ; **o. computer,** ordinateur d'exécution, d'exploitation ; machine cible ; **o. configuration,** configuration de l'ordinateur d'exécution ; **o. deck,** paquet de cartes objet ; **o. file,** fichier d'exécution ; **o. language,** langage objet ; **o. library,** bibliothèque des programmes résultante ; **o. machine,** machine d'exécution ; **o. module, 1.** module objet ; **2.** module résultant ; **o. (-oriented),** orienté objet(s) ; **o.-oriented language (OOL),** langage orienté objet(s) ; **o.-oriented programming (OOP),** programmation par objets, programmation orientée objets (POO) ; **o. program,** programme objet, programme exécutable, programme résultant ; **o. routine =** ***o. program*** **; o. store,** fédération de bases de données, fichiers, bases de règles, etc. ; **o. technology**, la technologie objet ; **o. time,** moment de l'exécution (d'un programme) ; **o.-time (work) file =** ***object file.***

Objective, **o. function,** fonction économique.

Oblique, **o. stroke,** signe « / », barre oblique.

Occupancy, occupation, encombrement (en mémoire).

Occur (to), se produire ; **the following occurs,** les opérations suivantes se déroulent.

Occurrence, apparition (d'une donnée), présence, occurrence (ling).

OCL (Operation Control Language), langage de contrôle des opérations (LCO).

OCR (Optical Character Recognition), reconnaissance optique des caractères (ROC) ; **OCR machine,** lecteur optique.

Octal, octal ; **o. digit,** chiffre octal ; **o. dump,** vidage (en) octal ; **o. notation,** notation octale ; **o. number system,** système de numération octal.

Octal, octal ; **o. dump,** vidage (en) octal.

Octally, en octal.

Octet, octet.

Octothorpe, signe #.

Octree, arbre à huit descendants (CAO).

Odd, impair ; **o.-even (parity) check,** contrôle de parité ; **o.-ones parity,** imparité ; **o. parity,** imparité ; **o.-parity bit,** clé, bit d'imparité ; **o.-(parity) check,** contrôle d'imparité.

OEM (Original Equipment Manufacturer), **1.** Grand constructeur apposant son étiquette (sa marque) sur un produit (principalement les périphériques) qu'il ne fabrique pas lui-même ; **2.** (sens dérivé du précédent) Constructeur OEM, appelé couramment « OEM », s'interposant entre un constructeur et l'utilisateur final et réalisant des systèmes ; les OEM achètent en grandes quantités et bénéficient de remises avantageuses ; (manufacturer → OEM → end user) ; **OEM customer or user,** utilisateur final (achetant à un OEM) ; **OEM equipment,** matériel vendu par un constructeur (d'ordinateurs) à un constructeur de systèmes (OEM) ; **OEM market,** le marché des constructeurs OEM.

OEM (to), vendre en OEM, vendre directement à un autre constructeur.

Off, éteint (voyant) ; à « 0 » (bit), désactivé.

Off-bit, bit à « 0 ».

Off-board, hors carte.

Off-chip, hors puce.

Off-hook, décroché (combiné téléphonique).

Off-hook (to), décrocher (combiné).

Office, bureau ; **o. automater,** bureauticien ; **o. automation (OA), o. a. business,** la bureautique ; **o. a. buff,** mordu de la bureautique ; **o. a. expert,** bureauticien ; **o. a. mar-**

ket, le marché de la bureautique; **o. a. products,** les produits bureautiques; **o. automation software,** logiciel de bureautique; **o.-based applications,** applications de bureautique; **o. computer,** ordinateur de bureau, petit ordinateur; **o. copying equipment,** matériel de reproduction; **o. data processing,** (la) bureautique; **o. equipment,** matériel de bureau; **o. information system,** système de bureautique, de télématique professionnelle; **o. machinery,** machines, matériel de bureau; **o. market,** la bureautique; **o. of the future (OOF),** bureau du futur, de l'avenir, de demain; **o. (-oriented) systems,** systèmes de bureautique, la bureautique; **office systems application, equipment,** application, matériel, de bureautique; **o. technology,** la bureautique.

Offices, bureaux, représentations (dans le monde par ex.).

Off(-)line, hors ligne, non connecté, autonome, indépendant, en différé; **o.-line equipment,** matériel périphérique autonome; **o.-line operation** = ***o.-line working*****;** **o.-line processing,** traitement en différé; **o.-line working,** exploitation en autonome.

Offline (to), transférer en différé.

Off-peak, en dehors des heures de pointe, pendant les heures creuses.

Off-punch, perforation décadrée.

Off-register, off-registration, décadrage.

Offshift, en dehors des périodes d'exploitation.

Offsite, hors place; hors du lieu d'installation.

Off-the-peg, disponible immédiatement.

Off-the-rack, disponible immédiatement.

Off-the-shelf, disponible immédiatement, et par extension : en stock, du commerce et souvent standard.

Offload (to), décharger, alléger la charge de.

Offloading, déchargement, transfert.

Offset, décalage, déplacement; **o. stacker,** récepteur de cartes à décalage.

OK punch, perforation de validation.

OK (to), donner le feu vert.

Old, **o. master file,** ancien fichier permanent.

OLRT (On-Line Real Time), (système) temps réel en ligne.

OM = Organization & Methods**;** **OM man,** organisateur, gestionnaire.

OMR (Optical Mark Reading), lecture optique de marques.

Omnifont, qui peut lire toutes les polices de caractères, multipolice.

Omnilink, réseau local de Northern Telecom.

Omninet, réseau local de Corvus Systems.

On, allumé (voyant); à «1» (bit), activé; **to be on (the system, network, etc.),** être connecté au, branché au/sur le, système, le réseau, etc.

On-bit, bit à «1».

On-board, **o. b. computer,** calculateur embarqué; **o. b. diagnostics,** diagnostics internes.

On-call, maintenance, maintenance sur appel.

On-chip, sur puce.

On-condition maintenance, maintenance selon l'état.

On-demand, à la demande.

On-going, permanent (dialogue), au fil de l'eau.

On-hook, raccroché (combiné).

On(-)line, en ligne, en direct, connecté à l'ordinateur et par ext. interactif, en mode interactif; **o.-l. database,** base de données en ligne; **o.-l. debugging,** mise au point en ligne, en direct; **o.-l. operation** = ***o.-l. working*****;** **o.-l. processing,** traitement «en direct» avec l'ordinateur; **o. l. information service,** serveur; **o.-l. working,** exploitation en ligne.

On-premises, sur place.

On-screen, sur écran; **o.-s. command keys,** touches affichées sur l'écran, «piano».

On-site, **o.-s. computer,** ordinateur local (installé chez l'utilisateur); **o. s. maintenance,** maintenance sur site.

On-the-fly, à la volée; **o.-the-f. printer,** imprimante à la volée; **o.-the-f. printing,** impression à la volée.

On-the-job, **o.-the-j. training (OJT),** formation sur le tas.

ONE (Olivetti Network Environment), architecture de réseau d'Olivetti.

One, un, (l')unité; **o.-address,** à une adresse; **o.-address instruction,** instruction à une adresse ; **o.-ahead addressing,** adressage à progression automatique ; **o. chip computer, o. chipper,** ordinateur monopuce ; **o.-condition,** état «un» ; **o.-computer,** mono-ordinateur ; **o.-core-per-bit store,** mémoire à un tore par bit ; **o.-digit adder,** demi-additionneur ; **o.-digit subtracter,** demi-soustracteur ; **o. dimensional,** unidimensionnel, à une dimension ; **o.-disc,** monodisque (configuration) ; **o.-for-o. assembler =** ***o.-to-o. assembler*** **; o.-level address =** ***direct address*** **; o. handed keyboard,** clavier «une main» ; **o.-level code,** langage machine ; **o.-level subroutine,** sous-programme fermé ; **o. line display,** écran «une ligne» ; **o. liner,** programmeur écrivant des programmes concis ; **o. off, o.-of-a-kind (problem, etc.),** isolé, unique ; **o. off list price,** prix catalogue à l'unité ; **o. pass compiler,** compilateur à un passage, compilateur monopasse ; **o. purpose,** spécialisé ; **o.-shot circuit,** bascule monostable ; **o.-shot flip-flop,** bascule monostable ; **o.-shot operation,** fonctionnement pas à pas ; **o.-shot (problem),** (problème) non répétitif, isolé, unique ; **o.-sided diskette,** disquette simple face ; **o.-state,** état «un» ; **o.-stop access,** point de contact unique ; **o. stop service organization,** société de maintenance (tierce) assurant la maintenance d'une installation hétérogène ; **o. stop shopping, 1.** approvisionnement à une source unique, chez un seul fournisseur ; le «tout sous un toit» (distribution) ; **2.** le guichet unique (possibilité de s'adresser à interlocuteur unique, notamment pour une implantation multinationale dans le cadre européen) ; **o. time,** non répétitive (tâche), fixes (frais) ; **o.-time carbon,** carbone à frappe unique ; **o.-time job,** travail unique ; **o.-to-many assembly language,** assembleur créant plusieurs instructions machine à partir d'une macro-instruction ; **o.-to-many marketing,** marketing large (de masse) tendant à augmenter le nombre de clients ; **o.-to-o. assembler =** ***o.-to-o. translator*** **; o.-to-o. correspondence,** correspondance bi-univoque ; **o.-to-o. marketing,** marketing personnalisé (cherchant à bien cibler la clientèle) ; **o.-to-o. translator,** traducteur ligne à ligne ; **o.-way,** unidirectionnel.

Ones, **o. complement,** complément à 1.

Onion, **o. skin architecture,** architecture en pelure d'oignon.

OO (Object-Oriented), orienté objets.

OOL (Object-Oriented Language), langage orienté objets.

OOP (Object-Oriented Programming), programmation orientée objets (POO).

OOPS (Object-Oriented Programming System), système de programmation orienté objets.

Op amp (Operational amplifier), amplificateur opérationnel.

Op code (Operation code), code opération.

Open, ouvert (fichier, etc.), extensible (système, etc.) ; **o. architecture,** architecture ouverte ; **o. day,** journée «portes ouvertes» ; **o.-ended,** qui peut évoluer, évolutif, extensible, «ouvert» (système, etc.) ; **o. endedness,** extensibilité, possibilité d'évolution ; **o. house =** ***open day*** **; o. loop,** boucle ouverte ; **o. loop control,** commande en boucle ouverte ; **o. plan office,** bureau paysager ; **o. reel,** bande, demi-pouce en bobine ; **o. routine,** programme ouvert ; **o. shop operation,** exploitation «salle ouverte», en libre service ; **o. skies policy,** politique de la FCC définie en 1972 ; **o. slot,** emplacement libre ; **o. subroutine,** sous-programme ouvert ; **O. Systems' Architecture (OSA),** architecture de systèmes ouverts ; **O. Systems Interconnection (OSI),** interconnexion de systèmes ouverts ; **O. WORLD**, réseau PLANÉTAIRE (Northern Telecom).

Open (to), ouvrir (un fichier).

Openness, possibilité d'évolution, évolutivité, ouverture.

Opening, **o. menu,** menu d'accueil ; **o. screen**, écran d'accueil.

Operable, utilisable, exploitable.

Operand, opérande (mot masc.).

Operate (to), fonctionner, exploiter ; **o. on, upon (to),** exploiter (des données), prendre en charge (instruction), traiter (signal).

Operating, **o. costs,** frais d'exploitation ; **o. environment, 1.** contexte d'exploitation déroulement (d'un programme, etc.) ; **2.** ambiance de fonctionnement (température, humidité relative, etc.) ; **o. instructions,** consignes d'exploitation ; **o. lease =** ***non full payout lease*** **; o. parameters,** paramètres d'exploitation ; **o. personnel,** personnel d'exploitation ; **o. power,** consommation au repos ; **o. ratio,** taux de disponibilité ; **o. register,** registre de manœuvre ; **o. software,** logiciel d'exploitation ; **o. staff,** personnel d'exploitation ; **o. system (OS),** système d'exploitation (SE) ; **o. tape,** bande d'exploitation ; **o. time,** temps d'exécution (d'une instruction) ; **o. unit,** unité de traitement.

Operation, **1.** opération ; **2.** fonctionnement, exploitation, exécution, déroulement ; **3.** unité (de fabrication, de production, etc.) ; **4.** manœuvre ; **o. code, (op code),** code opération ; **o. code field,** zone du code opération (d'une instruction) ; **o. control language (OCL),** langage de contrôle des opérations (LCO) ; **o. decoder,** décodeur d'instruction ; **o. part,** partie code opération (d'une instruction) ; **o. register,** registre d'opération ; **o. time,** temps d'exécution.

Operations, **1.** opérations, activités, exploitation ; **2.** (par ext.) unité de production ; **3.** le service d'exploitation ; **4.** manœuvres ; **o. analysis = o. *research* ; o. manager,** chef d'exploitation ; **o. records,** archives d'exploitation ; **o. research (OR)**, recherche opérationnelle (RO) ; **o. researcher,** chercheur opérationnel ; **o. staff,** personnel d'exploitation ; **o. supervisor = *o. manager.***

Operational, opérationnel ; **o. amplifier (op amp),** amplificateur, ampli, opérationnel ; **o. environment,** cadre d'utilisation, d'exploitation (d'un programme, etc.) ; **o. flexibility,** souplesse d'utilisation ; **o. instruction,** instruction opératoire ; **o. program,** programme exécutable (au point) ; **o. research,** recherche opérationnelle ; **o. researcher,** chercheur opérationnel.

Operator, **1.** opérateur, opératrice, caissière ; **2.** opérateur de calcul ; **o. action,** intervention de l'opérateur ; **o.-attended,** qui passe par un opérateur ou une opératrice ; **o. console,** pupitre de l'opérateur ; **o. control language (OCL),** langage de contrôle opérateur ; **o. control panel,** tableau de commande de l'opérateur ; **o. friendly,** convivial (conçu pour faciliter la tâche de l'opérateur) ; **o.-initiated interrupt,** interruption (de programme) provoquée par l'opérateur ; **o.-oriented terminal,** terminal spécialisé ; **o.-originated message,** message émis par l'opérateur.

OPM (Operations Per Minute), opérations/minute.

OPS **1. (Operations Per Second),** opérations par seconde ; **2.** opérations ; **OPS manager = *operations manager.***

Optical, optique ; **o. card,** carte à mémoire optique ; **o. character reader (OCR),** lecteur optique de caractères ; **o. character recognition (OCR),** reconnaissance optique de caractères (ROC) ; **o. computer,** ordinateur optique ; **o. computing,** l'informatique optique ; **o. digital disk,** disque optique numérique (DON) ; **o. disk,** disque optique ; **o. (disk) drive,** unité de disque optique ; **o. fiber,** fibre optique ; **o. input automation,** automatisation par lecture optique ; **o. link,** liaison optique ; **o. mark reader (OMR),** lecteur optique de marques ; **o. memory,** mémoire optique ; **o. mouse,** souris optique ; **o. reader,** lecteur optique ; **o. scanner,** lecteur optique ; **o. scanning,** lecture optique ; **o. storage,** mémoire optique ; **o. wand,** crayon-lecteur optique.

Optically, optiquement ; **o.-coupled,** à couplage optique.

Optimation = optical input automation.

Optimization, optimisation.

Optimize (to), optimiser, optimaliser.

Optimizer, optimiseur.

Optimizing, optimisation ; **o. compiler,** compilateur optimiseur.

Optimum, **o. coding = *minimum delay coding* ; o. programming = *minimum delay coding* ; o. replacement unit (ORU),** unité de remplacement optimale.

Option, option ; **o. mix,** ensemble d'options ; **o. slot,** emplacement libre pour carte supplémentaire ; **o. switch, 1.** interrupteur ou cavalier d'option ; **2.** paramètre de sélection.

Optional, facultatif, disponible en, sur, option ; **o. features,** options.

Optionally, sur option.

Optoelectronics, l'optoélectronique.

OR = Operations Research; **OR specialist**, chercheur opérationnel.

OR, **o. circuit,** circuit OU, mélangeur ; **o. element,** élément OU, mélangeur ; **o. else operation,** OU exclusif ; **o. gate,** mélangeur, circuit OU ; **o. operator,** OU inclusif.

Or (to), faire une réunion logique, combiner par une porte OU ; **or into (to),** introduire par réunion logique.

Order, **1.** commande (commerciale), ordre (de fabrication, etc.) ; **2.** instruction ; **3.** rang, poids ; **o. code,** code opération ; **o. entry,** saisie, prise, enregistrement, de commandes ; **o. entry clerk,** agent de saisie ; **o. handling,** traitement des commandes ; **o. of appearance,** ordre d'apparition ; **o. of precedence,** ordre de priorité ; **o. point,** seuil de réapprovisionnement (gestion des stocks) ; **o. taking,** prise de commandes.

Order (to), **1.** commander (des marchandises, etc.) ; **2.** ordonner, trier, mettre en ordre, en séquence, classer, ranger.

Ordered, **o. sequence or set (of data),** suite ordonnée de données.

Ordering, classement ; **o. by merging,** rangement par interclassement ; **o. field,** zone d'indicatif (de tri) ; **o. information,** modalités de commande.

Orderless, **o. sequence,** suite non ordonnée.

Orderly, en ordre, ordonné, normal ; **o. halt,** arrêt programmé ; **o. shutdown** = ***graceful shutdown.***

Ordinate, ordonnée.

Organization, **1.** organisation ; **2.** organisme, entreprise ; **o. chart,** organigramme hiérarchique.

Organizer, **1.** organisateur (de congrès, etc.) ; **2.** (a) tout élément de rangement pouvant se présenter sous diverses formes (ex. diskette organizer) (b) (programme) gestionnaire de bureau (c) organiseur électronique - format calculette (personal or electronic organizer).

-orientated (Brit.) = -oriented.

Oriented, ***o.*** **graph,** graphe orienté.

-oriented, tourné vers, axé sur.
Voir BATCH-ORIENTED, CARD-ORIENTED COMPUTER, CHARACTER-O. MACHINE, DISC-O. COMPUTER, INPUT O., JOB-O., OUTPUT O., PEOPLE-O., PROBLEM-O. LANGUAGE, PROCEDURE-O., LANGUAGE, TAPE-O. COMPUTER, USER-O., WORD-O. MACHINE.

Original, d'origine (pièces, etc.) ; **o. equipment manufacturer (OEM),** constructeur de matériel, constructeur OEM ; **o. equipment manufacturer (OEM),** constructeur de matériel.
Voir OEM.

Originate (to), émettre, créer.

Originate, **o. mode,** mode émission.

Originating, émetteur, émettrice (d'information) ; **o. department,** service émetteur ; **o. point,** point d'émission, de naissance, de l'information ; **o. tape,** bande émettrice ; **o. terminal,** terminal émetteur.

Origination, création, émission (d'une information) ; **o. node,** nœud émetteur.

Originator, émetteur, créateur (d'une information), auteur, demandeur (appel).

ORing, réunion logique.

Orphan, ligne creuse (en bas de page).

ORU (Optimum Replacement Unit), unité de remplacement optimale.

OS (Operating System), système d'exploitation.

OSA (Open Systems Architecture), architecture de systèmes ouverts.

OSI (Open Systems Interconnection), interconnexion de systèmes ouverts.

Otherware, ce qui est nécessaire au fonctionnement d'un système informatique, en dehors du matériel et du logiciel, notamment le personnel.

OUT, sortie.

Outage, panne (électrique).

OUT-basket, corbeille départ.

Outboard, externe (disque, etc.).

Outbound, à destination de l'extérieur, (dans le sens ordinateur → terminaux ou ordinateur central → ordinateurs satellites).

OUT-box, corbeille « départ ».

OUT-connector, connecteur (de) sortie.

Outdent, retrait négatif.

Outdent (to), sortir (texte).

Outfeed, côté sortie (après impression) ; **o. tractor,** entraîneur à picots côté sortie.

Outfile, fichier de sortie avant impression.

Outgoing, de départ, de sortie, sortant ; **o. traffic,** trafic en émission.

Outgrow (to), dépasser les possibilités (du système, la capacité de la mémoire, etc.).

Out-house = out-plant.

Outlet.
Voir CONVENIENCE OUTLET.

Outline font, police vectorielle.

Outliers, valeurs hors norme.

Outliner, gestionnaire d'idées.
Voir FRAMEWORK.

Out-of-, **o.-of-alignment,** désaligné, décadré ; **o.-of-form condition,** fin de papier ; **o. of house (computer, etc.),** (ordinateur, etc.), externe, extérieur ; **o.-of-line coding,** séquence en dehors du programme principal ; **o.-of-order, 1.** en panne, en dérangement ; **2.** déclassé (carte, etc.) ; **o.-of-paper arm,** palpeur de fin de papier ; **o.-of-place, o.-of-sequence,** déclassé ; **o.-of-service time,** temps d'indisponibilité ; **o. of stock condition or situation,** rupture de stock ; **o. of stock cost,** coût de pénurie ; **o.-of-stock item,** article en rupture de stock ; **o.-of-tape sensor,** détecteur de fin de bande ; **o.-of-the box experience**, découverte d'un produit (à l'ouverture du colis).

Outpace (to), prendre de vitesse, aller plus vite que.

Outperform (to), offrir des performances supérieures, surclasser, surpasser.

Out-plant, extérieur.

Outpulsing, émission d'impulsions.

Output, **1.** sortie, extraction, restitution ; **2.** résultats (d'un traitement, d'une interrogation, etc.) ; **o. area, o. block,** zone de sortie ; **o.-bound,** limité par la vitesse des périphériques en sortie ; **o. card,** carte sortie, carte résultat ; **o. card deck,** paquet de cartes résultats ; **o. data,** résultats (d'un traitement) ; **o. deck,** paquet de cartes résultats (en sortie) ; **o. device,** unité périphérique (de) sortie ; **o. document,** état imprimé ; **o. drive,** unité de sortie ; **o. editing,** mise en forme, « édition » des résultats (avant sortie) ; **o. equipment,** matériel périphérique de sortie ; **o. file,** fichier sortie, fichier résultant, fichier en écriture ; **o. form,** papier en continu (après impression) ; **o. header label,** label début de bande sortie ; **o. hopper,** case de réception ; **o.-limited = *o.-bound* ; o. listing,** listage, liste imprimée, « listing » ; **o. magazine,** magasin de réception ; **o. medium,** support de sortie ; **o. message,** message sortie (par ex. destiné à l'opérateur) ; **o.-oriented,** conçu en fonction de la sortie ; **o. pocket,** case de réception ; **o. printer,** imprimante (servant de périphérique de sortie à un ordinateur) ; **o. program,** (sous)-programme d'extraction ; **o. punch,** perforateur de bande ; **o. report,** état imprimé ; **o. routine = *o. program* ; o. section = *o. area* ; o. speed,** vitesse d'impression, de perforation, etc. ; **o. spool,** bobine réceptrice ; **o. stacker,** case de réception ; **o. stream,** suite de données, de résultats (en sortie) ; **o. table,** table traçante, traceur de courbes ; **o. tape, 1.** bande sortie, bande en écriture ; **2.** bande réceptrice (en duplication) ; **o. tractor,** entraîneur à picots supérieur (sur imprimante) ; **o. trailer label,** label fin de bande sortie ; **o. typewriter,** machine à écrire réceptrice ; **o. unit,** unité, périphérique de sortie ; **o. writer,** éditeur de sortie, programme de sortie.

Output (to), sortir (des informations, etc.), délivrer (impulsion).

Outsell (to), (se) vendre plus (que qq'un ou qqch d'autre).

Outside, **o. world,** le monde extérieur, l'extérieur.

Outsort (to), extraire par tri.

Outsource (to), externaliser.

Outsourcing, externalisation.

Outstation, poste terminal.

Outstrip (to), surpasser, être supérieur à.

OUT tape, bande sortie.

OUT tray, corbeille départ.

OV = Overflow.

Overall, **o. block diagram,** organigramme général.

Overbar, barre (ex. $\bar{A}$).

Overboard, carte d'extension.

Overclocker, bidouilleur qui gonfle un PC en bidouillant la carte mère.

Overclocking, fait de pousser un processeur au-delà de sa fréquence nominale.

Over-equip (to), (se) suréquiper.

Overflow, dépassement de capacité, débordement ; fin de page ; **o. area,** zone de débordement ; **o. indicator,** indicateur de dépassement de capacité ; **o. record,** article en débordement ; **o. skip(ping),** saut au haut du feuillet suivant.

Overflow (to), déborder.

Overhead, temps système ; **o. channel,** canal de service ; **o. character,** caractère de service ; **o. operation,** opération de servitude ; **o. projector,** rétroprojecteur ; **o. transparency,** transparent.

Overkill, surpuissance.

Overkill (to), utiliser un moyen disproportionné par rapport à l'objectif visé.

Overlap = overlapping.

Overlap (to), recouvrir, chevaucher.

Overlapping, chevauchement de deux opérations, simultanéité d'exécution.

Overlay, **1.** segment de recouvrement ; **2.** cache (de clavier) ; **o. tape,** bande portant les segments de recouvrement.

Overlay (to), recouvrir ; jarg. « écraser ».

Overlayable, recouvrable.

Overlaying, jarg. « écrasement ».

Overline, ligne de séparation supérieure.

Overline (to), tracer une ligne de séparation supérieure.

Overload (to), surcharger.

Overprint (to), **1.** surimprimer ; imprimer deux caractères différents dans la même position, par ex. 0 et /, ce qui donne un zéro barré Ø ; **2.** imprimer deux fois le même caractère dans la même position, d'où imprimer en gras.

Overprinting, **1.** surimpression ; impression de deux caractères différents dans la même position, par ex. 0 et /, ce qui donne un zéro barré Ø ; **2.** impression en gras (deux fois le même caractère dans la même position).

Overpunch, perforation hors texte.

Overpunch (to), perforer en hors-texte, superposer une perforation (hors-texte).

Overpunching, perforation hors-texte.

Overrange, dépassement de capacité.

Overridable, non prioritaire.

Override, **o. switch,** interrupteur de dérogation.

Override (to), avoir la priorité sur, annuler l'effet de, se substituer à.

Overriding, privilégié, prioritaire.

Overrun, dépassement (de capacité), surcharge, engorgement ; **o. error,** erreur de cadence.

Overscore (to), surligner.

Overscoring, surlignement.

Overshoot, dépassement.

Overshoot (to), dépasser.

Overstock, surstock.

Overstrike = overstriking.

Overstrike (to) = to overprint.

Overstriking = overprinting.

Overtype (to), surfrapper, substituer un caractère à un autre dans la même position.

Overtyping, surfrappe.

Overview, panorama ; **o. course,** cours de présentation (1 journée par exemple).

Overwrite (to), superposer une écriture, recouvrir, jarg. « écraser » (des informations périmées, etc.).

Overwriting, superposition d'écriture, recouvrement, écrasement.

Own code, séquence (écrite par l')utilisateur.

Own coding = own code.

Own-design(ed), de sa (propre) conception ; personnelles (options), « maison », propres à l'entreprise.

Owner, propriétaire, possesseur ; **o. record,** article principal.

P

PA (Paper Advance), entraînement de papier.

P-channel MOS (PMOS), MOS à canal P.

P-counter, compteur d'instruction, compteur P.

P-code, pseudo-code, code Pascal.

P-operation, opération P.

P-sequence, séquence des instructions.

P-stack = push-pop stack.

PABX (Private Automatic Branch Exchange), autocommutateur privé (raccordé au réseau).

Pac, (mini) bibliothèque de programmes.

Pace, rythme ; **put through one's paces,** mettre à l'épreuve, tester (système).

Pacing, régulation (trafic).

Pack, **1.** paquet de cartes, chargeur (disque), liasse (papier en continu) ; **2. =** ***package.***

Pack (to), comprimer, condenser, tasser (des données).

Package, **1.** bloc, boîtier, module, documentation, lot, ensemble, présentation, dossier ; **2.** progiciel ; **p. maker,** réalisateur de progiciel(s) ; **3.** ensemble matériel/logiciel ; **4.** ensemble de services, de prestations, solution complète, solution globale, offre globale.

Package (to), **1.** mettre sous, en, boîtier (CI), conditionner ; **2.** «ficeler», emballer (information).

Packaged, complet, prêt à l'emploi, prêt à installer ; **p. software,** logiciel prêt à l'emploi.

Packaging, **1.** conditionnement, mise en boîtier ; **2.** présentation ; **p. density,** densité d'enregistrement.

Packed, **p. decimal,** décimal condensé ; **in p. form, in p. format,** en condensé ; **p. software,** progiciel standard.

Packet, paquet, groupe de bits ; **p. assembly/disassembly (PAD),** assemblage/désassemblage de paquets ; **p. switch,** commutateur de paquets ; **p. switched net(work),** réseau de commutation de paquets ; **p. switching (network) (PSN),** (réseau de) commutation de paquets.

Packetization, groupage par paquets.

Packetize (to), mettre en paquets.

Packetnet, programme DEC d'interconnexion entre réseaux ou systèmes DEC isolés et réseaux nationaux de commutation par paquets.

Packing, tassement (de données) ; **p. density**, densité d'enregistrement, d'implantation, de stockage ; **p. list**, liste de colisage.

Pad, bloc (de papier, de touches, etc.) ; plot (de boîtier de CI), miniclavier (numérique) : **21-pad keyboard,** clavier de 21 touches.

Pad (to), **pad (out) (to),** remplir, compléter (positions inutilisées).

PAD **1. (Packet assembler/disassembler),** assembleur/désassembleur de paquets ; **2. (Packet assembly/disassembly),** assemblage/désassemblage de paquets.

Padding, remplissage (de positions inutilisées), bourrage ; **p. character or byte,** caractère, octet, de remplissage.

Paddle, manette (de jeu).

Padlock symbol, symbole (d'un) cadenas.

Page, **1.** page, bloc (découpage logique de disques) ; **2.** feuillet (de papier en continu, sur imprimante) ; **3.** appel message (radiomessagerie) ; **p.-at-a-time printer =** ***p. printer*** **;** **p. boundary,** limite, frontière, de page ; **p. break,** changement de feuillet ; **p. change,** changement de feuillet ; **p. change hole,** perforation de changement de feuillet ; **p. depth,** hauteur de page ; **p. description language (PDL),** langage de description de page

(LDP); **p. directory,** index de pages; **p. ejection,** saut de feuillet; **p. fault,** besoin de page; **p. footing line,** ligne de bas de page; **p. frame,** cadre de page; **PAGE DOWN KEY,** touche de défilement (de page-écran) vers le bas; **p. header,** en-tête de page; **p. length,** hauteur de feuillet, nombre de lignes/page; **p. migration,** transfert de pages; **p. perforated,** délimité transversalement (moletage séparant les feuillets d'un papier en continu); **p. printer, 1.** imprimante par page; **2.** téléimprimeur; **p. reader,** lecteur de pages; **p. select,** sélection de page; **p. skip** = ***paper throw*** **; p. slot** = ***page frame*** **; p. swapping (process),** échange de pages; **p. teleprinter,** téléimprimeur par page; **p. throw,** changement de page, de feuillet; **p. turning,** changement de page (transfert d'une page de mémoire auxiliaire à mémoire centrale); **PAGE UP KEY,** touche de défilement (de page-écran) vers le haut.

Page (to), **1.** paginer; **2.** appeler (par message en radiomessagerie); **p. backward, forward (to),** feuilleter en arrière, en avant; **p. in (to),** charger une page; **p. out (to),** évacuer une page; **p. through (to),** feuilleter, parcourir; **p. to (to),** accéder à.

Pageable, paginable.

Paged, **p. program,** programme organisé en pages; **p. party,** personne recherchée.

Page-in, chargement de page.

Pager, messager de poche, messageur.

Page-out, renvoi de page.

Paginate (to), paginer.

Paging, **1.** pagination; **2.** recherche de personnes; **p. device, 1.** dispositif de recherche de personnes; **2.** unité de mémoire à accès direct; **p. rate,** cadence de pagination; **p. receiver,** récepteur de poche; **p. system,** système de recherche de personnes, de téléappel.

Paint, **p. system,** palette électronique.

Paint (to), colorier (zone de l'écran); **p. (a design, etc.) into a corner (to),** se trouver bloqué.

Painting, coloriage.

Pak = pack.

PAL (Programmable Array Logic), puces programmables par fusibles.

Palmpad, terminal de saisie à écran tactile.

Palmtop = palmtop computer.

Palmtop computer, ordinateur (portable) format calculette.

Palm rest, repose-paume (sur clavier).

Pan (to), faire un panoramique, panoramiquer.

Pane, sous-fenêtre.

Panel, **1.** panneau; **2.** tableau, panneau (de commande, etc.); **3.** zone de l'écran, masque, grille; encadré (dans un texte); **d. entry panel,** masque de saisie; **p. printer,** imprimante encastrée.

Panic button, touche d'aide (demande d'assistance de la part de l'opérateur).

Panning, panoramique (subs.).

Pantone Matching System (PMS), nuancier Pantone.

Paper, **1.** papier; **2.** communication (à un congrès); **p. advance mechanism,** mécanisme d'entraînement de papier; **p. and pencil,** la méthode manuelle; **p. bin,** plateau d'alimentation de papier; **p. catcher,** récepteur de papier; **p. chute,** toboggan à papier; **p. control tape,** bande pilote; **p. cutter,** massicot; **p. drill,** perforeuse, perforateur; **p. drilling machine** = ***p. drill*** **; p. feed,** entraînement, alimentation du papier; **p. feed control,** commande d'avancement de papier; **p. feed mechanism,** mécanisme d'entraînement de papier, «mouvement» de papier; **p. handling equipment,** matériel de façonnage; **p. hold-down plate,** volet presse-papier; **p. input basket,** plateau d'alimentation du papier; **p. jam,** bourrage (de papier); **p. jogger,** taqueuse; **p.-low condition,** approche de fin de papier; **p.-low sensor,** détecteur d'approche de fin de papier; **p. motion speed,** vitesse de défilement du papier; **p.-out arm,** palpeur de fin de papier; **p. out bail,** dispositif presse-papier; **p.-out condition,** fin de papier; **p. peripherals,** lecteurs et perforateurs de bande; **p. puller,** extracteur de papier; **p. shelf,** tablette à papier; **p. shredder,** destructeur de documents; **p. shredding machine** = ***p. shredder*** **; p. size,** format du papier; **p. skipping rate,** vitesse de saut; **p. slew(ing),** saut de papier; **p. speed,** vitesse de défilement du papier; **p. stacker,** récepteur de papier;

p. tape, bande (de) papier, bande perforée; **p. tape code,** code de bande perforée; **p. tape file,** fichier sur bande perforée; **p. tape loop,** bande pilote; **p. tape perforator,** perforateur de bande; **p. tape punch,** perforateur de bande; **p. tape reader,** lecteur de bande perforée; **p. tape splicer,** colleuse de bande perforée; **p. tape spooler,** bobineuse de bande perforée; **p. tape strip,** bande de papier; **p. tape-to-card converter,** convertisseur bande perforée/carte perforée; **p. tape verifier,** vérificatrice de bande perforée; **p. tape winder,** bobineuse de bande perforée; **p. throw,** saut de papier; **p. throw character,** caractère de saut de papier; **p. track,** chemin de papier; **p. tractor,** entraîneur de papier; **p. tray,** bac à papier; **p. trimmer,** massicot de bureau; **p. weight,** force, grammage (du papier).

Paperless, **p. office,** le bureau sans papier, le bureau automatisé; **p. Society,** la Société sans papier.

Parabolic dish, antenne parabolique.

Parallel, parallèle **p. access,** accès en parallèle; **p. adder,** additionneur parallèle; **p. by-bit-transmission,** transmission en parallèle par bit; **p. columns,** colonnes juxtaposées (TdT); **p. company,** constructeur d'ordinateurs parallèles; **p. computer,** calculateur parallèle; **p. computing**, traitement parallèle; **p. feed,** alimentation ligne à ligne; **p. full adder,** additionneur parallèle; **p. full subtracter,** soustracteur parallèle; **p. half adder,** demi-additionneur parallèle; **p. half subtracter,** demi-soustracteur parallèle; **p. in p. out (PIPO),** entrée et sortie parallèles; **p. input/output (PIO),** entrée et sortie parallèles; **p. in serial out (PISO),** entrée parallèle sortie série; **p. interface,** interface parallèle; **p. operation,** opération en parallèle; **p. poll,** interrogation (en) parallèle; **p. port (P/P),** port parallèle; **p. printer,** imprimante parallèle; **p. processing,** traitement parallèle; **p. running,** exploitation en parallèle (ancien et nouveau systèmes); **p. search memory, p. search storage,** mémoire associative; **p.-serial,** parallèle-série; **p. storage,** enregistrement en parallèle; **p.-to-serial converter,** convertisseur parallèle-série; **p. transfer,** transfert en parallèle; **p. transmission,** transmission en parallèle.

Parallelism, parallélisme.

Parallelization, parallélisation.

Parallelize (to), paralléliser.

Parameter, paramètre; **p. card,** carte paramètre; **p.-driver programming,** programmation par paramètres; **p. passing,** transmission de paramètres; **p. (-value) setting,** fixation, figeage de paramètres; **p. word,** mot paramètre.

Parameterization, paramétrage.

Parameterize (to), paramétrer.

Parameterless, sans paramètres.

Parametric, paramétrique.

Parent, **p. part,** composé (subs.).

Parentheses-free notation = Polish notation.

Parenthesize (to), mettre entre parenthèses.

Parenthetical, (mis) entre parenthèses.

Parity, parité; **p. bit,** bit, clé de parité; **p. check,** contrôle de parité; **p. check bit,** bit, clé de parité; **p. hole,** perforation de parité; **p. protected,** protégé par parité.

Park (to), parquer, ranger (tête de L/E).

Parking, parcage (de têtes de L/E); **p. file,** fichier d'attente.

Parm, paramètre.

Parmlib, fichier de paramètres système.

Parse (to), analyser.

Parser, analyseur syntaxique.

Parsing, analyse syntaxique (du programme source).

Part, partie, pièce; exemplaire (de liasse) : **7-p. set,** liasse de 7 exemplaires; volet : **5-p. tag,** étiquette à 5 volets; **two-p. enquiry,** enquête en deux volets; **p. number 1.** numéro de pièce; **2.** numéro de référence.

Partial, **p. carry,** report partiel.

Partially populated, ne comportant pas la totalité de ses composants (carte).

Partition, « partition »; **p. balancer,** équilibreur de partitions.

Partition (to), découper, subdiviser (une zone), segmenter (un programme).

Partitioned, cloisonné; **p. file,** fichier cloisonné.

Partitioning, découpage en partitions, partitionnement.

Partner with (to), s'associer à.

Parts, pièces ; **p. commonality,** banalisation des pièces ; **p. explosion,** éclatement de nomenclature ; **p. list,** nomenclature ; **p. program,** programme de pièces ; **p. programming,** programmation de pièces.
Voir PARTS.

Party, correspondant ; **p. line,** ligne multipoint, ligne commune, ligne partagée.

PASCAL, (langage) Pascal ; **P.-based compiler,** compilateur Pascal.

Pass, passage (tête d'impression), passage en ou sur machine ; **p. time,** durée (totale) de défilement.

Pass (to), communiquer, (faire) circuler (données), transférer (paramètres, etc.), défiler (bande), fournir (paramètres), subir avec succès (test) ; **p. back control to (to),** redonner la main à, faire un retour d'exécution à ; **p. through a loop (to),** parcourir une boucle.

Passbook, livret, carnet ; **p. printer,** imprimante (de guichet) sur livret ; **p. terminal,** terminal d'impression sur livret.

Passcode, code secret.

Passed, conservé (d'un module à l'autre, etc.), subi avec succès (test).

Passenger, **p. reservation system,** système de réservation de places (d'avion, etc.).

Passing, passation, transfert (paramètres, etc.).

Passive, **p. matrix**, matrice passive.

Passthrough, fonction émulation.

Password, mot de passe ; **p. ageing,** vieillissement du mot de passe ; **p. protect (to),** protéger par mot de passe ; **p. protection,** protection par mot de passe.

Paste (to), coller, par ext. insérer.

Patch, 1. retouche, correction sommaire ; 2. connexion électrique ; 3. carreau ; **p. board,** tableau de connexions ; **p. card,** carte de corrections ; **p. cord,** fiche de connexion ; **p. panel,** tableau de connexions ; **p. plug** = ***p. cord*** ; **p. routine,** sous-programme de correction.

Patch (to), retoucher, corriger sommairement un programme.

Patchable, réalisable par connexions.

Patcher, programme de correction, correcteur.

Patching, 1. correction (de programme) ; 2. brassage.

Patentability, brevetabilité.

Path, branche (d'organigramme), chemin (de la carte), circuit (de l'information), chemin, chemin d'accès (aux données), trajet, parcours, itinéraire d'accès ; **p.-seeking,** optimisé (impression bidirectionnelle).

Path (to), diriger vers ou sur.

Pathname, nom du chemin d'accès.

Pathway, voie d'accès.

Pattern, configuration, modèle, motif, etc. ; **p.-directed,** guidé par filtrage ; **p. match(ing),** concordance avec un modèle ; **p. of holes, p. of punches,** combinaison de perforations ; **p. matching,** filtrage ; **p. of sales,** physionomie des ventes ; **p. recognition (PR),** reconnaissance des formes, des structures ; **p.-sensitive fault,** panne n'apparaissant que pour certaines combinaisons de données.

Patterning, application d'un motif.

Pause (to), faire, marquer, une pause.

PAX (Private Automatic Exchange), autocommutateur privé (non raccordé au réseau public).

Pay, **p. check,** chèque de règlement de salaire ; **p.-out reel,** bobine émettrice, bobine débitrice ; **p.-slip,** bulletin de paie.

Payables = accounts payable.

Pay-as-you-go, au temps passé (tarif de consultation, etc.).

PAYE (Pay As You Earn), retenue à la base, à la source (des impôts).

Payroll, feuille de paie ; **p. clerk,** employé du service paie ; **p. department,** service paie ; **p. journal,** journal de la paie ; **p. master,** fichier permanent paie ; **p. package,** progiciel de paie ; **p. program,** programme de calcul de la paie.

PBX (Private Branch Exchange), autocommutateur privé (raccordé au réseau public).

PC, **1. (Personal Computer),** (a) ordinateur individuel, ordinateur personnel (OP), (b) ordinateur personnel, un PC; **2. (Plug Compatible),** directement connectable; **3. (Printed Circuit),** circuit imprimé (nu); **PC-based,** sur PC, pour PC (outils, etc.); **PC firm,** fabricant de circuits imprimés; **PC-hosted,** installé sur PC.

PCB (Printed Circuit Board), plaquette ou carte de circuit imprimé (nue ou équipée).

PCM, **1. (Plug Compatible Maker or Manufacturer),** constructeur de matériel compatible; **2. (Pulse Code Modulation),** modulation par impulsions codées (MIC).

PCnet, réseau de possesseurs d'ordinateurs individuels.

PCP (Printed Circuit Pack), carte de circuit imprimé équipée.

PDL (Page Description Language), langage de description de page (LDP).

PDN (Public Data Network), réseau public de données.

Peak (adj.), de pointe, maximal; **p. hours,** heures de pointe, heures chargées; **p. speed,** vitesse de pointe; **p. transfer rate,** débit maximal.

Peck (to), frapper (clavier).

Pecker, palpeur.

Pedestal, table (pour imprimante, etc.); **p.-mounted,** monté sur console.

Peek (to), lire, examiner (octet, etc.).

PEEK, instruction PEEK (Basic).

Peek-a-boo, (littéralement « coucou ») recherche de perforations dans une carte (en recherche documentaire); **p.-a-b. card,** carte perforée (en recherche documentaire); **p.-a-b. system,** système de recherche documentaire à cartes perforées.

Peephole, **p. optimization,** optimisation locale (exploitation des particularités d'une machine).

Peer, pair; **p. checking,** contrôle (de la programmation) par les pairs; **p.-coupled network,** réseau dont les systèmes interconnectés ont le même niveau (liaison d'égal à égal), réseau entre homologues; **p. graphics,** graphiques destinés aux collègues (même niveau hiérarchique); **p. rating,** appréciation (d'un produit) par les pairs; **p. review,** évaluation des performances par les pairs; **p.-to-p. network** = ***peer-coupled network.***

Pegging, rattachement des besoins à leurs ordres d'origine (fab.).

Pel = ***Pixel.***

Pen, **1.** plume (de traceur); **2.** photostyle, crayon lecteur; **p.-based (applications, computer, computing, operating system, products, etc.),** qui utilise un stylo optique, « sans clavier »; **p. (based) computer,** tablette électronique; **p. capping mechanism,** mécanisme de rebouchage de stylo; **p. down, up,** plume haute ou levée, plume basse ou abaissée; **p. holder,** porte-plume; **p. park,** logement du stylet; **p. plotter,** traceur; **p. input,** entrée par stylo électronique; **p. stall,** logement pour plume.
Voir LIGHT PEN.

Pencil, **p. and paper,** méthode manuelle; **p.-marked,** graphité (document).

Pencil (to), crayonner, graphiter.

Pend (to), déplacer vers la queue de la file d'attente (tâche).

Penetrate (to), pénétrer (un marché).

Penetration, pénétration (d'un marché).

Penless, sans plume, sans stylo.

Penpoint, système d'exploitation pour stylo optique, de GO Corporation.

People, **p. engineering,** ergonomie; **p.-intensive activities,** activités de main-d'œuvre; **p.-oriented,** conçu pour un personnel non spécialisé.

Peopleware, personnel informaticien.

Per call service, intervention sur appel.

Percent denial, taux de refus.

Perforate (to), **1.** perforer (bande, etc.); **2.** réaliser un moletage (pointillé perforé) dans un papier.

Perforated, perforé (bande, etc.); qui comporte un moletage, un pointillé (papier); **p. (paper) tape,** bande perforée; **p. tape punch,** perforateur de bande; **p. tape reader,** lecteur de bande perforée.

Perforation, **1.** perforation; **2.** moletage vertical ou transversal (pointillé) dans le papier; **p. rate,** vitesse de perforation.

Perforator, **1.** perforatrice, poinçonneuse; **2.** molette (pour exécution d'un moletage).

Perform (to), exécuter.

Performance, **1.** performance(s); **2.** productivité; **p. analysis,** tableau comparatif de performances; **p. characteristics,** performances; **p./cost ratio,** rapport performances/coût; **p.-driver,** dont le critère-clé est les performances (marché); **p. enhancer,** qui améliore les performances; **p.-enhancing,** qui augmente, qui améliore, les performances; **p. evaluation,** analyse des performances; **p. management,** gestion des performances (GP); **p. measurement,** mesure des performances, métrologie; **p. monitor,** logiciel de contrôle de performances; **p. monitoring,** contrôle des performances, mesure des performances, métrologie; **p. wise,** en matière de performances.

Perfs = perforations.

Period, **1.** le symbole «.», le point; **2.** période.

Peripatetic, itinérant.

Periphs = peripherals.

Peripheral (adj. et subs.), périphérique; **p. allocation or assignment table (PAT),** table d'affectation des périphériques; **p.-bound,** limité par la vitesse des périphériques; **p. buffer,** tampon de périphérique; **p. computer,** ordinateur satellite; **p. control routine,** sous-programme de gestion de périphérique; **p. control unit (PCU), p. controller,** contrôleur de périphérique(s); **p. device,** unité périphérique; **p. equipment,** matériel périphérique, les périphériques; **p. equipment operator,** opérateur mécanographe; **p. firm,** constructeur de périphériques; **p. gear,** équipement périphérique; **p. interface,** interface périphérique; **p. interface adapter (PIA),** adapteur d'interface périphérique; **p.-limited** = ***p. bound*; p. processor,** processeur périphérique; **p. software driver,** programme de gestion de périphériques; **p. subsystem,** sous-ensemble périphérique; **p. transfer,** transfert entre périphériques; **p. unit** = ***p. device*; p. switch,** armoire de commutation.

Peripherally, à la périphérie.

Permanent, permanent (données, circuit); **p. data,** données constantes; **p. fault,** panne franche; **p. file,** fichier permanent; **p. storage,** mémoire permanente; **p. virtuel circuit,** circuit virtuel permanent (CVP).

Permanently, **p. stored,** implanté en permanence (en mémoire).

Permission, autorisation (d'écriture, de lecture, etc.).

Perpetual inventory, inventaire permanent.

Person, **p.-to-p.,** de personne à personne, interpersonnel.

Personal, **p. computer (PC),** ordinateur individuel, ordinateur personnel (OP); **p. business computer,** ordinateur personnel professionnel; **p. computer business,** l'informatique individuelle; **p. computing (PC) (hobby computing + home computing),** l'informatique individuelle; **p. digital assistant (PDA),** assistant numérique personnel; **p. identification number (PIN),** numéro d'identification personnel; **p. terminal,** terminal individuel; **p. workstation,** poste de travail personnel (tel que les Star, Perq et IWS).

Personality card, module, carte, module, de personnalisation.

Personalization, personnalisation (de chèques, etc.).

Personalize (to), personpaliser (chèque, etc.).

Personalizing, personnalisation; **p. machine,** machine à personnaliser.

Personnel, **p. management,** gestion du personnel.

Petal, **p. printer,** imprimante à pétales.

Petri network, réseau de Pétri.

PF (Programmable Function) key, touche de fonction, programmable, touche PF.

PGDN = PAGE DOWN KEY.

PGUP = PAGE UP KEY.

Phantom character, caractère fantôme.

Phase, **p.-encoded (PE) recording, p. encoding,** enregistrement en modulation de phase; **p. modulation recording,** enregistrement en modulation de phase; **p.-shift keying (PSK),** modulation par déplacement de phase.

Phase in (to), mettre en place progressivement.

Phase out, retrait progressif.

Phase out (to), retirer, éliminer progressivement.

Phased, progressif, par étapes.

Phone, téléphone ; **p. answering machine,** répondeur téléphonique ; **p. banking,** la télébanque ; **p. bill,** facture téléphonique ; **p. card,** télécarte ; **p. directory,** annuaire téléphonique ; **p. giant,** le géant du téléphone ; **p. line,** ligne téléphonique ; **p. network,** réseau téléphonique ; **p. pad,** mini-clavier d'appel téléphonique ; **p. user,** usager du téléphone.

Phong shading, méthode d'illumination de Phong.

Phosphor, luminophore.

Photocell, cellule photoélectrique.

Photodiode, photodiode.

Photoelectric, photoélectrique ; **p. cell,** cellule photoélectrique.

Photoengraving, photogravure.

Photoetching, photogravure.

Photomaster, dessin-modèle.

Photoresist, résine photosensible.

Photosensing, lecture photoélectrique.

Photosensitive, photosensible.

Photosensor, détecteur photoélectrique.

Phototypesetter, photocomposeuse.

Phototypesetting, photocomposition.

Phrase, expression (COBOL, etc.).

Phrase (to), formuler (interrogation).

Phrasing, formulation (d'une question).

Phreaker, pirate du téléphone.

Phreaking, piratage téléphonique.

Physical, physique, matériel ; **p. end of tape,** fin réelle de la bande (par opposition à la fin des données utiles) ; **p. inventory,** inventaire ; **p. layer,** couche physique ; **p. location,** implantation ; **p. money**, l'argent en espèces par opposition à la monnaie électronique ; **p. piggybacking,** fait d'entrer dans le sillage de quelqu'un ; **p. record,** enregistrement physique, bloc.

Physically, **p. locked,** verrouillé mécaniquement.

PIA (Peripheral Interface Adapter), adaptateur d'interface périphérique.

Pick, désignation (d'un point de l'écran avec un photostyle, etc.) ; **p. list,** liste à servir (stock).

Pick (to), prélever en, sortir de (stock) ; choisir, sélectionner (dans menu).

Pick up, **1.** prise (de carte), collecte, ramassage ; **2.** capteur.

Pick up (to), (s') exciter (relais), capter (signal), décrocher (téléphone).

Picker, **p. belt,** courroie d'entraînement ; **p. knife,** couteau d'alimentation, couteau d'entraînement.

Picking, prélèvement (en magasin) ; **p. list,** liste à servir.

Pickoff, capteur.

Picosecond, picoseconde.

Picture, image ; modèle (de structure de données) ; **a picture is worth a thousand words,** un (bon) dessin vaut mieux qu'un (long) discours.

Picturephone = Visiophone.

Pie chart or graph, graphique à secteurs, graphique circulaire ; jarg. camembert, galette, gâteau.

Pie-charting, représentation en camemberts.

Piece, **p. of information,** une information ; **p. of mail,** objet (postal).

Pig, jarg. gourmand (en mémoire, etc.).

Pigeon, **p. hole,** case de tri.

Pigeon hole (to), classer.

Piggyback, superposable (module) ; **p. board,** petite carte de C.I. montée sur une plus grande carte.

Piggyback (to), superposer.

Piggybacking, **electronic p.,** fraude informatique consistant à utiliser un mot de passe (ou une autre procédure) interdit pour accéder à un ordinateur ; **physical p.,** fraude informatique consistant à profiter de l'entrée de quelqu'un dans un local informatique pour s'y introduire clandestinement.

Pilcrow, symbole ¶.

Pilot, **p. light,** voyant, indicateur, lampe témoin ; **p. running,** test d'un système avec des données représentatives, essai pilote.

Pin, broche (de tube électronique), picot (d'entraîneur à picots), fil, aiguille (d'imprimante par points); **p.-board,** tableau à aiguilles; **p.-(for-p.) compatible**, compatible broche à broche; **p. count,** nombre de broches; **p.-fed,** entraîné par picots; **p.-feed,** entraînement par picots; **p.-feed hole,** perforation d'entraînement; **p.-feed labels,** étiquettes en continu à perforations marginales; **p.-feed margin,** bande marginale d'entraînement; **p.-feed platen,** rouleau d'entraînement à picots; **p.-feed tractor,** entraîneur à picots; **p.-hole,** perforation d'entraînement; **p. out,** disposition des broches, brochage; **p. pad :** voir PIN PAD; **p.-wheel,** roue à picots; **p.-wheel feed,** entraînement à picots.

PIN (Personal Identification Number), numéro d'identification personnel; **PIN pad,** (mini-) clavier d'identification (personnelle).

Pinch roll(er), rouleau, galet, pinceur ou presseur.

Pincushion distortion, distorsion en coussin.

Ping (Packet Internet Groper), utilitaire Ping.

Ping (to), s'assurer de la bonne connexion à Internet.

Ping pong, travail en bascule (dérouleurs, etc.), en alternance.

Ping-pong (to), transférer d'une mémoire auxiliaire en mémoire centrale et vice versa.

Pinout, brochage.

Pinpoint (to), localiser (incident, panne, etc.).

Pioneer, pionnier; **p. preference**, clause favorisant les entreprises innovantes (politique américaine accordant une préférence, lors de l'attribution des fréquences radioélectriques, aux entreprises proposant de nouveaux concepts de service et de nouvelles technologies).

Pipe, canal de communication (Unix).

Pipe into (to), introduire dans.

Pipeline, « pipeline »; **p. processor,** processeur pipeline; **to be in the p.,** être en préparation.

Pipelining, traitement « pipeline ».

Piping, traitement pipeline.

Piracy, piratage.

Pirate, **p. copier,** pirate; **p. copying,** piratage.

Pit, cuvette, microcuvette.

Pitch, pas, espacement, densité verticale ou horizontale (en caractères/pouce), hauteur (d'un son).

Pixel (Picture Element), pixel, point; **p. depth,** nombre de bits par pixel.

Pkunzip, nom d'un programme de décompression.

Pkzip, nom d'un programme de compression.

PLA (Programmable Logic Array), réseau logique programmable.

Place, place, emplacement, position; **four-p. result,** résultat à 4 décimales; **p. value,** poids (d'une position binaire, etc.).

Place (to), placer, mettre, implanter (terminaux); **p. a call (to),** passer, faire (un appel); **p. an order for... with... (to),** passer commande de... à...; **p. on the market (to),** mettre, introduire, lancer, sur le marché.

Placeholder, marque de réservation.

Placement, place, position, emplacement, implantation.

Plain, **p. English,** anglais simple; **p. old telephone service (POTS),** le service téléphonique classique; **p. paper,** papier ordinaire; **p. text,** texte convivial; **p. vanilla,** courant, ordinaire (version, etc.).

Plaintext, texte en clair.

Plane, plan (de tores, etc.).

Planning, planification; **p. board,** tableau de charge.

Plant, usine, établissement, unité de production; **p. maintenance,** maintenance industrielle.

Plant (to), implanter.

Plantwide, au niveau de l'usine, de l'unité de production.

Plasma, **p. display, p. panel,** écran à plasma.

Plastic, la monnaie électroniqùe; **p. card,** carte de crédit; **p. money,** cartes de crédit, de paiement, la monnaie électronique, la monétique, etc.; **p. template,** organigraphe en plastique.

Plate.
Voir JOGGLING PLATE, STACKER P.

Plated, **p. media,** support métallisé; **p.-through hole,** trou métallisé; **p.-wire memory,** mémoire à film mince sur fil.

Platen, **1.** rouleau, cylindre (de machine à écrire, etc.) ; **2.** platine, plaque (d'impression), table, tablette.

Platform, plate-forme (matérielle, logicielle) ; **p.-independent**, indépendant de la plate-forme.

Platoon, peloton ou paquet de véhicules.

Platter, plateau (de disque, etc.) ; **single p.,** disque simple ; **dual p.,** disque double.

Plausibility, **p. check,** contrôle de vraisemblance.

Play (to), passer, lire (disque), faire défiler, lire (bande, cassette, etc.) ; **p. back (to),** repasser, relire (bande, cassette, etc.).

Playback, **p. head,** tête de lecture. **1.** repassage (d'une bande) ; **2.** impression ou affichage d'un texte.

Player, **1.** acteur, intervenant (sur un marché, etc.) ; **2.** lecteur (machine) ; **3.** joueur, participant, partenaire (dans un jeu).

Playing, **p. time,** durée d'une bande.

Playlist, liste musicale.

Playout = playback 2.

Please wait, veuillez patienter.

Plenum, chambre vide sous plancher, « plénum ».

Plesiochronous, plésiochrone.

Plex, réseau.

Plot, **p. tape,** bande à reproduire.

Plot (to), tracer (une courbe, etc.) ; **p. out (to),** tracer, sortir.

Plotter, traceur, table traçante.

Plotting, traçage ; **p. board,** table traçante ; **p. rate, p. speed,** vitesse de traçage ; **p. table,** table traçante, traceur de courbes.

PLU (Price lookup), appel de prix.

Plug, fiche ou prise mâle ; fiche de connexion ; **p.(in)-and-go, plug-and-play,** immédiatement utilisable, prêt à tourner, prêt à brancher, prêt à l'emploi ; **p.-board,** tableau de connexions ; **p.-board wiring,** connexions de tableau ; **p. compatible (PC) = *plug-to-plug compatible* ; p.-compatible manufacturer (PCM),** constructeur de (matériels) compatibles ; **p. cord,** fil de connexion ; **p. socket,** prise de courant ; **p.-to-p.-compatible,** directement connectable (périphérique interchangeable avec ceux du constructeur de l'unité centrale) ; **p. wire,** fil de connexion.

Plug (to), monter (un tableau), enficher ; (se) connecter, (se) brancher ; **p. in (to),** enficher, brancher ; **p. out (to),** déficher, débrancher.

Pluggable, enfichable, embrochable.

Plugging, **p. chart,** schéma de connexion.

Plug-in, **p.-in unit,** unité enfichable, module d'extension.

Ply, exemplaire (de liasse) ; **six-p. form,** liasse de six exemplaires.

PMOS (P-channel MOS), MOS à canal P.

PnP (Plug and Play).
Voir PLUG.

Pocket, case de réception, récepteur de cartes, case de tri, pochette de tri ; **p. (sized) calculator,** calculatrice de poche, calculateur de poche, calculette ; **p. organizer,** organiseur de poche.

Pocket (to), envoyer dans une case.

Pocketing, envoi dans une case.

Pod, **control p.,** boîtier de commande.

POH (Power-on Hours), temps s'écoulant entre deux pannes exprimé en millièmes ou dix millièmes d'heure.

Point, **1.** pastille de contact (de relais) ; **2.** virgule (déc., etc.) ; **p. and click,** pointage et cliquage ; **p. and click (to),** pointer et cliquer (sur une option, etc.) ; **p. and shoot (to),** pointer et tirer ; **p. chart or diagram,** nuage de points ; **p. location,** position de la virgule ; **p. of failure (POF),** point de défaillance (d'un programme) ; **p. of origination,** point de naissance (de l'information) ; **p. of presence**, point de présence ; **p. of sale (POS),** point de vente ; **p.-of-sale recorder or terminal,** terminal (au) point de vente (TPV) ; **p. plot(ting),** tracé point par point ; **p. size,** corps (de caractère) ; **p.-to-p.,** point à point (transmission, commande numérique de machine-outil) ; **p.to-p. link,** liaison point à point.

Point to (to), désigner.

Pointee, élément désigné par un pointeur.

Pointer, **1.** pointeur, indicateur ; **2.** curseur.

Poke (to), écrire (en mémoire vive, etc.).

POKE, instruction POKE (Basic).

Polar coordinates, coordonnées polaires.

Polish, **P. format,** format polonais ; **P. notation,** notation polonaise.

Poll (to), interroger, appeler, tester (un terminal).

Pollable, interrogeable, testable (terminal).

Polling, interrogation, appel (de terminaux), invitation à émettre, « polling » ; **p. list,** liste d'appel, d'interrogation, invitation à émettre.

Polygon fill, remplissage de polygone (sur écran).

Polyline, polyligne.

Polymark(er), polymarque (type curseur).

Polyphase, **p. sort,** tri polyphasé.

Pool, **1.** = ***pooling*** ; **2.** pool.

Pool (to), **1.** mettre en commun ; **2.** grouper, regrouper, concentrer.

Pooler, concentrateur.

Pooling, **1.** mise en commun ; **2.** regroupement, concentration.

Pop-down menu, menu déroulant.

Pop (up) (to), remonter (une pile), désempiler, dépiler, faire surgir, faire apparaître (menu).

Pop-up, **p.-up list** = ***push-up list*** ; **p.-up menu,** menu « surgissant » ; **p.-up message**, message instantané.

Populate (to), garnir (de cartes de CI), charger (BDD), équiper, doter (de terminaux).

Populated, équipée (carte).

Population, parc (de machines, de programmes etc.) ; nombre de... ; **p. of computers sold,** parc micro ; **p. of computers rented,** parc locatif.

Port, **1.** port (accès avec l'extérieur) ; **2.** = ***porting*** ; **3.** version portée d'un logiciel ; **p. replicator**, duplicateur de port ; **p. splitter,** dédoubleur de port.

Port (to), porter (un logiciel sur un autre système).

Port-a-punch card, carte Perfostyl.

Portability, **1.** portabilité (sens gén.) ; **2.** portabilité (d'un logiciel).

Portable, **1.** portable ; **2.** portatif ; **p. computing,** l'informatique nomade ; **p. data entry (PDE) terminal,** terminal portatif de saisie de données.

Portal, portail.

Porting, adaptation d'un logiciel (notamment d'un système d'exploitation) à une autre machine, « portage » d'un logiciel.

Portrait format or mode, format vertical ou à la française ; jarg. format « portrait ».

Voir LANDSCAPE.

PostScript printer, imprimante PostScript.

POS (Point of sale), point de vente ; **p. of s. terminal, POS terminal,** terminal (au) point de vente, terminal TPV, terminal d'encaissement.

Position, **1.** position ; **2.** par ext. poste : **single-position,** monoposte ; **multiposition,** multiposte.

Position (to), positionner (une bande, etc.).

Positional, **p. notation or representation,** représentation positionnelle ; **p. parameters,** paramètres positionnels.

Positioning, positionnement (d'un mécanisme d'un produit sur le marché) ; **p. arm,** bras de lecture-écriture.

Positive acknowledgment (character), (caractère) accusé de réception (positif) (ACK).

Post, **p. code,** code postal (Brit.).

POST (Power-On Self Test), autocontrôle à la mise sous tension.

Post (to), enregistrer, inscrire.

Post edit (to), mettre en forme (des résultats).

Postamble, synchroniseur final.

Postfix notation, notation polonaise inverse.

Postincrement (to), postincrémenter.

Posting, enregistrement, écriture, inscription ; **p. card,** carte mouvement ; **p. error,** erreur d'écriture ; **p. interpreter** = ***transfer interpreter*** ; **p. machine,** machine d'enregistrement.

Postmaster, administrateur de serveur de courrier électronique.

Post mortem, **p. m. dump,** vidage d'autopsie ; **p. m. program, p. m. routine,** (sous)-programme d'autopsie.

Postprinting, post-marquage.

Postprocessing, post-traitement.

Postprocessor, postprocesseur.

Postpunch station, poste «après perforation».

Postread station, poste «après lecture».

Postslew, saut après impression.

Postslew (to), faire un saut (de papier) après impression.

Posttriger(ing), post-déclenchement.

POTS (Plain Old Telephone Service), le service téléphonique classique.

Pound, **p. sign or symbol,** signe # (le fagot), le dièse, signe £.

Power, **1.** puissance, pouvoir; **2.** courant électrique, alimentation; **p. cable,** câble d'alimentation; **p. check,** arrêt (de l'ordinateur) en cas d'incident d'alimentation; **p. connector,** connecteur d'alimentation; **p. cord,** cordon d'alimentation; **p. distribution unit (PDU),** unité de distribution (électrique); **p. drain,** consommation de courant; **p. dump,** coupure de courant; **p. fail,** coupure d'alimentation, coupure (du) secteur; **p. fail/auto-restart,** coupure d'alimentation/redémarrage automatique; **p. failure,** panne de courant; **p. hungry, 1.** gourmand en courant; **2.** qui désire disposer de plus en plus de puissance (client); **p. interruption,** coupure de courant, de l'alimentation électrique; **p. line disturbance (PLD),** microcoupure; **p. off,** hors tension; **p. on,** sous tension; **p.-on default,** valeur paramètre, etc. adopté à la mise sous tension; **p. on diagnostics,** (exécution de) diagnostics à la mise sous tension; **p.-on hours (POH),** temps s'écoulant entre deux pannes exprimé en millièmes ou dix millièmes d'heure; **p.-on self test (POST),** autotest à la mise sous tension; **p.-on time,** temps de mise sous tension; **p. outlet,** prise (de courant); **p. pack,** bloc d'alimentation; **p. plug,** prise d'alimentation; **p. receptacle,** prise femelle, prise murale; **p. restoration,** rétablissement de l'alimentation; **p.-saving,** qui économise la consommation (électrique); **p. slitter,** machine à couper les rives; **p. stacker,** empileur motorisé; **p. supply,** alimentation électrique; **p. supply sequencing,** mise sous tension progressive; **p. surge,** surtension; **p. typing,** frappe assistée; **p.-up self test,** autotest à la mise sous tension; **p.-up sequence,** séquence de mise sous tension; **p. user,** utilisateur expérimenté.

Power (to), alimenter; **p. down (to),** couper l'alimentation; **power off (to),** mettre hors tension; **p. on (to),** mettre sous tension; **p. up (to),** mettre sous tension.

Powerhouse supplier, grand fournisseur.

Powering-up, mise sous tension.

PPP (Point to Point Protocol), protocole point à point.

PPSN (Public Packet Switched Network), réseau public de commutation de données par paquets.

PPTP (Point to Point Tunneling Protocol), protocole PPTP.

Pragma, instruction pour compilateur (langage ADA).

Preamble, synchroniseur initial.

Preamp(lifier), préampli(ficateur).

Pre-announcement, préannonce.

Prebilling, préfacturation.

Precalculation, précalcul.

Precede with (to), faire précéder de.

Precedence, préséance, priorité, urgence; **p. table,** table des priorités.

Prechecking, précontrôle.

Precision, (degré de) précision.

Precoded, préprogrammé.

Precollate (to), préclasser.

Precompiler, précompilateur.

Precompiling, précompilation.

Preconfigure (to), préconfigurer.

Predecrement (to), prédécrémenter.

Predicate calculus, calcul des prédicats.

Predictive maintenance, maintenance prédictive.

Preedit (to), prééditer.

Preempt (to), éliminer, évincer (utilisateur).

Preface with (to), faire précéder de.

Prefetch (to), préextraire (données).

Prefetch(ing), préextraction, prélecture, lecture anticipée.

Prefix, **p. notation,** notation préfixée.

Prefix with (to), faire précéder de.

Preformat (to), préformater.

Preformatting, préformatage.

Preinitialize (to), préinitialiser.

Preinvoicing, préfacturation.

Prekeying, préperforation.

Preliminary, **p. study,** étude d'opportunité d'emploi (d'un ordinateur).

Preload with (to), précharger.

Premastering, prématriçage.

Premount (to), prémonter.

Premounting, prémontage.

Prenumbering, immatriculation.

Prep = preparation.

Prep (to), formater (disquette, etc.).

Prepend (to), ajouter au début.

Prepping, formatage ; **p. factor,** facteur de formatage, densité de formatage.

Preposition (to), prépositionner.

Preprinted, préimprimé.

Preprinting, préimpression, prémarquage.

Preprocess (to), prétraiter.

Preprocessing, prétraitement.

Preprocessor, préprocesseur.

Preproduction, **p.-p. model,** modèle de présérie.

Preprogrammed, préprogrammé.

Prepunch, **p.-p. station,** poste « avant perforation ».

Prepunch (to), préperforer.

Prepunched, préperforé.

Prepunching, préperforation.

Preread, **p.-r. head,** tête de première lecture.

Prerecord (to), préenregistrer.

Prescored, **p.-s. card,** carte genre Perfostyl.

Presentation, **p. graphics,** graphiques pour présentation ; **p. layer,** couche présentation.

Preserve (to), mettre en réserve, conserver.

Preset, **p. parameter,** paramètre prédéfini.

Preset (to), prépositionner, prérégler, affecter une valeur (à un compteur, etc.), initialiser (à zéro, etc.).

Presetting, forçage.

Preslew, saut (de papier) avant impression.

Preslew (to), faire un saut de feuillet avant impression.

Presort(ing), tri préalable.

Presort (to), trier préalablement, prétrier.

Press, **p. kit,** dossier d'annonce, dossier de presse ; **p. release,** communiqué de presse.

Press (to), appuyer, taper (sur une touche), abaisser, enfoncer, actionner (une touche), cliquer sur (avec la souris) ; **p. again (to),** réappuyer (sur une touche) ; **p. ENTER (to),** appuyer sur (la touche) ENTRÉE, faire ENTRÉE.

Pressure-sensitive, piézosensible.

Prestaging, prétransfert, transfert anticipé.

Prestore (to), **1.** préenregistrer, préstocker ; **2.** initialiser.

Prestoring, préstockage.

Presumptive, **p. address,** adresse primitive, adresse de base ; **p. instruction,** instruction primitive.

Pretend to be (to), se faire passer pour, usurper l'identité de qqun.

Pretrigger, prédéclenchement.

Pretty, **p. printer**, programme d'impression avec mise en forme ; **P. Good Privacy**, logiciel de chiffrement PGP.

Preventative = preventive.

Preventive, **p. maintenance (PM),** maintenance préventive ; **p. maintenance time,** temps de maintenance préventive.

Preview, aperçu (avant impression).

Preview (to), **1.** simuler ; **2.** prévisualiser.

Previewing, **1.** simulation ; **2.** prévisualisation.

Prewire (to), précâbler.

Prewiring, précâblage.

Price, **p. book,** tarif ; **p. break,** palier de prix ; **p. card,** carte barème ; **p.-driver,** dont le critère-clé est le prix (marché) ; **p. extension,** calcul du prix total ; **p. file,** fichier barème ; **p. list,** tarif ; **p. lookup,** appel de prix ; **p./performance ratio,** rapport performance(s) /prix ; **p. range,** éventail de prix ; **p. tag,** prix, la « note » ; **p.-tag scanner,** lecteur d'étiquettes ; **p. wise,** en matière de prix.

Price (to), valoriser (multiplier quantité par prix unitaire).

Pricing, tarification ; **p. file,** fichier tarif ; **p. policy,** politique tarifaire ; **p. scheme,** système de tarification.

Primary, principal, primaire ; fondamental (couleur) ; **p. file,** fichier principal ; **p. key,** clé primaire ; **p. station,** station primaire ; **p. storage, p. store,** mémoire centrale.

Prime, **p. number,** nombre premier ; **p. shift,** première équipe, premier poste (de travail) ; **p. time,** durée de travail de la première équipe.

Primenet, réseau de PRIME Computer.

Primer, **inventory control primer,** initiation à la gestion des stocks.

Primitive, primitive.

Print, **p. area,** zone utile d'impression ; **p. band,** bande d'impression ; **p. bar,** barre d'impression, barre à caractères ; **p. barrel,** tambour d'impression ; **p. belt,** bande d'impression ; **p.-bound** = ***printer bound*** ; **p. buffer,** tampon d'impression ; **p. bureau,** entreprise d'impression à façon ; **p. chain,** chaîne d'impression, chaîne porte-caractères ; **p. character,** caractère imprimable ; **p. data,** données à imprimer ; **p. driver,** pilote d'impression ; **p. drum,** tambour d'impression ; **p. engine,** moteur d'impression ; **p. file,** fichier d'impression, fichier à imprimer ; **p. hammer,** marteau d'impression, marteau de frappe ; **p. head,** tête d'impression ; **p. holidays,** absences de frappe ; **p. line,** ligne d'impression, ligne à imprimer ; **p. load,** charge d'impression ; **p. magnet,** électro-aimant d'impression ; **p. member,** élément porte-caractères ; **p. pattern,** configuration d'impression ; **p. position,** position, colonne, d'impression ; **p. roll,** cylindre d'impression ; **p. screen command,** commande de recopie d'écran ; **p. server,** serveur d'impression ; **p. span,** largeur de la ligne d'impression ; **p. spool(ing),** désynchronisation de l'impression ; **p. station,** poste d'impression (d'imprimante multibande) ; **p. tape,** bande à imprimer (= dont le contenu doit être imprimé) ; **p. unit,** unité d'impression ; **p. utility program,** (programme) utilitaire d'impression ; **p. wheel,** roue à caractères, roue d'impression, rosace d'impression, marguerite ; **p. width,** largeur de la ligne d'impression ; **p. yoke,** bloc d'impression, bloc-tambour.

Print (to), imprimer, afficher (sur écran) ; **p. out (to),** imprimer, sortir sur imprimante ; **p. totals only (to),** imprimer les totaux, tabuler.

Printability, imprimabilité.

Printable, imprimable (caractère, etc.).

Printed, **p. banner,** bandeau ; **p. circuit (PC),** circuit imprimé (CI) ; **p. circuit board (PCB),** carte de circuits imprimés ; **p. form,** document imprimé ; **p. output,** liste imprimée, listage, « listing » ; **p. report,** état imprimé, état mécanographique.

Printer, **1.** imprimeur ; **2.** imprimante ; **p.-bound,** limité par la vitesse d'impression ; **p. driver,** pilote d'impression ; **p. file,** fichier à imprimer, fichier imprimante ; **p. muffler,** capot d'insonorisation ; **p. hood,** capot d'imprimante ; **p. pool,** pool d'imprimantes ; **p. port,** port (pour) imprimante ; **p. report,** état à imprimer (se trouvant sur un support) ; **p. silencer,** capot d'insonorisation ; **p. stand,** table pour imprimante.

Printerfacing, interface entre micro-ordinateur et terminal d'impression.

Printhead, tête d'impression.

Printing, impression ; **p. calculator,** machine à calculer imprimante ; **p. calculating machine** = ***p. calculator*** ; **p. card punch,** perforatrice imprimante ; **p. character,** caractère imprimable ; **p. digitizer,** convertisseur imprimant ; **p. engine,** moteur d'impression ; **p. example,** spécimen d'impression ; **p. format,** présentation de l'impression ; **p.-on-demand**, impression à la demande ; **p. pin,** fil d'imprimante par points, aiguille d'impression ; **p. punch,** perforatrice imprimante ; **p. rate,** vitesse, cadence d'impression ; **p. reperforator,** perforatrice imprimante (de bande perforée) ; **p. routine,** sous-programme d'impression ; **p. speed** = ***p. rate*** ; **p. stylus,** aiguille (d'imprimante par points) ; **p. width,** largeur (de la ligne) d'impression ; **p. wire,** fil d'impression.

Printload, charge d'impression.

Printout, sortie sur imprimante, sortie imprimée, impression ; **p. binder,** reliure pour listages ; **p. catcher,** réceptacle pour listages.

Print-through, effet d'empreinte.

Printwheel.
Voir PRINT WHEEL.

Printwidth, largeur (de la ligne) d'impression.

Prioritization, hiérarchisation (priorités).

Prioritize (to), hiérarchiser (priorités).

Priority, priorité ; **p. processing,** traitement par priorités ; **p. program,** programme prioritaire ; **p. scheme,** système de priorités.

Privacy, vie privée, caractère privé ; confidentialité.

Private, **p. automatic branch exchange (PABX),** autocommutateur privé automatique (raccordé au réseau) ; **p. automatic exchange (PAX),** autocommutateur privé (non raccordé au réseau) ; **p. branch exchange (PBX),** autocommutateur privé raccordé au réseau public ; **p. file,** fichier privé ; **p. key**, clé privée ; **p. line,** ligne spécialisée ; **p. network,** réseau privé.

Privatization, privatisation.

Privatize (to), privatiser.

Privileged, privilégié (par ex. administrateur du système).

Proactive, proactif.

Probe, sonde.

Probe (to), tester, sonder.

Problem, problème ; **p. area,** source de difficulté, d'incident ; **p.-board,** tableau de connexion(s) ; **p. chip,** CI défectueux ; **p.-oriented language,** langage orienté vers le problème ; **p. program,** programme d'utilisateur ; **p. solver,** personne chargée de résoudre un problème ; chargé d'étude, par ext. utilisateur (d'un terminal, etc.) ; **p. solving,** résolution de problème(s) ; **p. solving language,** langage de traitement ; **p. solving power,** puissance de calcul, capacité de résolution ; **p. time,** temps problème.

Proc = procedure.

Procedural, de traitement ; **p. error,** erreur due à un défaut de conception du problème ; **p. language,** langage procédural ; **p. step,** phase de traitement.

Procedure, procédure, traitement ; **p. analysis = *systems analysis* ; p. library,** bibliothèque de procédures ; **p.-oriented language,** langage orienté vers le traitement.

Process, procédé, processus, opération, traitement ; **in p.,** en cours (de déroulement, de traitement, etc.) ; **p.-bound,** asservi au traitement ; **p. chart = *p. flowchart* ; p. computer = *p. control computer* ; p. control,** commande, conduite de processus industriel, automatisme industriel ; **p. control computer,** calculateur industriel ; **p. control software,** logiciel de gestion industrielle ; **p. engineer,** ingénieur automaticien ; **p. flowchart = *systems flowchart* ; p. I/O,** E/S industrielles ; **p. limited = *p.-bound* ; p.-oriented language = *procedure-oriented language.***

Process (to), traiter, prendre en charge (demande, etc.), exécuter (un programme) ; **p. cards against a master file (to),** traiter des cartes (mouvements) relatives à un fichier permanent ; **p. into (to),** transformer.

Processability, possibilité de traitement.

Processable, traitable.

Processing, traitement informatique (des données) ; exécution (d'un programme) ; **p. area,** lieu d'exploitation ; **p. capability,** puissance de traitement ; **p. center,** centre de traitement ; **p. efficiency,** rendement ; **p. flexibility,** souplesse de traitement ; **p. medium,** support de traitement ; **p. power,** puissance de traitement ; **p. requirements,** impératifs de traitement ; **p. site = *p. area* ; p. step,** phase de traitement ; **p. system,** unité centrale ; **p. unit,** unité de traitement (terme IBM), unité centrale.

Processor, **1.** unité centrale ; **2.** processeur ; **3.** programme de traitement de langage, compilateur ; **4.** microprocesseur ; **p. board,** carte processeur ; **p.-bound, p.-limited,** limité par la vitesse de traitement ; **p. farm,** réseau de processeurs ; **p. section,** unité de traitement (de l'unité centrale) ; **p. status word (PSW),** mot d'état du processeur.

Procurement, acquisition, approvisionnement, mise en fourniture ; **p. lead time,** délai d'approvisionnement.

Product, **1.** produit ; **2.** article ; **p.-driver, p.-led,** dont le critère-clé est le produit ; **p. line,** ligne de produits ; **p. mix,** éventail de produits ; **p. planning,** planification des produits.

Production, production ; **p. control,** gestion de (la) production ; **p. facility,** unité de production ; **p. line,** chaîne de montage, de fabrication ; **p. planning,** planification de la production ; **p. program,** programme exécutable (programme mis au point et prêt à être exécuté) ; **p. rate,** rythme, cadence de production ; **p. rule,** règle de production (SE) ; **p. run,** passage machine, phase d'exécution (d'un programme) ; **p. running,** phase d'exploitation.

Productive, **p. time,** temps d'exploitation, temps utile.

Productivity, **p. tool,** outil de productivité.

Professional, professionnel ; **the professionals,** les professions libérales.

Profile (to), profiler (un terminal).

Program, programme ; **p. address counter (PAC),** compteur d'instruction ; **p. bank,** bloc de programme ; **p. bar,** barre programme ; **p. board,** tableau de connexions ; **p. bug,** erreur de programmation ; **p. card,** carte programme ; **p. chart,** organigramme de programmation ; **p. check =** ***routine check*** **;** **p. coding sheet,** feuille de programmation ; **p. control,** gestion de l'exécution (d'un programme) ; **p.-controlled,** commandé, géré, piloté, par programme, sous la dépendance du programme ; **p. counter (PC),** compteur d'instruction, compteur P ; **p. crash,** arrêt du programme ; **p. deck,** programme sur cartes ; **p. development (time),** (temps d') élaboration, (temps de) création, du, des programme(s) ; **p. drum,** tambour programme ; **p. error,** erreur de programmation ; **p. file,** fichier de programmes ; **p. flow,** déroulement du programme ; **p. flowchart,** organigramme de programmation ; **p. form,** feuille de programmation ; **p. generator,** générateur de programme(s) ; **p. instruction,** instruction du programme ; **p. interrupt,** interruption de programme ; **p. language,** langage de programmation ; **p. level,** étage de programme ; **p. library,** bibliothèque de programmes, programmathèque ; **p. line,** ligne de programmation ; **p. listing,** liste de programme ; **p. loop,** boucle de programme ; **p. monitor,** moniteur ; **p. package,** progiciel, programmes ; **p. pad,** cahier de programmation ; **p. panel,** tableau de connexions ; **p. parameter,** paramètre de programme ; **p. patching plug,** fiche de connexion ; **p. population,** parc de programmes ; **p. product,** produit programme ; **p. proving,** mise au point de programmes ; **p. register,** registre d'instruction ; **p. relocation,** translation du programme ; **p. resettable,** effaçable, pouvant être remis à zéro, par programme ; **p. run,** passage de programme ; **p. scheduling,** planification des programmes ; **p.-sensitive (error, fault),** erreur, incident, mis en évidence par le programme ; **p. sequence,** séquence d'instructions ; **p. settable,** qui peut être positionné par programme ; **p. sheet,** feuille de programmation ; **p. skip,** branchement ; **p. status register (PSR),** registre d'état du programme ; **p. status word (PSW),** mot d'état du programme ; **p. step,** unité de traitement, pas de programme ; **p. stop,** arrêt du programme ; **p. storage,** zone d'implantation du programme (en mémoire) ; **p. tape,** bande-programmes ; **p. testable,** pouvant être testé par programme ; **p. testing,** essai de programme ; **p. testing time,** temps de mise au point du programme ; **p.-to-p.,** interprogramme ; **p. writer,** rédacteur du programme ; **p. write-up,** description de programme.

Program (to), programmer.

Programmability, programmabilité.

Programmable, programmable ; **p. array logic (PAL),** circuit logique programmable (marque déposée) ; **p. controller (PC),** automate programmable ; **p. keyboard,** clavier mou ; **p. logic array (PLA),** réseau logique programmable ; **p. logic device (PLD),** circuit logique programmable ; **p. read-only memory (PROM),** mémoire morte programmable, mémoire microprogrammable.

Programmatic, **p. control,** commande par programme.

Programmatically, par programme.

Programmatics, la programmatique.

Programme = program.

Programme (to) = program (to).

Programmed, programmé, réalisé par programme ; **p. check,** contrôle programmé ; **p. dump,** vidage programmé ; **p. instruction, p. learning,** enseignement programmé, enseignement séquentiel, apprentissage programmé ; **p. stop,** arrêt programmé ; **p. switch** = ***variable connector.***

Programmer, **1.** programmeur (pers.) ; **2.** programmateur (appareil) ; **p. population,** nombre de programmeurs ; **p.'s template,** organigraphe ; **p.'s toolkit,** boîte à outils du programmeur ; **p. trainee,** élève-programmeur ; **p.'s Workbench,** ensemble d'utilitaires.

Programmerless, sans programmeur.

Programmetry, programmétrie.

Programming, programmation ; **p. aids,** outils de programmation ; **p. backlog,** retard (accumulé) en programmation ; **p. department,** service (de) programmation ; **p. device,** artifice, astuce de programmation ; **p. error,** erreur de programmation ; **p. flowchart,** organigramme de programmation ; **p. form,** feuille de programmation ; **p. language,** langage de programmation ; **p. manager,** chef du service programmation ; **p. school,** école d'informatique ; **p. sheet,** feuille de programmation ; **p. staff,** groupe de programmation ; **p. system,** système de programmation ; **p. team,** équipe de programmeurs ; **p. team leader,** chef de programmation ; **p. tools,** aides à la programmation ; **p. trainee,** élève-programmeur ; **p. unit,** programmateur de PROM.

Progress, déroulement (du programme) ; **be in p. (to),** être en cours d'exécution (programme), se dérouler ; **p. board,** tableau de planning ; **p. report, 1.** état d'avancement, situation (des travaux), rapport d'avancement, rapport de situation ; **2.** état de la question, point de la question, « le point sur ».

Progressive, **p. total,** total cumulé, cumul.

Prohibit (to), empêcher, interdire.

Project, projet ; **p. control,** conduite de projet ; **p. file,** fichier de projet ; **p. leader,** chef de projet ; **p. management,** conduite de projet ; **p. manager** = ***project leader*** ; **p. notebook** = ***project file*** ; **p. tracking,** suivi de projet.

PROM (Programmable Read-only Memory), mémoire morte programmable ; **PROM-based,** à ou en mémoire morte, microprogrammé ; **PROM-based diagnostics,** diagnostics en mémoire morte ; **PROM blowing** = ***PROM zapping*** ; **PROM blaster, PROM burner, PROM programmer, PROM writer,** programmateur de PROM, de mémoire morte programmable ; **PROM eraser,** effaceur de mémoire morte programmable ; **PROM zapping,** programmation d'une mémoire PROM au moyen d'un programmateur de PROM.

PROMable, enregistrable en mémoire PROM.

Prompt, **1.** = prompting ; **2.** invite (par ex. symbole > du DOS), message d'incitation (demandant une intervention de l'opérateur) ; **p. character,** caractère de sollicitation (de l'opérateur) ; **p. message** = ***prompting message.***

Prompt (to), conduire, diriger (un dialogue opérateur/machine) ; **prompt the operator, the user, for (to),** inciter, inviter l'opérateur ou l'utilisateur à, demander qqch à, solliciter qqch de, interroger ; **when prompted,** lorsque (le système, l'ordinateur, le programme, etc.) vous le demande, affiche son invite, son symbole ; à l'apparition du message d'accueil, du symbole, de l'invite, etc.

Promptee, utilisateur (guidé par messages de guidage).

Prompter, **1.** programme d'appel de compilateur ; **2.** programme guide-opérateur, programme interrogateur.

Prompting, guidage, sollicitation, de l'opérateur (demande d'introduction de paramètres, d'un caractère, d'une commande etc.) ; **p. light,** voyant ; **p. message,** message guide-opérateur.

Prong, **three-p. connector,** connecteur 3 broches.

Proof, **p. machine,** machine de contrôle ; **p. total,** total pour vérification, total de contrôle.

Proof list (to), contrôler par impression.

Propagated, **p. error,** erreur propagée.

Proportional spacing (PS), espacement proportionnel.

Propositional calculus, calcul des propositions ou propositionnel.

Proprietary, privé, « maison », jarg. « propriétaire » (c'est-à-dire propre à un constructeur ; on oppose souvent « propriétaire » et « ouvert »), exclusif, spécifique ; **p. card,** carte privative ; **p. socket**, point de communication, « socket propriétaire » ; **p. software,** logiciel propre à un constructeur.

Prospect = prospective customer.

Prospective, **p. customer,** client éventuel, potentiel, « prospect ».

Prosumer **(producer + consumer),** producteur et consommateur d'informations, « prosommateur ».

Protect, protection.

Protect (to), protéger.

Protected, secourue (mémoire), protégé (logiciel) ; **p. locations,** positions protégées (en mémoire).

Protection, protection.

Protective, **p. envelope,** pochette de protection (disquette) ; **p. printing,** impression de symboles (de protection) devant le montant (sur chèque, etc.).

Protocol, protocole (de transmission) ; **p. chip,** puce « protocole » ; **p. conversion,** conversion de protocole ; **p. converter,** convertisseur de protocole ; **p. emulator (PE),** émulateur de protocole ; **p. handler,** programme de gestion de protocole.

Prototyping, prototypage, **p. board,** carte de prototypage.

Prove, **p. out (to)**, mettre au point (programme).

Proven, rodé, éprouvé.
Voir FIELD PROVEN.

Provider, fournisseur, prestataire (de services, etc.), fournisseur Internet (accès, services).

Proving, essai de fonctionnement.

Proxy server, serveur mandataire.

Pruning, élagage.

PRTSC (Print Screen) key, touche d'impression de page-écran.

P-sequence = program sequence.

Pseudo, **p. code,** langage symbolique, pseudocode ; **p. colour,** fausse couleur ; **p. data,** données fictives ; **p.-flaw**, pseudo faille (leurre destiné à piéger les intrus) ; **p.-instruction,** pseudo-instruction ; **p.-op(eration),** pseudo-opération ; **p.-order,** pseudo-opération ; **p. random,** pseudo-aléatoire.

PSN (Public Switched Network), réseau (public) commuté.

PSTN = PSN.

PTT-approved, homologué ou agréé par les PTT.

Public, **p. access terminal,** borne de consultation ; **p. data network (PDN),** réseau public de commutation de données ; **p. domain software,** logiciel du domaine public ; **p. exchange,** central téléphonique ; **p. file,** fichier public ; **p. information data base,** base de données publique ; **p. key**, clé publique ; **p. packet switched network (PPSN),** réseau public de commutation de données par paquets ; **p. switched network (PSN),** réseau (public) commuté ; **p. switched telephone network (PSTN) =** ***public switched network (PSN),*** réseau (public) commuté.

Puck, dispositif d'introduction de coordonnées.

Puckering, gaufrage.

Pull (to), extraire (des cartes d'un fichier), sortir (pièces d'un magasin), prélever (en stock), justifier (texte) ; **p. glass (to)**, tirer (un câble en fibre optique) ; **p. down (to),** appeler (en mémoire ou sur l'écran) ; **p. off (to),** déconnecter (terminal) ; **p. out (to),** décaler vers l'aval (un ordre de fabrication) ; se retirer (d'un marché) ; **p. up (to),** décaler vers l'amont (un ordre de fabrication).

Pull system, système à flux tiré.

Pull technology, recherche individuelle (Internet).

Pulldown, avancement du film (enregistrement sur microfilm) ; **p. menu,** menu déroulant (Macintosh) ; **p. resistor,** résistance branchée au moins, qui fait baisser la tension, qui « tire au moins ».

Puller.
Voir CARD PULLER.

Pulling, extraction (manuelle de cartes d'un fichier), prélèvement (en stock) ; **p. file,** fichier d'extraction ; **p. section,** service extraction.

Pull out, décalage (vers l')aval (OF).

Pull up, décalage (vers l')amont (OF).

Pull-up resistor, résistance branchée au plus, qui fait monter la tension, résistance de charge.

Pulse, impulsion ; **p. amplitude modulation (PAM),** modulation d'impulsions en amplitude ; **p. code modulation (PCM),** modulation par impulsions codées (MIC) ; **p. duration modulation (PDM),** modulation par impulsions de durée variable ; **p. position modulation (PPM),** modulation de phase des impulsions ; **p. train,** train d'impulsions.

Pulse (to), émettre des impulsions.

Pulsing (out), émission d'impulsions.

Punch, **1.** perforateur, perforatrice (machine) ; **2.** perforation (trou) ; **3.** poinçon (de perforation) ; **p. alert,** incident de perforation ; **p. block,** bloc de perforation ; **p. card,** carte mécanographique, carte perforée ; **p. clock,** horloge de pointage ; **p. code,** code de perforation ; **p. column,** colonne de perforation ; **p. tag,** étiquette perforée ; **p. tape,** bande perforée.

Punch (to), perforer (cartes, bande, etc.) ; enfoncer, taper sur, appuyer sur, (une touche) ; **p. in (to), 1.** pointer (à l'entrée) ; **2.** introduire (données) ; **p. out (to), 1.** pointer (à la sortie) ; **2.** perforer, sortir sur perforateur ; **3.** détacher (confetti de carte Perfostyl) ; **p. up (to),** perforer.

Punchdown block, boîtier de connexion multiprise.

Punched, perforé ; **p. card,** carte perforée.

Punching, **1.** perforation (action) ; **2.** perforation (trou).

Punchings, **1.** perforations ; **2.** confetti de perforation.

Punctuation, **p. symbol,** signe de ponctuation.

Punctured, transpercé (papier, etc.).

Purchase, achat, acquisition ; **p. ledger** = ***accounts payable*** ; **p. order (PO),** ordre d'achat (OA), ordre d'approvisionnement ; **p. order control,** gestion des achats ; **p.-to-lease ratio,** rapport achats/ventes.

Pure, **p. binary,** binaire pur.

Purge, **p. date,** date de péremption, date de fin de validité, date d'expiration.

Purge (to), éliminer (par ex. les articles d'un fichier selon un critère particulier), vider (sur bande).

Purging, purge (d'un fichier, etc).

Purification.
Voir DATA PURIFICATION.

Purpose, **p.-built, p.-designed, p.-made,** fait sur commande, sur demande, spécial.

Push (to), **1.** pousser, enfoncer, appuyer sur (un bouton) ; **2.** justifier, ajuster à droite ; **p. down (to),** refouler, empiler ; abaisser, enfoncer (touche) ; **p. out (to),** décaler vers l'aval (OF).

Push-button, bouton-poussoir ; **p. button dialing,** appel par boutons-poussoirs ; **p. b. set,** poste (téléphonique) à clavier.

Push-down, **p.-d. list,** liste refoulée ; **p.-d. stack, p.-d. store,** pile.

Push system, système à flux poussé.

Push technology, distribution sélective.

Push-up, **p.-u. list,** liste directe.

Put, écriture.

Put (to), ranger, stocker, mémoriser, écrire.

PVC (Permanent Virtual Circuit), circuit virtuel permanent.

Q

QA (Quality Assurance), assurance qualité.

QAM (Queued Access Method), méthode d'accès avec file d'attente.

Q-bus, bus de Digital Equipment Corp.

QC (Quality Control), contrôle de qualité.

QoS (Quality of Service), qualité de service.

QTAM (Queued Telecommunication Access Method), méthode d'accès avec file d'attente en télétraitement.

Quad, quadruple ; **q.(-size) board,** carte quadruple ; **q. bit,** quatre bits ; **q. density drive,** unité quadruple densité ; **q. drive,** unité de disquette double face double densité ; **q. height,** quadruple hauteur ; **q.-speed**, quadruple vitesse.

Quad-in-line package, **(QUIL)** boîtier à quatre rangées de connexions.

Quadratic, **q. programming,** programmation quadratique.

Quadword, mot quadruple.

Qualifier, qualificatif.

Quality, **q. assurance (QA),** assurance qualité ; **q. circle (QC),** cercle de qualité (CQ) ; **q. control (QC),** contrôle de qualité ; **q. control engineer,** qualiticien ; **q. of service (QOS),** qualité de service.

Quantity, **q. discount,** remise sur quantité ; **q. on hand (QOH),** existants ; **q. on order,** quantité en commande.

Quantizable, quantifiable.

Quantization, quantification.

Quantize (to), quantifier.

Quantizer, quantificateur.

Quantum, tranche (de temps).

Quarantine, quarantaine.

Quarter, **q.-inch cartridge drive,** unité à cartouche 1/4 de pouce.

Quartet, quartet.

Quasi-instruction, pseudo-instruction.

Query, interrogation, consultation ; **q.-driven,** à base d'interrogations ; **q.-intensive,** très interrogée, très sollicitée (base de données) ; **q. language (QL),** langage d'interrogation, langage de requête.

Query (to), interroger, consulter.

Queue, file d'attente ; **q. driver,** géré par file d'attente ; **q. handler, q. manager,** gestionnaire de file(s) d'attente.

Queue (to), mettre en file d'attente.

Queued, **Q. Access Method (QAM),** méthode d'accès avec file d'attente ; **Q. Telecommunication Access Method (QTAM),** méthode d'accès avec file d'attente en télétraitement.

Queu(e) ing, mise en file d'attente ; **q. theory,** théorie des files d'attente ; **q. time,** temps, délai d'attente.

Quick, **q. access storage, q. access store,** mémoire à accès rapide ; **q. brown fox message,** voir FOX MESSAGE ; **q.-growing,** qui évolue rapidement ; **q. look,** examen rapide (des résultats).

Quiesce (to), s'arrêter progressivement, en douceur.

Quiescence, arrêt progressif.

Quiescent, à l'état de repos.

Quiescing, mise au repos.

Quietized, insonorisé.

Quietizer, enceinte d'insonorisation.

QUIL (Quad-In-Line-Package), boîtier à quatre rangées de connexions.

QUIP = QUIL.

Quit (to), sortir (du système).

***Quote,* q. field,** zone contenant un libellé.

Quotes, guillemets ; mais souvent apostrophes : **a character string enclosed in quotes =** '...'.

Quotient, quotient.

R

Race, unité de feuillets magnétiques.

Rack, armoire, râtelier pour bande magnétique ; **r. mounted,** monté en armoire.

Racking, **1.** étagères, rayonnage ; **2.** défilement ligne par ligne (écran).

Rack up (to), faire remonter d'une ligne (l'image-écran).

Radial, **r. density,** densité radiale ; **r. leaded**, à sortie radiale ; **r. transfer,** transfert radial.

Radio, **r. button,** cercle d'option (Mac.).

Radiosity, radiosité.

Radix, base (de numération) ; **r. complement,** complément à la base ; **r. minus one complement = *diminished r. complement* ; r. notation = *base notation* ; r. number = *radix* ; r. point,** emplacement de la virgule.

Rag, irrégularité du bord droit ou gauche d'une page imprimée.

Ragged, **r. left, right,** décalé à gauche, droite ; en drapeau (à gauche, à droite).

Raise (to), élever (à une puissance) ; mettre en fonction (un interrupteur) ; exciter (ligne d'interruption), appliquer (état), relever (plume, stylo, de traceur).

Raised, **r. floor,** faux plancher ; **r. letters,** lettres en relief.

RAM (Random Access Memory), mémoire vive (MeV), mémoire RAM ; **RAM-based,** à mémoire vive, à mémoire RAM ; **RAM disk,** disque virtuel (zone de mémoire utilisée comme disque « physique »).

Ramp, **r. down,** (temps de) décélération ; **r. function,** fonction en rampe ; **r. time,** temps d'accélération ou de décélération ; **r. up,** (temps d') accélération.

Ramp up (to), monter en production.

Rampage through core, altération (du contenu) de la mémoire par le programme.

Random, **r. access,** accès sélectif, accès direct ; **r. access device,** unité à accès sélectif ; **r. access file,** fichier à accès sélectif ; **r. access memory (RAM),** mémoire vive (MeV), mémoire RAM ; **r. access storage, r. access store = *r. access memory* ; r. check,** contrôle par sondage ; **r. file,** fichier à accès sélectif ; **r. logic,** logique à circuits discrets ; **r. number,** nombre aléatoire, nombre au hasard ; **r. number generator,** générateur de nombres aléatoires ; **r. number sequence,** suite de nombres aléatoires ; **in r. order, in r. sequence,** en ordre quelconque.

Randomization, rangement à une adresse calculée, « randomisation ».

Randomize (to), ranger à une adresse calculée, « randomiser ».

Randomizer = randomizing routine.

Randomizing, **r. routine,** programme de calcul d'adresse.

Randomly, sélectivement, de façon aléatoire, aléatoirement ; **r. arranged,** disposé dans un ordre quelconque.

Randomness, aspect aléatoire, irrégularité (de la demande, etc.).

Range, gamme, éventail, série (de produits, etc.) ; plage (de réglages) ; capacité d'un calculateur (p. e. 10^{99} à 10^{-99}) ; domaine, étendue, panoplie, palette, fourchette, portée, limites extrêmes ; bouquet, arc-en-ciel (de services) ; **r. check,** contrôle des limites, par fourchette, de vraisemblance ; **r. search,** recherche entre limites, entre bornes.

Ranged left, right = ragged left, right.

Rank (to), ranger par ordre croissant ou décroissant, classer.

Ranking, classement.

Raster, trame ; **r. count,** nombre de points adressables de la trame ; **r. graphics,** infographie par quadrillage ; **r. image processor (RIP),** processeurs d'images vectorielles ; **r. scan(ning),** balayage récurrent, balayage télévision.

Rasterization, conversion d'images vectorielles en images point à point, rastérisation.

Rasterize (to), convertir des images vectorielles en images point à point, rastériser.

Rasterizer, convertisseur d'images vectorielles en images point à point.

Rate, **1.** taux, tarif ; **2.** rythme, vitesse, cadence, débit ; **r. adaptive**, qui adapte son débit en fonction de la dégradation de qualité de la ligne ; **r. book,** le tarif (de l'entreprise) ; **r. card,** carte tarif ; **r.-making,** tarification ; **r. structure,** structure tarifaire ; **r. table,** barème.

Rated, **r. speed,** vitesse nominale ; **to be r. at,** être crédité de.

Ratio, rapport, relation, taux.

Ravel, linéarisation.

Raw, **r. data,** données brutes, données à traiter ; **r. mode,** mode brut.

Ray, **r. casting, r. tracing,** lancer de rayons.

RBE (Remote Batch Entry), télésoumission de travaux (par lot).

RBT (Remote Batch Terminal), terminal de télétraitement.

RDB (Relational DataBase), base de données relationnelles (BDR).

RDBMS (Relational DataBase Management System), système de gestion de base de données relationnelles (SGBDR).

Reach (to), joindre qq'un (par téléphone). (Les Québécois disent « rejoindre » dans le sens de « joindre par téléphone ».)

Reachability, joignabilité.

Reachable, accessible, joignable (par téléphone).

Reactivate (to), relancer (prog.) ; remettre en activité, réveiller (tâche).

Reactivation, relance (d'un programme), réveil (d'une tâche).

Read, lecture ; **r.-after-write check,** contrôle par lecture après écriture ; **r.-ahead,** lecture anticipée ; **r. alert,** incident de lecture ; **r. error,** erreur de lecture ; **r. head,** tête de lecture ; **r.-in** = ***reading-in*** ; **r.-mostly memory (RMM),** mémoire à lecture majoritaire ; **r.-only access,** consultation seule (sans mise à jour) ; **r.-only memory (ROM), r.-only storage or store (ROS),** mémoire morte (MEM) ; **r.-out** = ***reading-out;*** **r. output, r. output signal,** signal de sortie de lecture ; **r. pulse,** impulsion de lecture ; **r. time,** temps de lecture ; **r. while writing,** lecture et écriture simultanées ; **r.-write access,** consultation et mise à jour ; **r./write (R/W) head,** tête de lecture-écriture (L/E) ; **r.-write memory (RWM),** mémoire vive (MEV).

Read (to), lire ; **r. back (to),** relire ; **r. backwards (to),** faire une lecture arrière ; **r. check (to),** contrôler par relecture ; **r. in (to),** mettre en mémoire, mémoriser, stocker, enregistrer, introduire en mémoire ; **r. non destructively (to),** faire une lecture non destructive ; **r. out (to),** extraire de la mémoire, sortir ; **r. up (to),** lire dans un fichier « supérieur » (auquel on ne doit pas, normalement, accéder).

Reader, lecteur.

Readiness, **r. review,** contrôle de l'aménagement des locaux.

Reading, lecture ; **r. date,** date de relevé (d'un compteur) ; **r. head,** tête de lecture ; **r.-in,** mise en mémoire, mémorisation ; **r.-out,** sortie, extraction ; **r. pulse** = ***read pulse*** ; **r. rate,** vitesse de lecture ; **r. station,** poste de lecture ; **r. track,** piste de lecture.

Readout, **1.** sortie, extraction, affichage ; **2.** unité d'affichage à caractères, écran, afficheur.

Ready, **r. time,** temps de réserve ; **r.-to-go,** prêt à fonctionner, à l'emploi ; **r.-to-run,** « prêt à tourner », prêt à l'emploi, clé en mains.

Real, réel ; **r. constant,** constante réelle ; **r. estate, 1.** (sens propre) l'immobilier ; **2.** place occupée, encombrement ; **r. number,** nombre réel ; **r. storage,** mémoire réelle.

Real-life, réel (situation, etc.).

Realm, domaine.

Real-time or realtime (R/T), (en) temps réel ; **r.-t. clock (RTC),** horloge temps réel ; **r.-t.**

computer, ordinateur (exploité en) temps réel ; **r.-t. control**, commande en temps réel ; **r.-t. input,** introduction en temps réel ; **r.-t. monitor,** moniteur temps réel ; **r.-t. operation,** fonctionnement en temps réel ; **r.-t. output,** sortie en temps réel ; **r.-t. processing,** traitement en temps réel, traitement immédiat ; **r.-t. simulation,** simulation en temps réel ; **r.-t. working,** fonctionnement, exploitation en temps réel.

Real-world, **r. w. situation,** situation réelle.

Reallocate (to), réaffecter, changer l'affectation.

Reallocation, réaffectation.

Realm, domaine.

Rearrange (to), restructurer, modifier la présentation, remettre en forme, réorganiser, réordonner.

Rearrangement, restructuration, remise en forme, réorganisation ; remembrement (d'un fichier).

Reason, **r. code,** code d'erreur.

Reasonableness, **r. check,** contrôle de vraisemblance.

Reassemble (to), réassembler.

Reassembly, réassemblage.

Reassign (to), réaffecter.

Reassignment, réaffectation.

Rebadge (to), mettre son « étiquette » sur un matériel dont on n'est pas le constructeur.

Reblast (to), reprogrammer (par fusibles) une mémoire REPROM.

Reblasting, reprogrammation.

Reblock (to), regrouper.

Reboot (to) = rebootstrap (to).

Rebooting = rebootstrapping.

Rebootstrap (to), réinitialiser.

Rebootstrapping, réinitialisation.

Rebootware, logiciel nécessitant une relance fréquente du SE.

Rebuild (to), reconstruire (machine), reconstituer (fichier, etc.).

Rebuilding, reconstruction (machine), reconstitution (fichier, etc.).

Recalculate (to), recalculer.

Recalculation, recalcul.

Recalibrate (to), réétalonner.

Recall (to), rappeler (sens général)) ; faire rentrer, rappeler (un produit défectueux).

Recap, récapitulation, synthèse.

Recap (to), **1.** récapituler ; **2.** reboucher, recapuchonner (stylo de traceur).

Recapping, **1.** récapitulation ; **2.** rebouchage, recapuchonnage (stylo de traceur).

Recapture (to), ressaisir, saisir à nouveau.

Receipt, **1.** réception, entrée (en stock) ; **2.** reçu, récépissé ; **r. card,** carte entrée (en stock).

Receivables = accounts receivable.

Receive-only printer (ROP), imprimante sans clavier.

Receive (to), recevoir, accueillir (un produit) ; **on a r.-only basis,** en réception seulement.

Receiver, **1.** récepteur ; **2.** magasin de réception (de cartes), récepteur.

Receiving, récepteur, -trice ; **r. data,** donnée réceptrice ; **r. field,** zone réceptrice ; **r. terminal,** terminal récepteur ; **r. tray,** récepteur de papier (sur imprimante).

Receptacle, prise femelle.

Reception, réception ; accueil (fait à un produit).

Recertification, recertification.

Recertify (to), recertifier.

Rechristen (to), rebaptiser.

Recipient, destinataire (message, etc.).

Reclaim (to), récupérer (place).

Reclamation, récupération (de place).

Recode (to), refaire la programmation, reprogrammer, récrire.

Recoding, reprogrammation.

Recognition, reconnaissance, identification.

Recognizabilty, reconnaissabilité.

Recognizable, identifiable.

Recognize (to), identifier.

Recognizer, dispositif de reconnaissance.

Recolor (to), recolorer.

Recommendation, avis (CCITT).

Recompilation, recompilation.

Recompile (to), recompiler.

Recompiling, recompilation.

Recomplement (to), recomplémenter.

Recomplementation, recomplémentation.

Recomplementing, recomplémentation.

Recomputation, recalcul.

Recompute (to), recalculer.

Reconcile (to), rapprocher (comptes).

Reconciliation, rapprochement (de comptes); **r. check**, contrôle par rapprochement.

Recondition (to), **1.** remettre en état, reconstruire (une machine), réparer (une carte perforée); **2.** «chambrer» (un support : bande, cartes, etc.) (laisser séjourner dans son milieu ambiant d'utilisation).

Reconditioning, remise en état; **r. shop,** atelier de reconstruction (de machines); **r. time,** période d'acclimatation.

Reconfigurability, reconfigurabilité.

Reconfigurable, reconfigurable.

Reconfiguration, reconfiguration.

Reconfigure (to), reconfigurer (modifier la composition d'un système); **r. into (to),** réintégrer (ressource).

Reconnect (to), reconnecter.

Reconstruct (to), reconstituer (un fichier, etc.).

Reconstruction, reconstitution (d'un fichier, etc.).

Reconversion, reconversion.

Reconvert (to), reconvertir.

Record, enregistrement, et plus précisément, selon le cas : article **(logical record)** ou bloc **(physical record); r. blocking,** groupage de plusieurs enregistrements logiques dans un enregistrement physique; **r. count,** nombre d'enregistrements; **r. format,** structure d'enregistrement; **r. gap,** espace interbloc; **r. head,** tête d'enregistrement; **r. header,** en-tête d'enregistrement; **r. keeping,** tenue d'archives; **r. keeping space,** espace de rangement, d'archivage; **r. key,** clé d'enregistrement; **r. layout,** cliché d'enregistrement; **r. locking,** verrouillage au niveau de l'enregistrement; **r. mark,** drapeau d'enregistrement; **r. material or medium,** support d'enregistrement; **r.-oriented,** travaillant au niveau de l'enregistrement; **r. separator,** séparateur d'enregistrements.

Record (to), enregistrer, relever, noter (codes d'erreurs, etc.).

Recordation, enregistrement.

Recordable, enregistrable.

Recorded, **r. voice announcement (RVA),** message enregistré; **RVA device or unit,** unité de messages enregistrés.

Recorder, enregistreur, appareil d'enregistrement.

Recording, enregistrement; **r. channel,** voie d'enregistrement; **r. density,** densité d'enregistrement; **r. medium,** support d'enregistrement; **r. mode,** méthode d'enregistrement; **r. track,** voie d'enregistrement.

Records, archives.

Recover (to), récupérer (données, etc.).

Recoverability, possibilité de récupération de données, de reprise.

Recoverable, réparable (erreur), récupérable (données), reconstituable (fichier).

Recovery, **1.** récupération; **2.** reprise; **r. from fall-back,** retour à l'exploitation normale (après incident); **r. point,** point de reprise; **r. tape,** bande de sauvegarde.

Re-create (to), reconstituer (fichier, etc.).

Re-creation, reconstitution (fichier, etc.).

Recreational, **r. computing,** informatique de loisir.

Recursion, récurrence.

Recursive, récurrent.,

Recursively, de façon récurrente.

Recursiveness, récurrence.

Recustomize (to), réadapter, repersonnaliser.

Red, **r. tape operation,** opération de servitude, de service.

Redeclare (to), redéclarer.

Redesign (to), remodeler, redessiner.

Redial (to), refaire un numéro (sur un cadran d'appel), recomposer, renuméroter (tél.), rappeler.

Redimension (to), redimensionner.

Redirect (to), réacheminer, rediriger, réorienter.

Redirection, réacheminement, redirection, réorientation.

Redirector, module logiciel de redirection.

Redisplay (to), réafficher, (faire) réapparaître.

Redline (to), mettre en valeur, faire ressortir (dessin).

Redlining, mise en valeur.

Redo (to), réexécuter, réeffectuer, modifier (fichier, etc.); **r. a flowchart (to),** refaire un organigramme.

Redraw (to), retracer, redessiner; **r. a flowchart (to),** refaire un organigramme.

Reduced, **r. instruction set (computing) (RIS(C)),** (traitement avec un) jeu d'instructions réduit ou optimisé; **r. type font,** jeu réduit de caractères.

Reduction, **r. ratio,** rapport de réduction.

Redundancy, redondance; **r. check,** contrôle par redondance.

Redundant, redondant; **r. character,** caractère redondant; **r. check,** contrôle par redondance; **r. code,** code redondant.

Reed, **r. relay,** relais à ampoule; **r. switch,** contact à ampoule, interrupteur à lames souples.

Reel, bobine (de bande); **r. file number,** matricule de bobine; **r. flange,** flasque de bobine; **r. hub,** moyeu porte-bobine; **r. label,** étiquette extérieure (de bobine); **r. rack,** râtelier à bobines; **r. sequence number,** numéro d'ordre ou rang de la bobine (fichier multibobine); **r. serial number,** matricule de bobine; **r. size,** diamètre de la bobine; **r. slot,** fente d'ancrage (de la bobine); **r.-to-reel cassette,** cassette à deux bobines, bibobine; **r. truck,** chariot porte-bobines.

Reel (to), enrouler (sur une bobine).

Reeling, bobinage (de bande perforée, etc.).

Reenable (to), revalider.

Reengineer (to), remodeler, remanier, réagencer.

Reengineering, réagencement.

Reenter (to), réintroduire, refrapper (par ex. des informations au clavier), relancer, réexécuter (un sous-programme); réintégrer (dans un magasin); revenir (à un mode de fonctionnement), réaccéder (à l'écran).

Reenterable, rentrant, invariant.

Reentrant, rentrant, invariant.

Reentrancy, invariance.

Reentry, réintroduction (par ex. au clavier); **r.-e. document,** document aller-retour; **r.-e. point,** point de retour (d'un sousprogramme).

Reestablish (to), rétablir (communication), reconstituer (documents, fichiers).

Refan (to), aérer de nouveau (cartes).

Refeed (to), réalimenter (cartes).

Reference, indication, citation, renvoi, consultation (d'un fichier); **r. address =** ***presumptive address*****; r. diskette,** disquette de référence; **r. file of rates,** fichier-barème : **r. symbol,** référence symbolique, étiquette; **r. supply,** alimentation de référence; **r. table,** barème; **r. tape, 1.** bande étalon; **2.** bande maîtresse.

Reference (to), **1.** citer, désigner; **2.** consulter.

Referenced, **frequently-r.,** à taux de consultation élevé.

Referential integrity (RI), maintien des relations entre tables, jarg. «intégrité référentielle».

Referral, orientation (vers «contacts» commerciaux, etc.); **r. library,** bibliothèque de logiciels écrits par des tiers (indépendants et sociétés indépendantes).

Refetching, réextraction.

Refile (to), reclasser.

Refiling, reclassement.

Refill, recharge.

Refill (to), recharger (cartouche d'encre).

Refillable, rechargeable.

Refilling, recharge.

Reflected, **r. binary code,** code binaire réfléchi.

Reflective, **r. foil, r. strip,** marque réfléchissante (de bande magnétique).

Refold, **r. tray,** plateau de réception (déliasseuse).

Refold (to), replier (papier).

Reformat (to), remettre en forme, recomposer, restructurer, reformater.

Reformatter, programme de reformatage, reformateur.

Reformatting, restructuration, reformatage.

***Refresh,* r. memory,** mémoire de régénération; **r. rate,** vitesse de régénération (de l'image d'un écran).

Refresh (to), régénérer, rafraîchir (image d'écran).

***Refresher*, r. course,** cours de perfectionnement.

Refurbish (to), reconstruire (machine).

Refurbishing, reconstruction (d'une machine).

***Refurbishment = refurbishing*; r. center,** centre de reconditionnement, de reconstruction.

***Regain control (to)*,** reprendre la main.

***Regenerate (to)*,** régénérer, recréer.

Regeneration*,** régénération; **r. rate = *refresh rate.

***Regenerative*, r. storage, r. store,** mémoire à régénération; **r. track,** piste à recirculation.

***Regeneratively read (to)*,** faire une lecture non destructive.

***Regenerator*,** régénérateur.

***Register*,** registre; **r. length,** longueur de registre.

***Register (to)*, 1.** enregistrer, inscrire; **2.** cadrer, aligner.

***Registration*,** alignement, cadrage (des perforations, du papier); **r. gauge**, jauge de cadrage; **r. marks,** repères (imprim.).

***Regress (to)*,** régresser.

***Regression*,** régression; **r. analysis,** analyse de régression.

Reindex (to), réindexer.

Reindexing, réindexation.

***Reinitialization*,** réinitialisation.

***Reinitialize (to)*,** réinitialiser.

***Reinitiate (to)*,** relancer.

***Reinitiation*,** relance.

***Reinker*,** réencreur.

***Reinput (to)*,** réintroduire, ressaisir.

***Reinsert (to)*,** réintroduire, remettre en place, réintégrer (dans la configuration).

***Reinsertion*,** réintroduction.

***Reissue*,** réémission.

Reissue (to), réémettre (instruction ou commande au clavier), relancer.

***Reject*, r. bin, r. pocket,** case rebut (de trieuse); **r. rate,** taux de rejet (impossibilité de lecture), taux de rebut (de composants); **r. stacker = *r. bin;* r. tape,** bande «erreurs».

***Reject (to)*,** rejeter, rebuter, refuser.

***Rejection*,** rebut; **r. rate,** taux de rejet (documents erronés, etc.).

Rejoggle (to), rebattre (les cartes).

Rekey (to), recomposer (sur un clavier), réintroduire, refrapper, ressaisir, retaper.

Rekeyboard (to), ressaisir, refrapper.

Rekeyboarding, ressaisie, refrappe.

Rekeying, ressaisie, refrappe.

Relabel (to), changer les inscriptions (de boutons, etc.), réimmatriculer, renommer, relégender.

***Relational,* r. database (RDB),** base de données relationnelles (BDR); **r. database management system (RDBMS),** système de gestion de base de données relationnelles (SGBDR); **r. operator,** opérateur de relation.

Relationally, en mode relationnel.

Relationship, liaison, lien.

Relative, relatif; **r. address,** adresse relative; **r. addressing,** adressage relatif; **r. coding,** programmation relative; **r. coordinates,** coordonnées relatives; **r. error,** erreur relative; **r. record number (RRN),** numéro relatif d'enregistrement.

Relay, relais; **r. calculator,** calculatrice à relais; **r. center,** centre de commutation; **r. computer,** calculatrice à relais; **r.-operated,** à relais, commandé par relais.

Relay (to), relayer.

Relearning, recyclage.

***Release,* 1.** libération; **2.** lancement, diffusion, communiqué (de presse), mise à disposition; **3.** version (de logiciel, de bibliothèque, etc.); **r. tape,** bande de distribution.

***Release (to),* 1.** libérer (zone), réintégrer (dans la configuration); relâcher (touche, etc.), débloquer ; **2.** lancer, diffuser ; **r. to (to),** mettre à disposition.

Relevance, pertinence.

Reliability, fiabilité ; **r. engineer,** ingénieur fiabiliste.

Reliable, fiable.

Relieve (to), décharger, libérer, affranchir, délester.

Relink (to), réenchaîner, rééditer.

Relinking, réédition de liens.

Relinquish control to (to), rendre la main à.

Reload, rechargement.

Reload (to), recharger (programme etc.) regarnir (tampon etc.).

Reloadability, rechargeabilté (d'un porte-monnaie électronique).

Reloadable, rechargeable (mémoire etc.).

Reloading, rechargement (programme etc.).

Relocatability, possibilité de réadressage, translatabilité.

Relocatable, translatable ; **in r. form, in r. format,** en forme translatable, relative ; **r. program,** programme translatable.

Relocate (to), translater (un programme), déplacer, transférer.

Relocation, translation, réadressage ; **r. constant,** constante de translation ; **r. register** = ***base register.***

Relog in (to), se reconnecter.

Remainder, reste.

Remaking, réfection (cartes, etc.).

Remanufacturing, **r. facility,** unité de reconditionnement.

Remap (to), refaire la carte (des défauts disque, etc.) reconfigurer (clavier).

Remapping, reconfiguration, redéfinition (du clavier), établissement d'une nouvelle carte (des secteurs défectueux, etc.).

Remarketing, revente de matériel d'occasion.

Remedial, **r. maintenance,** maintenance corrective.

Remicrocode (to), remicroprogrammer.

Remicrocoding, remicroprogrammation.

Reminder, rappel, pense-bête.

Remote, éloigné, isolé, à distance, satellite, déporté ; souvent rendu par préfixe «télé» ; **r. access,** accès à distance, téléconsultation ; **r. alarm,** téléalarme ; **r. batch,** télétraitement par lots ; **r. batch entry (RBE),** télésoumission de travaux (par lots) ; **r. batch (processing),** télétraitement par lots ; **r. batch terminal (RBT),** terminal de télétraitement ; **r. boot(ing),** téléinitialisation ; **r. communications terminal,** terminal de télégestion ; **r. computer,** ordinateur distant ou déporté, ordinateur satellite ; **r. computing,** traitement à distance, télétraitement ; **r. concentrator,** concentrateur de lignes ; **r. connection,** téléconnexion ; **r. control,** télécommande commande à distance ; **r.-controlled,** télécommandé, commandé à distance ; **r. copier,** télécopieur ; **r. data entry,** télésaisie de données ; **r. data processing,** traitement à distance, télétraitement ; **r. diagnostic, r. diagnosis (RD),** télédiagnostic ; **r. diagnostic center,** centre de télédiagnostic ; **r. dictation,** télédictée ; **r. display,** téléaffichage ; **r. employee,** télétravailleur ; **r. fault reporting,** télésignalisation des incidents ; **r. file sharing (RFS),** partage de fichiers à distance ; **r. inquiry,** interrogation à distance ; **r. inquiry station,** poste d'interrogation à distance ; **r. job entry (RJE),** télésoumission de travaux ; **r. loading,** téléchargement ; **r. maintenance,** télémaintenance, téléentretien ; **r. manipulator,** télémanipulateur ; **r. monitoring,** télésurveillance ; **r. network processor,** processeur de réseau éloigné ; **r. peripheral,** terminal de télégestion ; **r. power off,** coupure à distance, télécoupure (de l'alimentation électrique) ; **r. printing,** téléimpression ; **r. processing,** télétraitement, télégestion ; **r. processor,** processeur éloigné ; **r. programming,** téléprogrammation ; **r. reading,** télélecture, télérelevé (compteur) ; **r. sensing,** télédétection ; **r. sensor,** télédétecteur ; **r. shopping,** téléachats ; **r. shopping terminal,** terminal de téléachat(s) ; **r. signalling,** télésignalisation ; **r. site,** site éloigné, distant, déporté ; **r. station,** poste terminal ; **r. supervision,** télésurveillance ; **r. support,** téléassistance ; **r. terminal device, r. terminal unit (RTU),** terminal éloigné ; **r. terminal supervisor,** superviseur de terminaux ; **r. wakeup,** activation d'une station à distance ; **r. work,** télétravail ; **r. worker,** télétravailleur.

Remote (to), déporter.

Remotely, à distance ; **r.-accessed database,** télébase ; **r. controlled, r. operated,** télécommandé, commandé à distance.

Remoting, déport.

Remount (to), remonter (bobine, volume).

Removability, amovibilité.

Removable, démontable, amovible ; **r. plugboard,** tableau de connexions amovible.

Removal, suppression (des lignes cachées), retrait.

Remove (to), couper (alimentation électrique), supprimer (taquets de tabulation), extraire (caractère d'un tampon), retirer (d'une file d'attente, du marché), déficher (fiche), décharger (de la mémoire), soustraire (à une liste), désinstaller (logiciel).

Rename (to), donner un nouveau nom, « rebaptiser », changer un nom, renommer.

Renaming, changement de nom, renommage.

Render, programme de rendu.

Rendering, le rendu.

Rendez-vous, rendez-vous (ADA) ; **r.-v. services,** messagerie rose.

Rendition, rendu (couleur), présentation.

Rental, **r. equipment,** matériel de location, parc locatif ; **r. value,** valeur locative.

Renumber (to), renuméroter.

Reopen (to), réouvrir, rouvrir.

Reorder, réapprovisionnement ; **r.-o. level, r.-o. point,** seuil de réapprovisionnement.

Reorder (to), **1.** passer un ordre de réapprovisionnement ; **2.** reclasser, réordonner.

Reordering, **1.** nouvelle commande ; **2.** remise en ordre, reclassement.

Reorganization, restructuration.

Reorganize (to), restructurer.

Repack (to), retasser.

Repackage (to), **1.** reconditionner (matériel), remodeler, recarrosser ; **2.** restructurer (produit, logiciel, etc.).

Repackaging, réorganisation.

Repacking, retassement.

Repaginate (to), repaginer.

Repagination, repagination.

Repaint (to), retracer (image sur écran), recolorier.

Repair, réparation ; **r. man,** dépanneur, réparateur ; **r. time,** temps de réparation.

Repatch (to), recorriger un programme.

Repatching, nouvelle correction.

Repeatedly, de façon itérative.

Repeat, répétition ; **r. key,** touche (de) répétition.

Repeater, répéteur.

Repeaterless, (fonctionnement) sans répéteur.

Reperforator, perforateur-récepteur de bande.

Repertoire, répertoire (d'instructions).

Repertory, répertoire (d'instructions).

Repetition, répétition, itération ; **r. instruction,** instruction de répétition ; **r. rate,** fréquence de répétition.

Repetitive, répétitif, itératif ; **r. addressing,** adressage sous-entendu ; **r. letter** = ***form letter*** ; **r. operation,** opération répétitive ; **r. strain injury (RSI),** micro-traumatisme répétitif.

Repetitively, itérativement.

Repetitiveness, caractère répétitif (d'un travail).

Rephrase (to), reformuler (question, etc.).

Replaceable, amovible, remplaçable.

Replacement, remplacement, substitution ; **r. track,** piste de remplacement.

Replay, réexécution.

Replay (to), relire, repasser (bande, disquette, cassette), faire redéfiler, réécouter (message), refaire défiler (image sur écran).

Replenish (to), réapprovisionner, regarnir (magasin), recharger (porte-monnaie électronique).

Replenishable, rechargeable (porte-monnaie électronique).

Replenishment, réapprovisionnement ; recharge (de porte-monnaie électronique) ; **r. order,** commande de réapprovisionnement.

Replicate (to), reproduire, se répliquer (virus).

Replication, reproduction, réplication (virus), synchronisation de différentes versions d'un fichier.

Repligraphics, reproduction de tracés (CAO & DAO).

Replot (to), retracer.

Replug (to), réenficher, reconnecter.

Report, rapport, état (imprimé), situation, relevé, compte-rendu ; parfois « historique » ; **r. deck,** paquet de cartes à imprimer sous forme d'état ; **r. description form,** imprimé de description d'état ; **r. file,** fichier (d'états à imprimer), fichier d'édition ; **r. footing (line),** dernière ligne de l'état ; **r. format form** = ***r. description form*** ; **r. generation,** génération, production, édition, d'état(s) ; **r. generator,** programme d'édition ; **r. heading,** en-tête d'état ; **r. layout,** modèle de présentation d'état ; **r. message,** message à éditer ; **r. program generator (RPG),** générateur automatique de programme (GAP), générateur de programme d'édition ; **r. terminal,** terminal d'édition ; **r. writer,** programme d'édition ; **r. writing,** édition d'états.

Report (to), signaler, communiquer : **r. to (to),** rendre compte de ses activités à qqun.

Reporter, programme ou module d'édition, éditeur.

Reporting, signalisation, sortie (d'un état, etc.), présentation, édition, suivi de stock), édition de rapports ; **r. facilities,** fonction d'édition (d'états).

Reposition (to), repositionner (bande, curseur).

Repositioning, repositionnement.

Repository, gisement (de données) ; référentiel (IBM).

Representation, représentation.

Repress (to), réappuyer (sur une touche).

Repricing, changement de tarification.

Reprint (to), réimprimer.

Reprocess (to), traiter à nouveau, réexécuter, retraiter.

Reprocessing, nouveau traitement.

Reproduce (to), reproduire, dupliquer.

Reproducer, reproductrice.

Reproducing, reproduction ; **r. punch,** reproductrice.

Reprogram (to), reprogrammer.

Reprogramming, reprogrammation.

Reprographic, reprographique.

Reprographics, la reprographie.

Reprography, la reprographie.

REPROM (Reprogrammable PROM), mémoire morte reprogrammable.

Reprompt (to), redemander (paramètres à l'opérateur, etc.).

Repudation, répudiation.

Repunch (to), reperforer, refaire (une carte).

Repunching, reperforation, réfection (carte).

Request, demande ; **r. for control,** demande d'intervention (de l'opérateur) ; **r. control routine,** sous-programme de demande d'intervention ; **r.-to-send (RTS),** demande pour émettre (DPE).

Request (to), demander ; **r. control (to),** demander à intervenir ; **r. control information (to),** demander à l'opérateur d'introduire un message, un ordre ; **r. service (to),** demander une prise en charge.

Requesting, **r. program,** programme demandeur.

Requestor, demandeur.

Requeue (to), remettre en file d'attente.

Required hyphen = hard hyphen.

Reread (to), relire.

Rerecord (to), réenregistrer.

Reroute (to), réacheminer.

Rerouting, réacheminement.

Rerun, reprise, réexécution (du traitement) ; **r. point,** point de reprise ; **r. routine,** sous-programme de reprise.

Rerun (to), réexécuter, repasser, un programme.

Rerunning, réexécution.

Resave (to), resauvegarder.

Rescale (to), modifier l'échelle.

Rescan (to), relire, « rescanner ».

Reschedule (to), replanifier, rejalonner, réintégrer (dans une file d'attente, etc.) ; **r. in (to),** replanifier vers l'amont (OF) ; **r. out (to),** replanifier vers l'aval (OF).

Rescheduling, replanification, rejalonnement.

Rescue, **r. dump,** vidage sur point de reprise ; **r. point,** point de reprise.

Rescued, secourue (station).

Research, **r. establishment, r. facility, r. outfit,** centre de recherche.

Reseller, revendeur **r. channel**, le canal, la filière, des revendeurs.

Resend (to), envoyer de nouveau.

Resequence (to), remettre en ordre, en séquence, reclasser, réordonner.

Resequencing, remise en ordre, en séquence.

Reserialize (to), renuméroter, reclasser.

Reservation, **r. clerk,** agent de réservation ; **r. counter,** guichet de réservation ; **r. terminal,** poste de réservation.

Reserve (to), réserver.

Reserved, **r. word,** mot réservé.

Reset, remise à l'état initial, remise à zéro, restauration ; **r. input,** entrée de restauration.

Reset (to), **1.** remettre à l'état initial, restaurer ; **2.** remettre à zéro ; **3.** rerégler, régler de nouveau.

Resettable, effaçable, pouvant être remis à zéro, restaurable.

Resetting, restauration, remise à zéro.

Reshape (to), remettre en forme (impulsion, etc.), restructurer.

Reshow (to), réafficher.

Reside (to), résider, être implanté.

Residency, résidence (en mémoire).

Resident, résident (système d'exploitation, etc.) ; **r. font,** police résidente.

Voir Core Memory Resident, Disc R.

Residential, **r. course,** cours à temps complet, **r. user,** utilisateur privé.

Residual, **r. error,** erreur résiduelle ; **r. value,** valeur résiduelle (d'un matériel).

Residue, reste ; **r. check,** contrôle modulo N

Resilience, résilience, capacité de survie.

Resilient, résilient.

Resist, résine photosensible.

Resistor, résistance.

Resite (to), réimplanter, déplacer.

Resizable, redimensionnable.

Resize (to), redimensionner.

Resizing, redimensionnement.

Reskill (to), requalifier.

Reskilling, requalification.

Reskin (to), retapisser (terrrain).

Resolution, résolution ; **r. error,** erreur de résolution.

Resolve (to), traduire ; **r. contention (to),** résoudre les conflits d'utilisation.

Resolver, résolveur.

Re-sort (to), retrier.

Re-sorting, reclassement.

Resource, ressource ; **r. allocation,** affectation des ressources ; **r. deallocation,** libération d'une, des, ressource(s) ; **r.-heavy, r.-hungry or r.-intensive,** gourmand en ressources (tâches, etc.) ; **r. management,** gestion des ressources ; **r. manager,** gestionnaire de ressources ; **r. sharing,** partage des ressources, informatique répartie.

Respecify (to), redéfinir.

Respond (to), réagir, répondre.

Response, réponse, accueil, réaction (de l'utilisateur, etc.) ; **r. duration,** temps de réponse ; **r. frame,** page exigeant une réponse de l'utilisateur (vidéotex) ; **r. time,** temps de réponse.

Responsibility passing, transfert d'un message EDI du destinataire initial à un autre, si le premier n'a pas la compétence voulue.

Responsiveness, rapidité de réaction.

Respool (to), rebobiner.

Restack (to), remettre en place (feuillet magnétique après lecture).

Restart, reprise, relance, redémarrage ; **r. address,** adresse de relance du programme ; **r. point,** point de reprise ; **r. routine,** sous-programme de relance.

Restart (to), relancer, redémarrer, reprendre l'exécution.

Restartable, relançable.

Restaticize (to), reprendre en charge une instruction.

Restoral, rétablissement (de l'alimentation électrique, etc.).

Restoration, rétablissement (alimentation), restauration (fichier).

Restore (to), **1.** remettre à l'état initial; rétablir (alimentation), restaurer (fichier), reconstituer; **2.** mettre à zéro.

Restricted, **r. file,** fichier à accès réservé; **r. set,** jeu réduit.

Result, résultat; **r. file,** fichier résultats.

Resume (to), reprendre (exécution, etc.).

Resumption, reprise (de l'exécution, etc.).

Resync (to), resynchroniser.

Retail for (to), coûter tant au détail, dont le prix de vente grand public est de...

Retail, la distribution, le secteur de la distribution; **r. computer store,** boutique informatique; **r. terminal,** terminal de point de vente.

Retailor (to), réadapter, repersonnaliser.

Retain (to), conserver (copie de fichier), fidéliser (la clientèle); **r. control (to),** garder la main.

Retension (to), retendre (bande).

Retention, **1.** maintien, conservation; **2.** fidélisation (de la clientèle); **r. date,** date de péremption, date d'expiration; **r. period,** période de validité.

Retime (to), resynchroniser, recaler.

Retiming, resynchronisation, recalage.

Retouch (to), retoucher.

Retrain (to), **1.** (se) recycler; **2.** (se) resynchroniser, (se) recaler.

Retraining, recyclage.

Retransmission, retransmission, répétition, réémission.

Retransmit (to), retransmettre, répéter, réémettre.

Retrievability, possibilité d'accès, d'extraction, facilité de consultation.

Retrievable, récupérable, rapatriable, accessible.

Retrieval, extraction, interrogation, recherche, prise en charge (d'une instruction), rapatriement, récupération; **r. center (RC),** centre serveur; **r. time,** temps d'accès à l'information.

Retrieve (to), retrouver, extraire, récupérer, interroger, (r)appeler, rapatrier (données du système central), aller chercher; **these characters can be retrieved...,** ces caractères sont accessibles...

Retrofit (to), exécuter une modification sur une ancienne version (d'un appareil), mettre au niveau, mettre à l'indice, «rattraper».

Retrofittable, **field r.,** qui peut être mis à niveau en clientèle.

Retrofit(ting), mise à niveau, mise à l'indice, rattrapage (d'un matériel), réadaptation.

Retry, tentative de relance d'une opération; **r. count,** nombre de relances.

Retry (to), essayer de relancer (une opération), réessayer, faire une nouvelle tentative.

Retune (to), remettre au point.

Return, **1.** retour, renvoi du traitement d'un sous-programme à la séquence principale, rétablissement (de l'alimentation électrique); **2.** indication (d'un état); **3.** moisson scientifique (fournie par un satellite, par ex.); **r. address,** adresse de retour; **r. channel,** voie de retour; **RETURN key,** touche de retour chariot et par ext. touche RETOUR ou ENTRÉE; **r.-type document,** document aller-retour.

Return (to), communiquer, fournir (info., réponse); revenir, repasser (à un état antérieur, à un mode de fonctionnement); réintégrer (ressource, article dans magasin); présenter (masque sur écran); renvoyer à; **r. control to (to),** repasser la main (à un programme), rendre la main, renvoyer à.

Returnable, **r. document,** document aller-retour.

Retype (to), refrapper, retaper, recomposer.

Retyping, refrappe, ressaisie.

Reusability, réutilisabilité, possibilité de réutilisation (d'un logiciel).

Reuse, réutilisation (d'un logiciel, etc.).

Revamp (to), réorganiser, moderniser.

Revamping, réorganisation, modernisation, rénovation, rhabillage.

Reveal (to), visualiser (codes cachés).

Revector (to), revectoriser.

Revectoring, revectorisation.

Reversal, inversion; **r. time,** temps de retournement.

Reverse, **r. assembler,** programme convertissant le langage machine en langage assembleur; **r. channel,** voie de retour; **r. charge call,** appel en PCV; **r. charging,** taxation au demandé, imputation au destinataire; **r. code dictionary,** liste de codes avec mots (anglais) correspondants; **r. compilation**, rétrocompilation; **r. directory,** annuaire donnant les noms à partir des numéros; **r. engineer (to), 1.** désosser (pour trouver secret de fabrication); **2.** reprendre l'existant, les applications existantes; **r. engineering, 1.** désossage, «rétro-technique» (recherche du secret de fabrication - concurrence ou espionnage industriel); **2.** réingénierie, reprise de l'existant (reprise des applications existantes, par exemple de celles en COBOL), rétroingénierie; **r. Polish notation (RPN),** notation polonaise inversée; **r. printing,** impression de droite à gauche; **r. reading,** lecture arrière; **r. slant,** barre oblique inverse, signe «\»; **r. video,** vidéo inverse (par ex. noir sur blanc au lieu de blanc sur noir); **in r. order, in r. sequence,** en ordre inverse.

Reverse (to), inverser; **r. the charges (to),** appeler en PCV.

Reversible, **r. counter,** compteur-décompteur.

Review, visualisation; **r. computer or machine,** machine ou ordinateur ayant servi de base à une analyse critique (dans une revue technique); la machine dont nous disposions, qui nous a été fournie...
Voir READINESS REVIEW.

Review (to), visualiser.

Reviewable, visualisable.

Rewind, rebobinage; **r. speed,** vitesse de rebobinage; **r. spool,** bobine réceptrice.

Rewind (to), rebobiner (bande), réenrouler (carbone).

Rewinding, rebobinage.

Rewire (to), recâbler.

Rewiring, recâblage.

Rework, réfection, reprise (d'une pièce).

Rework (to), reprendre (travail).

Rewrite (to), récrire, réinscrire.

Rewritability, réinscriptibilité (disque optique).

Rewritable, réinscriptible (support, disque optique, etc.), réenregistrable.

Rewriting, réécriture, réinscription.

RFU (Reserved For Future Use), réservé à un usage ultérieur.

RGB (Red Green Blue), Rouge Vert Bleu (RVB).

Ribbon, ruban (de machine à écrire, etc.); **r. cable,** câble-ruban, câble plat, limande; **r. cartridge,** cartouche de ruban; **r.-saving device,** dispositif économiseur de ruban; **r. shift,** changement de couleur; **r. spool,** bobine de ruban.

Riffle (to), ventiler, aérer (cartes); **r. through (to),** parcourir, feuilleter (pages sur écran).

Riffling, ventilation (cartes).

Right, **r.-justified,** cadré à droite.

Right justify (to), cadrer à droite.

Right-of-way, droit de passage, emprise (d'une voie).

Rightmost, de poids faible (rang).

Right(-)sizing, adaptation des objectifs d'une entreprise en fonction des solutions informatiques et réseau existantes.
Voir CAP-SIZING, DOWNSIZING, UPSIZING.

Rigid, **r. disc,** disque dur.

Rim, flasque (de bobine).

Ring, anneau, bague; **r.-based,** à anneau à jeton; **r. counter,** compteur annulaire; **r. indicator (RI),** indicateur d'appel; **r. network,** réseau annulaire, en anneau; **r. shift,** rotation, permutation circulaire; **r. topology,** topologie en anneau.

Ring (to), appeler; lang. PTT : sonner; **r. back (to),** rappeler; **r. into (to),** se brancher sur (un réseau, etc.)

Ringnet, réseau de Prime.

RIP (Raster Image Processor), processeur RIP.

Rip-and-read, allusion à l'opération consistant à extraire un document d'une imprimante et à en ressaisir le contenu (appelé *EDI interruptus* au Royaume-Uni).

Ripple, **r. pattern,** configuration d'impression; **r. print test,** impression répétée.

Ripple around or through (to), se répandre en cascade (erreurs, report, etc.), se répercuter, se transmettre.

Ripple-through carry = high-speed carry.

Rippling, en cascade.

RISC, **1. (Reduced Instruction Set Computer),** ordinateur à jeu d'instructions réduit, ordinateur à architecture RISC; **2. (Reduced Instruction Set Computing),** traitement avec un jeu d'instructions réduit; **RISC architecture,** architecture RISC, architecture à jeu d'instructions réduit; **RISC-based,** à architecture RISC.

Riser = ascender.

Risk analysis, risk assessment, évaluation du risque.

River, lézarde (dans texte).

RJE (Remote Job Entry), télésoumission de travaux.

RL (Real Life), **in real life**, dans la réalité.

RMM (Read-Mostly Memory), mémoire à lecture majoritaire.

R/O (Receive Only), **R/O terminal,** terminal récepteur (sans clavier).

Road, route; **on the r.,** itinérant, nomade, mobile, en déplacement; **r. scheduling system,** système de calcul de tournées; **r. tour or r. show,** exposition itinérante, démonstration mobile; **r. warrior**, employé itinérant, nomade (agent commercial par exemple).

Roadmap, **1.** carte routière; **2.** guide; **3.** document d'un constructeur signalant les caractéristiques de ses futurs processeurs.

Roam (to), parcourir; changer de zone de desserte; **r. around (to),** se déplacer, «se balader» (sur l'écran).

Roaming, **1.** (adj.) en déplacement; **2.** (subs.) obligation d'accueil (sur un réseau téléphonique cellulaire), itinérance (ce mot heureux ne semble guère prendre).

Robot, robot; **r. maker,** fabricant, constructeur, de robots; **r.-run,** robotisé.

Roboteer, roboticien.

Robotic, robotique.

Robotics, la robotique; **r. engineer or r. expert,** roboticien.

Robotization, robotisation.

Robotize (to), robotiser.

Rock the tape back and forth (to), faire défiler la bande alternativement en avant et en arrière.

Rocker, **r. switch,** interrupteur à bascule.

Rodent, rongeur (désigne la souris).

Role, **r. indicator,** indicateur de fonction (d'un mot-clé).

Roll, **1.** cylindre (de machine à écrire), rouleau (de lecture, de bande perforée); **2.** défilement (de l'image-écran); **r. call polling,** appel de terminaux (par ordinateur) en fonction d'une liste où chacun d'eux peut figurer plusieurs fois; **r. down key,** touche de défilement vers le bas ↓; **r. (fed) paper,** papier en rouleau (pour imprimante); **r. key,** touche de défilement; **r. up key,** touche de défilement vers le haut ↑.

Roll (to), **r. back (to),** revenir en arrière (reprise); **r. down (to),** rappeler (résultat); **r. in (to), 1.** transférer d'une mémoire auxiliaire en mémoire centrale; **2.** faire progresser un compteur; **r. off the top of the screen (to),** disparaître au haut de l'écran; **r. out (to), 1.** transférer de la mémoire centrale vers une mémoire auxiliaire; **2.** lire par passage à zéro; **3.** sortir, produire, déployer (des services); **r. over to zero (to),** passer à zéro (compteur régressif); **r. up (to),** faire remonter l'image sur l'écran.

Rollable, transférable, évacuable (programme).

Rollback, repositionnement avec restauration (non actualisée).

Rollback (to), repositionner.

Rollcall.

Voir ROLL CALL.

Rollforward, repositionnement avec restauration actualisée.

Rollforward (to), repositionner.

Rollin, rappel, transfert (disque vers MC).

Roll-in or Rollin, transfert (disque vers mémoire centrale), rappel.

Roll in (to), transférer de mémoire auxiliaire en mémoire centrale.

Rollin-rollout or roll-in-roll-out (RIRO), évacuation des données du programme en mémoire centrale avec réaffectation des ressources.

Rolling, **r. ball,** boule roulante ; **r. the keys,** frappe coulée.

Roll-off, transfert de mémoire rapide à mémoire lente (par ex. disque à BM).

Roll-on, transfert de mémoire lente à mémoire rapide (par ex. de BM à disque).

Roll-out, **1.** évacuation, transfert (vers disque) ; **2.** présentation, lancement ; **3.** déploiement (d'un réseau).

Rollover, **1.** substitution ; **2.** frappe quasi simultanée de plusieurs touches.

Rollup, **1.** cumul (de valeurs) ; **2.** déplacement, remontée (de l'image-écran).

«Roll-your-own» (system), système composé par l'acheteur (à partir d'éléments divers), système «à la carte».

ROM (Read-only Memory), mémoire morte ; **ROM-based,** à mémoire morte (système), en mémoire morte (programme) ; **ROM-resident,** résidant en mémoire morte.

ROM (to), enregistrer en mémoire ROM.

ROMable, enregistrable en mémoire ROM (mémoire fixe).

ROMed, (qui est) en mémoire morte.

ROMless, sans mémoire ROM.

Romware, logiciel ou microprogrammes stockés dans des mémoires ROM, PROM, EPROM, etc.

Rooftop, **r. antenne,** antenne de toit, antenne extérieure.

Room, **1.** place ; **2.** local, salle.

Root, racine ; **r. index,** index de base ; **r. directory,** répertoire de base, répertoire principal, répertoire racine ; **r. phase,** phase de base ; **r. segment,** segment de base.

ROS (Read-only Store), mémoire morte.

Rotate (to), faire une permutation circulaire ; **to r. a switch to (a letter, number, etc.),** afficher (une lettre, une valeur) ; **r. past (to),** défiler (par ex. tambour devant marteaux d'impression).

Rotation, **r. of tapes,** utilisation des bandes par roulement.

Rotational, **r. delay, r. latency, r. speed,** délai ou temps d'attente.

Rough, esquisse.

Rough-cut, **r.c. resource planning,** planification des charges à long terme.

Round, (subs.) arrondi ; **r. off,** arrondi ; **r. off error,** erreur d'arrondi.

Round (adj.), **r. bracket,** parenthèse ; **r. cornered card,** carte à coins arrondis ; **r. trip document,** document aller-retour.

Round (to), arrondir ; **r. down (to),** arrondir par défaut ; **r. off (to),** arrondir au plus près ; **r. up (to),** arrondir par excès.

Rounding, arrondi ; **r. error,** erreur d'arrondi ; **r. off,** arrondi ; **r. off error,** erreur d'arrondi.

Round-robin, (interrogation, etc.) à tour de rôle ; circulaire (liste).

Round-the-clock, 24 heures sur 24.

Route, itinéraire ; **r. sheet** = ***routing sheet.***

Route (to), acheminer (un message), aiguiller (carte vers récepteur) ; **r. around (to),** contourner.

Router, **1.** machine à détourer, détoureuse ; **2.** routeur (programme).

Route-through, acheminement (de paquets) entre nœuds émetteurs et récepteurs par l'intermédiaire d'autre nœuds.

Routine, programme, sous-programme (souvent standard), séquence ; **r. check,** contrôle programmé ; **r. library,** bibliothèque de programmes ; **r. maintenance,** entretien de routine, entretien courant.

Routing, **1.** acheminement (de messages, etc.), routage ; **2.** détourage ; **r. file,** fichier (des) gammes ; **r. indicator,** indicateur d'acheminement ; **r. sheet,** fiche de gamme.

Roving, itinérant, en déplacement, jarg. «nomade» (utilisateur).

Row, ligne (de carte perforée, de matrice), colonne (de bande perforée), rangée (de touches) ; **twice in a row,** deux fois successivement ; **r. binary,** perforation en binaire par ligne, deux fois de suite ; **r. binary card,** carte binaire par ligne ; **r. parity check,** contrôle de parité transversale ; **r. pitch,** pas longitudinal (bande perforée) ; **r. punch,** perforateur ligne par ligne.

ROW (Rest of World), le reste du monde.

RPG (Report Program Generator), générateur automatique de programmes (GAP).

RPN (Reverse Polish Notation), notation polonaise inversée

RS**, 1. (Record Separator),** séparateur d'enregistrements ; **2. (Reed Solomon), R.S. code,** code Reed Solomon.

RSI (Repetive Stress Injury), micro-traumatisme répétitif.

RT (Real Time), temps réel

RTC (Real-Time Clock), horloge temps réel.

RTS (Request to send), demande pour émettre (DPE).

Rub,* r.-out character = *erase character.

***Rubber,* r. band(ing),** tracé élastique, étirement

Ruggedize (to), renforcer, étoffer.

Ruggedness, robustesse.

***Rule,* 1.** règle ; **2.** filet (en PAO) ; **r. base,** base de règles ; **r.-based,** à base de règles ; **r. weight**, graisse de filet (en PAO).

Ruler, règle de format.

Run, passage (en machine), unité de traitement ; **r. book,** dossier d'exploitation ; **r. chart, r. diagram,** organigramme d'exploitation ; **r. date,** date (d'exécution) d'un passage sur machine ; **r. length coding**, codage par plages ; **r. phase,** phase d'exécution ; **r. unit,** module chargeable.

Run (to), exécuter, dérouler, passer (un programme), tourner (application sur tel ou tel matériel) ; **r. again (to),** réexécuter ; **to be running**, être en cours d'exécution.

Run-of-the-mill, courant (application, etc.).

Run out (to), vider la piste (par exemple après un bourrage de cartes).

***Runaway,* r. slewing,** saut de papier ininterrompu (intempestif) ; **r. tape,** emballement de la bande.

Rundown, liste.

Runnability, exécutabilité (d'un programme).

***Runnable,* in r. form,** sous forme exécutable.

Running, exécution, déroulement, passage (d'un programme), gestion (de la bibliothèque de programmes) ; **r. count,** cumul ; **r. foot or footer,** titre (courant) en bas de page ; **r. head or header,** titre (courant) en haut de page ; **r. time,** temps d'exécution ; **r. total,** total cumulé, cumul.

Voir PARALLEL RUNNING.

***Run-time,* 1.** durée de l'exécution ; **2.** moment de l'exécution ; **r. t. library,** bibliothèque d'exécution ; **r.-t. (parameter, etc.),** valorisé à l'exécution.

RVA (Recorded Voice Announcement), message enregistré ; **RVA device or unit,** unité de messages enregistrés.

R/W (Read/write), lecture/écriture (L/E).

RWM (Read Write Memory), mémoire vive.

S

SAA (Systems Application Architecture), architecture unifiée d'applications (AUA).

Safeguard, sécurité.

Safeguard (to), protéger.

Safe store (to), mémoriser (contenu d'un registre, etc.).

Safety, **s.-critical,** à sécurité critique ; **s. officer,** responsable de la sécurité ; **s.-related,** qui intéresse la sécurité, sécuritaire ; **s. ring,** bague de sécurité ; **s. stock,** stock de sécurité.

Salami shaving, fraude informatique consistant à transférer de très petites sommes à partir d'un grand nombre de sources ; associée souvent à la récupération d'arrondi ; « saucissonnage ».

Sales, **s. engineer, salesman,** ingénieur commercial ; **s. lead,** contact (client potentiel) ; **s. ledger** = ***accounts receivable*** ; **s. network,** réseau commercial ; **s. pattern,** profil des ventes ; **s. pitch,** baratin commercial ; **s. point,** argument de vente ; **s. rep(resentative),** représentant commercial.

Salvage (to), sauver, récupérer.

Salvageable, récupérable.

Salvager, programme de sauvetage.

Salvaging, récupération.

Same, **s. size,** à l'identique (copie).

Saming = ANDING.

Sample, échantillon ; exemple (de programme) ; spécimen (d'impression) ; **s. and hold,** échantillonneur-bloqueur ; **s. coding,** exemple de programmation ; **s. data,** données d'essai ; **s. print,** échantillon, exemple, d'impression ; **s. problem,** problème-exemple.

Sample (to), échantillonner ; **s. again (to),** rééchantillonner.

Sampling, **1.** échantillonnage (élec.) ; **2.** échantillonnage, test (d'un produit) ; **s. rate,** fréquence d'échantillonnage ; **s. theory,** théorie de l'échantillonnage.

SAN (Small-Area Network), petit réseau local.

Sand box, zone d'exécution des appliquettes.

Sanity test, test de validité.

Sans serif, sans empattement (caractère).

Sat, satellite ; **sat comm.,** communications par satellite.

Satellite, **1.** satellite ; **2.** (adj.) satellitaire (images, etc.) ; **s.-based,** par satellite ; **S. Business System (SBS),** filiale de Comsat (dont IBM est le plus gros actionnaire) proposant des communications par satellite aux Etats-Unis ; **s. computer, processor,** ordinateur, processeur, satellite ; **s. link,** liaison (par) satellite.

Satisfied (to be), être exécuté le nombre de fois voulu (boucle).

Satstream, service de transmission de données numériques international de British Telecom.

Savable, sauvegardable.

Save, **s. field,** zone de sauvegarde.

Save (to), sauvegarder, préserver, ranger, conserver (par ex. contenu d'un registre) ; stocker (bande à conserver) ; gagner (temps, place) ; réduire (encombrement en mémoire) ; économiser (énergie).

Save, sauvegarde.

Saver circuit, circuit économiseur.

Saving, sauvegarde.

SBC (Single-Board Computer), ordinateur monocarte.

SBS = Satellite Business System.

Scalability, extensibilité.

Scalable, extensible ; **s. font,** police vectorielle.

Scalar, scalaire.

Scale, échelle ; **s. factor,** facteur d'échelle.

Scale (to), changer d'échelle.

Scaled, **s.-down version,** version réduite.

Scaling, mise à l'échelle, **s. factor =** ***scale factor.***

Scan (to), explorer, balayer, analyser, scruter, parcourir (liste), numériser, jarg. « scanner », « scannériser » ; **s. for (to),** rechercher ; **s. in (to),** lire (images).

Scannable, analysable, lisible par scanner, « scannable ».

Scanner, lecteur, jarg. « scanner », « scanneur » ; **s. head,** « douchette ».

Scanning, lecture, « scannage », numérisation, jarg. « scannérisation » ; **s. board,** carte de numérisation ; **s. center,** centre de numérisation ; **s. wand,** crayon-lecteur.

Scatter, **s. chart, s. gram, s. plot,** nuage de points.

Scatter (to), ventiler, éclater (des données).

Scatter-gather, ventilation-regroupement.

Scatter-loading, chargement (en mémoire) avec implantation des segments dans des emplacements non consécutifs.

Scatter-read, lecture avec éclatement.

Scavenging, fraude informatique consistant à se procurer des informations en « faisant les poubelles » (récupération des listages) et en récupérant ce qui peut traîner sur les bureaux.

Schedule, programme, horaire, échéancier, barème, tableau (d'amortissement), calendrier (de travaux), planning.

Schedule (to), planifier, prévoir, organiser.

Scheduled, **s. engineering time,** temps de maintenance concertée ; **s. maintenance,** maintenance planifiée.

Scheduler, **1.** planificateur de tâches ; **2.** agent de planification.

Scheduling, planification, ordonnancement, organisation (de tournées de véhicules).

Schema, schéma (base de données).

Schematic, **s. capture,** saisie de schémas ; **s. diagram,** schéma de principe ; **feed s.,** cinématique d'alimentation.

Scheme.
Voir CODING SCHEME.

School.
Voir EDP SCHOOL, DATA PROCESSING S.

Scientific, scientifique ; **s. computation,** calcul scientifique ; **s. compiler,** compilateur scientifique ; **s. computer,** calculateur scientifique ; **s. computing,** calcul scientifique, l'informatique scientifique ; **s. data processing,** informatique scientifique ; **s. notation,** notation scientifique ; **s.-oriented language processor,** compilateur de programme scientifique ; **s. package,** progiciel scientifique ; **s. processor,** processeur scientifique ; **s. programmer,** programmeur scientifique.

Scissoring, détourage.

Scope, **1.** étendue, portée (des variables), espace de validité ; **2.** oscillo, oscilloscope.

Scramble, **s. bin,** puits à dépression ; **s. pattern, 1.** configuration binaire brouillée ; **2.** configuration de brouillage, de masquage ; **s. total,** total mêlé.

Scramble (to), embrouiller, rendre indéchiffrable.

Scrambled, **s. book,** livre « brouillé » (pour enseignement programmé).

Scrambler, embrouilleur.

Scrambling, embrouillage.

Scrap (to), mettre à la ferraille, mettre au rebut, rebuter.

Scrapbook, album (Mac.).

Scratch, brouillon ; **s. area,** zone de travail, zone de manœuvre ; **s. date,** date de péremption, d'expiration ; **s. device,** unité de travail ; **s. disc,** disque de travail ; **s. file,** fichier de travail, fichier de manœuvre ; **s. pad,** zone de travail ; **s. pad memory,** mémoire de travail ; **s. pool,** pool de bandes ; **s. storage,** mémoire de travail ; **s. tape,** bande de travail, de manœuvre.

Scratch (to), **1.** effacer ; **2.** banaliser.

Scratchable, effaçable.

Screen, **1.** écran ; **2.** image apparaissant sur l'écran, image-écran et par ext. masque (de saisie), grille (de visualisation) ; **s.-based,** à écran ; **s. builder,** programme de création de masques ; **s. capture,** capture d'écran (sur disque, etc.) ; **s. copy,** recopie d'écran ; **s. designer,** créateur de masques ; **s. dot**, point d'écran ; **s. driver,** pilote d'écran ; **s. dump,** recopie d'écran (sur imprimante) ; **s. dumper,** programme de recopie d'écran ; **s. filter,** filtre pour écran d'ordinateur ; **s. form(at),** masque, grille ; **s. generator,** générateur de masques ; **s. grab**, capture d'écran ; **s. grabber,** utilitaire de saisie d'écrans ; **s. handler,** gestionnaire d'écran ; **s. labeled,** dont le nom apparaît sur l'écran ; **s. management,** gestion d'écran(s) ; **s. manager,** gestionnaire d'écran ; **s.-oriented,** à écran, au niveau de l'écran ; **s.-oriented editor,** éditeur « page » (permettant le déplacement du curseur dans tout le texte) ; **s. overlay,** possibilité de conserver certaines images sur l'écran tout en provoquant l'affichage de nouvelles images ; **s. pointing device,** (tout) dispositif permettant de désigner un point de l'écran ; **s. population,** parc d'écrans ; **s. popping**, présentation, affichage, sur écran ; **s. printer,** machine à sérigraphier ; **s. print(ing), 1.** sérigraphie ; **2.** recopie d'écran ; **s. saver,** économiseur (d'écran) ; **s. saver utility,** utilitaire économiseur (d'écran).

Screen (to), trier, sélectionner, filtrer.

Screenful, écran complet, page-écran.

Screening, filtrage, sélection.

Screenload, écran (d'informations, etc.).

Script, séquence type (SE).

Voir Machine Script.

Scroll, **1.** journal ; **2.** = ***scrolling*** **; s. bar,** barre de défilement ; **s. box,** ascenseur ; **s. key,** touche de (commande de) déplacement ; **s. down, up,** déplacement vers le bas, le haut ; **SCROLL LOCK key,** touche arrêt défi(lement) ; **s. mode,** mode rouleau ; **s. ribbon,** ruban d'imprimante par ligne.

Scroll (to), faire défiler (image sur écran) ; **s. down (to),** faire descendre ; **s. through (to),** parcourir (en faisant défiler sur l'écran) ; **s. up (to),** faire remonter.

Scrollable, qui peut défiler.

Scrolling, défilement, déplacement (image).

Scrub (to), purger (mémoire, etc.).

Scrubber, **memory s.,** purgeur de mémoire.

Scrubbing, purge (mémoire).

SCSI (Small Computer Systems Interface) port, port SCSI.

Scuzzy port (SCSI port), port SCSI.

SDI (Selective Dissemination of Information), diffusion sélective de l'information.

SDLC (Synchronous Data Link Control), procédure de commande de transmission synchrone, procédure SDLC.

Sea, **s. of gates** = ***gate array.***

Seamless, transparent.

Seamlessly, de façon transparente.

Search, recherche ; **s. and replace,** recherche et remplacement ; **s. condition**, critère de recherche ; **s. cycle,** cycle de recherche ; **s. engine**, moteur de recherche ; **s. key,** clé, critère, de recherche ; **s. string,** chaîne recherchée ; **s. time,** temps, durée, de recherche ; **s. word**, mot recherché.

Search (to), chercher (dans une piste, etc.), parcourir, explorer (fichier, etc.) ; **s. through a file, s. a file, a table, for something (to),** rechercher quelque chose dans un fichier, une table.

Searchable, consultable.

Searcher, logiciel de recherche.

Searching, **s. process,** opération de recherche.

Seat, poste (d'un système multiposte, de CAO) ; **per seat,** par utilisateur ; **s. reservation clerk,** agent de réservation ; **s. reservation system,** système de réservation de places.

Second, **s. generation (computer),** (ordinateur) de seconde génération ; **s.-hand computer,** ordinateur d'occasion ; **s. level address** = ***indirect address*** **; s. source,** seconde source ; **s. source (to),** assurer, offrir, une seconde source d'approvisionnement ; **s. sourcing,** seconde source d'approvisionnement.

Secondary, secondaire ; **s. failure,** défaillance secondaire ; **s. station,** station secondaire ; **s. storage, s. store,** mémoire auxiliaire.

Section.

Voir Arithmetic Section, Control S., Input S., Output S.

Section (to), segmenter (programme).

Sector, secteur (de disque, etc.).

Sectoring, sectorisation, découpage en secteurs.

Sectorize (to), découper en secteurs, sectoriser.

Sectorizing, sectorisation, découpage en secteurs.

Secure, sûr, sécurisé ; **S. Sockets Layer (SSL)**, protocole SSL ; **s. tunnel**, tunnel protégé.

Security, sécurité ; **s.-conscious,** soucieux de, préoccupé par la, sécurité ; **s. copy,** copie de sécurité, de sauvegarde ; **s. features,** les sécurités ; **s. hole**, faille dans le système de sécurité ; **s. officer,** chargé de sécurité, responsable de la sécurité.

Seed, valeur de départ (calcul d'une suite de nombres pseudo-aléatoires), germe.

Seek, recherche, positionnement ; **s. ordering,** (re)mise en ordre des commandes (pour réduire le temps de positionnement) ; **s. time,** temps de positionnement.

Seek (to), chercher, rechercher ; positionner (têtes magnétiques).

Segment, segment (de programme), tranche (de temps), secteur (industriel) ; **s. name table,** table des noms de segments.

Segment (to), fractionner, segmenter (programme), subdiviser (écran en fenêtres).

Segmentation, segmentation, découpage.

Segmenting, découpage en segments, segmentation.

Segmentize (to), segmenter.

Segregate, **s. into a pocket (to),** envoyer dans une case.

Seize (to), faire une prise de ligne.

Select, sélection.

Select (to), choisir, sélectionner ; **s. into a pocket (to),** envoyer dans une case.

Selecting, sélection, invitation à recevoir ; **s. circuit,** circuit de sélection.

Selection, sélection ; **s. check,** contrôle de sélection ; **s. ratio,** rapport de sélection.

Selective, **s. calling,** appel sélectif, invitation à recevoir ; **s. dissemination of information (SDI),** diffusion sélective de l'information ; **s. dump,** vidage sélectif ; **s. erase,** effacement sélectif ; **s. trace (routine),** programme de vidage sélectif.

Selector, sélecteur ; **s. channel,** canal sélecteur ; **s. pen,** photostyle.

Self-, **s.-adapting,** auto-adaptatif ; **s.-adaptative,** auto-adaptatif ; **s.-addressing,** auto-adressable ; **s.-booting,** à initialisation automatique ; **s.-calibrating,** à autoétalonnage ; **s.-capping,** à rebouchage automatique ; **s.-check digit,** chiffre d'auto-contrôle ; **s.-checking,** auto-contrôle, auto-vérification ; **s. checking code =** ***error detecting code*** ; **s.-complementing,** auto-complémenteur ; **s.-configuring,** à auto-configuration ; **s.-contained,** autonome ; **s.-correcting code,** code auto-correcteur ; **s.-diagnostic,** auto-diagnostic ; **s.-documenting,** auto-documentant ; **s.-generating,** autogénérateur ; **s.-healing,** autoréparateur ; **s.-initiated,** à auto-déclenchement, à autolancement ; **s.-loading,** auto-chargeable ; **s.-monitoring,** auto-surveillance ; **s.-organizing,** auto-organisateur ; **s.-relative addressing,** adressage différentiel ; **s.-relocatable,** auto-translatable ; **s. relocating,** auto-translatable ; **s.-replicating,** autoreproducteur (virus) ; **s.-resetting loop,** boucle auto-restaurée ; **s.-sensing,** autodétecteur ; **s.-service terminal,** guichet en libre service, guichet automatique ; **s.-targeted,** autociblé ; **s. test,** test automatique ; **s. threading,** (à) amorçage automatique ; **s. train (to),** s'autoformer ; **s.-triggered program,** programme à lancement automatique ; **s.-triggering program,** programme à lancement automatique.

Selling point, argument de vente.

Semantic, **s. network or net,** réseau sémantique.

Semantics, la sémantique.

Semaphore, sémaphore.

Semi-, semi- ; **s.-automatic message switching center,** centre de commutation semi-automatique ; **s.-custom (chip, etc.),** puce, CI, prédiffusé ; **s.-conductor,** semi-conducteur ; **s. house,** fabricant de semi-conducteurs ; **s. conductor memory,** mémoire à semi-conducteurs ; **s. custom,** semi-personnalisé ; **s.-maker,** fabricant de semi-conducteurs ; **s.-perforated tape,** bande semi-perforée, bande à confetti non détachés.

Send (to), envoyer ; **s. back (to),** renvoyer ; **s. out (to),** envoyer, émettre.

Send-receive unit, appareil émetteur-récepteur.

Sending, **s. data,** donnée émettrice ; **s. field,** zone émettrice ; **s. station,** station émettrice.

***Senior,* s. character,** caractère le plus significatif (d'un mot machine).

Seniority, ancienneté, priorité, préséance.

***Sense,* s. amp,** ampli(ficateur) de détection ; **s. line,** fil de lecture ; **s. signal,** signal de lecture ; **s. switch = *alteration switch* ; s. winding,** fil de lecture.

Sense (to), lire (par exploration), détecter, explorer, tester.

Sensible, confidentielles (données).

Sensing, détection, analyse, lecture par exploration ; **s. arm,** palpeur ; **s. device,** capteur, détecteur, palpeur ; **s. finger,** palpeur ; **s. pin,** plongeur de lecture ; **s. station,** poste de lecture.
Voir Mark Sensing.

***Sensitive,* 1.** confidentielles (données) ; **2.** à effleurement (touches).

Sensitivity, sensibilité (d'un appareil) ; **s. analysis,** analyse de sensibilité.

Sensor, capteur, détecteur, palpeur ; **s.-based,** connecté à l'instrumentation ; **s.-based computer,** ordinateur industriel ; **s. head,** tête de lecture, jarg. « douchette » ; **s. glove**, gant tactile.

Sent-ahead quantity, quantité avancée (sur centre de charge aval).

Sentinel, drapeau, marque.

Separating, de séparation, intercalaire ; **s. blank character,** espace de séparation.

***Separator,* 1.** séparateur, caractère de séparation ; **2.** déliasseuse ; **s. card,** carte intercalaire.

Sequence, séquence, ordre, suite, monotonie ; **s. access storage,** mémoire à accès séquentiel ; **s. chart,** diagramme de fonctionnement ; **s. check(ing),** contrôle de séquence ; **s. checking routine,** sous-programme de contrôle de séquence ; **s. control counter = *P-counter* ; s. control register,** compteur d'instruction ; **s. counter = *s. control counter* ; s. error,** erreur de classement ; **s. field,** zone du numéro de séquence ; **s. key,** indicatif de classement ; **s. key field,** zone de l'indicatif ; **s. number,** numéro d'ordre ; **s. numbering,** immatriculation ; **s. of events,** succession, suite d'événements ; **s. of operations, 1.** ordre de succession des opérations ; **2.** gamme (en fabrication) ; **s. register = *s. control register.***

Sequence (to), ordonner, mettre en ordre, en séquence, classer, trier ; **s. check (to),** contrôler la séquence.

Sequencing, classement, mise en séquence, tri ; **s. by merging,** rangement par interclassement.

Sequential, séquentiel, consécutif ; **s. access,** accès séquentiel ; **s. access storage,** mémoire à accès séquentiel ; **s. computer,** calculateur séquentiel ; **s. control,** exécution des instructions en séquence ; **s. file,** fichier (en) séquentiel ; **s. operation,** exécution séquentielle des opérations, fonctionnement séquentiel.

Sequentially, séquentiellement ; **s.-numbered,** à numérotage séquentiel ; **s.-ordered file,** fichier séquentiel ; **s.-organized file,** fichier séquentiel.

Serial, en série, sériel ; **s. access,** accès séquentiel ; **s. adapter,** adaptateur série ; **s. by bit, by character, by word,** en série par bit, par caractère, par mot ; **s. computer,** calculateur sériel ; **s. disc,** disque série ; **s. feed,** alimentation colonne par colonne, en série ; **s. full adder,** additionneur série ; **s. full subtracter,** soustracteur série ; **s. half adder,** demi-additionneur série ; **s. half subtracter,** demi-soustracteur série ; **s. in, parallel out (SIPO),** entrée série et sortie parallèle ; **s. in, serial out (SIBO),** entrée/sortie série ; **s. input/output (SIO),** entrée/sortie série ; **s. interface,** interface série ; **s. number,** matricule, numéro d'immatriculation ; **s.-numbered,** immatriculé ; **s. operation,** opération en série ; **s.-parallel,** série-parallèle ; **s. poll,** interrogation (en) série ; **s. port (S/P),** port série ; **s. printer,** imprimante série, imprimante caractère par caractère ; **s. processing,** traitement série ; **s. programming,** programmation série ; **s. punch,** perforateur série ; **s. reader,** lecteur série ; **s. storage,** enregistrement en série ; **s.-to-parallel converser,** convertisseur série-parallèle ; **s. transfer,** transfert (en) série ; **s. transmission,** transmission en série.

***Serialization,* 1.** numérotation consécutive, immatriculation ; **2.** mise en série, sérialisation.

***Serialize (to),* 1.** numéroter consécutivement, immatriculer ; **2.** mettre en série, sérialiser.

Serializer, numéroteur.

Serially, séquentiellement, en série, successivement ; **s.-numbered,** à numérotage consécutif.

Series, série.
Voir TIME SERIES.

Serif, empattement (d'un caractère).

Serpentine, **s. recording,** enregistrement en serpentin (commutation de pistes sans rebobinage).

Serve (to), desservir, prendre en charge (terminaux, utilisateurs).

Server, serveur ; **s.-managed,** géré par serveur.

Service, service, prestation ; **to need, to request, s.,** nécessiter, demander une prise en charge ; **s. aids,** conseils, informations pratiques ; **s. agreement,** contrat de maintenance ; **s. bits,** bits de service ; **s. bureau,** entreprise de traitement à façon, centre de traitement à façon, façonnier ; **s. call,** intervention sur machine ; **s. center, 1. = *bureau* ; 2.** centre de dépannage, centre de service ; **s. clearance,** dégagement ; **s. contract,** contrat de maintenance ; **s. engineer,** technicien de maintenance ; **s. firm,** société (prestataire) de services ; **s. hours,** heures d'utilisation ; **s.-led,** dont le critère est le service ; **s. life,** durée d'utilisation ; **s. man,** dépanneur ; **s. manual,** notice d'entretien ; **s. operations,** opérations de servitude ; **s.-oriented,** axé sur le service ; **s. packaging**, composition de l'offre de services, formules de service ; **s. program, s. routine,** programme de service, de servitude ; **s. provider, 1.** prestataire de services ; **2.** fournisseur de services (Internet) ; **s. representative,** technicien de maintenance ; **s. request, 1.** demande de prise en charge ; **2.** demande d'intervention (dépannage, etc.) ; **s. time,** délai de prise en charge.

Service (to), desservir ; honorer, satisfaire (demande), prendre en charge (interruption de programme) ; gérer, assurer la gestion, intervenir.

Serviceability, aptitude au service ; **s. ratio,** taux d'aptitude au service.

Serviceable, utilisable, prêt à fonctionner ; **s. time,** temps disponible.

Servicing, intervention, entretien et dépannage ; prise en charge ; **s. time = *engineering time.***

Serving Post Office (SPO), bureau serveur.

Servlet, programme Java qui s'exécute sur un serveur.

Servomechanism, servomécanisme.

Session, **1.** session ; **2.** vacation ; **paid by s.,** payé à la vacation ; **s. layer,** couche session.

SET (Secure Electronic Transaction), transaction électronique sécurisée.

Set, **1.** jeu, ensemble (de caractères, d'outils, de données, etc.), fichier ; couple (de parenthèses), éventail (de langages) ; **2.** liasse (par ex. papier sur imprimante) ; **3.** positionnement, mise à 1 ; **s. input,** entrée de positionnement ; **s. of wire brushes,** brosse (de lecture) ; **s. point,** point de consigne ; **s. pulse,** impulsion de positionnement, de commande ; **s. theory,** théorie des ensembles.

Set (to), **1.** mettre à 1 (bit) ; **2.** positionner, forcer à une valeur, sélectionner (mode de fonctionnement) ; **3.** définir, fixer ; **s. aside,** réserver ; **s. off (to),** mettre hors fonction ; **s. on (to),** mettre en fonction ; **s. tabs (to),** poser les tabulation) ; **s. up (to),** préparer, configurer.

Setting, positionnement ; mise à 1 ; **s. on, s. off,** mise en fonction, hors fonction ; **s. up,** constitution (d'une table en mémoire) ; établissement (d'une liaison), configuration (imprimante).

Settings, paramètres.

Set-up, **1.** montage ; **2.** organisation, structure, constitution ; **s.-up diagram,** schéma de montage ; **s.-up diskette,** disquette d'installation ; **s.-up man,** régleur ; **s.-up time,** temps de préparation, temps de manipulation(s) préalable(s).

Set up (to), **1.** monter, installer (machine) ; **2.** établir, constituer, configurer ; composer (chiffre, etc. sur clavier).

Settle (to), (se) stabiliser.

Set-top box, décodeur.

Settling, **s. time, 1.** temps d'établissement ; **2.** temps de stabilisation.

Seven, **s.-layer Open Systems Interconnection (OSI) model, s. layer reference model,** modèle « Interconnexion de Systèmes Ouverts (ISO) » à sept couches ; **s.-segment (display, etc.),** affichage 7 segments (= utilisant 7 bâtonnets).

Sever (to), sectionner, couper.

Severe, difficile, hostile (environnement).

Severity, gravité (erreur, etc.).

Sex changer = gender changer.

Sexadecimal, sédécimal, hexadécimal.

Sexy port (SCSI port), port SCSI.

Shade, nuance.

Shade (to), ombrer.

Shading, ombrage.

Shadow, **s. printing,** impression en gras par frappe multiple parfois décalée ; **s. recording,** enregistrement en double (simultanément sur 2 unités physiques différentes) ; **s. RAM,** mémoire miroir.

Shadowing = shadow recording.

Shaft, arbre, axe ; **s. position encoder,** codeur de position angulaire.

Shake, **s.-down (of equipment),** essais (d'un matériel) ; **s.-down period,** période de rodage ; **s.-down test,** test d'endurance.

Shaker, **s.-down,** rodé, mis au point.

Sharable, qui peut être utilisé en commun, collectivement, partageable.

***Share*, s. everything**, partage total ; **s. nothing**, sans partage.

Share (to), partager, utiliser en commun (ressources, etc.).

Shared, partagé, commun, public (par opposition à privé) ; **s. database,** base commune de données ; **s. logic,** logique partagée ; **s. resourcing,** partage des ressources ; **s. software = *shareware.***

Shareware, logiciel en libre-essai, logiciel contributif, logiciel à contribution volontaire, partagiciel, collecticiel (logiciel diffusé en libre-essai dont l'auteur demande une cotisation *a posteriori* à ceux qui apprécient son programme).

Sharing.
Voir FILE-SHARING, LOAD-S., TIME-S.

Shear angle, angle d'inclinaison (d'un graphisme par rapport à la perpendiculaire à la base).

Sheep dip (to), tester un fichier, etc. sur un ordinateur isolé pour y rechercher d'éventuels virus.

Sheet, feuille, feuillet ; **s.-fed,** alimenté feuille à feuille ; **s. feed,** avancement du papier ; **s. feeder,** dispositif d'alimentation feuille à feuille, introducteur feuille à feuille, le feuille à feuille ; **s. feeding,** alimentation feuille à feuille.

Shelf, tablette, étagère ; **s. life,** durée de conservation (d'un produit ou d'un appareil inutilisé) ; **s. space,** linéaire (dans supermarché).

Shelfware, logiciel dormant (inutilisé mais présent sur l'étagère de son propriétaire).

Shell, **1.** interpréteur de commandes interactif (Unix) ; **2.** système expert générique ; **s. script,** commandes en langage natif ; **Shellsort,** algorithme de tri dû à Donald Shell (1959).

Shield, blindage, écran.

Shield (to), blinder.

Shift, **1.** décalage (dans registre, ou d'image-écran vers la gauche ou la droite), passage de minuscules en majuscules (clavier), glissement ; **2.** période de travail, poste, brigade, faction, équipe ; **s. key,** touche de positionnement de clavier, touche « majuscules » ; **s. leader,** chef d'équipe, chef de quart ; **s. lock,** verrouillage de clavier ; **s. manager = *shift leader* ; s. register,** registre à décalage, **s. supervisor = *s. leader* ; s. work,** travail posté (par rotation d'équipes), travail par vacations ; **s. worker,** brigadier.

Shift (to), décaler, faire un décalage.

Shift around (to), déplacer l'image sur l'écran.

Shift-in (S/I), **s.-i. character,** caractère de code normal.

Shift in (to), introduire par décalage.

Shift-out (S/O), **s.-o. character,** caractère de code spécial.

Shift out (to), éliminer par décalage, sortir (d'un registre, etc.).

Shiftable, décelable.

Shifting, décalage ; **s. register,** registre à décalage.

Shine (to), projeter (faisceau).

Ship (to), expédier ; par ext. livrer.

Shipborne, **s. equipment,** matériel embarqué (à bord d'un navire).

Shipment, expédition ; par ext. livraison.

Shipping, **s. card,** carton de protection (pendant transport) ; **s. protector,** disquette factice (protection de la tête de lecture).

Ship-to (information, etc.) = destinataire(s).

Ship-to-stock (program, etc.), livraison de pièces, produits, etc. entrant directement dans le stock du destinataire sans subir de contrôle à l'arrivée (en raison de leur haute fiabilité).

Shoe, **left s.,** symbole ⊃.

Shooting.
Voir TROUBLE-SHOOTING.

Shop, magasin, atelier ; **s.-at-home (market, services, etc.),** télé-achats ; **s. floor terminal,** terminal d'atelier, terminal industriel ; **s. order,** ordre de (lancement en) fabrication ; **s. packet,** dossier de fabrication.
Voir CLOSED SHOP, OPEN S.

Shop (around) for (to), rechercher (matériel à acheter, etc.), faire le tour (des constructeurs, distributeurs, etc.), faire son marché, faire la tournée de.

Short, **1.** (adj.) court ; **2.** (subs.) court-circuit ; **s. card,** carte courte ; **s.-code dialer,** composeur de code abrégé ; **s.-form catalog,** catalogue résumé ; **s.-haul,** (à) courte distance (modem, etc.) ; **s. name,** nom abrégé.

Shortage, manque, pénurie ; **s. cost,** coût de pénurie (gestion de stock).

Shortcut (key), raccourci (de clavier), touche de raccourci, commande abrégée, ou procédure (d'accès) abrégée.

Shortcutting, routage raccourci.

Shorthand, **s. command, notation,** commande, notation, abrégée.

Shoulder strap, bandoulière.

Shoulder surf (to), lire le code ou le mot de passe d'un utilisateur par-dessus son épaule.

Shoulder surfing, lecture d'un code ou d'un mot de passe par-dessus l'épaule d'un utilisateur.

Shoulder-tap (to), demander à une autre unité de prendre la relève.

Shovelware (de *shovel* = pelle), **1.** logiciel(s) sans guère d'intérêt dont le revendeur vous fait cadeau pour donner de l'importance à son offre globale ; **2.** logiciel sur CD-ROM que l'on pourrait trouver par d'autres sources. Synonyme : Kitchen-sink title.

Show, salon ; **on s.,** exposés, présentés (produits) ; **s. room,** salle, salon, d'exposition ; **s. stopper,** qui arrête le visiteur (par son originalité, sa nouveauté, etc.), clou du salon.

Show (to), afficher (sur un écran, etc.) ; **he is shown page 0,** on lui présente la page 0.

Showcase, vitrine (prop. & fig.).

Showcase (to), présenter, exposer (des produits).

Shredder, destructeur de documents, machine à détruire les documents.

Shredding, **s. machine =** ***shredder.***

Shriek, **s. symbol,** symbole !, point d'exclamation.

Shrink (to), réduire l'encombrement.

Shrinkwrap(ped) software, **1.** logiciel livré emballé sous plastique ; **2.** logiciel prêt à l'emploi.

Shrink-wrapping, achat d'un logiciel prêt à l'emploi.

Shuffle (to), battre (cartes), brasser (informations), entrelacer (données) ; **s. through (to),** feuilleter, parcourir (des pages).

Shuffling, entrelacement.

Shut (to), fermer ; **s. down (to),** arrêter (machine, chaîne de production, etc.), fermer (usine).

Shutdown, arrêt.

Shuttle, navette ; **s. carriage,** chariot à navette ; **s. printer,** imprimante à navette.

Shuttle in and out (to), introduire et extraire alternativement.

-shy, réfractaire à.

SI (Shift-in).
Voir SHIFT-IN CHARACTER.

Siblings, nœuds ayant le même parent immédiat.

Side, côté, flasque (de bobine), face (de disque) ; **s. by s. listing,** listage en juxtaposition ; **s. by s. printing,** impression en « Y » ; **s. hole,** perforation latérale (d'entraînement) ; **s. perforation,** moletage vertical ; **s. plate,** flasque (de magasin d'alimentation) ; **s. selection,** sélection de face (de disquette double face).

Sidebar, encadré.

Sideways, **s. feed,** alimentation ligne par ligne.

Sieve, tamis ; **s. test,** test « crible d'Eratosthène » ; **s. of Eratosthenes,** crible d'Eratosthène.

Sifting, **s. sort,** tri par échange de paires de clés.

Sight, **s. check,** contrôle visuel de cartes, mirage.

Sight check (to), contrôler visuellement des cartes, mirer.

Sign, signe ; **s. bit,** bit de signe ; **s. check,** contrôle de signe ; **s. digit,** caractère de signe ; **s. position,** emplacement du signe.

Sign-off = logging off.

Sign-on = logging on.

Sign (to), signer ; **s. in (to) =** ***log in (to)*** **; s. off (to), s. out (to) =** ***log out (to)*** **; s. on (to) =** ***log on (to).***

Signage, signalisation, la signalétique.

Signal, signal ; **s. lamp, s. light,** voyant (lumineux) ; **s. processing,** traitement du signal ; **s. processor,** unité de traitement de signaux ; **s. regeneration,** régénération de signal ; **s. reshaping,** remise en forme de signal ; **s.-to-noise ratio (S/N),** rapport signal/bruit ; **s. transformation,** transformation de signal. Voir CLOCK SIGNAL, ENABLING S., INHIBITING S., SENSE S.

Signal (to), signaler.

Signalling, signalisation, indication.

Signed, avec signe, signé.

Significance, **1.** signification ; **2.** importance, poids (binaire, etc.).

Significant, significatif ; **s. digit,** chiffre significatif.

Signing-off = sign-off.

Signing-on = sign-on.

Signless, sans signe, non signé.

Silencer, enceinte d'insonorisation.

Silicon, **1.** silicium ; **2.** par ext. puce électronique ; **to cast in s., to implement in s., to put in s.,** mettre, figer, en mémoire morte, microprogrammer ; **s.-based,** mis en mémoire ROM ou PROM ; **s. chip,** puce de silicium, puce électronique ; **s. compiler,** compilateur intégré ; **s. disk,** disque de silicium ; **s. foundry,** fabricant de circuits intégrés, « fondeur » ; **S. Glen, hum,** la « Silicon Valley » écossaise ; **Silicon Gulch =** ***Silicon Valley*** **; s.-on-sapphire (SOS),** silicium sur saphir ; **s. software,** logiciel intégré ; **Silicon Valley,** la « Vallée du Silicium » (Californie) ; **s. wafer,** tranche de silicium.

Silk-screening, sérigraphie. ***Silo,*** tampon, zone.

Simplex, simplex.

Simulate (to), simuler.

Simulated annealing, recuit simulé.

Simulating, **s. program,** programme de simulation, simulateur.

Simulation, simulation ; **s. routine,** programme de simulation, simulateur.

Simulator, simulateur ; **s. program, s. routine,** simulateur, programme de simulation.

Simultaneity, simultanéité.

Simultaneous, simultané ; **s. access,** accès en parallèle ; **s. computer,** calculateur simultané ; **s. mode of working,** travail en simultanéité ; **s. operation,** exploitation en simultanéité.

Single, unique, mono-, simple ; isolé (caractère) ; **s.-address (instruction),** (instruction) à une adresse ; **s.-application,** monoapplication ; **s.-bin,** à un bac, simple bac ; **s.-bin sheet feeder,** introducteur feuille à feuille à un bac ; **s.-bit error,** erreur portant sur un seul bit ; **s.-board computer (SBC),** ordinateur monocarte ; **s.-capstan,** monocabestan ; **s.-channel,** monocanal ; **s.-channel controller,** contrôleur simple ou monocanal ; **s.-character printer =** ***character printer*** **; s. circuit,** circuit semi-duplex ; **s. chip microcomputer,** micro-ordinateur monopuce ; **s.-chipper,** ordinateur monopuce ; **s.-color,** unicolore (ruban) ; **s.-computer,** mono-ordinateur ; **s.-cycle (to),** dérouler, exécuter, en pas à pas (un programme) ; **s.-density (diskette),** (disquette) simple densité ; **s. digit,** monochiffre ; **s. disk,** monodisque ou monodisquette ; **s.-drive system,** système monounité ; **s. file reel,** bobine monofichier ; **s.-in-line package (SIP),** boîtier à une rangée de connexions ; **s.-job stream,** simple file ; **s.-level bill of materials,** nomenclature à un niveau ; **s.-line,** uniligne ; **s.-line controller,** contrôleur uniligne, monoligne ; **s.-part set,** papier simple exemplaire ; **s.-**

pass compiler, compilateur monopasse ; **s. platter,** monodisque ; **s.-ply =** ***single part (paper)*** **; s. precision,** simple précision ; **s.-point failure,** défaillance ponctuelle ; **s.-processor system,** système monoprocesseur ; **s. purpose computer,** calculateur spécialisé ; **s. quote,** apostrophe ; **s.-reel file,** fichier monobobine ; **s. server,** monoserveur ; **s.-sheet feeder,** introducteur feuille à feuille ; **s.-shift working,** travail en un seul poste ; **s. shot carbon,** carbone à frappe unique ; **s. shot operation =** ***s.-step operation*** **; s. side band (SSB),** bande latérale unique (BLU) ; **s.-sided (diskette, floppy),** (disquette) simple face ; **s.-sided copying,** copie recto seulement ; **s.-sided double density (SSDD),** simple face, double densité (SFDD) ; **s.-sided single density (SSSD),** simple face, simple densité (SFSD) ; **s.-site,** monosite ; **s. source,** source unique (d'approvisionnement) ; **s.-source service,** fourniture d'une prestation globale par un seul interlocuteur (notion de « guichet unique ») ; **s. sourcing,** approvisionnement à une seule source ; **s. space,** simple interligne ; **s. spacing,** interlignage simple ; **s.-spindle drive,** unité de disques monopile ; **s. station,** monoclavier, uniclavier, monoposte ; **s.-step (to),** dérouler, exécuter en pas à pas (un programme) ; **s. stepping,** exécution en pas à pas (d'un programme) ; **s. step operation,** fonctionnement en pas à pas ; **s.-strike (ribbon),** (ruban) non réutilisable ; **s. tasking,** monotâche ; **s. thread,** unifilaire ; **s. unit price,** prix à l'unité, unitaire ; **s.-unit pricing,** tarification à l'unité ; **s. unit subsystem,** sous-ensemble périphérique monoappareil ; **s. user,** mono-utilisateur, mono-usager ; **s.-user microcomputer,** ordinateur individuel, personnel ; **s.-vendor (system, etc.),** monoconstructeur, monofournisseur, monomarque ; **s. volume,** monovolume ; **s.-way conversion,** monoconversion.

Voir CHIPPER.

Sink, **s. file,** fichier récepteur.

SIP (Single-In-line Package), boîtier à une rangée de connexions.

Sit (to), **s. (down) at a terminal (to),** se mettre, s'installer, devant un terminal ; **s. idle (to), rester** inoccupé.

Sit-down version, version « opérateur assis ».

Site, **1.** site, lieu d'installation ; **2.** (par ext.) l'installation elle-même, le client ; **s. (application) engineer,** ingénieur chargé de l'installation ; **s.-dependent, s.-independent,** lié, non lié à l'installation ; **s. installation,** aménagement des locaux ; **s. licence,** licence sur site ; **s. planning,** étude de l'aménagement des locaux ; **s.-specific, s.-unique,** propre à une installation ; **on s.,** à pied d'œuvre, sur place, en clientèle, sur le terrain.

Site (to), implanter, installer (matériel).

Siting, implantation.

Six, s.-high disc pack, chargeur de 6 disques ; **s.-processor (system),** (système) hexaprocesseur.

Size, longueur (d'un enregistrement, etc.) ; capacité (de la mémoire) ; format (d'un document) ; taille (d'une entreprise) ; volume (d'un fichier) ; encombrement (d'un programme en mémoire), valeur, corps (d'un caractère) ; diamètre (de graphique circulaire).

Size (to), dimensionner.

Sizing, dimensionnement.

Skeletal, schématique ; **s. code, s. coding,** séquence paramétrable.

Skeleton, **s. coding =** ***skeletal coding*** **; s. letter,** lettre type (personnalisable).

Skew, mise en travers, désalignement, obliquité ; **s.-proof,** qui ne peut se mettre en travers (bande, etc.).

Skew (to), se mettre en travers, en biais.

Skin.

Voir CABINET.

Skin (to), tapisser (terrain).

Skip, **1.** saut, tabulation horizontale ; **2.** saut, tabulation verticale ; **s. instruction,** instruction de branchement.

Skip (to), sauter, contourner (défauts).

Skipping, saut, contournement (des défauts).

SKU (Stock Keeping Unit), unité de stockage.

Slab, groupe de douze bits.

Slack, **1.** mou (dans bande magnétique ou câble) ; **2.** marge ; **s. byte,** octet de remplissage.

Slant, inclinaison (du caractère) ; barre oblique, signe « / ».

Slash, **s. (mark),** barre oblique, symbole «/»; **s. command,** commande précédée d'une barre oblique; **s. prompt,** symbole «/» (émis par l'ordinateur); **s. zero,** zéro barré, zéro informatique.

Slash (to), barrer (un zéro : Ø).

Slashed b, b barré, signe b̸.

Slave, **s. computer,** calculateur asservi; **s. memory,** totalité de la mémoire moins la partie résidente; **s. mode,** mode asservi; **s. station, 1.** station asservie; **2.** poste secondaire (d'imprimante multibande).

Slave (to), asservir.

Sleep, sommeil; **go to s. (to),** se mettre en sommeil (unité); **put back to s. (to),** remettre en sommeil (unité).

Slew, **1.** saut (de papier); **2.** série (de lancements, etc.); **s. character,** caractère de saut; **s. control brush,** balai de commande de saut; **s. hole,** perforation de saut; **s. rate,** vitesse de saut.

Slew (to), faire un saut de papier, faire avancer le papier sur imprimante.

Slewing, saut.

Slice, **1.** tranche; **2.** part, secteur, quartier (de graphique à secteurs).

Slide, diapositive, diapo; **s.-in,** intégrable; **s. library,** diapothèque; **s. making,** fabrication de diapos; **s. rule,** règle à calculer; **s. show,** présentation de diapositives; **s. switch,** interrupteur à glissière.

Slim-line, extra-plat, surbaissé.

Slit (to), couper (longitudinalement) du papier en continu, refendre (bande).

Slitter, couteau (pour coupe de papier en continu).

Sliver, groupe de 32 mots.

Sloppy, **s. input,** introduction de données «en désordre».

Slot, tranche (de temps), créneau (d'un marché), petit espace disponible (sur disque, etc.), fente (introduction de carte), position, logement, emplacement, alvéole (pour carte d'extension), intervalle entre début d'une transmission et détection d'une collision (Ethernet); **s.-bound,** saturé, qui a atteint son extension maximale (tous les logements de cartes étant occupés); **s.-in card,** carte à enficher; **s. reader,** lecteur de carte magnétique; **s. scanner** = ***slot reader*; s. scanning,** lecture de cartes magnétiques.

Slot, **s. in (to),** mettre en place, insérer (module, carte), introduire (carte dans appareil).

Slotting, **s. punch,** encocheuse (de cartes).

Slow, lent; **s. access storage, s. access store,** mémoire à accès lent; **s. moving,** à faible taux de mouvement (article); **s.-scan,** (à) balayage lent; **s. speed peripheral,** périphérique lent.

Slow (to), ralentir, freiner.

SLSI (Super Large Scale Integration), super intégration.

Slug, plaquette porte-caractère.

Small, petit; **s. and medium-size businesses,** les petites et moyennes entreprises (PME); **s. area network (SAN),** petit réseau local; **s. business,** petite entreprise; **s. business computer,** petit ordinateur de gestion, ordinateur pour PME; **s.-business systems,** systèmes pour PME; **s. computer system interface (SCSI),** interface SCSI; **s.-scale computer,** petit ordinateur; **s.-scale integration (SSI),** intégration à petite échelle.

Smalltalk, système d'exploitation de Xerox.

Smart, intelligent; **s. building,** immeuble intelligent, bâtiment intelligent; **s. card,** carte à mémoire, à microprocesseur; **s. house,** la maison intelligente, la maison domotisée; **s. phone**, téléphone intelligent; **s. printing,** impression intelligente (recherche du déplacement le plus court jusqu'à la position d'impression suivante); **s. terminal,** terminal intelligent.

Smartcard = smart card.

SMD (Surface-Mounted Device), composant monté en surface (CMS).

Smearing, maculage.

Smearless, sans maculage (impression).

Smiley, souriant (subs.), binette (Québec).

Smoke test, mise sous tension (aux fins d'essai) d'une unité réparée ou neuve.

Smooth, **s. scroll(ing),** défilement lent (de l'image-écran); **s. shading,** lissage de la surface (d'un objet).

Smooth (to), lisser.

Smoothing, lissage.

Smoothness, lissé ; progressivité (d'une courbe), régularité (des couleurs).

***Smudge,* s.-proof,** antimaculage.

Smudge (to), maculer.

Smudging, maculage.

Smurf, personne originale dans un groupe de discussion.

S/N (Signal-to-noise ratio), rapport signal/bruit.

SNA (Systems Network Architecture), architecture de réseau des systèmes IBM.

Snail, escargot, symbole @ ; **s. mail**, courrier lent (des postes américaines), par rapport au courrier électronique.

Snake line, file d'attente.

Snaking, présentation d'un texte en colonnes, style journal, multicolonnage.

***Snap,* s.-apart form,** liasse détachable ; **s.-out form = *s.-apart form* ; s.-out set,** liasse détachable.

***Snapshot,* s. dump,** vidage à la demande ; **s. printout,** impression sélective ; **s. program,** programme d'analyse sélective.

***Sneak,* s. feed,** alimentation intempestive (d'une carte).

Sneakernet, Hum. réseau local « chaussures de tennis » (transfert d'un support autrement que par voie électronique).

Sniffer, logiciel de détection, mouchard.

Sniffing, surveillance, supervision ; **s. algorithm,** algorithme de test systématique de la mémoire, algorithme « renifleur ».

Snivitz, petit transitoire.

Snoop (to), surveiller, épier.

Snooper, fureteur, « espion ».

Snooping, surveillance (d'un bus, etc.) ; **electronic s.,** espionnage électronique.

SO (Shift-out Character)
Voir SHIFT-OUT CHARACTER.

Soak tested, testé à fond.

Social engineering, manœuvre frauduleuse consistant à usurper un titre pour se procurer des informations par téléphone (mot de passe, etc.) pour mieux pénétrer un système.

***Socket,* 1.** plot, prise femelle ; **25-pin s.**, prise 25 points ; **2.** point de communication.

SOD (Sum-of-the-year digit), SOD depreciation, amortissement proportionnel à l'ordre numérique inverse des années.

***Soft,* s. automation,** automatisation « programmable » ; **s. copy,** présentation visuelle, visualisation (sur écran) ou sonore (réponse verbale) ; **s. crash,** panne système (mais avec données intactes, par opp. à hard crash) ; **s. disk,** disquette ; **s. error,** erreur intermittente ; **s. failure,** erreur passagère ; **s. font,** police logicielle, police téléchargeable ; **s. (function) key,** touche (de fonction) programmable, personnalisable ; **s. hyphen,** césure facultative ; **s. keyboard,** clavier programmable ; **s. return,** retour à la ligne facultatif ; **s. sectored, s. sectoring,** (à) sectorisation logicielle.

Softkey = soft key.

Softlanding, atterrissage en douceur (gestion « propre » des travaux en cas de baisse de courant).

Softload (to), charger par logiciel.

Softness, convivialité.

SoftPROM, mémoire morte programmable émulée par logiciel.

Softstrip (marque déposée), bande Softstrip ; **s. reader,** lecteur de bande Softstrip.

Software (S/W), logiciel(s), programmes ; **s. aids,** aides logicielles ; **s. base,** parc de logiciels ; **s.-based (design),** (conception) articulée autour d'un logiciel ; **s.-based solution**, solution logicielle ; **s. bug,** erreur de programmation ; **s. company,** société de services et d'ingénierie en informatique (SSII) ; **s. compatibility,** compatibilité logicielle ; **s.-compatible,** compatible au plan du logiciel ; **s. configurable,** configurable par logiciel ; **s.-controlled = *s. driven* ; s. designer = *s. writer* ; s. developer,** créateur, développeur de logiciel(s) ; **s. development,** création, réalisation, élaboration, de logiciel(s) ; **s. directory,** répertoire de logiciels ; **s.-driver, 1.** commandé, piloté, par logiciel ; **2.** dont le critère est le logiciel (marché) ; **s. driver,** programme de gestion, de commande ; **s. engi-**

neer, ingénieur en logiciel ; **s. engineering,** technique du logiciel, génie logiciel, ingénierie du logiciel ; **s. factory,** atelier de génie logiciel (AGL) ; **s. firm** = ***s. company*** ; **s. giant**, géant du logiciel ; **s. hooks,** points d'ancrage, d'accueil (logiciel) ; **s. house** = ***software company*** ; **s.-implemented,** exécuté, réalisé, par logiciel ; **s.-in-silicon products,** produits (= logiciels) microprogrammés, intégrés (en mémoire ROM, etc.) ; **s. industry,** industrie du logiciel ; **s.-intensive (application),** (application) exigeant beaucoup de logiciel ; **s. interface,** interface logicielle ; **s. language,** langage de programmation ; **s. librarian,** bibliothécaire, responsable de la bibliothèque du logiciel ; **s. library,** bibliothèque de logiciels, logithèque ; **s. maintenance,** maintenance logicielle ; **s. metrics,** métrologie du logiciel ; **s. monitor,** moniteur logiciel ; **s. package,** ensemble de programmes, progiciel ; **s. packager,** réalisateur de logiciels ou progiciels ; **s. piracy,** piratage du logiciel ; **s. platform,** plateforme logicielle ; **s. producer,** producteur de logiciels ; **s. products,** produits logiciels ; **s. program,** programme faisant partie du logiciel ; **s. programmer,** programmeur d'étude ; **s. publisher, s. publishing company,** éditeur de logiciels ; **s. release,** version de logiciel ; **s. requirements,** configuration logicielle ; **s. selectable or switchable,** sélectionnable ou commutable par logiciel ; **s. suite**, suite logicielle, suite de logiciels ; **s. tape,** bande portant les programmes ; **s. tools,** outils logiciels ; **s. translator,** (programme) traducteur de logiciel (par ex. codification « maison » en code C) ; **s.-visible,** accessible au logiciel, par logiciel ; **s. writer,** auteur, concepteur, créateur, de logiciel(s).

Softwareless, sans logiciel.

Softwarily, en matière de logiciel.

Softwear, graphie fantaisiste de Software.

Sold-to (information), acheteur(s).

Sole, **s. source supplier,** fournisseur exclusif.

Solid, franche (panne), plein (trait) ; **s. error,** erreur persistante ; **s. fill,** remplissage « plein » (sans hachurage) ; **s.-font printer,** imprimante à impact (par ex. à marguerite) par opposition aux imprimantes (par ex. par points) qui créent le caractère ; **s. state components,** composants (à) semi-conducteurs ; **s. state computer,** ordinateur à circuits intégrés.

Solid(s) modeling, modélisation volumique.

Solidus, barre oblique « / ».

Solver, résolveur.

Son, **s. file or tape**, fichier ou bande de troisième génération.

Sonic, **s. delay line,** ligne à retard.

Sophisticated, **1.** élaboré, évolué, perfectionné, complexe, raffiné « sophistiqué » (matériel, solution, etc.) ; **2.** chevronné, expérimenté (personne).

Sophistication, (haut degré de) perfectionnement, élaboration, raffinement, etc.

Sorcerer, gourou informatique.

Sort, tri ; **s. brush,** balai de tri ; **s. control field,** zone de tri ; **s. control key** = ***s. key*** ; **s. file,** fichier de tri ; **s. generator,** générateur de programme de tri ; **s. key,** indicatif de tri, clé de tri, critère de tri ; **s. pass,** passage de tri ; **s. pocket,** case, pochette, de tri ; **s. routine,** (sous-) programme de tri ; **s. sequence,** ordre de tri.

Sort (to), trier ; **s. out (to),** éliminer (par tri).

Sortable, triable.

Sorted, trié, ordonné, classé.

Sorter, **1.** trieuse (de cartes, etc.) ; **2.** trieur (à main) ; **3.** processeur de tri ; **s. pocket,** case de tri ; **s. rack,** casier de tri ; **s. reader,** trieuse-liseuse.

Sorting, tri ; **s. bin,** case de tri ; **s. key** = ***sort key*** ; **s. needle,** aiguille de tri ; **s. pocket** = ***sort pocket*** ; **s. program,** programme de tri ; **s. rack,** casier de tri ; **s. rod,** aiguille de tri ; **s. routine generator,** générateur de programme de tri ; **s. table,** table de tri.

Sortworker, fichier de tri temporaire.

SOS (Silicon On Sapphire), silicium sur saphir.

Sound, son ; **s.-abatement cover,** capot d'insonorisation ; **s. board** or **card**, carte son ; **s. chip**, puce son ; **s.-deadening enclosure,** enceinte d'insonorisation ; **s. hood,** capot d'insonorisation ; **s. insulation,** isolation phonique ; **s. proof,** insonore ; **s. proofing,** insonorisation.

Souped-up (version, etc.), version « gonflée », améliorée.

Source (The), nom d'un serveur américain (marque de Source Telecomputing Corp., filiale de The Reader's Digest, Inc.).

Source, source, origine, émetteur ; **s. address,** adresse émettrice ; **s. code,** code source ; **s. coding,** séquence en langage source ; **s. computer,** machine de compilation ; **s. data,** données de base ; **s. data automation (SDA),** saisie des données à la source ; **s. data collection equipment,** matériel de saisie des données à la source ; **s. deck,** paquet de cartes en langage symbolique ; **s. disk,** disque source ; **s. document,** document de base ; **s. field,** zone émettrice ; **s. file,** fichier source ; **s. information,** information(s) de base ; **s. instruction,** instruction source ; **s. language,** langage source, langage d'origine ; **s. library,** bibliothèque de programmes (d')origine ; **s. listing,** listage source ; **s. machine,** machine de compilation ; **s. program,** programme source, programme symbolique ; **s. recording,** saisie des données à la source (sous forme directement exploitable par une machine) ; **s. statement,** instruction source.

Source (to), assurer l'approvisionnement de, approvisionner (composants, etc.), fournir.

SP (Structured Programming), programmation structurée.

Space, place, occupation (en mémoire), espace, blanc (de la valeur d'un caractère) ; **s. bar,** barre d'espacement (machine à écrire) ; **s.-borne,** embarqué (calculateur, etc.) ; **s. character = *blank character* ; s. count,** nombre d'espaces ; **s.-division switching,** commutation spatiale ; **s.-efficient,** peu encombrant ; **s.-filled,** garni de caractères « espace » ; **s.-hogging,** encombrant ; **s. management, 1.** gestion de l'espace ; **2.** aménagement de l'espace ; **s. manager,** gestionnaire d'espace ; **s. requirements,** encombrement ; **s.-saving,** qui permet un gain de place.

Space (to), faire un espacement ; **s. backward (to),** reculer d'un bloc ; **s. fill (to),** garnir d'espaces, forcer à espaces ; **s. forward (to),** avancer d'un bloc ; **s. out (to),** aérer (texte) ; **s. pad (to) = *s. fill (to).***

Spacing, espacement, interlignage ; **s. out,** aération.

Spaghetti, **1.** souplisseau ; **2.** Hum. les câbles (qui traînent) ; **3. s. coding,** codification mal écrite.

Spam = spamming.

Spam (to), inonder des destinataires multiples de messages sans intérêt.

Spammer, spammeur.

Spamming, envoi à des destinataires multiples de messages parfois publicitaires encombrant abusivement les boîtes à lettres (utilisation abusive de la messagerie électronique).

Spanned, fractionné (article).

Spanning, **s. tree,** arbre (re)couvrant ; **s. tree protocol (STP),** protocole STP.

Spare, de réserve, réservé ; libre (touche MAE), disponible (emplacement de carte) ; **s. track,** piste de remplacement.

Spare (to), neutraliser (piste défectueuse).

Sparse, **s. matrix,** matrice creuse.

Spawn (to), générer dynamiquement (travail).

Spawning, génération dynamique.

Spawner, programme de génération.

Speak (to), parler ; **s. to each other (to),** dialoguer.

Speaker, **1.** locuteur (ling.) ; *2.* haut-parleur ; **s.-dependent,** monolocuteur ; **s.-independent,** multilocuteur.

Speakers Corner (allusion au S.C. de Hyde Park), **electronic S.C.,** forum public par videotex.

Speaking, **s. machine,** machine parlante.

Special, spécial ; **s. character,** caractère spécial ; **s.-purpose computer,** calculateur spécial, spécialisé ; **s.-purpose stationery,** imprimé personnalisé.

Specialization, spécialisation, personnalisation.

Specialize (to), spécialiser, personnaliser.

Specialized, spécialisé, non banalisé.

-specific, propre à.

Specific, **s. address,** adresse absolue ; **s. addressing,** adressage absolu ; **s. code,** langage machine ; **s. coding,** programmation en langage machine ; **s. program, s. routine,** programme ;spécifique.

Specification, **s. sheet,** fiche signalétique.

Specifications, cahier des charges.

Specs = specifications.

Spectrum (plur. : spectra), **1.** spectre ; **2.** gamme, éventail (d'appareils, etc.).

Speech, **s. chip,** puce vocale ; **s.-driver,** à commande vocale ; **s. line,** ligne téléphonique ; **s. matching,** adaptation de vitesse (connexion de deux appareils fonctionnant à des vitesses différentes) ; **s. recognition,** reconnaissance de la parole ; **s. ROM,** mémoire ROM vocale ; **s. set,** vocabulaire (d'un synthétiseur de parole) ; **s. synthesis,** synthèse de la parole ; **s. synthesizer,** synthétiseur vocal ; **s. synthesizing,** synthèse de la parole.

Speechware, logiciels de reconnaissance/synthèse de la parole.

Speed, **1.** vitesse et par ext. débit ; **2.** nombre de mots par minute : 60 speed, 60 mots par minute ; **s. dialling,** numérotation abrégée ; **s. matching,** adaptation de vitesse.

Speed up (to), accélérer.

Spellcheck (to), contrôler l'orthographe.

Spellchecker, correcteur orthographique.

Spellcheck(ing), contrôle ou correction orthographique.

Speller, correcteur orthographique.

Spelling, orthographe, graphie ; **s. checker,** correcteur orthographique ; **s. correction program, s. corrector,** programme de correction orthographique ; **s. dictionary,** dictionnaire orthographique ; **s. error,** faute d'orthographe.

Spew out (to), « cracher », débiter, sortir (sur imprimante, etc.).

Spider, **1.** araignée ; **2.** programme explorant Internet à la recherche de nouveaux contenus ; **s. bonding,** connexions en pattes d'araignée.

Spike, **1.** pointe (de courant) ; **2.** pique-notes.

Spin (to), tourner ; **s. down (to),** arrêter (la rotation d'un disque).

Spindle, **1.** axe (mécanique) ; **2.** (par ext.) pile (de disques), sous-unité, jarg. axe ; **s. speed,** vitesse de rotation du disque.

Spinner, tournette.

Spinning, en rotation (disques).

Spinwriter®, imprimante à tulipe (de NEC Information Systems, Inc.).

Spit out (to), cracher (sortie imprimée).

Sprat, jarg. astérisque (*).

Splice, raccord (bande), épissure (câble) ; **s.-free,** d'un seul tenant (bande perforée).

Splice (to), rebouter, raccorder (bande cassée).

Splicer, colleuse (de bande).

Splicing, raboutage (de bande) ; **s. tape,** bande adhésive.

Spline, fonction « pistolet ».

Split, fractionnement, séparation ; **s. baud rate,** double débit ; **s.-field light,** voyant en deux parties ; **s. keyboard,** clavier fractionnable ; **s. platen,** cylindre en deux parties ; **s. register,** registre fractionnable ; **s. screen,** écran divisé ; **s.-speed operation,** exploitation à cadences mixtes ; **s. wire,** fiche multiple.

Split (to), fractionner, subdiviser, découper, scinder, partager.

Splitting, fractionnement, coupure (de mots), subdivision.

SPO (Serving Post Office), bureau serveur.

Spoken, **s. command,** ordre verbal.

Spoking, voilage (de la bande).

Spoofing, **1.** usurpation de l'identité d'un utilisateur habilité ; **2.** interception d'informations ; **s. program,** programme espion.

Spoofle = spoolfile.

Spool, **1.** mandrin et par ext. bobine (de bande, de film, etc.) ; **2. = *spooling* ; s. file,** fichier d'attente, fichier à traitement différé, fichier de désynchronisation ; **s. in,** spool en entrée, traitement différé en entrée ; **s. out,** spool en sortie, traitement différé en sortie.

Spool (to), **1.** bobiner, enrouler ; **2.** mettre en attente, traiter en différé.

Spooler, **1.** enrouleur ; bobineuse (de bande, perforée) ; **2.** programme d'impression désynchronisée, « spouleur ».

Spooling, **1.** bobinage ; **2. (Simultaneous Peripheral Operation On-Line),** traitement différé en entrée/sortie (mémorisation intermédiaire), désynchronisation des entrées/sorties ; spoule (J.O.).

Spot, point, tache, «spot»; **s. carbon,** carbone partiel; **s. check,** contrôle par sondage; **s. (hand) punch,** poinçonneuse trou par trou.

Spot check (to), faire un contrôle par sondage.

Spread, **s. card,** carte multizone.

Spread (to), étaler; se propager (virus); **s. out (to),** aérer (texte).

Spreadsheet, **1.** feuille de calcul électronique; **2.** = ***spreadsheet package or program*** ; **s. package or program,** tableur (France), chiffrier (Canada).

Spreadsheeting, calcul avec tableur.

Sprint, nom d'une société de télécommunications américaine.

Sprite, lutin (sens propre) et par ext., symbole graphique, objet, etc.; **s. plane,** plan objet.

Sprocket, picot (de roue à picots); **s. channel,** canal d'entraînement; **s. drum,** tambour à picots; **s.-fed continuous stationery,** papier en continu entraîné par roues à picots; **s. feed,** entraînement par roues à picots; **s. hole,** perforation d'entraînement, perforation marginale, perforation Caroll; **s. hole channel** = ***s. channel*** ; **s. hole tear strip,** bande marginale d'entraînement, rive; **s. hole(d) margin,** bande marginale d'entraînement; **s. margin,** rive Caroll; **s. pin,** picot d'entraîneur; **s. pulse,** impulsion de synchronisation; **s.-punched,** à perforations d'entraînement, à perforations marginales; **s.-punched margin** = ***s. margin*** ; **s. punching** = ***s. hole*** ; **s. wheel,** roue à picots.

Sprocket feed (to), faire avancer (papier, bande).

Sprocketless, sans perforations d'entraînement.

Sprocket(t)ed, **s. paper or tape,** papier ou bande à perforations d'entraînement.

Spur, antenne, branchement.

Spurious, parasite.

Sputtered, pulvérisé.

Square, **s. bracket,** crochet.

Squareness, **s. ratio,** taux de rectangularité.

Squash (to), compresser (données).

Squeeze (to), compresser (données).

Squeezing, compression (de données).

Squid, fiche double (de tableau de connexions).

Squiggle, tilde.

Squish (to), compresser (données).

SRAM (Static RAM), mémoire RAM statique, mémoire SRAM.

SSDD (Single-Sided Double Density), simple face, double densité (SFDD), (disquette).

SSI (Small Scale Integration), intégration à petite échelle.

SSSD (Single-Sided Single Density), simple face, simple densité (SFSD), (disquette).

Stable, **pen s.,** réceptacle pour plumes.

Stack, **1.** pile (de disques, de cartes, etc.); empilage (de relais); ramette (de papier); **2.** (plur.) archives; **s. pointer,** indicateur (de sommet) de pile.

Stack (to), empiler.

Stackable, empilable.

Stacked, **s. jobs,** suite de travaux présentés sous forme de pile.

Stacker, case de réception (de cartes); récepteur (de papier); **s. drum,** tambour d'éjection; **s. plate,** plateau de réception des cartes.

Stacking, empilage (des cartes, du papier); **s. bin,** case de réception; **s. drum,** tambour d'éjection; **s. platform,** plateau de réception du papier.

Stackware, applications réalisées sous Hypercard.

Stage, stade, phase (de traitement).

Staged, **s. write,** écriture différée.

Staging, transfert (données); **s. disc,** disque intermédiaire.

Stairstepping, aspect en marches d'escalier (graphique).

Stall, magasin (à stylos pour traceur).

Stalled, **s. in a loop (to be),** être bloqué sur une boucle.

Stamp, **s. dispenser,** distributeùr de timbres.

Stand-by, **s. power,** consommation au repos.

Stand-alone, autonome.

Standard, **1.** (adj.) standard, classique; **2.** (subs.) norme; **as s., as a s. feature,** en standard ; **s. cell,** circuit précaractérisé ; **s. deviation,** écart type (stat.) ; **s. enforcer,** outil logiciel contrôlant le respect des normes de développement ; **s. form,** forme normalisée ; **s. interface,** interface normalisée ; **s. label,** label standard (de bande, etc.) ; **s. letter,** lettre-type ; **s.-making body,** organisme normalisateur ; **s. paragraph** = ***boilerplate*** ; **s. performance channel,** canal normal ; **s.-setting,** de référence, qui sert de modèle ; **s.-size(d),** de format standard ; **s. subroutine,** sous-programme standard ; **s. tape,** bande de référence, bande étalon.

Voir DE FACTO STANDARD et DE JURE STANDARD.

Standards body, organisme de normalisation.

Standardization, standardisation, normalisation.

Standardize (to), standardiser, normaliser.

Standby, **1.** état d'attente intermédiaire, en attente ; **2.** de secours, en double (appareil) ; **s. application,** exploitation à plusieurs calculateurs ; **s. block,** zone réservée (en mémoire) ; **s. power supply (SPS),** alimentation de secours ; **s. register,** registre de stockage.

Standing, **s.-on-nines carry,** report bloqué à neuf.

Standstill, arrêt, immobilisation.

Stand-up version, version « opérateur debout ».

Star, étoile, astérisque ; **s. configuration or network,** configuration ou réseau en étoile ; **s. property,** interdiction d'écriture à un niveau inférieur ; **s. structured network,** réseau en étoile.

Star-dot-star, suite des caractères *.*

Start, départ, démarrage, mise en route, lancement ; **s. bit,** bit de départ ; **s. of heading (SOH),** début d'en-tête ; **s. of message (SOM),** début de message ; **s. of text (SOT),** début de texte ; **s.-stop transmission,** transmission arythmique ; **s. time, 1.** temps, durée d'accélération, de montée en vitesse. **2.** heure de début ; **s. value,** valeur initiale.

Start (to), déclencher, (faire) démarrer, mettre en route, lancer, amorcer, etc.

Starter, démarrage ; **s. kit,** kit de démarrage.

Starting, **1.** (adj.) de départ, de démarrage ; **2.** lancement (prog.) ; **s. address, s. location,** adresse (de) début (d'implantation) ; **s. value,** valeur initiale, valeur d'initialisation.

Start-over, recommencement, reprise au début.

Start-up, mise en route ; **s.-up company or firm,** jeune entreprise ; **s.-up day,** jour du démarrage ; **s.-up period,** période de démarrage ; **s. up service,** mise en route, démarrage.

Start up (to), mettre en route.

Starvation, privation de ressources, insuffisance de ressources (pour un processus).

Starwheel, étoile de lecture.

Stash (to), stocker.

Stat max = statistical multiplexer.

State, état ; **s. diagram,** diagramme d'états ; **s. machine,** automate fini ; **s. of the art,** « état de l'art », point des connaissances, état actuel de la technique ou de la technologie ; **s.-of-the art equipment,** matériel d'avant-garde ; **s. of the art on...,** le point sur... ; **s.-of-the-art report,** point de la question ; **s.-of-the-art technology,** technologie de pointe.

Statement, **1.** instruction (Fortran, etc.), ordre ; **2.** état, relevé (d'un compte).

Static, statique ; **s. check,** contrôle statique ; **s. data,** données « dormantes », peu évolutives, fixes ; **s. dump,** vidage en un point fixe du programme ; **s. error,** erreur statique ; **s. RAM,** mémoire RAM statique ; **s. storage, s. store,** mémoire statique.

Staticize (to), **1.** prendre en charge une instruction ; **2.** convertir de série en parallèle.

Staticizer, convertisseur série-parallèle.

Staticizing, prise en charge (d'une instruction).

Station, poste (de lecture, de contrôle, etc.), station (de travail), borne (télématique, etc.).

Stationery, papeterie, par extension papier et formulaires ; **s. store,** économat.

Statistical, statistique ; **s. machine,** machine à statistiques ; **s. multiplexer (stat mux),** multiplexeur statistique ; **s. report,** état statistique ; **s. tape,** bande statistiques.

Statistician, statisticien.

Status, état, situation, (état d') avancement ; **s. bar,** barre d'état ; **s. information,** état(s) ; **s. line,** ligne d'état ; **s. report,** état d'avancement des travaux, point de la question; **s. return,** profil d'état; **s. word,** mot d'état. Voir INITIATION STATUS, TERMINATION S.

Stereogram, stéréogramme.

STD bus, bus de Pro-Log et Mostek.

Steal, **s. cycles from the central processor (to),** voler des cycles à l'unité centrale; **s. from (to),** soustraire à.

Stealth virus, virus furtif (indétectable par logiciel antivirus).

Step, phase, étape, activité, pas (de traitement) volet (d'un plan) opération, point; **s.-by-step operation,** fonctionnement pas à pas; **s.-by-step program,** programme pas à pas; **s. index fiber,** fibre à saut d'indice; **s. size,** pas de progression, unité de déplacement.

Step (to), faire progresser (compteur, etc.), faire avancer pas à pas; **s. down from... to (to),** ramener de... à; **s. through a program (to),** exécuter un programme en pas à pas, dérouler un programme.

Stepper, **s. motor =** ***stepping motor.***

Stepping, progression; **s. increment, s. interval,** pas; **s. motor,** moteur pas à pas.

Stepwise, par paliers, par incréments; **s.-refinement,** approximations successives.

Stereogram, stéréogramme.

Stick (to), **if you get stuck,** si vous vous plantez.

Sticker, réflecteur (de bande).

Still, image ou vue fixe.

STN (Switched Telephone Network), réseau (téléphonique) commuté (RTC).

Stochastic, stochastique.

Stock, stock; **s. card,** carte stock; **s. control, 1.** tenue de stock; **2.** gestion de stock; **s. control tape,** bande stock; **s. file,** fichier stock; **s. issue card,** carte sortie de stock; **s. item,** article du stock; **s.-keeping unit (SKU),** unité de stockage; **s. management,** gestion de stock; **s. market database,** base de données boursières; **s. on order,** attendus (les); **s. position,** situation, état du stock; **s. receipt card,** carte entrée en stock; **s. room,** magasin; **s. status report,** état de, du stock.

Stockout, rupture de stock; **s. cost,** coût de pénurie (en cas de rupture du stock).

Stop, arrêt; **s. bit,** bit d'arrêt; **s. instruction,** instruction d'arrêt; **s. time,** temps d'arrêt.

Stop (to), (s') arrêter; **s. dead (to),** s'arrêter net, se bloquer (prog.).

Storability, possibilité de stockage.

Storable, enregistrable, stockable.

Storage, **1.** stockage, rangement, mémorisation; **2.** mémoire; **s. address,** adresse de rangement, d'implantation; **s. allocation,** affectation de la mémoire; **s. area,** zone de mémoire, de rangement, de mémorisation; **s. block,** bloc, zone de mémoire; **s. box,** boîte à disquettes; **s. capacity,** capacité de mémoire; **s. cell,** cellule de mémoire; **s. container,** boîte à cartes; **s. core,** tore de mémoire; **s. cycle,** cycle (de) mémoire; **s. density,** densité d'enregistrement; **s. device,** unité de stockage, mémoire; **s. dump,** vidage (de) mémoire; **s. environment,** conditions de stockage; **s.-hungry,** gourmand en mémoire; **s. location,** emplacement, position de mémoire; **s. map,** topogramme de la mémoire; **s. medium,** support de stockage; **s. module drive (SMD),** chargeur; **s. operation,** opération (en) mémoire; **s. position,** position de mémoire; **s. protection,** protection de (la) mémoire; **s. register,** registre (de) mémoire; **s. requirements,** encombrement; **s. swap,** sortie d'un programme de la mémoire et introduction d'un nouveau; **s. tray,** bac à cartes; **s. tube,** tube à mémoire; **s. unit,** unité de mémoire; **s. vault,** local à archives.

Store, **1.** mémoire (Brit.); **2.** magasin; **s. controller,** unité de contrôle de magasin; **s. and forward,** «en différé»; **s.-and-forward switching center,** centre de commutation de messages.

Store (to), stocker, enregistrer, mémoriser, ranger, engranger; **s. away (to),** ranger; **s. back (to),** réenregistrer, recharger; **s. through,** double écriture (en antémémoire et en mémoire centrale); **s.-through cache =** ***write-through cache.***

Stored, enregistré, stocké, mémorisé; **s. permanently,** résidant en mémoire; **s.-program,** programme enregistré; **s. program controlled (SPC),** commandé par programme enregistré ; **s. program computer,** ordinateur ; **s. routine** = ***s. program*** ; **s. value card**, carte intelligente.

Storefront software, logiciel de présentation.

Storehouse of information, gisement d'informations.

Straight, **s. binary,** binaire pur ; **s.-line code, s.-line coding,** programmation sans boucle (répétition des instructions).

Strain, souche de virus.

Strain-relief, serre-câble.

Strap, cavalier, connexion.

Strap (to), connecter, brancher.

Strappable, connectable par cavalier.

Streaker, dérouleur en continu en version réduite.

Stream, chaîne, suite, train (de données, etc.), thème (d'une conférence) ; **s. file,** fichier de communication ; **s. I/O,** E/S en continu (PL/I) ; **s.-oriented,** en continu ; **go on stream (to),** entrer en service (usine) ; **single s., double s. printing,** impression à un ou deux mouvements de papier.

Stream (to), défiler (bande).

Streamer, unité de sauvegarde ; **s. cartridge,** cartouche de sauvegarde.

Streaming, **1.** enregistrement et lecture en continu (sauvegarde disque → bande) ; **2.** émission en continu (d'un modem) par suite d'un incident ; **3.** lecture au fil de l'eau ; **in s. mode,** en continu ; **s. (tape) drive,** unité de sauvegarde.

Street, **s. power,** alimentation secteur ; **s. price,** prix (grand) public, prix client ; **on the s.,** au niveau de l'utilisateur, du consommateur.

Stress test (to), tester (matériel et logiciel) avec une charge élevée.

Stretch, **s. cord,** cordon clavier/écran.

Strife (stress + life), **s. testing,** test d'endurance.

Strike, correspondance entre article mouvement et article permanent.

Strike (to), frapper (touche), percuter (marteau d'impression).

Strikeout, biffage.

Strikeover, surfrappe (substitution d'un caractère à un autre dans une même position).

Strike-through, superposition d'un même caractère (-, / ou X) sur un mot (ou plusieurs) apparaissant sous cette forme dans un texte pour une raison particulière. Ex. : La brochure grise ~~b l e u e~~ se trouve…

String, chaîne, suite, monotonie ; **s. break,** rupture de monotonie ; **s. building,** constitution de monotonie ; **s. concatenation,** association de chaînes de caractères ; **s. delimiter,** délimiteur de chaîne ; **s.-handling routine,** programme de traitement de chaîne ; **s. operator,** opérateur sur chaîne.

Stringing, enfilage (tores).

Stringy, **s. floppy (Trademark)** cartouche de bande en continu (rapide).

Strip, bande (de papier, de carte à piste magnétique, etc.), piste ; **s. display,** affichage « une ligne » ; **s. printer,** imprimante sur bande.

Strip (to), éliminer (bits, rives de papier en continu, etc.), dénuder (fil) ; **s. off (to),** supprimer.

Strip off (to), éliminer (rives), supprimer (bits départ et arrêt).

Stripe, bande, piste.

Striping,

Voir DISK STRIPING.

Stripped, **s.-down version,** version réduite, « déshabillée ».

Stripping, **s. machine,** machine à dénuder.

Strobe (to), échantillonner.

Stroke, **1.** frappe (au clavier, etc.) ; **2.** segment, bâtonnet (de CMC 7, etc.) ; **s. weight,** graisse ; **s.-written,** introduit par frappe.

Stroke in (to), introduire (au clavier).

Strong, **s. typing,** typage fort.

Struct, classe dont les membres sont publics.

Structural analysis, calcul des structures.

Structure clash, conflits, incompatibilité, entre structures.

Structure (to), structurer, organiser ; **s. around (to),** (s') articuler sur.

***Structured,* s. design, s. programming (SP),** conception, programmation, structurée (PS) ; **s. walkthrough,** revue de projet.

Strudel, symbole @.

Stub, talon (de carte, etc.) ; ensemble de valeurs, élément de remplacement utilisé temporairement dans un programme ; **s. card,** carte à talon ; **s. edge =** ***bindery edge.***

Stubbing, valeurs à incorporer.

Stuck in a loop (to be), être bloqué (sur une boucle).

Study, étude.
Voir APPLICATION STUDY, FEASIBILITY S.

***Stuffing,* s. character,** caractère de bourrage.

***Stunt,* s. box,** coffret de commande.

***Style,* s. sheet,** feuille de style.

Stylized, stylisé (document, etc.).

Stylus, (pl. styli), stylet ; **s. printer,** imprimante par points.

Sub-, inférieur à : **sub-20 ms,** inférieur à 20 ms.

Sub-assembly, sous-ensemble.

Sub-carrier, sous-porteuse.

Subcatalog, sous-catalogue.

Subchannel, sous-canal.

Subcommand, sous-commande.

Subdeck, jeu de cartes partiel.

Subdirectory, sous-répertoire.

Subdivide (to), subdiviser, découper.

Subdivision, subdivision, découpage.

Sub-entry, sous-rubrique.

Subfield, sous-zone, sous-champ.

Subfile, sous-fichier.

Sub-folder, sous-dossier.

Subhead(ing), sous-titre.

Subkey, sous-indicatif.

Sublayer, sous-couche.

Sublist, sous-liste.

Subloop, sous-boucle.

Submenu, sous-menu.

Submicron, inférieur au micron, submicronique.

***Subminute,* s. facsimile unit,** télécopieur dont le temps de transmission est inférieur à la minute.

Submission, soumission, présentation (d'un travail à exécuter).

Submit (to), soumettre, présenter (travail à exécuter).

Submitter, émetteur (d'un travail à exécuter).

Submodule, sous-module.

Subnet(work), sous-réseau.

Subnotebook, portable.

Sub out (to), sous-traiter.

Subprogram, sous-programme.

Subqueue, sous-file d'attente.

Subroutine, sous-programme ; **s. call,** appel de sous-programme ; **s. library,** bibliothèque de sous-programmes.

Subroutinize (to), mettre sous forme de sous-programme.

Subroutinizing, mise sous forme de sous-programme.

Sub-schema, sous-schéma (de base de données).

Subscreen, sous-écran, partie d'écran.

Subscriber, abonné ; **s.'s drop,** ligne d'abonné ; **s. file,** fichier d'abonnés ; **s.'s loop,** ligne d'abonné ; **s. station,** poste du réseau ; **s. trunk dialing (STD),** interurbain automatique.

Subscript, indice inférieur.

Subscript (to), indicer.

***Subscripted,* s. variable,** variable indicée.

Subscripting, indiçage inférieur.

***Subscription,* s. file**, fichier d'abonnés.

Subsecond, inférieur à la seconde.

Subset, **1.** jeu partiel de caractères ; sous-ensemble (d'un langage, etc.), langage partiel, sous-jeu ; **2.** poste téléphonique d'abonné ; **3.** modem.

Substatus, état secondaire.

***Substitute,* s. track,** piste de remplacement, de réserve.

Substitution rate, taux de caractères « pris pour d'autres ».

Substrate, support, substrat.

Substring, sous-chaîne.

Subsystem, sous-système (processeur + 1 à *n* périphériques), sous-ensemble ; **s. operator,** opérateur.

Subtask, sous-tâche.

Subtotal, total partiel, sous-total; **s.-t. key,** touche (de) total partiel.

Subtotal (to), faire un sous-total.

Subtract (to), soustraire.

Subtracter, soustracteur.

Subtraction, soustraction.

Subtrahend, quantité à soustraire.

Successful, qui a abouti (appel tél.).

Suffix, suffixe, indice.

Suffix (to), adjoindre.

Suggested retail price (SRP), prix public conseillé.

Suite, suite (de programmes, etc.), progiciel; **accounting s.,** progiciel comptable.

Sum, somme, total; **s. check,** contrôle par totalisation; **s. check digit,** chiffre de contrôle par totalisation; **s. total,** total général.

Sum (to), additionner, sommer; **s. up (to),** totaliser.

Summand, opérande d'une somme.

Summarization, récapitulation, cumul.

Summarize (to), résumer, récapituler.

Summarizing, **s. punch,** perforatrice récapitulative non connectée.

Summary, résumé, récapitulation, synthèse; **s. card,** carte récapitulative; **s. chart,** tableau récapitulatif; **s. punch,** perforatrice récapitulative; **s. punching,** perforation récapitulative; **s. report,** état récapitulatif ou de synthèse.

Summary punch (to), faire une perforation récapitulative.

Summation, totalisation, sommation; **s. check,** contrôle par totalisation; **s. counter,** compteur totalisateur.

Summon (to), appeler (tâche).

Sunrise industry, industrie porteuse.

Sunset industry, industrie en déclin.

Super; **s. large scale integration (SLSI),** intégration à super grande échelle; **s.-scale computer,** ordinateur géant, ordinateur de très grande puissance, super-ordinateur.

Superblock, superbloc.

Superchip, super-puce.

Supercomp-Twenty, tableur de Access Technology Inc.

Supercomputer, supercalculateur.

Supercomputing, la grande informatique.

Superfine mode, mode superfin (télécopieur).

Supergroup, groupe secondaire.

Superimpose (to), superposer.

Supermicro, supermicro.

Supermicrocomputer, supermicro-ordinateur, supermicro.

Supermini, supermini.

Superminicomputer, supermini-ordinateur, supermini.

Superscript, indice supérieur, exposant.

Superserver, superserveur.

Superset, surensemble, superjeu, version élaborée (d'un langage, etc.).

Supershift, troisième possibilité d'utilisation du clavier obtenue par une séquence de frappe spéciale s'ajoutant aux majuscules/minuscules.

Superstore, supermarché informatique.

Superuser, superutilisateur (ayant le droit d'accéder à la totalité des fichiers, grâce à un mot de passe spécial).

Supertwist, supertwist.

Supervisor, superviseur, programme superviseur; **s. call,** appel au superviseur.

Supervisory, de surveillance, de contrôle; **s. printer,** imprimante de contrôle; **s. program, s. routine,** superviseur; **s. staff,** maîtrise; **s. typewriter,** machine à écrire de contrôle.

Superzapping, fraude informatique consistant à modifier un programme utilitaire de correction pour détourner des fonds (à son profit).

Supplied, fourni et par ext., d'origine.

Supply, alimentation (électrique, etc.), **s. reel,** bobine émettrice, bobine débitrice; **s. roll,** rouleau de bande (de la bobine débitrice); **s. spool =** ***s. reel.***

Support, soutien, assistance, prise en charge, logistique; **s. center,** centre d'assistance;

s. chip, puce complémentaire ; **s.-free,** qui ne nécessite pas d'assistance ; **s. library,** bibliothèque de soutien, de support ; **s. person,** chargé(e) de l'assistance ; **s. program,** programme de soutien.

Support (to), soutenir, prendre en charge, pouvoir recevoir, accueillir, jarg. supporter.

Supportability, degré de support (maintenance, etc.) dont peut bénéficier un produit.

Suppress = suppression.

Suppress (to), supprimer, éliminer.

Suppression, suppression (des zéros, etc.).

Surf (to), surfer sur le Net.

Surfer, surfeur.

Surface, face (de disque, etc.) ; **s. modeling,** modélisation surfacique ; **s. mounted components (SMC), s. mounted devices (SMD),** composants montés en surface (CMS).

Surge protector or suppressor, parasurtenseur.

Surround (to), borner, délimiter, habiller (texte).

Suspense, **s. file,** fichier d'attente.

SW (Software) Voir SOFTWARE.

Swab, coton-tige, bâtonnet ouaté (pour nettoyage).

Swap, bascule (de dérouleurs, etc.), remplacement (d'un programme par un autre), permutation ; **s. file,** copie sur disques (de programmes retirés de la mémoire centrale) ; **s. in,** introduction en mémoire, chargement avec permutation, échange ; **s. out, 1.** sortie de la mémoire, déchargement avec permutation, échange ; **2.** échange de matériel ; **s. time,** temps de transfert.

Swap (to), faire une bascule (de dérouleurs, etc.), remplacer un programme par un autre (en mémoire centrale), permuter, échanger ; **s. back and forth (to),** introduire en mémoire et sortir de mémoire alternativement ; **s. in (to),** transférer, introduire en mémoire centrale (à partir d'une mémoire auxiliaire) ; **s. out (to),** transférer sur mémoire auxiliaire.

Swappable, permutable, échangeable.

Swapper = swapping routine.

Swapping, bascule (de dérouleurs, etc.) ; remplacement (d'un programme par un autre), alternance, permutation, échange ; **s. routine,** sous-programme de transfert, de permutation.

Swatch, nuancier.

Swath, couche (de logiciel, etc.), couloir exploré, bande de prise de vues (satellite).

SWIFT (Society for Worldwide Interbank Financial Telecommunication), réseau international de transfert de fonds et d'informations entre banques.

Swim, déplacement anormal de l'image-écran.

Swipe (to), passer une carte dans un lecteur ; **swiped out**, détériorée (carte de crédit) à la suite d'une (trop) grande utilisation.

Swipe reader = slot reader.

Switch, **1.** interrupteur, bouton, inverseur, commutateur, contact ; **2.** aiguillage (programme) ; **3.** commutation ; **4.** (auto)commutateur ; **5.** par ext., option ; **s. core,** tore de commutation ; **s. disc, drum,** disque, tambour d'évacuation ; **s. point,** point d'aiguillage ; **s. selectable,** sélectionnable par commutateur.

Switch (to), basculer, inverser, commuter, transférer, changer (de machine, etc.) ; **s. back (to),** revenir à ; **s. in and out of memory (to),** introduire en mémoire et sortir de mémoire alternativement ; **s. from ... to (to),** passer de ... à ; **s. off (to),** mettre hors tension, couper l'alimentation, jarg. « éteindre » (machine) ; **s. on (to),** mettre sous tension, jarg. « allumer » (machine) ; **s. out (to),** couper l'alimentation ; **s. over (to),** commuter, basculer ; **s. to (to),** adopter quelque chose, passer à.

Switchable, commutable (vitesses processeur par ex.).

Switchboard, panneau de distribution.

Switched, **s. (telephone) network (STN),** réseau (téléphonique) commuté (RTC) ; **s. virtual circuit (SVC),** circuit virtuel commuté (CVC).

Switcher, commutateur, système de commutation.

Switching, commutation, bascule (de dérouleur) ; **s. center,** centre de commutation ; **s. off,** mise hors tension ; **s. on,** mise sous tension; **s. out,** coupure du courant; **s. over,** commutation; **s. pulse,** impulsion de commutation; **s. speed,** vitesse de commutation; **s. theory,** théorie de la commutation; **s. time,** temps de basculement (d'un dérouleur en bascule, d'un tore).

Switchless, sans interrupteurs.

Switchover, passage, bascule (sur ordinateur de reprise en cas d'incident).

Swivel (to), s'orienter, (faire) pivoter.

Swivelable, orientable.

Symbiont, programme de gestion (assurant généralement l'exécution de fonctions de base).

Symbol, symbole; **s. analysis,** analyse des noms symboliques; **s.-controlled move,** transfert jusqu'à symbole; **s. reference,** référence symbolique; **s. string,** chaîne de symboles; **s. table,** table des étiquettes, des références symboliques (en mémoire).

Symbolic, symbolique; **s. address,** adresse symbolique; **s. addressing,** adressage symbolique; **s. analysis,** analyse des noms symboliques; **s. code,** code d'instruction; **s. coding,** codage symbolique; **s. instruction,** instruction symbolique; **s. language,** langage symbolique; **s. logic,** logique symbolique; **s. notation,** représentation symbolique; **s. program,** programme symbolique; **s. programming,** programmation symbolique; **s. reference table,** table des étiquettes en mémoire; **s. tag,** adresse symbolique.

Symmetric, symétrique.

***Sync(h) = synchronization*; s. bit,** bit d'encadrement, de synchronisation; **s. pulse,** impulsion de synchronisation.

Synchronization, **1.** synchronisation; **2.** alignement, cadrage.

Synchronize (to), **1.** synchroniser; **2.** aligner.

Synchronizer, synchroniseur.

Synchronizing, synchronisation; **s. character,** caractère de synchronisation.

Synchronous, synchrone; **s. computer,** calculateur synchrone; **s. data link control (SDLC),** procédure de commande de transmission synchrone, procédure SDLC; **s. working,** fonctionnement synchrone.

Syndrome bit, bit de syndrome.

Syntactic(al), syntaxique; **s. error,** erreur de syntaxe.

Syntax, syntaxe; **s. checker,** contrôleur de syntaxe; **s. checking,** contrôle de syntaxe.

Synthesize (to), synthétiser.

Synthesizer, synthétiseur (de parole, etc.).

Syphon out (to), extraire.

Sysgen, génération de système.

Sysgen (to), exécuter une génération de système.

Syslist, **s. device = *system list device.***

SYSOP (System Operator), exploitant d'une messagerie, d'un système, etc.

Sysplex, complexe d'ordinateurs.

System, **1.** système; **2.** ordinateur; **s. administrator,** administrateur (du) système; **s. application architecture (SAA),** architecture unifiée d'application (AUA); **s. board,** carte mère; **s. builder, 1.** responsable de la génération du système; **2.** constructeur de systèmes; **s. bus,** bus système; **s. check,** contrôle général; **s. console,** console (du) système; **s. crash,** blocage du système; **s. date,** date du système; **s. disk,** disque système; **s. generation (SYSGEN),** génération d'un système; **s. hang,** blocage; **s.-held,** contenu dans le système; **s. house,** constructeur de systèmes, SSII; **s. input device,** unité d'entrée du système; **s.-led,** piloté par le système (dialogue); **s. list device,** unité de listage du système; **s.-maintained,** géré par (le) système; **s. operator, 1.** opérateur du système, **2.** serveur; **s.-output tape,** bande (de) sortie (du) système; **s. printer,** imprimante (du) système; **s. requirements,** configuration exigée; **s. shutdown,** arrêt normal du système; **s. specific,** propre au système; **s. tape,** bande système; **s. tape-writer,** programme de génération de bande système.

Systems, **s. analysis,** analyse fonctionnelle; **s. analyst,** analyste fonctionnel; **s. approach,** étude globale; **s. design,** analyse organique; **s. design course,** cours d'analyse; **s. designer,** analyste organique; **s. engineer,** ingénieur système, ingénieur technico-commercial; **s. engineering,** assistance technico-commerciale; **s. flowchart,** organigramme d'analyse; **s. house,** constructeur de systèmes, SSII (Société de Services et d'Ingénierie Informatique) ; **s. integrator,** intégrateur de systèmes ; **s. man,** analyste ; **s. network architecture (SNA),** architecture de réseau des systèmes IBM ; **s. programmer,** programmeur d'étude ; **s. software,** logiciel de base ; **s. study,** analyse (fonctionnelle).

Systemwide, au niveau (du) système.

Systolic processor, processeur systolique.

T

TAB (Tape Automatic Bonding), transfert automatique sur bande.

Tab, **1.** onglet ; **2.** tabulation ; **t. speed,** vitesse de tabulation.

Tab (to), tabuler, faire une tabulation ; **tab to (to),** tabuler jusqu'à, exécuter une tabulation jusqu'à.

Tabbing, tabulation.

Table, table (en mémoire), tableau ; **t. check,** contrôle d'appartenance à une table ; **t.-driven,** géré par table(s) ; **t. handling,** traitement de tables ; **t. item,** élément de table ; **t. look up,** consultation de table ; **t. look up instruction,** instruction de recherche dans une table ; **t. of correspondence,** table de correspondance ; **t. top debugging,** mise au point de l'organigramme ; **t.-top model,** modèle « à poser » (sur table, bureau, etc.), modèle de table.

Table look up (to), rechercher dans une table, consulter une table.

Tablet, tablette.

Tabular, tabulaire ; **t. report,** état sous forme de tableau.

Tabulate (to), **1.** tabuler, imprimer les totaux ; **2.** constituer une table.

Tabulated, **in t. form,** sous forme de tableau.

Tactile, **t. keyboard,** clavier tactile ; **t. feedback,** sensation de déclic.

Tag, **1.** étiquette (sur marchandise) ; **2.** nom symbolique, étiquette, repère, balise ; **t. bit,** bit drapeau ; **t. card,** carte perforée miniature ; **t. line,** slogan publicitaire (figurant en bas de page) ; **t. punch** machine, perforateur d'étiquettes ; **t. reader,** lecteur d'étiquettes ; **t. switching**, commutation d'étiquettes.

Tag (to), référencer, affecter une adresse symbolique, repérer.

Tagging, affectation d'un nom symbolique, pose de repères.

Tailgating, pénétration « dans le sillage » de quelqu'un.

Tailless mouse, (la) souris sans queue, à commande infrarouge.

Tailor, **t.-made,** « sur mesure », adapté aux besoins (de l'utilisateur, etc.) spécial, personnalisé.

Tailor (to), adapter (un appareil, etc.) à une application spéciale, personnaliser, moduler.

Tailorability, adaptabilité.

Tailorable, adaptable, personnalisable, modulable.

Tailoring, adaptation, personnalisation (d'un matériel).

Take (to), **t. a branch (to),** se brancher ; **t. a checkpoint (to),** constituer un point de reprise ; **t. a dump (to),** effectuer, faire un vidage ; **t. an EDP test (to),** passer un test d'informatique ; **t. an interrupt (to),** exécuter une interruption de programme ; **t. an option (to),** choisir une option ; **t. a square root,** calculer une racine carrée ; **t. a total (to),** totaliser, faire un total.

Take-anywhere, passe-partout (trans)portable.

Takedown, démontage, manipulations ; **t. time,** temps de manipulation entre travaux.

Take-home pay, salaire net.

Take off (to), décoller (industrie) ; **t. (products, etc.) off the market,** retirer (des produits, etc.) du marché.

Take-off reel, bobine débitrice.

Takeover, relève.

Take over (to), prendre le relais, relayer, prendre la relève, prendre en charge.

Take-up, **t.-u. reel,** bobine réceptrice ; **t.-u. spool,** bobine réceptrice.

Talk (to), parler, dialoguer ; par ext. émettre ; **t. to each other, to one another (to),** dialoguer.

Talker, émetteur (appareil), « parleur ».

Talking, **t. board,** carte « parole » ; **t. chip,** puce parole.

Talkware, matériel de radiotéléphonie (Motorola).

Tally, comptage ; **t. roll,** bande de contrôle (de machine à calculer imprimante, de caisse enregistreuse, etc.) ; **t. roll reader,** lecteur de bande de contrôle ; **t. word,** mot de comptage.

Tally (to), compter ; **t. down (to),** compter (en régressant), décompter ; **t. up (to),** compter (en progressant).

Tamper with (to), trafiquer

Tamper-proof, infraudable, intraficable

Tap, prise (sur réseau).

Tap (to), **1.** faire de, pratiquer l'écoute clandestine ; **2.** exploiter (potentiel) ; **t. away at (to),** pianoter (sur son clavier) ; **t. in (to),** introduire (par l'intermédiaire d'un clavier) ; **t. into (to),** accéder à (une base de données) ; **t. out (to),** sortir (par l'intermédiaire d'un clavier)

Tape, **1.** bande (magnétique, perforée, etc.), ruban (magnétique, perforé, etc.) ; **2.** (par ext.) (a) dérouleur de bande magnétique, (b) cartouche de bande ; **t. cable,** câble-ruban ; **t. cartridge,** cartouche de bande ; **t. cassette,** cassette de bande magnétique ; **t. drive,** **1.** système d'entraînement de bande magnétique ; **2.** dérouleur de bande magnétique ; **3.** lecteur de cartouche ; **t. dump,** vidage sur bande magnétique, analyse de bande ; **t. file,** fichier sur bande (magnétique) ; **t. library,** bandothèque ; **t. maker,** fabricant de bandes (magnétiques, etc.) ; **t. punch,** perforateur de bande ; **t. reader,** lecteur de bande perforée ; **t. recorder,** magnétophone ; **t. slitting,** refendage (d'un rouleau de bande) ; **t. streamer**, unité de sauvegarde (à bande magnétique) ; **t. swap(ping),** bascule de dérouleurs ; **t. vault,** salle d'archives.

Tape (to), enregistrer sur bande.

Tapping, mise sur table d'écoute.

Target, cible, récepteur, destinataire ; **t. computer** = ***object computer*** ; **t. configuration** = ***object configuration*** ; **t. disk,** disque-cible ; **t. field,** zone destinataire ; **t. language** = ***object language*** ; **t. market,** marché-cible ; **t. processor,** processeur d'exécution ; **t. program** = ***object program*** ; **t. string,** chaîne (de caractères) recherchée ; **t. system,** système prototype.

Targeting, ciblage.

Task, tâche ; **t. management,** gestion des tâches ; **t. scheduler,** gestionnaire de tâches ; **t. switch,** changement de tâche.

Tax (to), solliciter considérablement (processeur, etc.).

TCAM (Telecommunication Access Method), méthode d'accès en télétraitement.

TCP (Transmission Control Protocol), protocole TCP.

T & D (Test & Diagnostic), test(s) et diagnostic(s).

TDF (Transborder Data Flow), flux de données transfrontière (FDT).

TDM (Time Division Multiplexer ou Multiplexing), multiplexeur ou multiplexage temporel.

TDMA (Time Division Multiple Access), accès multiple`par répartition dans le temps (AMRT).

TDS (Transaction Driven System), système transactionnel.

Teach-in, données d'apprentissage.

Teach pendant, commande pendulaire d'apprentissage.

Teaching, **t. machine,** machine à enseigner ; **t. software,** didacticiel ; **t. (software) library,** didacthèque.

Teachware, didacticiel.

Team, équipe ; **t. programming,** programmation en équipe ; **t. space** : Voir HOT DESKING.

Tear, **t. bar,** barre de découpe ; **t. line,** ligne de pointillés (pour séparer documents en continu) ; **t. off perforations,** pointillés de séparation ; **t. strength,** résistance au déchirement ; **t. strip,** rive, bande Caroll.

Technical, **t. control center,** centre de contrôle et de diagnostic du trafic (de données) ; **t. support,** assistance technique, jarg. support technique ; **t. training school,** école pour techniciens, école technique ; **t. writer,** rédacteur technique.

***Technological,* t. lead,** avance technologique.

Technology, technologie ; **t.-based products,** produits technologiques ; **t.-driven,** tributaire de la technologie ; **t.-intensive,** à forte composante technologique ; **t.-related,** lié à la technologie ; **t. transfer,** transfert technologique ou de technologie.

Technopeasant, béotien, profane, en informatique.

Technospeak, jargon technique.

Tee, réseau en boucle.

Teething pains, problems or troubles, défauts de jeunesse (d'un matériel), « maladies infantiles ».

TEK = Tektronix.

Telco (Telephone company), compagnie de téléphone.

Telebanking, opérations bancaires à domicile, télébanque.

Telebetting, téléparis.

Telebroking, télécourtage.

Telecenter, centre de télétraitement.

Telecom(s), télécommunications ; **t. authority,** les télécommunications, les télécoms ; **t. driver,** module de gestion de terminaux ; **T. Gold,** messagerie électronique de BT ; **t. net(work),** réseau de télécommunications.

Telecommand (TC), télécommande.

Telecommunicate (to), télécommuniquer.

Telecommunication, télécommunication ; **T. Access Method (TAM),** méthode d'accès en télétraitement.

***Telecommunications;* T. Act,** loi (britannique) sur les télécommunications (1984) ; **t. board,** carte (de) télécommunications.

Telecommute (to), travailler à domicile (liaison terminal ou micro-ordinateur domestique/ ordinateur), faire du télétravail, télétravailler.

Telecommuter, télétravailleur.

Telecommuting, télétravail.

Telecomputing, télégestion, télétraitement.

Teleconference, téléconférence.

Teleconference (to), tenir une téléconférence.

Teleconferencing, téléconférence.

Telecopier, télécopieur.

Telecopy (to), télécopier.

Telecopying, télécopie.

Teledensity, nombre de téléphones pour 100 abonnés.

Telefax, télécopie ; **t. terminal,** terminal de télécopie, télécopieur.

Telegathering, téléréunion.

Telegraph, télégraphe ; **t. (-grade) line,** ligne télégraphique.

Telehousing, vente ou location de surfaces sécurisées pour l'informatique.

« Teleinformatics », télé-informatique.

Teleload (to), télécharger.

Telemarketeer or telemarketer, spécialiste du télémarketing.

Telemarketing, télémarketing.

« Telematic », télématique.

« Telematics », (la) télématique.

Telemeeting, téléréunion.

Telemeter (to), télémesurer.

Telemetering, télémesure.

Telemetry, télémesure.

TELENET, réseau (public) de commutation de paquets (GTE).

Teleoperator, télémanipulateur.

Tele-ordering, passation de commandes par voie télématique, télématiquement.

Telepac, réseau de commutation de paquets.

Telephone, téléphone ; **t. answerer,** répondeur téléphonique ; **t. answering machine = *t. answerer;*** **t. circuit,** circuit téléphonique ; **t. company,** compagnie de téléphone ; **t. coupler,** coupleur téléphonique ; **t. network,** réseau téléphonique ; **t. operator,** standardiste ; **t. ordering,** passation de commandes par téléphone ; **t. processor,** ordinateur de téléphonie ; **t.-related products,** la « péritéléphonie » ; **t. selling,** vente par téléphone ; **t. set, t. station,** poste téléphonique ; **t. sub-**

scriber, abonné au téléphone ; **t. support,** assistance téléphonique ; **t. survey,** enquête par téléphone ; **t. tag,** (jeu de) cache-cache téléphonique (impossibilité dans laquelle se trouvent deux correspondants de se joindre par téléphone, chacun d'eux étant absent quand l'autre l'appelle).

Teleport, zone de télécommunications avancées (ZTA), téléport.

Teleprinter, téléimprimeur, téléscripteur, Télétype (marque).

Teleprocess (to), faire de la télégestion.

Teleprocessing (TP), (marque déposée par IBM), télétraitement, télégestion, téléinformatique, traitement à distance ; **t. monitor,** moniteur de télétraitement ; **t. software,** logiciel de télétraitement ; **t. station,** poste de télégestion ; **t. terminal,** terminal de télégestion.

Telerecording, télé-enregistrement.

Tale-sales, vente par téléphone, télévente ; **t. operator,** télévendeur.

Teleshopping, télé-achats.

Telesoftware (TSW), télélogiciel (logiciel téléchargé dans un terminal vidéotex par le centre serveur).

Teletape, télébande.

Teletex (sans « t »), Télétex.

Teletext (avec un « t »), vidéotex diffusé.

Teletype (TTY), (marque déposée par la Teletype Corporation), Télétype ; **t.-compatible, TTY-compatible,** compatible télétype ; **t. machine,** Télétype ; **t. operator,** télétypiste ; **t. printer, t. unit,** Télétype.

Teletype (to), envoyer par Télétype.

Teletypewrite (to) = to teletype.

Teletypewriter (marque déposée par AT & T), téléimprimeur, téléscripteur, Télétype.

Television, **t.-like screen,** écran genre écran de télévision ; **t. monitor,** écran de contrôle.

Teleworker, télétravailleur.

Telewriter, appareil de téléécriture.

Telewriting, téléécriture.

Telex, télex ; **t. net,** réseau télex ; **t. operator,** téléxiste ; **t. tape,** bande télex.

Telexbox, interface intelligente ordinateur/télex.

Telex (to), envoyer un Télex, télexer.

Tell (to), signaler.

Tellback, **t. information,** retour d'information.

Tellback, retransmission.

Teller, guichetier, caissier ; **t. terminal,** poste de guichet ; **t. window,** guichet ; **t. window terminal, t. window unit,** machine de guichet.

Template, gabarit, calibre, modèle, réglette de clavier, cache, masque (de saisie).

Temporary, temporaire, provisoire ; **t. office personnel,** personnel intérimaire ; **t. storage, t. store,** mémoire temporaire, zone de manœuvre.

Ten, dix ; **t.-key keyboard,** clavier réduit (à dix touches) ; **t. key pad,** clavier dix touches ; **t. pitch,** densité horizontale de 10 caractères/pouce.

Tenancy, appartenance à un ensemble.

Tenant, **t. record,** article appartenant à un ensemble.

« Tennis-shoe network », hum., transfert manuel entre processeur et station(s) utilisatrice(s).

Ten's complement, complément à dix.

Tension, tension ; **t. arm,** bras amortisseur (de bande, etc.).

Tentative, **t. address,** adresse provisoire.

Tenting, galbage du papier (le long du moletage).

Terabit, térabit (10^{12}).

Terabyte, téraoctet (10^{12}).

Teraflop, téraflop (10^{12} opérations en virgule flottante par seconde).

Termbank, banque de terminologie.

Termbase, base terminologique.

Termcap, fichier UNIX contenant les caractéristiques des terminaux.

Terminal, **1.** borne (élect.) ; **2.** poste terminal ou terminal ; **t. arm,** bras articulé (orientable) pour terminal ; **t.-based system,** système avec terminaux ; **t. blank,** espace à droite ; **t. block, 1.** bornier ; **2.** dernier pavé d'un organigramme ; **t. board,** tableau de connexions ; **t. cluster,** grappe de terminaux ; **t. compu-**

ter, ordinateur satellite ; **t. concentrator,** concentrateur de terminaux ; **t. control unit (TCU),** unité de gestion de terminaux ; **t. device,** terminal ; **t. driver,** module de commande de terminal ; **t. emulation,** émulation de terminal ; **t. emulator,** (logiciel) émulateur de terminal ; **t. handler,** module de traitement de terminaux ; **t.-heavy (system),** qui comporte un grand nombre de terminaux ; **t.-initiated,** déclenché par un terminal ; **t. operator,** opérateur de terminal, terminaliste ; **t.-oriented,** interactif ; **t.-oriented software,** logiciel de télégestion ; **t.-originated,** émis par un terminal ; **t. population,** parc de terminaux ; **t. printer,** terminal d'impression ; **t. server,** serveur de terminaux ; **t. space** = ***t. blank*** ; **t. status** = ***termination status*** ; **t. streaming,** immobilisation de la ligne (modem «prêt») par un terminal sans émission ; **t. unit,** terminal.

Terminate and stay resident (TSR) program, programme résident.

Terminate (to), **1.** mettre fin (à), mettre un terme à, résilier (contrat) ; (s')interrompre, (s')arrêter, suspendre son exécution ; **2.** aboutir à.

Terminating, **1.** qui indique la fin ; **2.** de droite, de poids faible ; **t. bracket,** crochet droit ; **t. card,** carte de fin de paquet ; **t. department,** service destinataire ; **t. status** = ***termination status*** ; **t. symbol,** borne de fin d'information.

Termination, fin, résiliation (contrat), suspension, arrêt ; **t. status,** état à la fin d'une opération.

Terminator, **1.** caractère d'arrêt, de fin, final (symbole terminant une série de paramètres) ; **2.** module de clôture ; **3.** adaptateur.

Termiprinter, imprimante de recopie (imprimante caractère autonome).

Termsoft, microprogrammes de commande intégrés à un terminal.

Ternary, ternaire.

Tessellated, **t. computer** = ***array processor.***

Test, essai, épreuve, test ; **t. bed,** banc d'essai ; **t. case,** jeu d'essai, scénario d'essai ; **t. data,** données d'essai ; **t. data dispersion,** constitution de données d'essai ; **t. data generator (TDG),** générateur de données d'essai ; **t. data set,** jeu d'essai ; **t. deck, t. pack,** jeu d'essai ; **t. harness,** logiciel de test, de validation ; **t. panel,** tableau d'essai ; **t. probe,** fiche de test ; **t. program, t. routine,** programme de test, programme d'essai ; **t. run,** essai de programme, passage d'essai ; **t. session,** séance d'essai ; **t. shot,** passage d'essai, essai sur machine ; **t. suite,** programmes de tests, batterie de tests ; **t. switch,** commutateur de test ; **t. track,** chemin d'exécution (jeu d'essai).

Test (out) (to), essayer, tester, interroger (mot d'état) ; **t. drive (to),** tester (logiciel) ; **t. for (errors, etc.) (to),** rechercher la présence (d'erreurs, etc.) ; **t. for validity (to),** effectuer, soumettre à, un contrôle de validité.

Testable, interrogeable, testable.

Tester, contrôleur, appareil d'essai, testeur.

Testing, essai, épreuve ; **t. time,** temps de mise au point.

Testware, logiciel de test.

Tetradic, tétradique, à quatre processeurs.

Text, texte, libellé (message) ; **t. chart,** tableau de texte ; **t. data base,** base de données textuelles ; **t. editor,** programme de mise en forme de texte, «éditeur» de texte ; **t. editing,** «édition» de texte ; **t. file,** fichier de texte, fichier-texte ; **t.-intensive,** à fort pourcentage de texte ; **t. message,** message avec texte ; **t. messaging,** messagerie textuelle ; **t. processing,** traitement (automatique) de texte (sur ordinateur) ; **t. processor,** unité de traitement de texte.

Textual, textuel ; **t. data,** texte ; **t. file,** fichier texte ; **t. information,** texte ; **t. message,** avec texte message.

Theory, théorie ; **t. of congestion, of queues, of waiting lines,** théorie des files d'attente.

Therm paper, papier thermosensible.

Thermal, **t. imaging,** thermographie ; **t. paper,** papier thermosensible ; **t. printer,** imprimante thermique.

Thermally, **t. sensitive,** thermosensible.

Thermographic printer, imprimante thermographique.

Thesaurus (pl. thesauri), thésaurus.

The Source, nom d'un serveur américain (marque de Source Telecomputing Corp., filiale de The Reader's Digest, Inc.).

Thick, **t. bar,** barre épaisse (code à barres); **t. client**, client lourd; **t. film,** couche épaisse.

Thimble, **print t.,** tulipe porte-caractères (NEC); **t. printer,** imprimante à tulipe.

Thin, **t. bar,** barre mince (code à barres); **t. client**, client léger (PC léger qui accède essentiellement à d'autres systèmes); **t.-film,** couche mince; **t.-film head,** tête à couche mince; **t.-film memory, t.-film storage, t.-film store,** mémoire à couche mince; **t. line,** extra plat.

Thin out (to), amincir.

Think time, temps mort (pendant lequel l'utilisateur du terminal prépare sa réponse ou l'ordinateur prépare la réponse destinée au terminal), «délai de réflexion».

Thinking, **t. machine,** machine pensante.

Thinning, amincissement.

Third, **t.-generation computer,** ordinateur de (la) troisième génération; **t. party,** tiers, société spécialisée; **t. party developer**, développeur tiers; **t. party leasing,** leasing pratiqué par une société financière; **t. party leasing company or firm,** société de financemènt, société financière faisant du leasing; **t. party maintenance (TPM),** maintenance tierce ou tierce maintenance; **t.-party software,** logiciel(s) réalisé(s) par des sociétés indépendantes, voire des particuliers, et accessibles aux utilisateurs.

Thrashing, emballement; **t. monitor,** moniteur anti-emballement.

Thread, fil, file, chemin.

Thread (to), mettre en place (bande).

Threaded, **multiple-t., single-t.,** multifil, monofil.

Threading, mise en place (bande).

Three, **t.-address instruction,** instruction à 3 adresses; **t.-buttoned mouse,** souris à trois boutons; **t.-dimensional (3-D),** tridimensionnel; **t. dimensionally,** en tridimensionnel, à trois dimensions; **t.-input,** à 3 entrées; **t.-input adder,** additionneur à 3 entrées; **t.-input subtracter,** soustracteur à 3 entrées; **t.-of-nine code,** code 39; **t. party call,** conférence à trois; **t.-processor,** biprocesseur; **t.-row keyboard,** clavier à 3 rangées de touches; **t.-state,** à trois états; **t.-way compare,** comparaison à 3 voies (inférieur, égal, supérieur); **t.-way conferencing,** conférence à trois.

Threshold (to), seuiller.

Threshold, seuil; **t. element,** élément à seuil.

Thresholding, seuillage.

Throat, filière, gorge (de magasin d'alimentation).

Throughput, débit, capacité de traitement.

Through-the-wall, extérieure (installation), encastrée dans un mur, de façade (terminal, guichet); **t.-the-w. bezel,** encadrement (de guichet).

Throw, saut (de papier).

Throw (to), basculer (un interrupteur); **t. off (to),** déconnecter (un utilisateur).

Throw-away, à jeter, jetable (pile, cartouche, ruban, etc.); **t. a. code or coding,** code jetable; **t. a. graphics,** graphiques personnels, destructibles, et non destinés à être communiqués à des tiers.

Thruput = throughput.

Thru-the-wall = through-the-wall.

Thumbnail, image miniature.

Thumb through (to), parcourir, feuilleter.

Thumbwheel (switch), molette (de réglage, etc.).

TI, Texas Instruments.

Tic, tic mark, **1.** repère, graduation; **2.** apostrophe.

Tick, top d'horloge.

Ticker tape, bande de téléimprimeur.

Ticket, ticket; **t. counter,** guichet; **t. issuing machine,** distributeur de tickets; **t. printer,** imprimante de tickets; **t. roll,** rouleau (de caisse enregistreuse).

Tickler, **t. file,** fichier de rappel; **t. list,** aide-mémoire.

Tidy up (to), récupérer (place en mémoire).

Tidying, **file t.,** mise au net d'un fichier (élimination des données superflues).

Tie, **t. breaker,** circuit de départage (si deux processeurs cherchent à utiliser le même périphérique en même temps), circuit d'arbitrage; **t. line (Brit.), t. trunk (U.S.),** ligne privée.

Tie (to), connecter, associer ; **t. up (to),** mobiliser, immobiliser (ressources d'un système, etc.).

Tier, niveau (de sécurité, etc.), **first, second, third t. (company)**, société de premier, second, troisième niveau, rang, etc.

Tiered, à plusieurs niveaux, multiniveau.

TIer, employé de Texas Instruments.

Tie-in, **footnote t.**, rattachement automatique des notes en bas de page.

Tiger teams, équipe(s) de testeurs (spécialistes essayant de pénétrer un système pour contrôler l'efficacité des sécurités mises en place).

Tightly-coupled, à couplage étroit.

Tight coupling, couplage étroit.

Tilde, tilde (ex. ñ).

Tile, mosaïque.

Tiled, **t. information,** informations présentées en juxtaposé (juxtaposition de fenêtres sur l'écran sans superposition).

Tiling, remplissage de blocs adjacents de pixels sans recouvrement des blocs.

Till, (tiroir-)caisse.

Tilt (to), incliner (écran, etc.).

Tilt, **1.** mise en travers ; **2.** inclinaison.

Tiltable, inclinable.

Time, temps, durée, heure ; **t. base,** base de temps ; **t. billing**, facturation à la durée ; **t. bomb,** bombe à retardement (séquence intégrée au logiciel et évitant le piratage par destruction temporisée) ; **t. broker,** courtier en temps machine ; **t. bucket,** période ; **t. card,** carte de pointage ; **t. clock,** pendule de pointage ; **t. consuming,** qui prend du temps ; gourmand en temps ; **t. critical,** à durée critique ; **t./date stamping,** horodatage ; **t. dependent**, lié à l'heure de la journée ou à la durée (mot de passe) ; **t.-derived channel,** voie dérivée en temps ; **t. division multiple access (TDMA),** accès multiple par répartition dans le temps (AMRT) ; **t. division multiplexing or multiplexor (TDM),** multiplexage ou multiplexeur temporel ; **t. fill (to),** temporiser ; **t. fill(ing),** temporisation ; **t. frame,** tranche de temps, calendrier, délai ; **t.-intensive**, gourmand en temps ; **t. keeping,** pointage ; **t. line**, chronologie ; **t.-of-day clock (TOD),** horloge machine ; **t. origin,** instant de référence ; **t. out** = ***timeout*** ; **t. phased,** par périodes ; **t. quantum,** tranche de temps ; **t. recorder,** enregistreur de temps ; **t.-saving,** qui permet de gagner du temps ; **t. scale,** échelle des temps, délai, calendrier ; **t.-sensitive,** à durée de vie critique (données) ; **t. series,** série chronologique ; **t. share (to),** exploiter un ordinateur en temps partagé ; **t.-shared basis (on a),** en temps partagé ; **t.-shared computer** = ***t.-sharing computer*** ; **t. sharer,** utilisateur d'un centre de temps partagé ; **t.-sharing (TS), 1.** travail en simultanéité ; **2.** travail en multiprogrammation ; **3.** travail en partage de temps, exploitation en temps partagé (par utilisation collective d'un ordinateur) ; **t.-sharing basis (on a),** en temps partagé ; **t.-sharing center,** centre d'exploitation en temps partagé ; **t.-sharing computer,** ordinateur travaillant en temps partagé ; **t.-sharing console,** console de temps partagé ; **t.-sharing customer,** utilisateur du temps partagé ; **t.-sharing firm,** société de temps partagé ; **t.-sharing terminal,** terminal de temps partagé ; **t.-sharing user** = ***t.-sharing customer*** ; **t. slice,** tranche de temps ; **t. slicing,** découpage du temps ; **t. slot,** tranche de temps ; **t. stamp,** horodateur ; **t. stamping,** horodatage ; **t. to market,** délai de mise sur le marché ; **t. table,** tableau des temps d'exécution ; **t. zone,** fuseau horaire.

Timed, temporisé, différé ; **t. backup,** sauvegarde fixe (disque → bande).

Timeliness, caractère ou degré d'actualité des données.

Timeout, **1.** délai (d'attente), dépassement du temps imparti, temporisation, délai d'inactivité ; **2.** déconnexion automatique.

Timer, rythmeur, horloge.

Voir Interval Timer.

Times, **1.** nom d'une police de caractères ; **2.** multiplié par : track density times bit density.

Timescale = time scale.

Timestamp (to), dater, marquer (des paquets de données).

Timing, **1.** synchronisation ; **2.** durée, temps ; **t. belt,** courroie crantée ; **t. chart** = ***t. dia-***

gram ; **t. device,** minuterie ; **t. diagram,** diagramme des temps, chronogramme ; **t. disc,** disque de synchronisation ; **t. formula,** formule de calcul de temps ; **t. pulse,** impulsion de synchronisation ; **t. relay,** relais de temporisation ; **t. track,** piste de synchronisation.

Title, titre, libellé ; **t. bar**, barre de titre.

TO, de destination, cible ; **TO and FROM fields,** zones émettrice et réceptrice, zones origine et destination.

TOD (Time-Of-Day) clock, horloge machine.

Today's date, date du jour.

Toehold, début d'implantation.

TOF, **1. (Top Of File),** haut de fichier ; **2. (Top Of Form),** haut de feuillet, de page.

Toggle, levier articulé, genouillère ; **t. switch, 1.** interrupteur à bascule ; **2.** interrupteur de changement de mode.

Toggle (to), basculer (un interrupteur) ; faire apparaître (sur l'écran) ou disparaître (de l'écran) des codes de contrôle (normalement cachés ; **t. between (to)** alterner entre, passer alternativement de... à ; **t. into memory (to),** introduire une valeur en mémoire (au moyen des boutons du pupitre) ; **t. off (to),** désactiver, désélectionner ; **t. on (to),** activer, sélectionner.

Toggling, basculement ; **t. speed,** vitesse de commutation.

Token, **1.** jeton, badge ; **2.** anneau à jeton ; **t.-based local net,** réseau local à jeton ; **t. bus,** bus à jeton ; **t. bus network,** réseau à bus ; **t. passing,** passage de jeton (principe du jeton circulant (paquet vide)) ; **t. passing ring =** ***token ring*** ; **t. reader,** lecteur de jetons ; **t. ring,** anneau à jeton ; **t. ring network,** réseau à jeton.

Tokenised, à jetons.

Toll, **t.-free,** libre appel ; **t.-free number,** numéro vert, numéro de libre appel ; **t. line,** ligne interurbaine.

Tone, tonalité, signal ; **t. dialing =** ***pushbutton dialing.***
Voir DIAL TONE.

Toner, « toner » ; **t. cartridge,** cartouche de toner.

Tool, **1.** outil, et par ext. « aide » ; **2.** par ext. « fonction ».

Toolbar, barre d'outils.

Toolbox, boîte à outils.

Toolkit, boîte à outils.

Toolset, boîte à outils.

Top, haut (de caractère, etc.), sommet (pile) ; **at the top of the file,** en tête du fichier ; **t. copy,** original ; **t. cover,** capot, carter, supérieur ; **t.-down (design, etc.),** (conception, etc.) de haut en bas, « descendante » (s'oppose à **bottom-up design**) ; **t. end (of a line),** haut (d'une gamme) ; **t.-ender,** modèle haut de gamme ; **t.-level flowchart,** organigramme général ; **t. line,** ligne supérieure, ligne 1 (sur l'écran) ; **t. load,** chargement vertical ; **t.-of-the-line, t.-of-the-range equipment,** matériel (se situant en) haut de gamme ; **t. part (of memory),** haut (de la mémoire) ; **t. row,** rangée supérieure (de touches) ; **t. speed,** vitesse de pointe.

Topology, topologie (de réseau).

Topview, nom d'un logiciel.

Torn, **t. out size,** largeur d'un imprimé après élimination des rives ; **t. size =** ***t. out size*** ; **t. tape switching,** commutation manuelle ; **t. tape switching center,** centre de commutation manuelle (bande perforée).

Toroidal, torique.

Torque, couple mécanique

TOS (Tape Operating System), système d'exploitation à bande.

Total, total, cumul ; **t. check,** contrôle par totalisation ; **t. system,** système intégré ; **t. time,** temps total.

Total (to), totaliser, cumuler.

Totals only (to print), tabuler.

Total(l)ing, totalisation ; **t. accumulator,** totalisateur.

Touch, **t. key**, touche (de commande) à effleurement ; **t. kiosk,** borne à écran tactile ; **t. technology,** technologie de (la) commande par effleurement (de touches).

Touch (to), appuyer (sur une touche).

Touch-activated, à commande par effleurement, à commande tactile.

Touch-call (marque déposée de GT & E) = ***pushbutton dialing.***

Touch-controlled, à commande par effleurement, à commande tactile.

Touchpad input, entrée tactile.

Touch reader, la « douchette ».

Touch-screen (terminal), (terminal) à écran tactile.

Touch-sensitive, à effleurement (touche etc.) ; **t.s. display or screen,** écran tactile.

Touch-tone (marque déposée de AT & T) = ***pushbutton dialing.***

Tournament, tournoi (tri).

Towel, **t. ribbon,** ruban continu.

Tower, type « tour » (ordinateur), à boîtier vertical.

TP, **1. (Teleprocessing),** télétraitement ; **2. (Transaction Processing),** traitement transactionnel.

TPI (Tracks Per Inch), nombre de pistes par pouce.

TPM (Third Party Maintenance), maintenance tierce ou tierce maintenance ; **TPM firm, TPM provider,** société de tierce maintenance.

TPS (Transactions Per Second), transactions par seconde.

Trace, **t. program,** programme d'analyse, d'impression de parcours ; **t. routine =** ***t. program.***

Trace (to), imprimer le parcours d'un programme, analyser.

Tracer, **t. program =** ***trace program.***

Tracing, exécution du programme en pas à pas ; **t. routine, t. program =** ***trace program.***

Track, **1.** piste (de disque, de bande magnétique) ; piste (de perforateur ou de lecteur de cartes, etc.) ; **2. program tracks,** thèmes, grands sujets (d'un congrès) ; **keep t. of (to),** suivre, faire, assurer le suivi de ; **t. ball,** boule roulante, boule de commande ; **t. parity check,** contrôle de parité longitudinale ; **t. pitch,** pas transversal ; **t. record,** passé, historique (d'une personne, d'une entreprise).

Track (to), suivre, faire le suivi de.

Track down (to), rechercher (erreurs).

Tracker ball = track ball.

Tracking, recherche (d'erreurs) ; suivi (de commandes, etc.) ; poursuite (asservissement curseur à photostyle).

Tract, **vocal t.,** conduit vocal.

Tractor, entraîneur à picots ; **t. cover,** volet d'entraîneur ; **t.-fed,** entraîné par ergots ; **t. feed,** avancement par entraîneur(s) ; **t. (feed) pin,** picot d'entraînement ; **t. feed margin,** bande marginale d'entraînement ; **t. pin =** ***t. feed pin.***

Trade in, reprise (d'un matériel).

Trade-off, compromis (économique, technique, etc.), choix techniques à opérer, arbitrage.

Trade press, la presse spécialisée.

Traffic, trafic, **t. control,** régulation de la circulation.

Trail, piste.
Voir AUDIT TRAIL.

Trail (to), suivre.

Trailer, « en-queue » (masc.) (contraire de en-tête) ; **t. block,** bloc fin ; **t. card,** carte de fin de groupe ; **t. label,** label fin ; **t. record,** article fin.

Trailing, **t. edge,** bord arrière (de carte, document) ; **t. end,** fin (de bande) ; **t. zero,** zéro à droite.

Train, **t. printer,** imprimante à train de caractères.

Train (to), **1.** former (du personnel) ; **2.** (se) synchroniser (modems).

Trainee, stagiaire, élève, **t. operator,** élève-opérateur, **t. programmer,** élève-programmeur.

Trainer, formateur.

Training, formation, apprentissage ; **t. center,** centre de formation ; **t. computer,** ordinateur de formation ; **t. course,** cours de formation, stage ; **t. diskette,** disquette de formation, d'initiation (à un matériel) ; **t. instructor,** instructeur, moniteur (technique) ; **t. officer,** responsable de la formation, formateur ; **t. school,** centre de formation ; **t. time, 1.** temps, durée, de formation ; **2.** temps d'égalisation (modem).

Trainware, services de formation.

Transactable, qui peut donner lieu à une transaction.

Transaction, opération (commerciale), mouvement (portant sur un fichier), transaction ; **t. card,** carte mouvement ; **t. code,** code mouvement ; **t. data,** mouvements ; **t. date,** date du mouvement ; **t. deck,** paquet de cartes mouvements ; **t.-driver,** transactionnel ; **t. file,** fichier mouvements ; **t.-heavy, t.-intensive,** fortement transactionnel ; **t. log,** journal de transactions ; **t. management,** gestion transactionnelle ; **t.-oriented,** conçu pour traiter les mouvements dès leur apparition, transactionnel ; **t. processing,** traitement transactionnel, l'informatique transactionnelle, le transactionnel ; **t. processor,** processeur de transactions ; **t. rate,** taux de mouvements ; **t. record,** (article)-mouvement ; **t. recorder,** appareil permettant de saisir l'information où elle naît (atelier, point de vente, etc.) ; **t. tape,** bande mouvements ; **t. terminal,** terminal conversationnel.

Transactional, transactionnel ; **t. billing**, facturation à la transaction.

Transborder, transfrontière ; **t. data flow (TDF),** flux de données transfrontière (FDT) ; **t. links,** liaisons transfrontières.

Transceiver, émetteur-récepteur.

Transcode (to), transcoder.

Transcoder, transcodeur.

Transcoding, transcodage.

Transcribe (to), transcrire.

Transcriber, appareil de transcription.

Transcription, transcription ; **t. error,** erreur de transcription.

Transcriptionist, audiotypiste.

Transdata, architecture de réseau de Siemens.

Transducer, transducteur.

Transfer, transfert (de données, etc.) ; **t. address,** adresse de transfert ; **t. card,** carte de branchement ; **t. check,** contrôle par répétition ; **t. function,** fonction de transfert, transmittance ; **t. instruction,** instruction de branchement ; **t. interpreter,** reporteuse ; **t. of control,** branchement ; **t. of control card,** carte de branchement ; **t. of data to and from peripherals,** échange de données avec périphériques ; **t. operation,** opération de transfert ; **t. rate,** vitesse de transfert, débit ; **t. time,** temps de transfert, durée du transfert.

Transfer (to), transférer ; **t. back (to),** retransférer ; **t. control to (to),** passer la main à ; **t. out (to),** sortir.

Transfluxor, transfluxor.

Transform (to), transformer.

Transformer, transformateur.

Transient, transitoire, passager ; non résident (programme).

Transistor, transistor ; **t. t. logic (TTL or T2L),** logique transistor-transistor.

Transistorization, transistorisation.

Transistorize (to), transistoriser.

Transition, **t. card** = ***transfer of control card.***

Transitional, de transition ; non-résident (en mémoire).

Translate (to), traduire, transcoder.

Translater, traducteur, programme de traduction.

Translating, **t. program, t. routine,** programme de traduction, traducteur.

Translation, traduction ; **t. table,** table de traduction.

Translator, traducteur, programme de traduction ; **t. routine,** programme de traduction.

Transliterate (to), translitérer.

Transliteration, translitération.

Transmission, **1.** transmission, **2.** émission ; **t. control, 1.** gestion de la transmission ; **2.** contrôleur de transmission ; **t. control unit,** contrôleur de transmission ; **t. control character,** caractère de commande de transmission ; **t. frame,** bloc (en transmission) ; **t. speed,** vitesse de transmission.

Transmit (to), transmettre, émettre, véhiculer ; **t. back (to),** retransmettre.

Transmittable, transmissible.

Transmittal, transmission ; **t. tape,** bande-**relais.**

Transmitter, transmetteur, émetteur.

Transmitting, **t. station,** station émettrice ; **t. terminal,** terminal émetteur ; **t. typewriter,** machine à écrire émettrice.

Transmultiplexer (XMUX), transmultiplexeur.

Transnational data flow, flux de données transnational.

Transparency, **1.** transparence ; **2.** transparent (subs.).

Transparent, transparent (à un code).

Transparently, de façon transparente, en mode transparent.

Transponder, répondeur.

Transport, **1.** transport ; **2.** par ext. piste ; **t. layer,** couche transport ; **t. mechanism,** mécanisme d'entraînement.

Voir CARD TRANSPORT, TAPE T.

Transport (to), acheminer (une carte), faire défiler (une bande), véhiculer (l'information) ; **t. past (to),** faire défiler (bande devant tête de lecture, etc.).

Transportability, transférabilité, interchangeabilité (du logiciel), transportabilité.

Transportable, transférable, interchangeable (logiciel).

Transposition, transposition ; **t. error,** erreur par inversion de 2 chiffres.

Transputer, puce de Inmos Ltd, transputer ; **t. bank,** réseau de transputers ; **t. board,** carte transputer.

Transverse, transversal ; **t. check,** contrôle de parité transversale ; **t. parity,** parité transversale.

Trap, interruption (du programme), piégeage ; **t. handler, t. handling routine,** sous-programme de gestion d'interruption.

Trap (to), interrompre (programme), piéger ; **t. to a location (to),** faire un branchement à une adresse.

Trapdoor, **1.** interruption de programme (aux fins de diagnostic) ; **2.** (malveillance), mécanisme de contournement du dispositif de sécurité.

Trappable, piégeable.

Trapping, interception, piégeage.

Trash can, poubelle (Macintosh).

Travel, déplacement, course.

Travel (to), se déplacer, circuler, parcourir ; **t. from screen to screen (to),** passer d'un écran à l'autre ; **t. past (to),** défiler (devant, sous, etc.).

Traveler, **t. card,** carte suiveuse.

Travelling, qui se déplace ; en déplacement, itinérant (utilisateur) ; **t. wave tube (TWT),** tube à ondes progressives (TOP) ; **t. wave tube amplifier (TWTA),** amplificateur à tube à ondes progressives (ATOP).

Traversal, parcours (d'une boucle, etc.).

Traverse (to), **t. the head (to),** défiler devant la tête (de lecture-écriture), parcourir (menu).

Tray, **t. truck,** chariot à cartes.

Tree, arbre ; **t.-like structure,** structure arborescente ; **t.-searching method,** méthode de recherche arborescente ; **t.-shaped, t.-structured,** arborescent ; **t. topology,** topologie en arbre.

Treeware, documentation « papier ».

Trend, tendance ; **t.-line chart,** graphique de tendance.

Trending, évolution.

Trespass, **computer t.,** intrusion, effraction, informatique.

Triadic, opération à trois opérandes.

Tributary, **t. station,** station tributaire.

Trigger, bascule électronique ; déclencheur (base de données) ; **t. date,** date de déclenchement (d'un virus).

Trigger (to), lancer, déclencher.

Trim (to), couper (rives Caroll du papier en continu etc.).

Trimmed, **t. size,** dimensions après massicotage.

Trimmer, couteau (de massicot).

Trimming, ajustage (au laser).

Trip (to), déclencher.

Tri-ported, à trois ports.

Trivialization, banalisation.

Trivialize (to), banaliser.

Trojan Horse, le Cheval de Troie (fraude informatique consistant à placer dans un programme des instructions supplémentaires « invisibles » qui font exécuter des fonctions interdites à l'ordinateur).

Trolley, chariot (à papier, etc.).

Trouble, incident, dérangement, panne, anomalie de fonctionnement ; **t. area,** source d'incident ; **t.-free,** sans incident ; **t. hunting,** recherche d'une panne ; **t. location problem,** problème de diagnostic ; **t. report,** rapport d'incident, relevé d'incident ; **t. shooting, t. tracing,** dépannage ; **t. ticket,** ticket de dépannage.

Troubleshoot (to), rechercher une panne, dépanner.

Troubleshooter, dépanneur (personne), appareil de dépannage (oscillo, etc.).

True, vrai, vérifié (condition etc.) ; **t. complement =** ***radix complement.***

Truncate (to), tronquer ; **t. to (to),** ramener à.

Truncation, troncature, coupure ; **t. error,** erreur par troncature.

Trunk, **t. line =** ***toll line.***

Trusted, sécurisé ; **t. computer system,** système informatique à deux niveaux de sécurité ou plus (sécurité multiniveau) ; **t. third party,** tiers de confiance.

Truth, **t. table,** table de vérité.

TS (Time Sharing), temps partagé.

Tse computer, ordinateur parallèle (traitement d'images binaires).

TSR (Terminale and Stay Resident), programme résident.

TTL (Transistor-Transistor Logic), logique transistor-transistor.

TTY (Teletype), télétype ; **TTY-compatible,** compatible TTY.

Tub, **t. file,** fichier d'extraction ; **t. file clerk,** extractrice.

Tube, tube (électronique).

Tumble, **t. card,** carte tête-bêche.

Tumbling, culbute.

Tunable, réglable.

Tune (up) (to), mettre au point.

Tuning (up), mise au point, recherche d'optimisation.

Tunneling, concept de tunnel, tunnelage.

Tuple, nuplet, ligne (BD relationnelles).

Turbo, **t. board,** carte turbo ; **t. button,** bouton «turbo» ; **t.-charged,** surpuissante (machine), «turbo».

Turing machine, machine de Turing.

Turn (to give the), donner le droit de parole.

Turn (to), **t. control back to (to),** redonner la main à.

Turn-around, **t.-a. channel,** virage (de perforateur) ; **t.-a. document, t.-a. form,** document aller-retour, document-navette ; **t.-a. time, 1.** délai de basculement, temps de retournement (modem), temps d'inversion de la ligne (ligne half duplex) ; **2.** délai d'exécution (d'un travail) ; **t.-a. roller,** rouleau de virage (de carte).

Turnkey, clé de sécurité ; **t. house,** entreprise spécialiste du, faisant du, «clés en main» ; **t. operation,** opération «clés en main» ; **on a t. basis,** clés en main.

Turn off (to), **1.** mettre hors tension, s'éteindre (voyant), mettre hors fonction, hors service, neutraliser (fonction), désactiver ; **2.** mettre à 0 (bit).

Turn on (to), **1.** mettre sous tension, s'allumer (voyant), mettre en fonction, en service, activer ; **2.** mettre à 1 (bit) ; **t. o. again (to),** réactiver.

Turn out (to), produire, sortir (des matériels, etc.).

Turning off, mise hors fonction, hors service.

Turning on, mise en fonction, en service.

Turnover, rotation ; **t. rate,** taux de rotation (du personnel, du stock) ; **t. roll,** rouleau de retournement.

Turnpike effect, embouteillage aboutissant au blocage total.

Turtle, tortue (curseur en langage Logo).

Turtlegraphics, (de *turtle* = tortue), création d'images en mode graphique par commande d'un curseur en forme de tortue.

Tutorial, guide d'initiation, «tutoriel» ; **t. diskette,** disquette d'initiation (à un matériel, etc.).

TWA (Two-Way Alternate), bidirectionnel à l'alternat.

Tweak (to), peaufiner, mettre au point.

Tween (to), calculer des formes intermédiaires.

Tweening, calcul de formes intermédiaires.

***Twelve,* t. pitch,** densité de 12 caractères/pouce (horizontalement); **t. punch,** perforation 12; **t.-row punched card,** carte 12 lignes.

Twiddle, tilde.

Twiddling, mise au point, adaptation.

***Twin,* t.-bin,** (à) double bac (dispositif feuille à feuille); **t. check,** double contrôle; **t.-drive,** à deux unités de disquettes; **t. platter,** à deux disques; **t.-sided printing,** impression recto/verso.

Twinax,* = *twinaxial.

Twinaxial, coaxial.

***Twisted,* t. pair,** paire torsadée.

***Two,* t.-address,** à 2 adresses; **t. chipper,** bipuce (qui tient sur deux puces); **t.-color ribbon,** ruban bicolore; **t.'s complement,** complément à 2; **t. core per bit store,** mémoire à 2 tores par bit; **t.-dimensional,** à deux dimensions; **t.-dimension(al) (2D) array,** tableau à double entrée; **t. direction,** bidirectionnel; **t. direction printing,** impression bidirectionnelle, en lacet, aller-retour; **t.-disk,** bidisque (configuration); **t. input adder,** additionneur à 2 entrées; **t. input subtracter,** soustracteur à 2 entrées, **t.-key rollover,** prise en charge de deux touches dans l'ordre de frappe; **t.-out-of five code,** code «deux sur cinq»; **t.-pass compiler,** compilateur (à) deux passes; **t.-phase commit,** enregistrement en deux phases; **t.-point configuration,** configuration point à point; **t.-sided (diskette),** (disquette) double face; recto-verso (photocopie, etc.); **t. sided copying**, copie recto verso; **t. state variable = *binary variable*;** **t.-station,** biposte; **t.-stream,** à 2 mouvements de papier; **t.-valued variable = *binary variable*;** **t.-way,** interactif, bidirectionnel; **t.-way alternate (TWA),** bidirectionnel à l'alternat, half-duplex; **t.-way communication,** dialogue (homme/machine); **t.-way merge,** fusion à 2 voies; **t.-way simultaneous (TWS),** bidirectionnel simultané, full duplex; **t.-wide fanfold form,** imprimés juxtaposés en continu à pliage paravent; **t.-wide tab cards,** cartes perforées juxtaposées (en continu); **t.-wire,** bifilaire.

TWS (Two-Way Simultaneous), bidirectionnel simultané.

TYMNET, réseau de transmission de données (société Tymshare).

Typamatic, à répétition (touche).

Type, caractère (d'imprimerie); **t. ahead,** frappe continue; **t. array,** jeu de caractères; **t. ball,** sphère d'impression; **t. bar,** barre d'impression, barre à caractères; **t. basket,** corbeille d'impression (de machine à écrire); **t. bearing drum,** tambour porte-caractères; **t. belt,** courroie d'impression; **t. chain,** chaîne à caractères; **t. cleaner,** pâte à (nettoyer les) caractères; **t. arum,** tambour à caractères; **t. face,** œil (d'un caractère) ou caractère; **t. font,** police de caractères; **t. fount = *t. font*;** **t. roll,** tambour d'impression; **t. roll casting,** bloc d'impression; **t. slug,** plaquette porte-caractères; **t. sphere,** sphère d'impression; **t. wheel,** roue à caractères.

Type (to), frapper, taper (sur clavier); **t. again (to),** retaper, refrapper; **t. in (to),** entrer, saisir (données), introduire un message; **t. out (to),** sortir, émettre un message; **t. over (to),** écraser.

Type-in, **1.** introduction, frappe (sur clavier); **2.** message d'entrée; **t.-in error,** erreur de frappe.

Type-out, **1.** extraction, impression; **2.** message de sortie.

Typeover, type de saisie dans lequel le nouveau texte frappé se substitue à l'ancien. S'oppose au mode «insertion».

Typescript, tapuscrit.

Typesetting, composition (typographique); **t. computer,** ordinateur de composition automatique.

Typethrough, frappe directe.

Typewriter, machine à écrire; **t. ball,** sphère d'impression; **t.-like keyboard,** clavier type machine à écrire; **t.-like terminal,** terminal équipé d'un clavier; **t. log,** journal machine à écrire; **t.-sized,** de la taille d'une machine à écrire.

Typing, **1.** frappe (sur clavier); **2.** typage; **t. desk,** bureau de machine à écrire; **t. error,** erreur de frappe; **t. rate,** cadence de frappe; **t. reperforator,** perforateur de bande (bande à confetti semi-détachés) ; **t. sphere,** sphère d'impression ; **t. tape punch,** perforatrice imprimante ; **t. tutor,** programme d'apprentissage de frappe (à la) machine.

Typist, dactylographe, claviste, agent de saisie, opératrice.

Typo, faute de frappe.

U

UCSD Pascal, Pascal UCSD (University of California, San Diego).

UK format, présentation Jour/Mois/Année.

UHLL (Ultrahigh-Level Language), langage ultra évolué.

ULA (Uncommitted Logic Array), réseau logique non spécialisé.

UL-listed, agréé, homologué, par les UL (Underwriters' Laboratories).

ULSI (Ultra Large Scale Integration), intégration à ultra grande échelle, intégration ULSI.

Ultrafiche, microfiche (dont la réduction est supérieure à 90 fois).

Ultrasonic, ultra-sonore.

Ultrasonics, acoustique ultra-sonore.

Ultraviolet, **u. light erasable PROM,** mémoire morte programmable effaçable par UV.

Unacknowledged, dont on n'a pas accusé réception.

Unallocate (to), désaffecter, libérer.

Unallocated, non affecté, disponible.

Unaltered, non modifié (adresse, etc.).

Unarchive (to), désarchiver.

Unary, **u. operation,** opération unaire.

Unassemble (to), désassembler.

Unassigned, non affecté, non attribué, réservé.

Unattainable, inaccessible (info.).

Unattended, **u. operation,** fonctionnement sous surveillance indirecte (d'un opérateur), exploitation automatique ; **u. printing,** impression automatique (sans présence d'un opérateur) ; **u. seller terminal,** guichet automatique.

Unaudited, non contrôlé, avant contrôle.

Unautomatable, non automatisable.

Unautomated, non automatisé.

Unavailable, indisponible, non disponible ; **u. time,** temps d'indisponibilité.

Unbannered, sans drapeau.

Unblank (to), faire apparaître, rendre visible.

Unblock (to), **1.** dégrouper (articles) ; **2.** décomprimer (cartes comprimées dans un bac).

Unblocked, non groupés (articles).

Unblocking, dégroupage d'un bloc en articles.

Unbounded, non borné.

Unbreakable, indéchiffrable (code), jarg. incassable.

Unbroken, **u. sequence,** séquence ininterrompue.

Unbuffered, sans tampon, non tamponné.

Unbundle (to), facturer séparément (matériel, logiciel, services).

Unbundled (computer, etc.), faisant l'objet d'une facturation séparée.

Unbundling, facturation séparée, tarification séparée, dégroupage (des prix).

Unburden (to), décharger, alléger la tâche de, libérer.

Unburst, non séparé par rupteuse (papier en continu conservé sans séparation des différents feuillets après impression).

Uncancel (to), supprimer l'annulation.

Uncap (to), décapuchonner (stylo).

Uncapping, décapuchonnage (de stylo de traceur).

Uncased, qui n'est pas dans une boîte (bande magnétique, etc.).

Uncatalog (to), retirer du catalogue.

Uncatalogued, non catalogué.

Uncertified, non garantie (bande magnétique).

Unchangeable, inaltérable.

Unchanged, non modifié, non mouvementé, inchangé (article), en l'état.

***Uncharged,* u. time,** temps machine non imputé.

Unchecked, non contrôlé, non au point (programme).

Unclassified, non secret.

Uncluttered, non encombré.

Uncoded, non codé.

Uncommitted, non affecté (ressources, etc.), libre (indicateur); d'extension, non réservé (emplacement de carte); **u. logic array (ULA),** réseau logique non spécialisé.

Uncomplemented, non complémenté.

Uncompleted, inachevé; perdu (appel).

Uncompressed, non compressé.

Uncomputerized, non informatisé.

Unconditional, inconditionnel, systématique; **u. branch,** branchement inconditionnel; **u. control transfer instruction,** instruction de branchement inconditionnel; **u. jump,** branchement inconditionnel; **u. jump instruction,** instruction de branchement inconditionnel; **u. transfer,** transfert inconditionnel; **u. transfer instruction,** instruction de transfert inconditionnel; **u. transfer of control,** transfert inconditionnel.

Unconditionally, inconditionnellement, systématiquement.

Unconfigured, ne faisant pas partie de la configuration.

Unconstrained, non calligraphique (écriture).

Uncontaminated, non contaminé (par un virus, sain).

Uncontrolled, illimité, non restreint.

Uncorrupted, non altéré.

Uncover (to), découvrir (erreurs, etc.).

Uncovered, non muni de ses carters (machine).

Uncrackable, indéchiffrable, jarg. incassable (code).

Uncrating, déballage.

Uncrossbar (to), supprimer la possibilité de commutation (d'appareils).

Uncustomized, non personnalisé (module, etc.).

Undebugged, non mis au point (programme).

Undecipherable, indéchiffrable.

Undedicated, non spécialisé (ligne, etc.).

Undefined, non défini.

Undelete (to), restaurer, restituer (article en base de données non encore supprimé physiquement).

Undeletion, restitution.

Undeliverable, qui ne peut être remis ou livré (message, etc.).

Undemanding, peu exigeant.

***Underbar* = *underscore*,** caractère «_».

Underfeatured, qui n'a pas assez de fonctions.

Underflow, dépassement de capacité négatif.

Underline, souligné, soulignement.

Underline (to), **1.** souligner; **2.** faire une ligne de séparation (inférieure).

Underlining, soulignement.

Underloaded, sous-utilisé, sous-occupé.

Underpunch, perforation 1 à 9 (dans carte 80 colonnes).

Underrun, livraison inférieure à la quantité commandée.

Underscore, souligné, soulignement.

Underscore (to), souligner.

Underscoring, soulignement.

Undervoice, infravocal.

***Undetected,* u. error, rate,** taux d'erreurs résiduelles; **to go u.,** passer inaperçu.

Undisturbed, inchangé, non perturbé.

Undo (to), supprimer l'effet d'une modification (pour revenir à l'état antérieur), annuler; **u. key,** touche «droit à l'erreur».

Undocking, extraction (d'un ordinateur portable placé sur son socle d'accueil).

Undocumented, non documenté.

Undraw (to), effacer.

Unedited, qui n'est pas mis en forme, non «édité», avant édition.

Unencapsulated, non encapsulé.

Unencrypted, non chiffré, non codé, en clair.

Unenhanced, non retouchée (image).

Unequal, **u. comparison,** inégalité.

Unerased, non effacé.

Unexpired, dont la date de péremption n'est pas atteinte.

Unformat (to), déformater.

Unformatted, non structuré, non mis en forme, non «édité», brut, en vrac; **u. capacity,** capacité avant formatage.

Unfreeze (to), débloquer.

Unfriendly, non convivial, destiné au spécialiste.

Ungarbled, non déformé.

Unguillotined, non massicoté.

Unidirectional, unidirectionnel.

Unindexed, sans indexation, non indexé.

Uninfected, sain (non infecté par un virus).

Uninitialized, non initialisé.

Uninstall (to), désinstaller.

Uninterpreted, non traduite (carte).

Uninterruptible, **u. power supply (UPS),** alimentation non interruptible.

Uninventoriable, impossible à inventorier.

Union, opération OU.

Uniprocessing, monotraitement.

Uniprocessor, monoprocesseur.

Uniprogramming, monoprogrammation.

Unipunch, poinçonneuse trou par trou.

Uniselector, unisélecteur.

Unit, **1.** (a) l'unité, (b) exemplaire; **2.** unité, périphérique, dispositif, appareil; **3.** (adj.) unitaire; **u. form,** document ou imprimé qui n'est pas en continu; **u. price,** prix unitaire; **u. record,** enregistrement unitaire, article et par extension carte perforée; **u. record card,** carte perforée; **u. record device,** unité classique, unité électromécanique (lecteur, perforateur de cartes); **u. record equipment,** matériel classique à cartes perforées; **u. record equipment operator,** mécanographe; **u. record machine,** machine à cartes perforées; **u. record machine operator,** mécanographe; **u. record processor (URP),** processeur de service; **u. separator,** séparateur d'éléments d'information; **u. set,** liasse d'imprimés (non en continu); **u. string,** chaîne unitaire; **u. switching,** bascule de dérouleurs.

Uniterm, descripteur (utilisé en recherche documentaire).

Uniterming, choix des descripteurs.

UNIX, système d'exploitation (créé par Bell Labs) pour minis et micros 16 bits et 32 bits; **U.-based machine,** machine utilisant le système d'exploitation Unix.

Unjustified, non justifié, non cadré (à gauche ou à droite), «au kilomètre».

Unkerned, sans approche.

Unknown, non répertorié (erreur).

Unlabelled, sans labels (bande magnétique, etc.); sans référence, sans indication; muette (touche), sans légende, sans inscription.

Unlatch (to), déloqueter, déverrouiller.

Unlatching, déverrouillage.

Unlink (to), supprimer une liaison.

Unlisten (to), désadresser, désélectionner, supprimer «l'écoute».

Unlisted numbers, liste rouge (téléphone).

Unload (to), mémoriser le contenu d'un accumulateur; vider (disques, etc.).

Unlock (to), déverrouiller, débloquer (clavier, etc.), libérer.

Unmaintainable, impossible à entretenir, à mettre à jour.

Unmanageable, ingérable.

Unmarked, sans marque, sans référence, sans libellé, sans légende, non identifié, non cochée (case).

Unmask (to), démasquer.

Unmasked, non masqué.

Unmatched, sans correspondance (par ex. article permanent sans article mouvement correspondant, parenthèse ouverte et non fermée, NEXT sans FOR).

Unmate (to), déconnecter.

Unmirrored, non-miroir (disque).

Unmodified, non modifié (adresse), en l'état.

Unmount (to), démonter (bobine, volume, disquette).

Unmoved, non mouvementé (article permanent).

Unnamed, sans nom (fichier).

Unoccupied, libre (emplacement).

Unnormalized, non normalisé.

Unnotched, sans encoche (carte).

Unordered, non ordonné, non trié, non classé (données, etc.).

Unpack (to), éclater (données), décondenser.

Unpacked, **in u. form, in u. format,** sous forme non condensée ; **u. decimal,** décimal non condensé.

Unpacking, éclatement (des données).

Unpaged, non organisé en pages.

Unpassed, non conservé (d'un module à l'autre, etc.).

Unpend (to), déplacer vers la tête (tâche).

Unperforated, non perforé, sans perforations d'entraînement (film, etc.).

Unplug (to), déconnecter, déficher, débrancher.

Unplugged, qui ne comporte pas de fiche (plot).

Unplugging, débranchement, défichage.

Unpopulated, non équipée (carte, etc.).

Unportable, non portable (programme, logiciel).

Unposted, non enregistré (mouvement).

Unpredictable, imprévisible.

Unprintable, non imprimable, non affichable sur l'écran.

Unprinted, non imprimé, vierge.

Unprivileged, non privilégié, ordinaire (utilisateur).

Unprocessable, inexploitable, ne pouvant être traité.

Unprocessed, non traité ; brutes (données).

Unproductive, **u. time,** temps improductif.

Unprogrammable, non programmable.

Unprogrammed, non programmé.

Unprotect (to), déprotéger, jarg. déplomber (logiciel).

Unpunched, non perforé, sans perforations.

Unpunctuated, sans ponctuation (données).

Unquoted, sans guillemets (chaîne de caractères).

Unreachable, inaccessible ; injoignable (par téléphone).

Unread, reçu mais non lu.

Unrecognizable, non identifiable.

Unrecorded, non enregistré, vierge.

Unrecoverable, non réparable, irrémédiable (erreur) ; inaccessible.

Unreel (to), dérouler.

Unreleased, non lancé.

Unreliability, manque de fiabilité, infiabilité.

Unreliable, peu fiable, infiable.

Unrelocatable, non translatable.

Unremovable, inamovible.

Unreported (to go), ne pas être signalé.

Unreserve (to), déréserver.

Unresolved, non traduit.

Unrestricted, illimité ; **u. file,** fichier à accès non réservé.

Unrounded, non arrondi.

Unsave (to), détruire (une information devenue inutile).

Unscaled, non cadré.

Unscheduled, non planifié, imprévu, aléatoire ; **u. maintenance,** entretien « curatif ».

Unscramble (to), désembrouiller.

Unscrambler box, coffret, boîtier, décodeur.

Unscrambling, désembrouillage.

Unsecured, non protégé.

Unsegmented, non segmenté.

Unsendable, qui ne peut être envoyé.

Unsent, créé mais non envoyé.

Unserviceable, non en état de fonctionnement.

Unset (to) = reset (to).

Unshielded, non blindé (câble).

Unshifted, non décalé ; **u. key,** touche utilisée sans la touche SHIFT (ou une autre touche).

Unsigned, sans signe, non signé.

Unsolder (to), dessouder.

Unsolicited, importun (appel), spontanée (candidature) ; ne pas confondre avec l'appel malveillant (malicious call).

Unsophisticated, **1.** peu évolué, peu élaboré, primitif ; **2.** inexpérimenté.

Unsorted, non trié, non ordonné.

Unsprocketted, sans perforations marginales (par ex. bande de contrôle d'une machine à calculer imprimante).

Unsqueeze (to), décompacter.

Unsqueezing, décompactage.

Unstapled, non agrafé.

Unsubscribe (to), se désinscrire, se désabonner.

Unsubscripted, non indicé.

Unsuccessful, **u. attempt,** tentative infructueuse, échec ; qui n'a pas abouti, perdu (appel tél.).

Unsupported, inexistant, non admis, dont la maintenance n'est pas assurée (logiciel) ; non exécutable (instruction).

Untappable, non espionnable (réseau, etc.).

Untapped, inexploité (marché, etc.).

Untested, non contrôlé.

Untalk (to), supprimer l'émission.

Untrained, non formé, non spécialisé (personnel).

Untruncated, non tronqué.

Untrusted, non sécurisé.

Unused, **u. time,** temps d'inutilisation.

Unveil (to), dévoiler, annoncer (matériel, etc.).

Unverified, non contrôlé, non vérifié (sur vérificatrice).

Unvoiced, non voisé (son).

Unwanted, importun (appel), indésirable (utilisateur).

Unweighted, non pondéré.

Unwieldy, lourd (méthode, etc.).

Unwind (to), dérouler (bande, etc.).

Unwinder, dérouleur.

Unworkable, inutilisable, inexploitable.

Unwrap (to), dévoiler, annoncer, révéler.

Unzip (to), décompresser, jarg. dézipper.

Up, **1.** allumé (voyant) ; **2.** à 1 (bit) ; **3.** sous tension (ligne) ; en fonctionnement (machine), relevé (stylo de traceur) ; **up (to be),** être établie (ligne) ; **up and running (to be),** être opérationnel, en état de marche ; **one-up, two-up, etc.,** imprimé sur un rang, deux rangs, etc. ; **up arrow,** flèche ↑ ; **up count,** comptage progressif ; **up time,** temps de bon fonctionnement.

Upboot (to) = to boot up.

Updatability, possibilité d'actualisation, « actualisabilité ».

Updatable, actualisable, pouvant être mis à jour.

Update, mise à jour, actualisation ; **u. by copy,** mise à jour avec réécriture (sur une autre unité) ; **u. by overlay, u. in place, u. in situ,** mise à jour par substitution.

Updated, (mis) à jour ; **u. master file,** nouveau fichier permanent.

Update (to), mettre à jour, actualiser (fichier, etc.), faire évoluer (compteur, etc.).

Updater, **1.** personne chargée de la mise à jour ; **2.** programme de mise à jour.

Updating, mise à jour, actualisation ; **u. routine** (sous-)programme de mise à jour ; **u. run,** phase de mise à jour.

Upgradable, extensible, actualisable.

Upgrade, **1.** version plus puissante, extension **2.** = ***upgrading*** ; **u. kit,** kit d'extension ; **u. path,** voie d'évolution.

Upgrade (to), faire passer à une puissance supérieure, augmenter (cap. de mémoire), améliorer (qualité d'impression).

Upgradability, possibilité d'extension, extensibilité.

Upgrading, augmentation de puissance, passage à une puissance supérieure, évolution, extension (d'un système).

Upline, **u. dump,** télévidage.

Uplink, liaison montante (satellite).

Uplink (to), envoyer une commande sur la liaison montante.

Upload, téléchargement (satellite → central); **u. link,** liaison de téléchargement (PC → gros ordinateur).

Upload (to), (télé)charger (satellite → central).

Uploading, téléchargement (satellite ou micro → site central).

Upmarket, (le) haut de gamme.

Upper, **u. bound,** borne supérieure; **u. case,** haut de casse, majuscules, corbeille basse (machine à écrire); **u. curtate,** partie haute (d'une carte perforée); **u. memory,** partie supérieure de la mémoire; **u. positions,** haut de la mémoire; **u. shift,** passage en majuscules; **u. store = *u. memory.***

Uprate (to), augmenter (puissance, etc.), passer de... à.

Upright, **u. cabinet,** armoire.

UPS (Uninterruptible Power Supply), alimentation (électrique) non interruptible, alimentation sans interruption (ASI), alimentation de secours (qui prend la relève en cas de coupure de l'alimentation secteur).

Upscale, haut de gamme.

Upshift, passage en majuscules.

Upshift (to), passer en majuscules.

Upsizing, réorganisation du site central.

Uptake, décollage (d'une activité, d'un secteur).

Uptime, temps de bon fonctionnement.

Upward, **u. compatibility,** compatibilité ascendante; **u. compatible,** à compatibilité ascendante; **u. path,** voie d'évolution.

Usable, utilisable, exploitable, utile.

Usage, consommation (de pièces, etc.); utilisation, destination (d'un appareil, etc.); **u. counter,** compteur d'utilisation; **u.-sensitive,** lié à l'utilisation (durée de l'appel et heure du jour); **u. time,** temps utile.

Used, **u. computer,** ordinateur d'occasion.

Usenet (User Network), (réseau) Usenet.

User, utilisateur, usager, abonné, client; **u. agent (UA),** agent utilisateur; **u. base,** parc d'utilisateurs; **u.-centric**, axé sur l'utilisateur; **u.-coded,** écrit par l'utilisateur (programme, séquence, etc.); **u. coding,** séquence(s) écrite(s) par l'utilisateur; **u.-controlled,** sous la dépendance de l'utilisateur; **u. core,** zone utilisateur en mémoire; **u. definable, u. defined (key) (UDK),** (touche), définissable par l'utilisateur; **u. friendliness,** facilité d'utilisation, convivialité; **u.-friendly,** facile à utiliser (conçu pour faciliter la tâche de l'utilisateur), convivial; **u.-generated = *u.-coded*; u. header label,** label début utilisateur; **u. hostile,** non convivial; **u. hotline,** ligne directe (permettant à l'utilisateur de bénéficier d'une téléassistance); **u. initiated,** déclenché par l'utilisateur; **u.-oriented,** spécialement conçu pour l'utilisateur, personnalisé; **u. own coding = *u. coding*; u. population,** parc d'utilisateurs; **u. profile,** profil d'utilisateur; **u.-provided, u.-supplied,** fourni, écrit par l'utilisateur (séquence de programmation, etc.); **u.-to-u.,** interutilisateur; **u. trailer label,** label fin utilisateur; **u. view,** vue qu'a l'utilisateur (de la base de données); **u.-visible (register, etc.),** (registre, etc.) accessible à l'utilisateur; **u.-written = *u. coded.***

USERID (User Identification), identification, identité, de l'utilisateur.

Users, **u. association, u. group,** groupement, association, cercle, d'utilisateurs.

US format, format Mois/Jour/Année.

Usher (to), **u. in (to),** introduire en mémoire; **u. out (to),** sortir, extraire de la mémoire.

Utilisation, **u. ratio,** taux d'utilisation.

Utilities, **1.** = ***utility programs*; 2.** services publics.

Utility, **1.** service public; **2.** utilitaire, programme utilitaire; **3.** serveur; **4.** le courant du secteur; **u. company,** service public; **u. program, u. routine,** programme utilitaire; **u. software,** logiciel utilitaire; **u. tape,** bande de travail; **u. transporter,** chariot multiservices.

Utilize (to), exploiter, mettre à profit.

Utter (to), prononcer, énoncer.

Utterance, prononciation, émission (d'un son).

UV-erasable ROM, UV EPROM, mémoire morte effaçable par ultraviolets.

V

V-operation, opération V.

VAB (Voice Answer-Back), réponse vocale.

Vacant, libre (logement de carte, etc.).

VACC (Value-Added Common Carrier) = value-added carrier.

Vaccine, logiciel ami-virus.

Vacuum, vide, dépression ; **v. bin, v. column, v. pocket,** colonne à dépression, puits à dépression.

VAD (Value-Added Dealer), revendeur à valeur ajoutée (RVA).

Valid, correct, légal.

Validate (to), **1.** valider ; **2.** homologuer, agréer, valider (un compilateur, etc.) : **DOD-validated,** agréé par le DOD.

Validation, validation (confirmation d'un ordre donné à l'ordinateur, homologation d'un logiciel par un organisme officiel) ; **v. suite,** tests de contrôle de conformité (par ex. d'un langage à une norme).

Validity, validité ; **v. check, 1.** contrôle de vraisemblance ; **2.** contrôle de validité.

Value, valeur ; **v.-add =** ***value-added*** **; v.-added carrier,** entreprise de télécommunications (privée, américaine) offrant des services à « valeur ajoutée » (Telenet, Tymnet, etc.) ; **v.-added dealer (VAD),** revendeur à valeur ajoutée ; **v.-added network (VAN),** réseau à valeur ajoutée ; **v.-added remarketer or reseller (VAR),** distributeur intégrant son propre logiciel (et ajoutant de la valeur ajoutée) au matériel d'un constructeur donné ; **v.-added service (VAS),** service à valeur ajoutée (SVA) ; **v. of computers installed,** valeur du parc d'ordinateurs.
Voir CODE VALUE, PLACE V.

Valve, **v. computer,** calculateur à tubes.

Vampire tap, prise vampire.

Van, **v.-mounted computer center,** centre de traitement mobile.

VAN (Value-Added Network), réseau à valeur ajoutée.

Vanilla,
Voir PLAIN VANILLA.

Vapor = vaporware.

Vaporware, **1.** logiciel fantôme (logiciel dont tout le monde parle mais qui ne sort jamais) ; **2.** logiciel éphémère ; **v. product,** produit fantôme.

VAR (Value-Added Remarketer or Reseller), distributeur intégrant son propre logiciel au matériel d'un constructeur donné.

Variable, variable (adj.), variable (subs.) ; **v. address =** ***indexed address*** **; v. block,** bloc de longueur variable ; **v. connector,** symbole de renvoi multiple ; **v. data,** données variables ; **v. information,** informations variables ; **v.-length record,** article de longueur variable ; **v.-length record system,** système d'enregistrement en longueur variable ; **v. word length,** longueur de mot variable.

Variance, variance ; **v. analysis,** analyse de variance.

Vary (to), **v. on-line, off-line,** mettre, passer, en ligne, hors ligne.

VAS (Value-Added Services), services à valeur ajoutée (SVA).

VAT (Value-Added Tax), taxe à valeur ajoutée (TVA) ; **VAT report,** déclaration de TVA.

VCAM (Virtual Communications Access Method), méthode d'accès virtuelle en télécommunication.

VCR (Video Cassette Recorder), magnétoscope ; **VCR-based,** qui a recours au magnétoscope (formation).

VDT (Visual Display Terminal), terminal à écran de visualisation, clavier-écran.

VDU (Visual Display Unit), terminal à écran de visualisation.

Vector, vecteur ; **v.-based,** vectorisé ; **v. computer,** ordinateur vectoriel ; **v. generator,** générateur de vecteurs ; **v. interrupt,** interruption vectorisée, interruption dirigée ; **v. processor,** processeur vectoriel ; **v. processing,** traitement vectoriel.

Vector (to), **v. to (to)**, diriger vers (une position).

Vectored, **v. interrupt =** ***vector interrupt.***

Vectorisable, vectorisable.

Vectorisation, vectorisation.

Vectorise (to), vectoriser.

Vectoriser, vectoriseur.

Vehicle, véhicule ; vecteur (d'un virus) ; **v. routing system,** système d'organisation de tournées.

Vending machine, distributeur automatique.

Vendor, fournisseur, constructeur ; **v.-dependent, v.-independent,** lié, non lié, à un fournisseur, à un constructeur ; **v.-neutral,** non lié à un fournisseur, à un constructeur ; **v.-specific,** propre à un constructeur (par ex. protocole) ; **v. switch,** changement de fournisseur, constructeur.

Venn diagram, diagramme de Venn.

Venue, lieu (où se déroule un congrès).

Verbose, présentation non abrégée.

Verge, **v.-perforated card, v.-punched card,** carte à perforations marginales.

Verification, vérification ; **v. notch,** lunule.

Verifier, vérificatrice (de cartes) ; **v. operator,** vérificatrice, vérifieuse (personne).

Verify (to), vérifier (carte sur vérificatrice).

Verifying, **v. punch,** vérificatrice.

Versabus, bus de Motorola.

Versatility, polyvalence.

Vertical, vertical (application) ; **v. bar,** bâtonnet (de caractère magnétique) ; **v. format,** mise en page verticale ; **v. format control unit =** ***v. format unit*** ; **v. format loop,** bande pilote ; **v. format unit (VFU),** unité de bande pilote ; **v. format unit loop,** bande pilote ; **v. format unit punch,** perforateur de bande pilote ; **v. format unit tape,** bande pilote ; **v. line spacing,** densité verticale ; **v. package,** logiciel vertical ; **v. parity check,** contrôle de parité transversale ; **v. perforation,** moletage vertical ; **v. pitch,** nombre de caractères/pouce verticalement ; **v. processor,** processeur vertical ; **v.-spacing density,** pas vertical ; **v. tab(bing),** tabulation verticale ; **v. tabulation,** tabulation verticale.

Very, **v. high level language (VHLL),** langage très évolué ; **v. high performance integrated circuit (VHPIC),** circuit intégré à très hautes performances ; **v. high scale integration (VHSI),** intégration à très grande échelle ; **v. high speed integrated circuit (VHSIC),** circuit intégré à très grande vitesse (CITGV) ; **v. large scale integration (VLSI),** intégration à très grande échelle ; **v. small aperture terminal (VSAT),** micro-station, microterminal ; **v. small business user,** très petite entreprise ou personne exerçant une profession libérale ou indépendante.

Vestigial, **v. side band (VSB),** bande latérale résiduelle (BLR).

Vet (to), valider.

Vetting, **v. routine,** sous-programme de validation ; **v. run,** passage de validation, de contrôle préalable.

VFU (Vertical Format Unit), unité de bande pilote.

VG (Voice Grade) (de) qualité téléphonique.

VGA card or board, carte VGA.

VHLL (Very High Level Language), langage très évolué.

VHPIC (Very High Performance Integrated Circuit), circuit intégré à très hautes performances.

VHSI (Very High Scale Integration), intégration à très grande échelle.

VHSIC (Very High Speed Integrated Circuit), circuit intégré à très grande vitesse (CITGV).

Via, **v. hole,** trou d'interconnexion entre couches (CI).

Video (to), enregistrer au magnétoscope.

Video, vidéo ; **v. adapter,** adaptateur vidéo ; **v. board or card,** carte vidéo, adaptateur vidéo ; **v. computing**, vidéomatique ; **v.**

conferencing, vidéoconférence ; **v. controller (card),** adaptateur vidéo ; **v. disk,** vidéodisque ; **v. disk player,** lecteur de vidéodisque ; **v. display adapter or card,** adaptateur vidéo ; **v. display processor (VDP),** processeur de visualisation ; **v. display terminal (VDT)** ; **v. display unit (VDU),** terminal à écran de visualisation ; **v. driver,** pilote vidéo ; **v. game,** jeu vidéo, vidéojeu ; **v. graphics array (VGA),** écran VGA ; **v. helmet**, visiocasque ; **v. memory RAM (VRAM),** mémoire RAM vidéo ; **v. monitor,** récepteur, écran de contrôle (vidéo) ; **v. link**, liaison vidéo ; **v.-on-demand**, vidéo à la demande ; **v. port,** port vidéo ; **v. tape,** bande magnétoscopique ; **v. tape recorder (VTR),** magnétoscope ; **v. taping,** enregistrement magnétoscopique ; **v. terminal,** terminal vidéo.

Videocassette, vidéocassette ; **v. recorder (VCR),** magnétoscope.

Videodisk, vidéodisque.

Videographic, vidéographique.

Videotex, vidéotex, télématique, vidéographie interactive ; **v. access point (VAP),** point d'accès vidéotex (PAV) ; **v. base,** base télématique ; **v. decoder,** décodeur vidéotex ; **v. game,** jeu télématique ; **v. market,** (le marché de) la télématique ; **v. terminal,** terminal vidéotex, terminal télématique ; **v. user,** le télémateur, l'usager de la télématique (du Minitel, etc.).

Videowall, mur d'images.

Videoware, vidéociel, logiciel vidéo.

View, vue (d'une base de données, etc.).

View (to), visualiser (sur écran), consulter.

Viewable, visualisable, affichable.

Viewdata, vidéotex ; **v. printer,** imprimante de recopie (d'écran vidéotex) ; **v. set, v. terminal,** terminal (de) vidéotex.

Viewer, **1.** visionneuse, passe-vues, lecteur ; **2.** observateur.

Viewing, **v. hood,** bonnette de visée (oscilloscope, etc.) ; **v. screen,** écran de visualisation ; **v. unit,** appareil de visualisation ; **v. window,** viseur (de machine à calculer).

Viewport, fenêtre, clôture.

Viewporting, utilisation de fenêtres.

Virgin, vierge ; **v. medium,** support vierge ; **v. paper,** papier vierge ; **v. spool,** bande totalement vierge (sans perforations d'entraînement) ; **v. tape,** bande vierge.

Virgule, signe « / ».

Virtual, virtuel ; **v. address,** adresse virtuelle ; **v. circuit (VC),** circuit virtuel (CV) ; **v. communications access method (VCAM),** méthode d'accès virtuelle en télécommunication ; **v. computer,** ordinateur à mémoire virtuelle ; **v. disk,** disque virtuel ; **v. file,** fichier virtuel ; **v. machine (VM),** machine virtuelle ; **v. memory,** mémoire virtuelle ; **v. operating system,** système d'exploitation virtuel ; **v. reality (VR),** réalité virtuelle ; **v. storage (VS),** mémoire virtuelle ; **v. storage access method (VSAM),** mémoire d'accès à mémoire virtuelle ; **v. terminal,** terminal virtuel.

Virus, virus (informatique) ; **v.-free,** non contaminé (par un virus).

Visible, **v. record computer (VRC),** ordinateur à support visible.

Visi-On, nom d'un logiciel intégré.

Vision, **v. processing,** (la) visionique.

Visual, visuel ; **v. aids,** aides visuelles ; **v.-based,** (applications, etc.), visionique ; **v. computing,** la visionique ; **v. check,** contrôle visuel ; **v. display,** affichage ; **v. display console,** console de visualisation ; **v. display terminal (VDT)** ; **v. display unit (VDU),** terminal à écran de visualisation, clavier-écran ; visu ; **v. scanner = *optical scanner.***

Visualization, présentation sous forme graphique (de données souvent chiffrées).

Visualize (to), présenter sous forme graphique.

Visually, **v. readable,** visible à l'œil nu.

VLDB (Very Large Data Base), très grande base de données.

VLSI (Very Large Scale Integration), intégration à très grande échelle.

VM, **1. (Virtual Machine),** machine virtuelle ; **2. (Virtual Memory),** mémoire virtuelle.

VME bus, bus de Motorola.

Vnode (virtual node), nœud virtuel (UNIX).

Vocal, **v. print,** empreinte vocale ; **v. tract,** conduit vocal.

Vocally, **v. impaired,** handicapé vocal.

Voice, voix ; **v. activated =** ***voice controlled*** **; v.-activated typewriter (VAT),** machine à écrire à commande vocale, commandée à la voix ; **v.-actuated =** ***voice controlled*** **; v. answer-back (VAB) (unit),** (unité de) réponse vocale ; **v. board or card,** carte vocale ; **v.-controlled,** à commande vocale ; **v. data entry (VDE),** entrée vocale de données ; **v.-driven =** ***voice-controlled*** **; v. frequency,** fréquence vocale ; **v.-grade circuit,** circuit à fréquence vocale ; **v.-grade line,** ligne à fréquence vocale ; **v.-gram,** message oral, parlé, verbal ; **v. in/v. out, v. I/O,** entrée(s)/sortie(s) vocales ; **v. input,** entrée vocale ; **v. input terminal,** terminal à entrée vocale ; **v. mail,** audio-messagerie ; **v. messaging,** messagerie (vocale) électronique ; **v. net, v. network,** réseau d'audio-messagerie ; **v. output,** sortie vocale ; **v. print,** empreinte vocale ; **v. processing board,** carte vocale ; **v. recognition,** reconnaissance de la parole, reconnaissance vocale ; **v. recognition unit, v. recognizer,** unité de reconnaissance de la parole ; **v. response,** réponse vocale ; **v. response unit,** unité de réponse vocale ; **v. synthesis,** synthèse vocale ; **v. synthetizer,** synthétiseur de parole ; **v. tract,** conduit vocal.

Voiced, voisé (son).

Void, vide, défaut d'encrage, manque d'encre.

Volatile, **v. memory, v. storage, v. store,** mémoire non rémanente.

Volatility, non-rémanence.

Volume, volume (disque, etc.) ; **v.(-based) discount,** remise en fonction de la quantité, remise sur quantité ; **v. label,** label de volume ; **v. manufacturing,** fabrication en (grande) série ; **v. production,** production en série ; **v.-sensitive,** lié au volume, au trafic ; **v. serial number (VSN),** numéro de série de volume ; **v. shadowing,** copie, sur disque de sauvegarde, d'une image de chaque « disque de travail » ; **v. shipping,** livraison, expédition, en grande quantité ; **v. table of contents (VTOC),** table des matières du volume (TMV) ; **v. test,** essai d'un programme avec des données réelles.

Von Neumann computer, machine, processor, la machine de Von Neumann.

Vortex**, 1.** tourbillon ; **2.** symbole @.

Voxel, pixel en 3D.

VPN (Virtual Private Network), réseau privé virtuel.

VR (Virtual Reality), réalité virtuelle.

VRAM (Video RAM), mémoire RAM vidéo.

VRC (Vertical Redundancy Check), contrôle de redondance verticale.

VS (Virtual Storage), mémoire virtuelle.

VSAM (Virtual Sequential Access Method), méthode d'accès séquentiel en mode virtuel.

VSAT (Very Small Aperture Terminal), micro-terminal, micro-station.

VTAM (Virtual Telecommunication Access Method), méthode d'accès virtuelle en télétraitement.

VTOC (Volume Table Of Contents), table des matières du volume.

V&V (Verification and Validation), vérification et validation.

W

WACK (Wait Before Transmitting Positive Acknowledgment), signal d'impossibilité (provisoire) de réception.

WADS (Wide Area Data Service), service de transmission de données.

Wafer, tranche (de silicium) ; **w. fab(rication) plant,** unité de production de tranches (CI) ; **w. fabricator,** fabricant de tranches (CI) ; **w. scale integration (WSI),** intégration à l'échelle d'une tranche.

Wafering, **w. machine,** machine à fabriquer les tranches (pour puces électroniques).

Wagering, **w. terminal,** terminal de pari.

Wait, **w. list,** file d'attente ; **w. state,** état d'attente.

Waiting, **w. line,** file d'attente ; **w. loop,** boucle d'attente ; **w. time,** temps d'attente.

Wake (up) (to), (se) réveiller (tâche, unité, processus).

Wakeup, réveil (d'une tâche, etc.).

Walk, parcours ; **w. time,** temps de parcours (tour complet de l'anneau par un jeton).

Walk down, pertes cumulatives.

Walk-in (service center), centre de dépannage libre-service.

Walking, parcours ; **w. 1 pattern,** configuration de test avec « 1 baladeur » : 10000000, 01000000… 00000001.

Walkthrough.
Voir STRUCTURED WALKTHROUGH.

Walk-thru = walkthrough.

Walk-up **(microfilmer, seller, etc.),** (appareil) (en) libre-service.

Wall, **w. (clock) time,** heure, d'après l'horloge murale ; **w. mounted,** mural ; **w. outlet, w. receptacle, w. socket,** prise murale.

Wallpaper, image de fond d'écran.

Wallyware, logiciels (souvent piratés) collectionnés pour se donner de l'importance.

WAN (Wide-Area Network), réseau étendu, réseau longue distance.

Wand, baguette ; **w. reader, w. scanner,** crayon-lecteur, pistolet capteur.

Wand (to), lire (une étiquette) avec un crayon-lecteur.

Wanding, lecture par crayon-lecteur.

WangNet, réseau de Wang.

Wankware, logiciel classé X.

Warm, **w. boot,** mise à l'état opérationnel ; **w. restart,** redémarrage automatique ; **w. standby,** secours semi-automatique ; **w. start,** démarrage à chaud.

Warp speed, très grande vitesse, vitesse « intersidérale ».

Warsaw, **W. notation,** notation polonaise.

Waste, **w. basket,** corbeille à papier ; **w. instruction,** instruction ineffective ; **w. strip,** bande transversale entre cartes en continu.

Watch, **w. chip,** puce-montre.

Watchdog, horloge de surveillance, « chien de garde » ; **w. applications,** applications de surveillance ; **w. authority,** commission de surveillance.

Waterfall model, modèle de développement en cascade.

WATS (Wide-Area Telephone Service), service de communication téléphonique longue distance à tarif forfaitaire.

Wave, onde ; **w. solder(ing),** soudure à la vague.

Waveform, signal.

Wavelet, ondelette.

Way, voie (de tri, etc.); **25-way connector,** connecteur 25 points; **two-w. sort,** tri à deux voies.

Wayleave, droit de passage.

WCS (Writable Control Store), mémoire microprogrammable.

Weak, **w. bit,** bit de protection (contre la copie de logiciel); **w. typing,** typage faible.

Wearable, mettable (vêtement), portable sur soi (appareil miniaturisé).

Web, le Web (forme abrégée de World Wide Web), la Toile (Québec); **W.-based**, sur le Web; **W. browser**, navigateur; **W. casting**, diffusion sur le Web; **W. master**, administrateur de site (Web); **w. site**, site web; **w. surfing**, surf sur le Web; **w. zine**, magazine électronique.

Weed out (to), éliminer (CI défectueux, mauvais fournisseurs, etc.).

Weight, **1.** poids (binaire, etc.); **2.** grammage, force (du papier); **3.** presse-cartes ou presse-documents; **4.** graisse.

Weighted, **w. code,** code pondéré.

Weighting, pondération; **w. factor,** coefficient de pondération.

Welcome, **w. message,** message de bienvenue, message d'accueil (émis par l'ordinateur); **w. page,** page d'accueil; **w. to... page,** page d'accueil.

Wet bulb temperature, température (boule) humide.

Wetware, matière grise, années/homme.

What, **w. you see is what you get,** (WYSIWYG), représentation fidèle, sur l'écran d'un micro-ordinateur, de la présentation imprimée ultérieure (suggestions de la presse : tel écran, tel écrit, mode siamois, etc.).

What if?, Que se passerait-il si? Et si...?; hypothèse, et par ext. simulation; **what if? mode,** mode simulation.

Wheel, roue; **w. graph,** graphique circulaire, camembert; **w. printer,** imprimante à roues.

Where, **w. made,** lieu de fabrication; **w.-to-go table,** table des destinataires; **w.-used (WU) file,** fichier des cas d'emploi, des utilisations.

Whet, Whetstone, Whetstone, unité de mesure de performances.

Whirley bird, (unité de) disque magnétique.

Whisper quiet, ultra silencieux.

Whitespace, espace blanc, le blanc.

White-box testing, test(s) structurel(s).

White-out, correction (avec du «blanc»).

Who are you? **(WRU),** Qui est là?

Whole, **w. number,** nombre entier.

Wholly-owned subsidiary, filiale à 100 %.

Wide, **w. area data service (WADS),** service de transmission de données : **w. area network (WAN),** grand réseau, réseau étendu, réseau longue distance; **w. area telephone service (WATS),** service de communication téléphonique longue distance à tarif forfaitaire.

-wide, au niveau de, à l'échelon de; **office-wide, building-wide network,** réseau niveau bureau ou bâtiment.

Widget, objet, chose, truc, machin; composant réutilisable (logiciel).

Widow, ligne creuse (en haut de page).

Width, largeur; longueur (de zone); durée (impulsion), chasse (de caractère), épaisseur (du trait).

Wilcard = wild character.

Wild character, caractère générique, «joker».

Wildcarding, utilisation de caractères génériques.

WIMP (Window, Icon, Mouse, Pulldown menu), WIMP interface, interface WIMP.

Winchester, **W.-based,** en technologie Winchester; **W. disk,** disque Winchester, disque dur; **W. (disk) drive,** unité de disque Winchester, de disque dur.

Wind, enroulement.

Wind (to), enrouler, bobiner.

Winding, enroulement, fil.

Voir Read Winding, Sense W., Write W.

Window, guichet (de banque, etc.), fenêtre (dans écran); **w. clerk,** guichetier; **w. machine,** machine de guichet; **w. manager,** gestionnaire de fenêtres; **w. posting machine,** machine de guichet.

Window (to), afficher dans une fenêtre (sur l'écran).

Windows, (avec un «S»), logiciel intégrateur de Microsoft.

Windowing, découpage de l'écran en fenêtres, fenêtrage ; **w. software,** logiciel multifenêtre.

Windowless, sans évidement (bobine de bande).

Wini,* w. disc =** ***Winchester disc.

Winnie* =** ***Winchester disc.

***Winning,* w. record,** article «vainqueur» dans une comparaison.

***WIP* (Work-In-Process),** les en-cours, l'en-cours (de fabrication) ; **WIP value report,** état de valorisation des en-cours.

Wipe (to), passer (carte de paiement dans lecteur).

Wire, fil ; **w. brush,** balai (métallique) ; **w.-guided,** filoguidé ; **w. printer,** imprimante par points ; **w. printing,** impression par points ; **w. rack,** râtelier à arceaux (pour bobines de bandes) ; **w. tapper,** personne pratiquant l'écoute clandestine ; **w. tapping,** écoute (électronique) clandestine ; **w. tray,** récepteur de papier ; **w. wrap** (marque de la Gardner-Denver Company), connexion enroulée ; **w. wrapped connection,** connexion enroulée ; **w. wrapper, 1.** câbleuse (personne) ; **2.** câbleuse (machine) ; **w. wrap(ping) machine,** machine à faire les connexions enroulées.

Wire (to), **1.** câbler (envoyer un câble) ; **2.** câbler, monter (un tableau de connexions, etc.).

Wired, câblé ; **w. AND,** ET câblé ; **w. city, w. home,** la ville, la maison, câblée ; **w.-in check,** contrôle câblé ; **w. OR,** OU câblé ; **w. program,** programme câblé ; **w. progam computer,** calculateur à programme câblé ; **w. Society,** la Société câblée.

***Wireframe,* w. model,** modèle «fil de fer», structure filaire.

Wiring, câblage ; **w. board,** tableau de connexions ; **w. close,** coffret de câblage ; **w. diagram,** schéma de câblage ; **w. machine,** câbleuse.

Wish list, ce que l'on attend d'un produit.

Withdrawal, sortie (de stock) retrait.

Wobble bit, bit de déviation (du faisceau laser).

WOOD (Write-Once Optical Disc), disque optique numérique non effaçable (DON).

Word, mot (machine) ; **w.-buffered channel,** canal à tampon d'un mot ; **w. count,** comptage, nombre de mots ; **w. counter,** compteur de mots ; **w. length,** longueur de mot ; **w. mark, w. marker,** drapeau mot ; **w.-organized storage, w.-organized store,** mémoire organisée par mots ; **w.-oriented machine,** machine à mots ; **word originator,** émetteur, auteur (d'un texte) ; **w. period,** période mot ; **w. processing (WP),** traitement de texte (TdT) ; **w. processing business,** le secteur traitement de texte, la bureautique (au sens restreint) ; **w. processing expert,** bureauticien (au sens restreint), spécialiste du traitement de texte ; **w. processing gear,** matériel de traitement de texte ; **w. processing operator,** opératrice de traitement de texte ; **w. processing software,** logiciel de traitement de texte ; **w. processing system (WPS),** système de traitement de texte (STT) ; **w. processing terminal,** terminal de traitement de texte ; **w. processor, 1.** machine de traitement de texte ; **2.** logiciel de traitement de texte ; **w. recognition module, w. recognizer,** module de reconnaissance de mots ; **w. separator,** séparateur de mots ; **w. size,** longueur de mot ; **w. speller,** correcteur orthographique ; **w. spill, w. wrap,** retour à la ligne automatique (saisie au km en TdT).

***Work,* w. area,** zone de travail (en mémoire) ; **w.-at-home-concept,** le (principe du) télétravail ; **w.-at-home computer terminal,** terminal de télétravail ; **w.-at-home employee,** télétravailleur ; **w. board,** table, tablette de travail ; **w. center,** centre de charge, poste de travail ; **w. disk,** disque de travail ; **w. file,** fichier de travail ; **w. flow,** déroulement des opérations ; **w.-in-process (WIP), w.-in-progress (WIP),** les en-cours ; **w.-in-process value report,** état de valorisation des en-cours ; **w. load,** volume, charge de travail ; **w. order (WO),** ordre de fabrication (OF) ; **w. package**, lot de tâches ; **w. record,** enregistrement de travail ; **w. sheet,** voir WORKSHEET ; **w. shift,** poste, période (de travail) ; **w. station (WS), 1.** poste de travail, de saisie ; **2.** station de travail ; **w. study,** étude du travail ; **w. tape,** bande de travail.

Workflow, automatisation des processus.

Work (to), travailler, marcher, fonctionner, etc. ; tourner (en parlant d'un programme) ; **w. from home, out of one's home (to),** faire du télétravail, télétravailler.

Workability, viabilité (d'un système).

Workable, **1.** réalisable ; **2.** exploitable.

Workbench,
Voir PROGRAMMER'S WORKBENCH.

Working, fonctionnement, exploitation, travail ; **w. accumulator,** accumulateur en service ; **w. area,** zone de travail (en mémoire) : **w. data,** données à traiter, données d'exploitation ; **w. deck,** paquet de cartes à traiter ; **w. document,** document de travail ; **w. length (of accumulator),** longueur active (de l'accumulateur) ; **w. medium,** support d'exploitation ; **w. register,** registre de travail, registre de manœuvre ; **w. set,** partie active (d'un programme) ; **w. space =** ***w. area*** **;** **w. storage, w. store,** mémoire de travail, zone de manœuvre ; **w. storage area,** zone de travail ; **w. tape,** bande de travail.

Worksheet, **1.** feuille de programmation ; **2. (electronic) worksheet (program),** tableur.

World, le monde, l'univers (IBM, Unix, etc.) ; **w. computer industry (the),** l'industrie mondiale des ordinateurs ; **w. coordinates,** coordonnées universelles ; **w.'s number one computer firm,** le numéro un mondial de l'informatique ; **W. Wide Wait (WWW)**, abréviation sur le modèle WWW (World Wide Web) faisant allusion à la lenteur du Web ; **W. Wide Web (WWW)**, (mot à mot : la toile mondiale), la Toile (notamment au Québec), le Web.

WORM (Write-Once Read Many Times), disque inscriptible une seule fois, disque non réinscriptible ; **WORM drive,** unité de disque non réinscriptible.

Worm, virus qui se propage et se multiplie.

Worst, **w. case print speed,** vitesse d'impression dans le cas le plus défavorable, la pire éventualité.

Wow, pleurage (de bande).

WP (Word Processing), traitement de texte (TdT).

WPM (Words Per Minute), mots/minute.

Wrap, **w. test,** test en boucle, de bouclage.

Wrap-around, bouclage, renouement (de mots) (en traitement de texte) ; **w. around ring,** bague de serrage.

Wrap around (to), (se) boucler.

Wraps (to take the wraps off), dévoiler, révéler, annoncer (nouveau matériel).

Wreck, bourrage (de cartes).

Writable, inscriptible (support) ; **w. control store (WCS),** mémoire microprogrammable.

Write, écriture ; **w. back,** réécriture (écriture différée en mémoire principale en cas d'écrasement du contenu de l'antémémoire) ; **w. clock pulse,** impulsion de validation d'écriture ; **w. enable ring =** ***write permit ring*** **;** **w. error,** erreur d'écriture, en écriture ; **w. head,** tête d'écriture, tête d'enregistrement ; **w. inhibit ring,** bague d'interdiction d'écriture ; **w. lock-out,** interdiction d'écriture ; **w. (permit) ring,** bague d'autorisation d'écriture ; **w.-once medium,** support non effaçable ; **w. protect tab,** étiquette d'interdiction d'écriture ; **w.-once medium**, support non réinscriptible ; **w.-once optical disk (WOOD),** disque optique numérique non effaçable (DON) ; **w. protect notch,** encoche d'interdiction d'écriture ; **w. protected,** protégé en écriture ; **w. pulse,** impulsion d'écriture ; **w. strobe,** impulsion de validation d'écriture ; **w. through or w. thru,** double écriture ; **w.-through cache,** antémémoire à double écriture (processeur → antémémoire → mémoire) ; **w. time,** temps écriture ; **w.-to cache,** antémémoire à simple écriture (processeur → antémémoire avec écriture différée en mémoire) ; **w. winding,** fil d'écriture.

Write (to), écrire, enregistrer ; **w. back (to),** récrire, réinscrire ; **be w. inhibited (to),** être en interdiction d'écriture ; **w. check (to),** contrôler une écriture ; **w. into (to),** introduire en mémoire ; **w. out (to),** écrire, sortir (sur bande, etc.) ; **w. protect (to),** interdire l'écriture (sur dérouleur, disquette).

Writer, **1.** programme d'écriture ; **2.** scripteur (ling.) ; **3.** (mot entrant dans des noms pour désigner un matériel ou un logiciel spécifique ; **4.** rédacteur, auteur (d'un logiciel).

Writing, écriture, enregistrement ; **w. head =** ***write head*** **;** **w. pad,** tablette d'écriture ;

w. pulse = ***write pulse*** ; **w. up,** rédaction (d'un programme, etc.).

Write-up.
Voir PROGRAM WRITE-UP.

Wrong number, faux numéro (tél.).

WS (Workstation), station de travail.

WSI (Wafer Scale Integration), intégration à l'échelle d'une tranche.

WTO (Write To Operator), message informatif destiné à l'opérateur.

WTOR (Write To Operator with Reply), message demandant une intervention à l'opérateur (par ex. le montage d'une bande).

WWW (World Wide Web), le Web, la Toile.

WYSIWYG (What You See Is What You Get), représentation fidèle, sur l'écran d'un micro-ordinateur, de la présentation imprimée ultérieure (suggestions de la presse : tel écran, tel écrit, mode siamois, etc.).

X

***X,* x-box,** case (à remplir d'un *x*).

***Xerographic,* x. printer,** imprimante xérographique.

Xerography, xérographie.

Xerox (to), xéroxer, photocopier.

XNB (Xodiac Network Bus), réseau local de Data General.

Xodiac Network Bus (XNB), réseau local de Data General.

XOR operation, opération OU exclusif.

X-punch, perforation 11.

XTEN (Xerox Telecommunications Network), réseau de Xerox Corp.

X-Y plotter, traceur de courbes.

Y

Y2K, l'an 2000 ; **Y2K bug**, le bogue de l'an 2000 ; **Y2K compliance**, prise en compte du changement de millénaire, conformité ; **Y2K problem** ou **issue**, le problème du passage à l'an 2000, du changement de millénaire.

Year 2000 computer date problem, le problème du changement de millénaire.

Year 2000 millenium bomb, le bogue de l'an 2000.

***Yearly,* y. earnings report,** état des déclarations.

Y-edge leading, alimentation ligne des 12 en tête.

Yield, rendement (pourcentage de circuits intégrés bons).

Yield control (to), cesser d'être exécuté (au profit d'un autre programme).

Y/N (Yes/No), O/N (Oui/Non).

Yoke.
Voir PRINT YOKE.

Yon plane, plan arrière de découpage.

Y-punch, perforation 12.

YYMMDD (Year, Month, Day) = AAMMJJ (Année, Mois, Jour).

Z

Z-buffer, tampon Z.

Zap, modification (d'un programme).

Zap (to), **1.** effacer (une mémoire PROM) ; **2.** modifier un programme sans le recompiler ; **3.** modifier des instructions d'un programme (en langage machine) se trouvant en mémoire.

Zero, zéro, nul ; **z. access storage,** mémoire à temps d'attente nul ; **z. address instruction,** instruction sans adresse ; **z. condition,** état zéro ; **z. fill,** garnissage de zéros ; **z.-insertion force (ZIF) connector,** connecteur à force d'insertion nulle ; **z. level address,** adresse immédiate ; **z. output, z. output signal,** signal de sortie zéro ; **z. slashing,** barrement des zéros (Ø) (pour éviter la confusion avec la lettre « O » ; **z. wait state,** état d'attente zéro.

Zero (to), mettre, forcer à zéro ; **z. fill (to),** remplir de zéros.

Zeroize (to), mettre des zéros, mettre à zéro.

Z-fold paper, papier à pliage paravent.

ZIF (Zero Insertion Force) connector, connecteur à force d'insertion nulle.

Zig-zag, **z.-z. folded,** à pliage paravent ; **z.-z. folding,** pliage paravent.

Zip (Zone Improvement Plan), code postal (américain).

Zip (to), compresser, jarg. « zipper ».

Z-net, réseau local (Zilog).

Zone, **1.** groupe de caractères ; **2.** partie hors texte d'une carte perforée (lignes 0, 11, 12) ; **3.** quarte gauche (d'un octet) ; **z. bit,** bit hors texte ; **z. bit recording,** (marque déposée), enregistrement par zone ; **z. punch,** perforation hors texte ; **z. punching,** perforation (en) hors texte ; **z. row,** ligne de perforation hors texte (d'une carte perforée).

Zoned, **z. decimal,** décimal non condensé.

Zoning, découpage en zones.

Zoom(ing), zoom.

Zoom in (to), faire un zoom vers gros plan.

Zoom out (to), faire un zoom vers plan général.

ABRÉVIATIONS ANGLAISES

A

AAA	Association for Artificial Intelligence. Authentication, Authorization and Accounting.
AAAI	American Association for Artificial Intelligence.
AAAS	American Association for Advancement of Science.
AACC	American Automatic Control Council.
AAES	American Association of Engineering Societies.
AAIM	American Association of Industrial Management.
AAL	ATM Adaptation Layer.
AAP	Attached Array Processor.
AARP	Appletalk Address Resolution Protocol.
AAS	Advanced Administrative System.
ABA	American Bankers Association.
ABC	Activity-Based Costing
ABCU	Association of Burroughs Computer Users.
ABET	Accrediting Board for Engineering and Technology.
ABM	Asynchronous Balanced Mode. Activity-Based Management.
ABI	Application Binary Interface.
ABIT	Always Be In Touch.
ABP	Actual Block Processor.
ABR	Available Bit Rate.
ABSBH	Average Busy Season Busy Hour.
AC	Alternating Current. Analog Computer. Automatic Computer.
ACAP	Application Configuration Access Protocol.
ACARD	Advisory Council for Applied Research and Development.
ACB	Access Control Block. Adapter Control Block. Application Control Block.
ACBS	Accrediting Commission for Business Schools.
ACC	Accumulate. Accumulator. Advanced Chip Carrier. Application Control Code.
ACCA	Asynchronous Communications Control Attachment (feature).
ACCT	Account.
ACD	Automatic Call Dispatcher. Automatic Call Distribution. Automatic Call Distributor.
ACE	Advanced Computing Environment. Automated Computing Engine. Automated Cost Estimating.
ACF	Access Control Field. Advanced Communications Function.
ACH	Automated Clearing Houses.
ACI	Automatic Car Identification.
ACIA	Asynchronous Communications Interface Adapter.
ACID	Atomic Consistent Isolated Durable.
ACK	Acknowledge Character.
ACL	Access Control List. Agent Communication Language. Application Control Language.
ACM	Association for Computing Machinery.
ACP	Advanced Communication Processor.
ACPA	Association of Computer Programmers and Analysts.
ACPI	Advanced Configuration and Power Interface.
ACR	Alternate Recovery. Audio Cassette Recorder. Automatic Call Recording.
ACRE	APAR Control Remote Entry.
ACS	Application Customiser Service. Asynchronous Communications Server.
ACSE	Association Control Service Element.
ACT	Abend Control Table.
ACTT	Ad hoc Committee for Competitive Telecommunications.

ACU	Address Control Unit.
	Automatic Calling Unit.
ACUTE	Accountants Computer Users Technical Exchange.
ACV	Address Control Vector.
ACVC	ADA Compiler Validation Capability.
A/D	Analog/Digital.
AD	Authorized Distributor.
ADA	Automatic Data Acquisition.
ADAC	Automated Direct Analog Computer.
ADAM	Advanced Data Management.
ADAPSO	Association of Data Processing Service Organizations.
ADAPT	Adaptation of Automatically Programmed Tools.
ADB	Apple Desktop Bus.
ADC	Analog-to-Digital Converter.
ADC	Automatic Data Capture.
ADCCP	Advanced Data Communications Control Procedure.
ADDDS	Automatic Direct Distance Dialling System.
ADE	Automatic Design Engineering.
	Automatic Drafting Equipment.
ADES	Automatic Digital Encoding System.
ADF	Adapter Configuration File.
	Application Development Facility.
	Automatic Document Feeder.
ADI	American Documentation Institute.
ADL	Application Development Language.
ADP	Automatic Data Processing.
	Application Distribution Protocol.
ADPCM	Adaptive Differential Pulse Code Modulation.
ADPE	Automatic Data Processing Equipment.
ADPS	Application Development Project Support.
	Automatic Data Processing System.
ADR	Address.
	Application Definition Record
	Applied Data Research.
ADSI	Analogue Display Services Interface.
ADSL	Asymetric Bit Rate Digital Suscriber Line.
	Asymetrical Digital Subscriber Loop.
ADSR	Attack, Decay, Sustain, Release.
ADT	Abstract Data Type.
	Active Disk Table.
	Application-Dedicated Terminal.
	Application Design Tool.
ADU	Automatic Dial(l)ing Unit.
ADX	Automatic Data eXchange.
A/E	A/E firm.
	Architectural/Engineering firm.
AE	Application Engineer.
AEA	American Electronics Association.
AEC	Architectural, Engineering and Construction (applications).
AED	Automated Engineering Design.
AEDS	Association for Educational Data Systems.
AEIMS	Administrative Engineering Information Management System.
AES	Application Environment Specification.
AF	Audio Frequency.
AFCOM	Association for Computer Operations Managers.
AFF	Automatic Track Following.
AF/FM	Automated Mapping and Facilities Management.
AFIP	American Federation for Information Processing.
AFIPS	American Federation of Information Processing Societies.
AFK	Away From Keyboard.
AFL	Abstract Family of Languages.
AFM	Automatic File Migration.
AFP	Appletalk Filing Protocol.
	Automatic Floating Point.
AFR	Application Function Routine.
	Automatic Fingerprint Recognition.
AFS	Andrew File System.
AFSM	Association of Field Service Managers.
AFT	Active File Table.
AG	Application Generator.
AGC	Automatic Gain Control.
AGP	Accelerated Graphics Port.
	Advanced Graphic Port.
AH	Authentication Header.
AHBF	Average Hours Before Failures.
AHL	A Hardware Programming Language.
AHPL	A Hardware Programming Language.
AI	Artificial Intelligence.
AIA	Aerospace Industries Association.
AICPA	American Institute of Certified Public Accountants.
AID	Attention Identifier.
AIEE	American Institute of Electrical Engineers.
AIGA	American Institute of Graphic Arts.
AIIE	American Institute of Industrial Engineers.
AIIM	Association of Information and Image Management.

AIM	Advanced Intelligent Modem.
	American Institute of Management.
	Application Interface Module.
	Associated Information Managers.
	Avalanche Induced Migration.
AIMS	Automated Industry Management Services.
AIP	Advanced Information Processing.
	Average Instructions per second.
	Adaptive Internet Protocol.
AIX	Advanced Interactive Executive.
AKA	Also Called.
ALA	American Library Association.
ALD	Automatic Logic Diagram.
ALGOL	Algorithmic Oriented Language.
ALL	Application Load List.
ALLC	Association of Literary and Linguistic Computing.
ALU	Arithmetic and Logical Unit.
AM	Amplitude Modulation.
AMA	American Management Association.
	American Medical Association.
	Automated Message Accounting.
	Automatic Message Accounting.
AMH	Application Message Handler.
AMI	Alternate Mark Inversion.
AMIS	Automated Management Information System.
AMPS	Advanced Mobile Phone Service.
AMR	Automatic Message Routing.
AMS	American Mathematical Society.
AMT	Address Mapping Table.
	Advanced Manufacturing Technology.
	Amount.
AMVSB	Amplitude Modulation with Vestigial Side Band.
A/N	Alphanumeric.
ANA	Article Numbering Association.
	Automatic Network Analyzer.
ANDF	Application Neutral Distribution Format.
ANI	Automatic Number Identification.
ANPA	American Newspaper Publishing Association.
ANS	Adaptive Network Security.
	American National Standard.
ANSI	American National Standards Institute.
A/O	Answer/Originate.
AO	Automated Office.
	Automated Operator.
AOI	Automated Operator Interface.
AOQ	Average Outgoing Quality.
AOQL	Average Outgoing Quality Limit.
AOS	Advanced Operating System.
AP	Access Point.
	Accounts Payable.
	Applications Processor.
	Array Processor.
	Attached Processor.
AP or A/P	Attached Processor.
APA	All Points Addressable.
APACS	Association of Payment Clearings Services.
APAR	Authorized Program Analysis Report.
APF	Authorized Program Facility.
APG	Application Programming Generator.
	Automatic Priority Group.
API	Application Program Interface.
	Application Programming Interface.
APICS	American Production and Inventory Control Society.
APL	Applied Physics Laboratory.
	A Programming language.
APM	Advanced Power Management.
APPC	Advanced Program to Program Communication.
APPI	Advanced Peer-to-Peer Internetworking.
APPN	Advanced Peer To Peer Network.
APR	Alternate Path Retry.
	Automatic Passbook Recording.
APS	Advanced Planning and Scheduling.
	Assembly Programming System.
APSE	Ada Programming Support Environment.
APT	Actual Parameter Area.
	Automatic Programming Tool.
	Automatically Programmed Tools.
APU	Auxiliary Processing Unit.
AQL	Acceptable Quality Level.
AQS	Automated Quotation Systems.
AR	Accounts Receivable.
	Address Register.
ARAP	Apple Remote Access Protocol.
ARCII	Arabic Reduced Code for the Interchange of Information.
ARDI	Analysis Requirements, Determination, Design and Development.
ARIS	Aggregated Route Based Ip Switching.
ARLL	Advanced Run-Length Limited.
ARM	ACRE/RETAIN merge.
	Asynchronous Response Mode.
	Availability Reliability Maintainability.
ARO	After Receipt of Order.
ARP	Address Resolution Protocol.
ARPA	Advanced Research Projects Agency.
ARQ	Automatic Repeat Request.
ARS	Automatic Rate Select.

	Automatic Route Selection.
ARU	Audio Response Unit.
AS	Address Syllable.
ASA	Accelerated Storage Adapter.
	American Standards Association.
ASAP	As soon As Possible.
ASCE	American Society of Civil Engineers.
ASCII	American Standard Code for Information Interchange.
ASE	Application Service Elements.
ASF	Advanced Streaming Format.
ASIC	Application Specific Integrated Circuit.
ASID	Address Space Identifier.
ASIS	American Society for Information Science.
	American Society for Industrial Security.
ASK	Amplitude Shift Keying.
ASLIB	Association of Special Libraries and Information Bureaux.
ASM	Auxiliary Storage Manager.
ASME	American Society of Mechanical Engineers.
ASMO	Advanced Storage Magneto Optical.
	Arabic Standards and Metrology Organization.
ASN	Abstract Syntax Notation.
ASP	Active Server Page.
	Asymmetric Multiprocessing System.
	Attached Support Processor.
ASQC	American Society of Quality Control.
ASR	Automatic Send-Receive (set).
	Automatic Speech Recognition.
ASSP	Acoustics, Speech and Signal Processing.
	Application Specific Standard Products.
AST	Application-specific Tools.
ASTL	Advanced Schottky Transistor Logic.
ASTM	American Society for Testing and Materials.
ASTME	American Society of Tool and Manufacturing Engineers.
ASTRA	Automatic Scheduling with Time-Integrated Resource Allocation.
ASU	Advanced Server for UNIX.
AT	Advanced Technology.
ATC	Air Traffic Control.
	Authorization To Copy.
ATDM	Asynchronous Time-Division Multiplexing.
ATE	Automatic (or Automated) Test Equipment.
ATL	Automated Tape Library.
ATM	Adobe Type Manager.
	Asynchronous Transfer Mode.
	Automated Teller Machine.
ATMS	Advanced Text Management System.
ATN	Attention.
	Augmented Transition Network.
ATOB	A to B (ASCII to Binary).
ATP	Alternative Term Plan.
ATPG	Automatic Test Pattern Generation.
ATS	Administrative Terminal System.
ATT	American Telephone and Telegraph.
ATTN	Attention.
ATTP	Aptitude Test for Programmer Personnel.
AUC	Authentification Center.
AUI	Attachment Unit Interface.
AUP	Acceptable User Policies.
AUTODIN	AUTOmatic DIgital Network.
AV or A/V	Audio-visual.
AVD	Alternate Voice and Data Service.
AVIP	Association of Viewdata Information Providers.
AVM	Anti-Vibration Mount.
AVR	Automatic Volume Recognition.
AWB	Analyst Workbench Tool.
	Analyst Workbench.
AWT	Abstract Window Toolkit.

B

BAAS	British Association for the Advancement of Science.
BACP	Bandwidth Allocation Control Protocol.
BABT	British Approval Board for Telecommunications.
BAK	Back At Keyboard.
BAL	Basic Assembly Language.
	Branch Linkage.
BAM	Basic Access Method.
	Block Allocating Map.
	Bus Arbitration Module.
BAP	Basic Assembly Program.
BAR	Base Address Register.
BARSA	Billing, Accounts Receivable, Sales Analysis.
BART	Bay Area Rapid Transit.
BAS	Basic Activity Subset.
BASIC	Beginners All-Purpose Symbolic Instruction Code.
BATRU	Bringing ATM to Residential Users.
BAVIP	British Association of Viewdata Information Providers.
BB	Begin Bracket Indicator.
BBD	Bucket Brigade Devices.

BBL	Be Back Later.
BB&N	Bolt, Beranek and Newman.
BBS	Bulletin Board Service or System.
BC	Basic Control.
	Before Computer.
B/C Net	Business Communications Network.
BCB	Bit Control Block.
	Buffer Control Block.
BCC	Block Check Character.
BCD	Binary Coded Decimal.
BCH	Block Control Header.
BCL	Base-Coupled Logic.
BCM	Bound Control Module.
BCNF	Boyce-Codd Normal Form.
BCNU	Be seein' you.
BCO	Binary Coded Octal.
BCP	Byte Controlled Protocol.
BCR	Bar Code Reader.
BCS	Basic Combined Subset.
	Binary Compatibility Standard.
	British Computer Society.
	Bull Cabling System.
BCU	Basic Counter Unit.
	Block Control Unit.
BDAM	Basic Direct Access Method.
BDE	Batch Data Exchange.
BDES	Batch Data Exchange Services.
BDN	Bell Data Network.
BDP	Bulk Data Processing.
BDPA	Black Data Processing Association.
BDU	Basic Device Unit.
BE	Burst (Size) Excess.
BEB	Binary Exponential Backoff.
BECN	Backward Explicit Congestion Notification.
BEL	Bell Character.
BEM	Bug Eye Monster.
BEMA	Business Equipment Manufacturers Association.
BER	Bit Error Rate.
	Basic Encoding Rules
BERT	Bit Error Rate Test.
BES	Best Effort Service.
	Business Expansion Scheme.
BET	Breakeven Time.
BETA	Business Equipment Trade Association.
BEX	Broadband Exchange.
BFN	Bye For Now.
BGP	Border Gateway Protocol.
BI	Business Intelligence.
BIBO	Bounded Input - Bounded Output.
BIC	Bureau of International Commerce.
BICARSA	Billing, Inventory Control, Accounts Receivable, Sales Analysis.
BIFET	Bipolar Field Effect Transistor.
BIM	Beginning of Information Marker.
	British Institute of Management.
BIND	Berkerley Internet Name Domain server.
BINET	Bicentennial Information Network.
BIOS	Basic Input Output Supervisor.
BIPS	Billions of Instructions Per Second.
BISAM	Basic Indexed Sequential Access Method.
BISFA	British Industrial and Scientific Film Association.
BIST	Built-In Self-Test.
BIT	Binary Digit.
	Burn-In Test.
BIU	Basic Information Unit.
	Bus Interface Unit.
BKF	Blocking Factor.
BLER	Block Error Rate.
BLERT	Block Error Rate Test.
BLOB	Binary Large Object.
BLK	BlinK.
BLS	Bureau of Labor Statistics.
BLU	Basic Link Unit.
B/M	Bill of Materials.
BMC	Basic Monthly Charge.
	Bulk Media Conversion.
BMD	Bubble Memory Device.
BML	Business Management Layer.
BMMG	British Microcomputer Manufacturers Group.
BMP	Batch Message Processing (Program).
BMS	Bit Mark Sequencing.
BNA	Burrough's Network Architecture.
BNC	BNC connector.
BNE	Basic Network Encryption.
BNF	Backus Normal Form.
BNN	Boundary Network Node.
BO	Back Office.
	Branch Office.
BOB	Breakout Box.
BOC	Basic Operating Company.
	Bell Operating Company.
BOD	Bandwidth on Demand.
BOE	Beginning Of Extent.
BOF	Beginning Of File.
	Birds of a Feather.
BofA	Bank Of America.
BOM	Beginning Of Message.
	Bill Of Materials.
BOMP	Bill Of Material Processor.
BONDING	Bandwidth on Interoperability Group.
BOP	Basic Operator Panel.
	Beginning of Packet.
	Bit-Oriented Protocol.
BORAM	Block Oriented Random Access.
BORS(C)HT	(functions) Battery Feed, Overload protection, Ringing,

	Supervision Codec and Channel Filters, Hybrid and Test.
BOS	Basic Operating System.
BOT	Beginning Of Tape.
	Beginning Of Track.
BPAM	Basic Partitioned Access Method.
BPI	Bits Per Inch.
	Bytes Per Inch.
BPM	Batch Processing Monitor.
BPO	British Post Office.
BPOS	Batch Processing Operating System.
BPS	Basic Programming Support.
	Bits Per Second.
BPSS	Bell Packet Switching System.
BQM	Business Quality Messaging.
BR	Base Register.
BRAM	Broadcast Recognizing Access Method.
BRB	Be Right Back.
BRI	Basic Rate Interface.
BRK	Break.
BRS	Bibliographic Transition Network.
BS	Backspace Character.
	British Standard.
BSA	Business Software Association.
BSAM	Basic Sequential Access Method.
BSC	Base Station Controller.
	Binary Synchronous Communication(s).
BSCA	Binary Synchronous Communications Adapter.
BSD	Berkeley Software Distribution.
BSDA	Business and Defense Services Administration.
BSI	British Standards Institution.
BSS	Base Station Subsystem.
	Basic Synchronized Subset.
	Block Started By Symbol.
BSTAT	Basic Status Register.
BT	British Telecom.
BTAM	Basic Telecommunications Access Method.
BTG	British Technology Group.
BTL	Beginning Tape Label.
BTOA	B to A (Binary to ASCII).
BtoB	Business to Business.
BtoC	Business to Customer.
BTR	Behind Tape Reader.
BTS	Base Transceiver Station.
	Bound Task Set.
	Burster-Trimmer-Stacker.
BTU	Basic Transmission Unit.
	British Thermal Unit.
BTW	By the way.
BTX	Bildschirmtext.
BUS	Binary Unit System.
	Broadcast and Unknown Server.
B & W	Black & White.

C

C^3	Communications, Command, Control.
C-SET	Chip-SET.
CA	Channel Adapter.
	Collision Avoidance.
	Communications Adapter.
	Continue-Any (mode).
CAAT	Computer-Assisted Audit Technique(s).
CAC	Channel Access Control.
CAD	Computer-Aided Design.
	Computer-Assisted Drafting.
CAD/CAM	Computer-Aided Design/Computer-Aided Manufacturing.
CADAPSO	Canadian Association of Data, Professional Services and Software Association.
CADD	Computer-Assisted Design and Draughting.
CAE	Common Applications Environment.
	Computer-Assisted Engineering.
CAGR	Compound Annual Growth Rate.
CAI	Computer Analog Input.
	Computer Assisted Instruction.
CAIS	Common APSE Interface Set.
CAL	Common Assembler Language.
	Computer-Assisted Learning.
	Conversational Algebraic Language.
CAM	Content-Addressed Memory.
	Computer-Aided Manufacturing.
CAMAC	Computer-Automated Measurement and Control.
CAN	Cancel Character.
CANARIE	Canadian Network for the Advancement of Research, Industry and Education.
CANTRAN	CANcel TRANsmission.
CADD	Computer-Aided Design and Drafting.
CAP	Cable Access Point.
	Carrierless Amplitude and Phase modulation.
	Competitive Access Provider.
	Computer-Aided Publishing.
CAPE	Computer-Aided Production Engineering.
CAR	Check Authorization Record.
	Computer-Assisted Retrieval.
CARDS	Calma Automated Routing and Design System.
CARR	Carrier.
CAS	Chemical Abstracts Services.

	Communicating Applications Specification.
	Computer Accounting System.
CASA	Computer and Automated Systems Association.
CASE	Common Application Service Elements.
	Computer-Aided Software Engineering.
	Computer-Assisted Systems Engineering.
CASS	Common Address Space Section.
CAT	Computer-Aided Testing.
	Computer-Aided Translation.
	Computer-Assisted Training.
	Computer-Assisted Tomography.
	Computerized Axial Tomography.
CATV	CAble Television.
	Community Antenna Television.
CAU	Command/Arithmetic Unit.
CAV	Constant Angular Velocity.
CAW	Channel Address Word.
CAX	Community Automatic Exchange.
CAZ	Commutating Auto-Zero.
CB	Citizen Band.
CBA	Cost Benefit Analysis.
CBCT	Customer Bank Communications Terminal.
CBDS	Connectionless Broadband Data Services.
CBEMA	Computer and Business Equipment Manufacturers Association.
CBMS	Computer-Based Message System.
CBR	Constant Bit Rate.
CBS	Case Based Reasoning.
CBT	Computer-Based Training.
C & C	Command and Control.
CC	Card Code.
	Card Column.
	Communications Computer.
	Control Computer.
CCA	Central Computer Agency.
	Clear Channel ATM.
	Common Communications Adapter.
	Communications Control Area.
	Current Cost Accounting.
CCB	Character Control Block.
	Command Control Block.
CCCB	Completion Code Control Block.
CCD	Charge Coupled Device.
CCE	Channel Command Entry.
CCF	Cobol Communications Facility.
	Controller Configuration Facility.
CCH	Channel-Check Handler.
CCHS	Cylinder-Cylinder-Head-Sector.
CCIA	Computer and Communications Industries Association.
CCITT	Consultative Committee on International Telegraph and Telephone.
CCM	Charge Coupled Memory.
CCP	Character-Controlled Protocol.
	Communications Control Program.
	Compression Control Protocol.
CCPT	Controller Creation Parameter Table.
CCR	Chanel Control Routine
	Commitment, Concurrency and Recovery.
CCROS	Card Capacitor Read-Only Store.
CCSA	(Bell's system) Common Control Switching Arrangement.
CCT	Carriage Control Tape.
	Circuit.
CCTA	Central Computer and Telecommunications Agency.
CCTV	Closed-Circuit Television.
CCU	Central Control Unit.
	Channel Control Unit.
CCW	Channel Command Word.
	Counterclockwise.
CD	Carrier Detect.
	Collision Detection.
	Compact Disk.
CDB	Corporate Data Base.
CDC	Call Directing Code.
	Call Direction Code.
	Control Data Corporation.
CDD	Common Data Dictionary.
CDE	Common Desktop Environment.
CDEV	Control Panel Device.
CDF	Channel Definition Format.
CD-I	Compact Disc-Interactive.
CDMA	Code Division Multiple Access.
CDP	Certificate in Data Processing.
CDPD	Cellular Digital Packet Data.
CD-R	Compact Disk Recordable.
CD-RW	Compact Disk Recordable Writable
CDRM	Cross-Domain Resource Manager.
CD-ROM	Compact Disc-ROM.
CDT	Command Definition Table.
	Communications Display Terminal.
CDV	Check Digit Verification.
CE	Consumer Electronics.
	Customer Engineer.
	Customer Engineering.
CECUA	Conference of European Computer User Associations.
CEGL	Cause-Effect Graph Language.
CELP	Code Excited Linear Prediction.
CEO	Chief Executive Officer.
	Comprehensive Electronic Office.
CEP	Civil Engineering Package.
	Corporate Electronic Publishing.
CEPIS	Council of European Professional Informatics Societies.

CERT	Computer Emergency Response Team.
CES	Circuit Emulation Service.
	Consumer Electronics Show.
	Corporate Engineering Standard.
CESD	Composite External Symbol Dictionary.
CFF	Critical Fusion Frequency.
CFIA	Component Failure Impact Analysis.
CFM	Continuous Flow Management.
	Cubic Feet per Minute.
CFML	Cold Fusion Markup Language.
CFMS	Chained File Management System.
CFP	Creation Facilities Program.
CFV	Call for votes.
CFS	Continuous Forms Stacker.
	Cubic Feet per Second.
CG	Channel Grant.
	Clock Generator.
	Computer Graphics.
CGA	Color Graphics Adapter.
CGI	Common Gateway Interface.
	Computer-Generated Imagery.
	Computer Graphics Interface.
CGM	Computer Graphics Metafile.
CGMID	Character Generation Module Identifier.
CGMIF	Computer Graphic Metafile Interchange Format.
CGVDI	Computer Graphics Virtual Device Interface.
CHAP	Challenge Handshake Authentication Protocol.
CHAPS	Clearing House Automated Payment System.
CHAR	Character.
CHCV	Channel Control Vector.
CHIL	CCITT High-Level Language.
CHIO	Channel I/O.
CHIPS	Clearing House Interbank Payment System.
CHP	Channel Pointer.
CHPS	Characters Per Second.
CHRP	Common Hardware Reference Platform.
CI	Computer Interconnect.
CIA	Computer Industry Association.
	Computer Interface Adaptor.
	Confidentiality, Integrity and Availability.
CIAC	Computer Incident Advisory Council.
CIB	Command Input buffer.
CIC	Communications Intelligence Channel.
CIC	Computer Integrated Communications.
CICP	Communication Interrupt Control Program.
CICS	Complex Instruction Set Computer.
	Customer Information Control System.
CID	Communication Identifier.
	Connection ID.
CIDA	Channel Indirect Data Addressing.
CIDF	Common Intrusion Detection Framework.
	Control Interval Definition Field.
CIDR	Classless InterDomain Routing.
CIF	Central Information File.
	Common Intermediate Format.
CIFS	Common Internet File System.
CIG	Computer Image Generation.
CIL	Condition-Incident Log.
	Core Image Library.
CIM	Communications Interface Module.
	Computer Input Microfilm.
	Computer Integrated Manufacturing.
CIOCS	Communications Input/Output Control system.
CIP	Commercial Instruction Processor.
CIPS	Canadian Information Processing Society.
CIR	Committed Information Rate.
CIRC	Cross-Interleaved Reed-Solomon Code.
CITR	Canadian Institute For Telecommunications Research.
CITU	Central Information Technology Unit.
CIU	Communication Interface Unit.
	Computer Interface Unit.
CIX	Commercial Internet Exchange.
CKD	Count-Key-Data.
CKDS	Cryptographic Key Data Set.
CKT	Circuit.
CL	Connectionless.
CLA	Computer Law Association.
	Custom Logic Array.
CLAT	Communication Line Adapter.
CLC	Communications Link Controller.
CLIST	Command List.
CLK	Clock.
CLLM	Consolidated Link Layer Management.
CLNP	Connectionless Network Protocol.
CLNS	Connectionsless Network Service.
CLP	Current Line Pointer.
CLS	Control Load Service.
CLT	Communications Line Terminal.
CLTS	Connectionless Transport Service.
CLV	Constant Linear Velocity.

CM Configuration Management.
CMA Computer Monitor Adapter.
CMC Concurrent Media Conversion.
Communications Mag Card.
Common Mail Calls.
Computer-Mediated Communication.
CMD Cartridge Module Drive.
Command.
CMI Computer Managed Instruction.
CMIP Common Management Information Protocol.
CMIS Common Management Information Service.
CMISE Common Management Information Service Element.
CML Current Mode Logic.
CMM Communications Multiplexer Module.
CMY Cyan Magenta Yellow.
CMYK Cyan Magenta Yellow BlacK.
CMND Command.
CMOD Customer Module.
CMOS Complementary Metal Oxide Semiconductor.
CMOT CMIP Over TCP.
CMS Conversational Monitor(ing) System.
CMU Carnegie Mellon University.
CMYK Cyan Magenta Yellow Black.
CNA Communication Network Architecture.
CNC Communications Network Controller.
Computer(ized) Numerical Control.
CNM Communication Network Management.
CNP Communications Network Processor.
CNR Carrier-to-Noise Ratio.
CNTL Control.
CO Connection Oriented.
COAM Customer-Owned And Maintained.
COBOL Common Business Oriented Language.
COC Computer On the Chip.
COD Cash On Delivery.
CODASYL Conference On DAta SYstems Languages.
COGO Coordinate Geometry Program.
COL Computer Oriented Language.
COLA Cost Of Living Adjustment.
COLD Computer Output On Laser Disk.
COM Common Information Model.
Component Object Model.
Computer Output Microfilm.
Computer Output Microfilmer.
Computer Output Microfilming.
Computer Output Microform.
COMA Cache Only Memory Architecture.
COMPETA Computer and Peripherals Equipment Trade Association.
COMSTAT Competitive Statistical Analysis.
CONP Connection-Oriented Network Protocol.
CONS Connection-Oriented Network Service.
COP Character-Oriented Protocol.
Communications Output Printer.
COPS Common Open Policy Service.
CORBA Common Object Request Broker Architecture.
CORS Canadian Operational Research Society.
COS Class Of Service.
Commercial Operating System.
Corporation for Open Systems.
COSATI Committee On Scientific And Technical Information.
COSBA Computer Services and Bureaux Association.
COTP Connection-Oriented Transport Protocol.
COTS Commercial Off-the-shelf Software.
Components Off The Shelf.
Connection-Oriented Transport Service
CP Card Punch.
Central Processor.
Circuit Pack.
Command Processor.
Communication Processor.
Continuous Path.
Control Program.
CPA Channel Program Area.
Continuous Processing Auditing.
Critical Path Analysis.
CPAB Computer Programmer Aptitude Battery.
CPB Channel Program Block.
CPC Card Programmed Calculator.
Computer Process Control.
CPE Computer Performance Evaluation.
Cross-Program Editor.
Customer Premise Equipment.
CPF Control Program Facility.
CPH Cost Per Hour.
CPI Changes Per Inch.
Characters Per Inch.
Clock Cycle per average Instruction.
Code Page Information.
Common Programming Interface.
CPL Characters Per Line.
CPM Cards Per Minute.
Characters Per Minute.
Computer Program for Micro-Computers.

	Critical Path Method.
	Cycles Per Minute.
CPMA	Computer Peripheral Manufacturers Association.
CPO	Concurrent Peripheral Operations.
CPP	Calling Party Pays Paging.
CPS	Card Programming System.
	Characters Per Second.
	Cycles Per Second.
CPT	Chief Programmer Team.
	Customer Provided Terminal.
CPU	Central Processing Unit.
CPW	Communicating Word Processor.
CR	Card Reader.
	Carriage Return.
	CRedit.
CRA	Computer Retailers' Association.
	Catalogue Recovery Area.
CRAM	Card Random Access Memory.
CRBE	Conversational Remote Batch Entry.
CRC	Cyclic Redundancy Check.
CRCC	Cyclic Redundancy Check Character.
CRE	Carrier Return Character.
CRJE	Conversational Remote Job Entry.
CRM	Customer Relationship Management.
CROM	Control Read-Only Memory.
CROS	Card capacitor Read Only Store.
CRP	Channel Request Priority.
CRT	Cathode Ray Tube.
CRTL	Control.
CRV	Cryptography Verification Request.
CS	Communication Services.
CSA	Canadian Standards Association.
	Computer Services Association.
CSA	Customer Service Agreement.
CSB	Communication Scanner Base.
CSC	Computer Society of Canada.
CSCW	Computer Supported Cooperative Work.
CSECT	Control Section.
CSI	Carrier-Scale Internet.
	Civil Service Institute.
	Critical Success Factors.
CSIC	Customer Specified Integrated Circuit.
CSMA/CA	Carrier Sense Multiple Access with Collision Avoidance.
CSMA/CD	Carrier Sense Multiple Access with Collision Detection.
CSMP	Continuous Systems Modeling Program.
CSN	Computer Service Network.
CSO	Computer Service Office.
CSP	Communications Symbiont Processor.
CSR	Console Send-Receive.
CSS	Cascading Style Sheet
CST	Channel Status Message.
CSTA	Computer Supported Telephony Application.
CSU	Customer Service Unit.
	Customer Setup.
CSV	Comma Separated Value
CSW	Channel Status Word.
CTB	Concentrator Terminal Buffer.
CTI	Computer Telephony Integration
CTCA	Channel-To-Channel Adapter.
CTRL	Control.
CTS	Carriage Tape Simulator.
	Clear To Send.
	Concrete Transfer Syntax.
	Conversational Terminal System.
CU	See you.
CUA	Common User Access.
	Computer Users Association.
CUBE	Cooperative Users of Burroughs Equipment.
CUE	Computer Utilization Efficiency.
	Configuration Utilization Evaluator.
CUG	Closed User Group.
CUTS	Computer Users Tape System.
CVD	Chemical Vapor Deposition.
CVP	Content Vectoring Protocol.
CW	Clockwise.
CWP	Communicating Word Processor.
	Computer Word Processing.

D

DA	Data Administrator.
	Desk Accessory.
	Device Adapter.
	Differential Analyzer.
	Digital-to-Analog.
	Direct Access.
DAA	Dara Access Arrangement.
DAB	Digital Audio Broadcasting
DAC	Data Acquisition and Control.
	Design Augmented by Computer.
	Digital-to-Analog Converter.
	Discretionary Access Control.
DAD	Digital Audio Disk.
DAF	Destination Address Field.
	Directory Access Protocol
DAL	Digital Access Line.
DAM	Direct Access Method.
DAMA	Demand-Assigned, Multiple-Access.
DAP	Data Access Protocol.
	Directory Access Protocol.
DAPS	Direct Access Programming System.
DAR	Damage Assessment Routine.
DARC	Digital Authorised Rental Channel.

DARPA	Defense Advanced Research Project Agency.
DART	Data Access And reporting.
DAS	Data Acquisition System.
	Data Automation System.
	Digital/Analog System.
DASD	Direct Access Storage Device.
DASM	Direct Access Storage Media.
DAT	Digital Audio Tape.
	Disk Allocation Table.
	Dynamic Address Translation.
DAV	Data Above Voice.
DAVFU	Direct Access Vertical Format Unit.
DAVIC	Digital Audio Visual Council.
DB	Data Base.
	Debit.
DBAM	Database Access Method.
DB/DC	Data Base/Data Communications.
DBA	Data Base Administrator.
DBC	Data Base Computer.
DBD	Data Base Description.
DBDA	Data Base Design Aid.
DBDL	Data Base Definition Language.
DBF	Data Base Facility.
DBMS	Data Base Management Software.
	Data Base Management System.
DBOS	Disc-Based Operating System.
DBS	Direct Broadcast Satellite.
DBTG	Data Base Task Group.
DC	Data Center.
	Data Communication.
	Data Conversion.
	Device Control.
	Digital Computer.
	Direct Control.
	Direct Current.
DCA	Distributed Communications Architecture.
	Document Content Architecture.
DCB	Data Control Block.
	Device Control Block.
DCC	Data Communication Controller.
	Digital Communications Console.
DCD	Data Carrier Detect.
	Disk Cartridge Drive.
DCE	Data Communications Equipment.
	Data Circuit Terminating Equipment.
	Distributed Computing Environment.
DCF	Data Collection Facilities.
	Data Communication Facility.
	Data Count Field.
	Discounted Cash Flow.
DCI	Display Control Interface.
DCL	Data Control Language.
	Data Control List.
DCOM	Distributed Component Object Model.
DCP	Distributed Control Processor.
DCS	Data Collection System.
	Data Communications Subsystem.
	Defense Communications System.
	Digital Channel Service.
	Distributed Computer System.
DCT	Data Collection Terminal.
	Data Communications Terminal.
	Device Characteristics Table.
	Dispatcher Control Table.
DCTL	Direct-Coupled Transistor Logic.
DCU	Data Control Unit.
	Display Control Unit.
DCW	Data Control Work.
DD	Data Definition.
	Direct Dial.
DDA	Demand Deposit Accounting.
	Digital Differential Analyzer.
	Direct Disk Attachment.
DDB	Device Descriptor Block.
DDBMS	Distributed Database Management System.
DDC	Direct Digital Control.
	Display Data Channel.
DDCMP	Digital Data Communications Message Protocol.
DDCP	Direct Digital Color Proofing.
DDD	Direct Distance Dial(l)ing.
DD/D	Data Dictionary/Directory.
DDE	Direct Data Entry.
	Dynamic Data Exchange.
DDDL	Dictionary Data Definition Language.
DDI	Device Driver Interface.
DDG	Digital Display Generator.
DDL	Data Definition Language.
	Data Description Language.
DDM	Device Descriptor Module.
	Distributed Data Management.
DDN	Defense Data Network.
DDNRZI	Double Density NRZI.
DDP	Datagram Delivery Protocol.
	Distributed Data Processing.
DDR	Double Data Rate.
	Dynamic Device Reconfiguration.
DDR & E	Directorate for Defense Research and Engineering.
DDS	Dataphone Digital Service.
	Data Distribution System.
	Digital Data System.
	Dynamic Dispatch System.
DDSA	Digital Data Service Adapter.
DDT	Data Description Table.
DE	Data Entry.
	Dictating Equipment.
	Discard Eligibility.
DEA	Data Encryption Algorithm.
DEB	Data Extent Block.

DEC	Digital Equipment Corporation.
DECNET	Digital Equipment Corporation Network.
DECT	Digital European Cordless Telecommunications.
DECUS	Digital Equipment Computer Users Society.
DEDB	Data Entry Data Base.
DEF	Destination Element Field.
DEL	Delete Character.
DEN	Directory Enabled Networking.
DES	Data Encryption Standard.
DEU	Data Encryption Unit.
DFC	Data Flow Control. Disc File Controller.
DFD	Data Flow Diagram.
DFLD	Device Field.
DFP	Data Facility Product. Digital Flat Panel.
DFS	Distributed File Service.
DFSLAM	Digital Subscriber Loop Access Multiplexer.
DFT	Diagnostic Function Test. Discrete Fourier Transform. Distributed Function Terminal. Drive Fitness Test.
DFU	Data File Utility.
DG	Data General.
DGC	Digital Grade Cassette.
DHCF	Distributed Host Command Facility.
DHCP	Dynamic Host Configuration Protocol.
DHTML	Dynamic HTML.
DI/DO	Digital Input/Digital Output.
DIA	Document Interchange Architecture.
DIAL	Data Interchange at the Application Level.
DIB	Data Integrity Block. Device Independent Bitmap.
DIBOL	Digital Equipment Business Oriented Language.
DIC	Data Interchange Code.
DID	Direct Inward Dialing.
DIF	Data Interchange Format. Device Input Format.
DIL	Dual-In-Line.
DIMM	Dual In Line Memory Module.
DINA	Distributed Information Processing Network Architecture.
DIOCB	Device I/O Control Block.
DIP	Document Image Processing. Dual-In-Line Package.
DIS	Draft International Standard. Data Item Set.
DISOSS	Distributed Office Support System.
DITTO	Data Interfile Transfer, Testing and Operations Utility.
DIV	Data In Voice.
DIVA	Data Input Voice Answerback.
DIY	Do It Yourself.
DJNR	Dow Jones News/Retrieval.
DL/1	Data Language/1.
DLA	Data Link Adapter.
DLAT	Directory Look-Aside Table.
DLC	Data Link Control.
DLCI	Data Link Connection Identifier.
DLE	Data Link Escape.
DLL	Dynamic Link Library.
DLT	Data Loop Transceiver. Digital Linear Tape.
DLU	Data Line Unit.
DM	Data Management.
DMA	Direct Marketing Association. Direct Memory Access.
DMAC	Direct Memory Access Controller.
DME	Distributed Management Environment.
DMF	Disc Management Facility.
DMH	Device Message Handler.
DMI	Desktop Management Interface.
DML	Data Manipulation Language. Device Media Language.
DMM	Digital Multimeter.
DMOS	Diffused MOS.
DMP	Dot Matrix Printer.
DMS	Data Management System. Digital Multiplex System.
DMT	Discrete Multitone.
DMTF	Desktop Management Task Force.
DMY	Day Month Year.
DMZ	Demilitarized Zone.
DN	Directory Number. Distinguished Name.
DNA	Digital Network Architecture. Distributed Network Architecture.
DNC	Direct Numerical Control.
DNIC	Data Network Identification Code.
DNS	Department of National Savings. Digital Naming Service. Distributed Network Supervisor. Domain Name Service.
DOB	Date Of Birth.
DOC	Department of Commerce.
DOCIS	Data Over Cable Interface Specifications.
DOD	Department Of Defence. Dial On Demand. Direct Outward Dialing.
DOE	Department of Energy.
DOF	Device Output Format.
DOI	Department of Industry.
DOLAP	Dynamic On Line Analytical Processing.
DOM	Document Object Model.
DOR	Digital Optical Recording.

DOS	Disc Operating System.
DOSF	Distributed Office Support Facility.
DOT	DOmain Tip.
DOV	Data Over Voice.
DP	Data Processing.
	Double Precision.
	Draft Printer.
	Draft Proposal.
	Dynamic Programming.
DPA	Demand Protocol Architecture.
	Display/Printer Adapter.
DPAGE	Device Page.
DPB	Dynamic Pool Block.
DPC	Data Processing Center.
	Disc Pack Controller.
DPCM	Differential PCM.
DPCX	Distributed Processing Control Executive.
DPDT	Double-Pole Double-Throw.
DPH	Disc Pack Handler.
DPI	Dots Per Inch.
DPM	Data Plant Management.
	Data Processing Machine.
	Data Processing Manager.
	Distributed Presentation Management.
	Documents Per Minute.
DPMA	Data Processing Management Association.
DPMI	DOS Protected Mode Interface.
DPMS	Display Power Management Signaling.
DPNSS	Digital Private Network Signalling Scheme.
DPPX/BASE	Distributed Processing Programming Executive Base.
DPR	Dual-Port Ram.
DPS	Data Processing System.
	Disc Programming System.
	Distributed Presentation Services.
	Document Processing System.
DPSA	Data Processing Supplies Association.
DPSK	Differential Phase Shift Keying.
DPU	Display Processor Unit.
DQDB	Distributed Queue Dual Bus.
DQCB	Disk Queue Control Block.
DR	Digital Research.
DRAM	Dynamic RAM.
DRAW	Direct Read After Write.
DRC	Data Recording Control.
DRCS	Dynamically Redefinable Character Set.
DRD	Data Recording Device.
DRDA	Distributed Relational Database Architecture.
DRDS	Dynamic Reconfiguration Data Set.
DRDW	Direct Read During Write.
DRO	Destructive Read-Out.
DRP	Distribution and Replication Protocol.
DRQ	Data Ready Queue.
DRS	Document Retrieval System.
DS	Data Set.
	Digital Signal.
DSA	Dealer Sales Agent (programme).
	Distributed System Architecture.
DSAC	Data Set Authory Credential.
DSAF	Destination Subarea Field.
DSAP	Destination Service Access Point.
DSC	Disc Storage Controller.
DSCA	Default System Control Area.
DSCB	Data Set Control Block.
DSCP	Data Services Command Processor.
DSD	Data Set Definition.
DSDD	Double Sided Double Density.
DSDS	Dataphone Switched Digital Service.
DSDT	Data Set Definition Table.
DSE	Data Set Extension.
	Data Switching Exchange.
	Distributed Systems Environment.
DSECT	Dummy Control Section.
DSHD	Double Sided High Density.
DSI	Data Stream Interface.
	Digital Signal Interpolation.
	Digital Speech Interpolation.
DSID	Data Set Identification.
DSL	Data Set Label.
	Development Support Library.
	Digital Subscriber Line.
DSLAM	DSL Access Multiplexer.
DSLO	Distributed Systems License Option.
DSM	Data Services Manager.
DSN	Distributed Systems Network.
DSO	Data Set Optimizer.
	Direct System Output.
DSP	Digital Signal Processing.
	Digital Signal Processor.
	Directory Synchronization Protocol.
DSQD	Double Sided Quad Density.
DSR	Data Set Ready.
	Data Signalling Rate.
DSRB	Data Services Request Block.
DSS	Decision Support System.
	Department of Supply and Services.
	Digital Subset.
	Disc Storage Subsystem.
	Dynamic Support System.
DSSD	Double Sided Single Density.
DSSS	Direct Sequence Spread Spectrum.
DST	Data Services Task.
	Device Service Task.
DSU	Digital Service Unit.

	Disc Storage Unit.
DSVD	Digital Simultaneous Voice and Data.
DSW	Device Status Word.
DSX	Deployment Server Express.
	Distributed System Executive.
DT	Data Transmission.
	Display Terminal.
DTC	Data Transmission Channel.
	Desk-Top Computer.
DTD	Document Type Definition.
DTE	Data Terminal Equipment.
DTF	Define The File.
	Digital Tape Format.
DTI	Department of Trade and Industry.
DTL	Diode-Transistor Logic.
DTM	Dynamic Transient Master Control Block.
DTMF	Desktop Management Task Force.
	Dual-Tone Multifrequency (receiver).
DTMS	Data Base and Transaction Management System.
DTP	Desktop Publishing.
	Distributed Transaction Processing.
DTPA	Dynamic Transient Pool Area.
DTPM	Dynamic Transient Pool Management.
DTR	Data Terminal Ready.
	Distribution Tape Reel.
DTS	Data Transfer Sequence.
	Dynamic Transient Segment Register Save.
DTSX	Data Transport Station.
DTT	Domain Tip Technology.
DTU	Display Terminal Unit.
DTV	Digital Television Display.
DUART	Dual Universal Asynchronous Receiver/Transmitter.
DUT	Device Under Test.
DUV	Data Under Voice.
DVB	Device Base Control Block.
	Digital Video Broadcasting.
DVD	Digital Video Disk.
DVI	Digital Video Interactive.
DVMRP	Distance Vector Multicast Routine Protocol
DVMS	Digital Voice Messaging System.
DVST	Direct-View Storage Tube.
DVT	Device Vector Table.
DWDM	Dense Wavelength Division Multiplexing.
DWMT	Discrete Wavelet Multitone
DXAM	Distributed Indexed Access Method.
DXF	Data Exchange Format.
DXI	Data Exchange Interface.
DXS	Data Exchange System.
DXT	Data Extract Facility.

E

EA	Effective Address.
EAA	Export Administration Act.
EAM	Electrical Accounting Machine.
EAN	European Article Number.
EAPROM	Electrically-Alterable Programmable Read-Only Memory.
EARN	European Academic and Research Network.
EAROM	Electrically Alterable Read-Only Memory.
EASDAQ	European Association of Securities Dealers Automated Quotations.
EAU	Extended Arithmetic Unit.
EAX	Electronic Automatic Exchange.
EB	Electronic Beam.
	Event Block.
EBAM	Electron Beam Accessed Memory.
EBB	Electronic Bulletin Board.
EBCDIC	Extended Binary Coded Decimal Interchange Code.
EBR	Electron Beam Recorder.
	Electron Beam Recording.
EBS	Electronic Banking System.
EC	Engineering Change.
	Extended Control.
ECAS	European Computing Services Association.
ECB	Event Control Block.
ECC	Error Correction Code.
	Error Check(ing) and Correction.
ECCAI	European Coordinating Committee for Artificial Intelligence.
ECCCS	Emergency Command Control Communications System.
ECD	Enhanced Colour Display.
ECF	Enhanced Communication Facility.
ECIP	European Co-operation In Information Processing.
ECL	Emitter-Coupled Logic.
ECLAT	European Computer Leasing and Trading Association.
ECM	Extended Core Memory.
	Electronic Countermeasures.
	Error Correction Mode.
ECMA	European Computer Manufacturers Association.
ECN	Engineering Change Number.
ECO	Engineering Change Order.
ECOM	Electronic Computer Originated Mail.
ECOMA	European Computer Measurement Association.
ECOOP	European Conference on Object Oriented Programming.
ECR	Efficient Consumer Response.

	Electronic Cash Register.
ECRC	European Computer Industry Research Center.
ECS	European Communications Satellite.
	Expanded Character Set.
ECSA	European Computing Services Association.
	Exchange Carriers Standards Association.
ECT	Environment Control Table.
ECTE	European Community Telework Forum.
ECTUA	European Council of Telecommunications Users Association.
ECU	Electronic Control Unit.
	European Currency Unit.
EDA	Electronic Design Automation.
	Enterprise Data Access.
EDAC	Error Detection and Correction.
EDC	Engineering Data Control.
	Error-Detection Code.
	Error Detection and Correction.
EDD	Electronic Document Distribution.
EDI	Electronic Data Interchange.
	Electronic Document Exchange.
EDO	Enhanced Data Out.
EDOS	Extended Disc Operating System.
EDP	Electronic Data Processing.
EDPE	Electronic Data Processing Equipment.
EDPM	Electronic Data Processing Machine.
EDPS	Electronic Data Processing System.
EDS	Engineering Design System.
	Exchangeable Disc Store.
EDSAC	Electronic Delay Storage Automatic Computer.
EDST	Elastic Diaphragm Switch Technology.
EDT	Eastern Daylight Time.
EECA	European Electronic Components Manufacturers Association.
EEMA	European Electronic Mail Association.
EEMS	Enhanced Expanded Memory Specification.
EEO	Equal Employment Opportunity.
EEPROM	Electrically-Erasable Programmable Read-only Memory.
EEROM	Electrically Erasable Read-Only Memory.
EES	Escrow Encryption Standard.
EFMA	European Financial Management and Marketing Association.
EFP	Expanded Function Operator Panel.
EFR	Enhanced Full Rate.
EFT	Electronic Funds Transfer.
	Eurofiletransfer.
EFTPOS	Electronic Funds Transfer at the Point Of Sale.
EFTS	Electronic Funds Transfer System.
EGA	Enhanced Graphic Adapter.
EGC	Enhanced Graphics Card.
EGP	Exterior Gateway Protocol.
EHF	Extremely High Frequency.
EHOG	European Host Operators Group.
EIA	Electronics Industries Association.
EIAJ	Electronic Industries Association of Japan.
EIES	Electronic Information Exchange System.
EIII	European Independent Informatics Industry.
EIN	European Informatics Network.
EIOS	Extended Input Output System.
EIPC	European Institute of Printed Circuits.
EIR	Equipment Identity Register.
	Excess Information Rate.
EIRV	Error Interrupt Request Vector.
EIS	Enterprise Information Systems.
	Environmental Impact Statement.
	Executive Information System.
	Extended Instruction Set.
EISA	Extended Industry Standard Architecture.
EJB	Enterprise JavaBeans.
EJCC	Eastern Joint Computer Conference.
EL	Electroluminescent.
ELCAR	European Institute For Computer Antivirus Research.
ELF	Extremely Low Frequency.
ELM	Error Log Manager.
ELQ	Enhanced Letter Quality.
EM	Electronic Mail.
EMA	Electronic Mail Association.
EMBARC	Electronic Mail Broadcast to a Roaming Computer.
EMC	End of Medium Character.
	Electromagnetic Compatibility.
EMF	Electromagnetic Field.
	Electromagnetic Force.
EMH	Expedited Message Handling.
EMI	Electromagnetic Interference.
EML	Element Management Layer.
EMM	Expanded Memory Manager.
EMP	Electromagnetic Pulse.
EMS	Electronic Message System.
	Expanded Memory Specifications.
EMU	Energy Management Unit.
	European Monetary Union.
EMUG	European MAP Users Group.
ENA	Extended Network Architecture.

ENIAC	Electronic Numerical Integrator and Calculator.
ENQ	Enquiry Character.
ENS	Extended Network Service.
ENSA	Enterprise Network Storage Architecture.
EOA	End Of Address.
EOB	End Of Block.
EOC	End Of Card.
	End Of Chain.
EOD	End Of Data.
EOE	End Of Extent.
EOF	End Of File.
	End Of Form.
EOI	End Of Identify.
	End Of Inquiry.
	End Of Item.
EOJ	End Of Job.
EOL	End Of Line.
	End Of List.
EOM	End Of Message.
EOO	Esprit Operations Office.
EOP	End Of Packet.
	End Of Program.
EOQ	Economic Order Quantity.
EOR	End Of Record.
	End Of Reel.
	End Of Report.
	End Of Run.
EOS	ECC ON SIMMS.
	Extended Operating System.
EOT	End Of Tape.
	End Of Text.
	End Of Transmission.
EOV	End Of Volume.
EP	Emulator Program.
	Extension Point.
EPA	Enhanced Performance Architecture.
	Environmental Protection Agency.
EPAC	Enhanced Perceptual Audio Coder.
EPHOS	European Procurement Handbook for Open Systems.
EPIC	Executive Planning Information and Communication System.
	Explicitly Parallel Instruction Computing.
EPL	European Program Library.
EPO	Emergency Power-Off.
EPOS	Electronic Point Of Sale.
EPP	Enhanced Parallel Port.
EPPT	European Printer Performance Tests.
EPROM	Erasable Programmable Read Only Memory.
EPS	Encapsulated PostScript Format.
EPSF	Encapsulated Postscript Format.
EPSS	Experimental Packet Switched Service.
EPST	Extended Partition Specification Table.
EQ	EQual to.
ER	Explicit Route.
ERAD	Enterprise Rapid Application Development.
ERB	Execution Request Block.
ERC	Error Retry Count.
ERCC	Error Checking and Correction.
ERD	Entity-Relationship Diagram.
EREP	Environmental Recording, Editing and Printing.
ERISA	Employee Retirement Income Security Act.
ERM	Error Recovery Manager.
ERMA	Electronic Recording Method of Accounting.
ERP	Enterprise Resource Planning.
	Error Recovery Procedures.
ERR	Error.
ES	End System.
	Expert System.
ESA	Enterprise Systems Architecture.
ESC	Escape Character.
ESD	Electrostatic Discharge.
	External Symbol Dictionary.
ESDI	Enhanced Small Disk Interface.
ESE	Expert System Environment.
ESF	Extended Super Frame.
ESL	European System Language.
ESMTP	Extended Simple Mail Transfer Protocol.
ESN	Effective Segment Number.
ESP	Encapsulating Security Payload.
	Enhanced Serial Port.
	Enhanced Service Provider.
ESPRIT	European Strategic Program for Research in Information Technology.
ESS	Electronic Switching System.
EST	Eastern Standard Time.
ESTV	Error Statistics by Tape Volume.
ESV	Error Statistics by Volume.
ET	Electrical Typewriter.
	Electronic Typewriter.
ETB	End of Transmission Block.
ETC	Extended Text Compositor.
ETCO	European Telecommunications Consultancy Organisation.
ETOS	Extended Tape Operating System.
ETP	Extended Tape Processing.
	Extended Term Plan.
ETSA	European Telecommunication Services Association.
ETSI	European Telecommunications Standards Institute.
ETX	End of TeXt.
EULA	End User License Agreement.

EUROCRA	EURopean OCR Association.
EUROSINET	European OSI Network.
EUSIDIC	European Association of Information Services.
EUT	Equipment Under Test.
EUUG	European Unix Users Group.
EVA	Error Volume Analysis.
EVAP	Electronic Value Added Provider.
EW	Electronic Warfare.
EWOS	European Workshop for Open Systems.
EWS	Engineering Workstation.
EXCP	EXecute Channel Program.
EXLST	Exit List.
EXR	Exception Request.
EXTRN	External Reference.
EYP	Electronic Yellow Pages.

F

FA	Final Address.
F & A	Finance and Administration.
FA & T	Final Assembly and Test.
FAC	Function Authority Credential.
FAM	Fast Access Memory.
FAMOS	Floating gate Avalanche injection MOS.
FAMS	Forecasting And Modeling System.
FAPS	Financial Analysis and Planning System.
FAQ	Frequently Asked Questions.
FASB	Financial Accounting Standards Board.
FAST	Federation Against Software Theft.
FAT	File Allocation Table.
FAX	Facsimile.
FBA	Fixed Block Architecture.
FBT	Facility Block Table.
FC	Font Change Character.
FC-AL	Five Channel Arbitrated Loop.
FCB	File Control Block. Forms Control Buffer. Function Control Block.
FCC	Federal Communications Commission.
FCCTS	Federal Cobol Compiler Testing Service.
FCO	Field Change Order.
FCPI	Flux Changes Per Inch.
FCI	Flux Changes per Inch.
FCS	Frame Check Sequence.
FD	File Description. Floppy Disk. Full Duplex.
FDC	Floppy Disk Controller.
FDD	Fixed Disk Drive. Floppy Disk Drive.
FDDI	Fiber Distributed Data Interface.
FDM	Frequency Division Multiplexing.
FDMA	Frequency-Division Multiple-Access.
FDP	Form Description Program.
FDS	Federal Supply Schedule. Fixed Disc Store.
FDT	Function Data Table.
FDX	Full DupleX.
FE	Field Engineer. Field Engineering. Format Effector.
FEA	Finite Element Analysis.
FEC	Forward Error Correction.
FECB	File Extent Control Block.
FECN	Forward Explicit Congestion Notification.
FEFO	First-Ended, First-Out.
FEM	Finite Element Model.
FEP	Front-End Processor.
FEQ	Frequency Domain Equalizer.
FET	Field Effect Transistor.
FF	Flip Flop. Form Feed.
FFA	Function-To-Function Architecture.
FFT	Fast Fourier Transform.
FGL	Fourth Generation Language.
FHP	Fixed Header Prefix.
FHSS	Frequency Hopping Spread Spectrum.
FIB	Frequently Ignored Bugs.
FIC	First-In-Chain.
FICA	Federal Insurance Contribution Act.
FICB	File Identification Control Block.
FID	Format Identification.
FIFF	First-In, First-Fit.
FIFO	First In First Out.
FIGS	Figures Shift.
FIMAS	Financial Institution Message Authentication Standard.
FINAC	Fast Interline Non-Activate Automatic Control.
FIP	Finance Image Processor.
FIPS	Federal Information Processing Standards.
FIR	Finite Impulse Response.
FIS	Floating Instruction Set.
FIT	Failure Unit.
FITL	Fiber In The Loop.
FJCC	Fall Joint Computer Conference.
F/L	Fetch/Load.
FL	Fluorescent.
FLAD	Fluorescence-Activated Display.
FLL	Fahrenheit Low Level.
FLM	Fahrenheit Large Model.
FLOPS	Floating Point Operations Per Second.
FLURPS	Functionality, Localizability, Usability, Reliability, Performance, Supportability.

FM	Facilities Management.
	Frequency Modulation.
FMCG	Fast Moving Consumer Goods.
FMD	Function Management Data.
FMH	Function Management Header.
FMS	File Management Supervisor.
	Flexible Manufacturing System.
FMV	Full Motion Video.
FNC	Federal Networking Council.
FNP	Front-End Network Processor.
FO	Fiber Optics.
	Front Office.
FOCAL	Formula Calculator.
FOCUS	Forum Of Control Data Users.
FOIRL	Fiber-Optic Inter Repeater Link
FOMOT	Four-Mode Ternary.
FORTRAN	FORmula TRANslation.
FOSDIC	Film Optical Scanning Device for Input to Computers.
FOTS	Fiber Optic Transmission System.
FP	File Processor.
FPH	Floating Point Hardware.
FPL	File Parameter List.
FPLA	Field Programmable Logic Array.
FPLMTS	Future Public and Land Mobile Telecommunication Systems.
FPM	Feet Per Minute.
FPO	For Position Only
FPP	Floating Point Processor.
FPROM	Field Programmable Read-Only Memory.
FPS	Feet Per Second.
	Financial Planning System.
	Frames Per Second.
FPT	File Parameter Table.
FPU	Floating Point Unit.
FQDN	Fully Qualified Domain Name.
FRAD	Frame Relay Access Device.
FRF	Frame Relay Forum.
FROM	Fusible Read-Only Memory.
FRPI	Flux Reversals Per Inch.
FRR	Functional Recovery Routine.
FRU	Field Replaceable Unit.
FS	File Separator.
	Future Series.
	Field Service.
FSA	Field Search Argument.
FSCB	File System Control Block.
FSE	Full Screen Editor.
FSFM	FullScreen Full Motion.
FSG	Fahrenheit Scene Graph.
FSK	Frequency Shift Keying.
FSM	Finite State Machine.
FSN	File Sequence Number.
FSP	Full Screen Processing.
FSR	Full-Scale Range.
FSS	Federal Supply Schedule.
FST	Federal Sales Tax.
	File Status Table.
FSV	Floating Point Status Vector.
FTA	Fast Turnaround.
	Fault Tree Analysis.
FTAB	Field Tab.
FTAM	File Transfer, Access and Management.
FTE	Frame Table Entry.
FTLP	Fixed Term Lease Plan.
FTP	Fixed Term Plan.
	File Transfer Protocol.
	Foiled Twisted Pair.
FTRT	Faster Than Real Time.
FTS	Federal Telecommunication System.
FTTB	Fiber To The Building
FTTC	Fiber To The Curb
FTTH	Fiber To The Home
FUD	Fear, Uncertainty and Doubt.
FTS	Federal Telecommunications Standards.
FUD	Fear, Uncertainty and Doubt
FURPS	Functionality, Usability, Reliability, Performance, Supportability.
FW	Fiscal Week.
FWH	Flexible Working Hours.
FWIW	For what it's worth.
FX	Foreign Exchange.
FY	Fiscal Year.
FYI	For Your Information.

G

GaAs	Gallium Arsenide.
GA	Go-Ahead Sequence.
GADDR	Group Address.
GAM	Graphics Access Method.
GAO	General Accounting Office.
GAP	General Accounting Package.
GARP	Group Address Registration Protocol
GAT	Graphic Arts Terminal.
GATX	General American Transportation Corporation.
GCR	Group Coded Recording.
GDDM	Graphic Device Display Manager.
GDG	Generation Data Group.
GDI	Graphic Device Interface.
GDMO	Guideline for Definition of Managed Objects
GDP	Graphic Display Processor.
G,D&R	Grinning, Ducking and Running.
GDT	Global Descriptor Table.
GDT	Graphic Display Terminal.
GE	Greater than or equal to.
GERT	Graphical Evaluation and Review Technique.
GIF	Graphic Image File.

	Graphics Interchange Format
GIGO	Garbage In Garbage Out.
GIOP	General inter ORB Protocol
GIP	Graphic Image Processor.
GIS	Generalized Information System.
	Geographic Information System.
GJP	Graphic Job Processor.
GKS	Graphic Kernel System.
GKSS	Graphics Kernel Systems Standard.
GM	Group Mark.
GMF	Graphic Metafile.
GML	Generalized Mark-Up Language.
GMR	Giant Magneto Resistive.
GMT	Greenwich Mean Time.
GND	GrouND.
GNP	Gross National Product.
GNR	Guest Name Record.
GNS	Global Networking Services.
GOSIP	Government OSI Profiles.
GP	General Purpose.
GPC	General Peripheral Controller.
	General Purpose Computer.
GPI	Graphic Program Interface.
GPIA	General Purpose Interface Adapter.
GPIB	General Purpose Interface Bus.
GPL	General Public License.
GPNNC	General Purpose Non Numeric Computer.
GPO	General Post Office.
GPP	General Purpose Processor.
GPRS	General Packet Radio Services
GPS	General Problem Solver.
	Global Positioning System.
	Graphic Programming Services.
GPSS	General Purpose Simulation System.
GPT	General Purpose Terminal.
GPU	Graphic Processing Unit.
GQS	Guaranteed Quality Service.
GR	General Register.
G-ROM	Graphic Read-Only Memory.
GS	Group Separator.
GSA	General Services Administration.
GSAM	Generalized Sequential Access Method.
GSM	Global System for Mobile Communications.
GSP	Graphical Signal Processor.
	Graphic Subroutine Package.
GSR	Global Shared Resources.
GST	Goods and Services Tax.
GSVC	Generalized Supervisor Call.
GT	Greater Than.
	Group Technology.
GTF	Generalized Trace Facility.
GUI	Graphical User Interface.
GWAM	Gross Words per Minute.

H

HA	High Availability
HAL	Hardware Abstraction Layer.
HAM	High-Availability Manager.
HASP	Houston Automatic Spooling Program.
HAVI	Home Audio Video Interoperability.
HBA	Host Bus Adapter.
HBR	High Bit rate
HCF	Host Command Facility.
HCM	Hard-Core Monitor.
HCP	Host Command Processor.
	Host Communication Processor.
HCT	Hard Copy Task.
HD	Half Duplex.
	Hard Disk.
	Heavy Duty.
	High Density.
HDA	Head Disc Assembly.
HDAM	Hierarchical Direct Access Method.
HDC	Hard Disk Controller.
HDCG	High Definition Computer Graphics.
HDD	Hard Disk Drive.
HDL	Hardware Description Language.
HDLC	High Level Data Link Control.
HDML	HandHeld Device Markup Language.
	Hyperdynamic Markup Language.
HDR	Header.
HDSL	High Bit Rate Digital Subscriber Line.
HDTV	High Definition Television.
HDX	Half DupleX.
HEB	Home Electronics Bus.
HEL	Hardware Emulation Layer.
HEW	Department of Health, Education and Welfare.
HEX	HEXadecimal.
HF	High Frequency.
HFC	Hybrid Fiber Coax.
HGC	Hercules Graphics Card.
HGCP	Hercules Graphics Card Plus.
HHC	Hand Held Computer.
HIC	Hybrid Integrated Circuit.
HIDAM	Hierarchical Indexed Direct Access Method.
HIDM	High-Information Delta Modulation.
HIDS	Host-Based Intrusion Detection System.
HIFIPI	High Fidelity Picture.
HIFT	Hardware Implemented Fault Tolerance.
HIPO	Hierarchy plus Input, Process, Output.
HIPPI	High-Performance Parallel Interface.
HISAM	Hierarchical Indexed Sequential Access Method.

H&J	Hyphenation and Justification.
HLC	High-Level Center.
HLCO	High Low Closed Open.
HLL	High-Level Language.
HLR	Home location Register.
HMA	High Memory Area.
HMD	Head-Mounted Display.
HMOS	High-Performance MOS.
HMMP	HyperMedia Management Protocol.
HNF	Host Not Found.
HNR	Handwritten Numeral Recognition.
HOF	Head Of Form.
HOL	High Order Language.
HOLAP	Hybrid On-Line Analytical Processing.
HP	Hewlett-Packard. High Performance.
HPC	HandHeld PC.
HPIB	Hewlett-Packard Interface Bus.
HPGL	Hewlett-Packard Graphis Language.
HPP	High-Performance Packaging.
HPPA	HP Precision Architecture.
HPR	High Performance Routing.
HR	High Resolution.
HS	High Speed. Hierarchic Sequential.
HSAM	Hierarchic Sequential Access Method.
HSB	Hue Saturation Brightness.
HSCSD	High Speed Circuit Switched Data Services.
HSI	High Speed Input.
HSL	Hue, Saturation, Luminance.
HSM	High Speed Memory.
HSO	High Speed Output.
HSP	High Speed Printer.
HSR	High Speed Reader.
HSRE	High Speed Routing Engine.
HSS	Home Shopping Service.
HSRP	Hot Standby Router Protocol.
HSSI	High-Speed Serial Interface.
HSV	Hue, Saturation, Value.
HT	Horizontal Tabulation Character.
HTL	High Threshold Logic.
HTML	HyperText Markup Language.
HTTP	Hypertext Transport Protocol.
HV	High Voltage.
HVAC	Heating, Ventilation, Air Conditioning.
HW or H/W	Hardware.
HZ	Hertz.

I

IAB	Internet Architecture Board. Internet Advertising Bureau.
IAC	International Association of Cybernetics.
IACSS	International Association for Computer Systems Security.
IAL	International Algebraic Language.
IANA	Internet Assigned Numbers Authority.
IAP	Industry Applications Programs. Internet Access Provider.
IAR	Instruction Address Register.
IAS	Interactive Application System.
IBA	Independent Broadcasting Authority.
IBG	Interblock Gap.
IBI	Intergovernmental Bureau for Informatics.
IBM	International Business Machines.
IBN	Indexed By Name.
IBRO	Inter-Bank Computer Bureau.
IBS	International Business Services.
IBT	Interrupt Bit Table.
IBU	Independent Business Unit.
IC	Instruction Counter. Integrated Circuit.
ICA	Independent Computing Architecture. Integrated Communications Adapter. International Communication Association.
ICANN	Internet Corporation for Assigned Names & Numbers.
ICAM	Integrated Communications Access Method. Integrated Computer Aided Manufacturing Program.
ICB	Interrupt Control Block.
ICC	Integrated Communications Controller. Inter-Computer Coupler. International Computer Center.
ICCE	International Council for Computers in Education.
ICCF	Interactive Computing and Control Facility.
ICCP	Institute for Certification of Computer Professionnals.
ICDA	International Circuit Designers Association.
ICDS	Input Command Data Set.
ICE	In-Circuit Emulation. In-Circuit Emulator. Information Content and Exchange.
ICMP	Internet Control Message Protocol.

ICOT	Institute for New Generation Computer Technology.
ICR	Independent Component Release.
ICS	Institute of Computer Science. Interactive Counting System.
ICSA	International Computer Security Association.
ICST	Institute for Computer Sciences and Technology.
ICT	Information and Communications Technology.
ICV	Initial Chaining Value.
ID	Identification. Identifier.
IDA	Integrated Disc Adapter.
IDAC	Intelligent Data Acquisition And Control.
IDCB	Immediate Device Control Block.
IDCMA	Independent Data Communications Manufacturers Association.
IDE	Integrated Drive Electronics.
IDEA	International Data Encryption Algorithm. International Data Exchange Association.
IDF	Internal Distribution Frame.
IDL	Interface Definition Language.
IDM	Intelligent Database Machine.
IDMS	Integrated Data Base Management System.
IDN	Integrated Digital Network.
IDP	Independent Display Processor. Institute of Data Processing. Integrated Data Processing.
IDPM	Institute of Data Processing Management.
IDS	Integrated Data Store.
IDT	Interrupt Descriptor Table.
IDWG	Intrusion Detection Working Group
IEC	International Electrotechnical Commission.
IEEE	Institute of Electrical and Electronics Engineers.
IEMMC	Internet E-mail Marketing Council.
IEO	Integrated Electronic Office.
IERE	Institution of Electronic and Radio Engineers.
IESG	Internet Engineering Steering Group.
IETF	Internet Engineering Task Force.
I/F	Interface.
IFA	Integrated File Adapter.
IFAC	International Federation of Automatic Control.
IFB	Invitation For Bid.
IFCB	Interrupt Fan Control Block.
IFF	Image File Format.
IFIP	International Federation of Information Processing.
IFIPS	International Federation of Information Processing Societies.
IFMP	Ipsilon Flow Management Protocol.
IFORS	International Federation of Operational Research Societies.
IGES	Initial Graphic Exchange Standard.
IGFET	Insulated Gate Field Effect Transistor.
IGMP	Internet Group Management Protocol
IGP	Interior Gateway Protocol.
IHV	Independent Hardware Vendor.
IIA	Institute of Internal Auditors.
IIOP	Internet inter-ORB Protocol.
IIR	Infinite Impulse Response.
IIS	Internet Information Server.
I^2L	Integrated Injection Logic.
IJCAI	International Joint Conference on Artificial Intelligence.
IJP	Inkjet Printing.
IKE	Internet Key Exchange.
IKBS	Intelligent Knowledge-Based System.
IKMP	Internet Key Management Protocol.
ILAN	Industrial Local Area Network.
ILBT	Interrupt Level Branch Table.
ILMI	Interim Local Management Interface.
IMA	Interactive Media Association.
IMAP	Internet Mail Access Protocol.
IMC	Institute of Measurement and Control.
IMCO	In my considered opinion.
IMCV	Input Media Conversion.
IMDB	In Memory Database.
IMEI	International Mobile Station Equipment Identity.
IMFM	Inverted Modified Frequency Modulation.
IMH	Intermodal Message Handler.
IMHO	In my humble opinion.
IMIA	International Medical Informatic Association.
IMIS	Integrated Management Information System. Integrated Municipal Information System.
IML	Initial Microprogram Load.
IMO	In my opinion.
IMP	Interface Message Processor.
IMPL	Initial Microprogram Load.
IMR	Interruption Mask Register.
IMS	Information Management System.
IMSI	International Mobile Subscriber Identity.
IMTC	International Multimedia Teleconferencing Consortium.

IN	Information Network (IBM). Intelligent Network.
INFO	INFOrmation.
INM	Integrated Network Management.
INP	Intelligent Network Processor.
INS	Information Network Services.
INTAMIC	International Association for Microcircuit Card.
INTERNIC	Internet Network Information Center.
INTUG	International Telecommunications Users Group.
INX	Index Character.
I/O	Input Output.
IOAU	Input Output Access Unit.
IOB	Input Output Block.
IOC	Input Output Controller.
IOCR	Input Output Control Routine.
IOCS	Input Output Control System.
IOM	Input Output Multiplexor.
IONL	Internal Organisation of the Network Layer.
IOP	Input Output Processor.
IOQ	Input Output Queue.
IOS	Input Output Supervisor. InternetWorking Operating System.
IP	Image Processing. Information Processing. Information Processor. Information Provider. Internet Protocol.
IPA	Information Processing Architecture.
IPC	Industrial Process Control. Illustrated Parts Catalog. Integrated Peripheral Channel.
IPCS	Interactive Problem Control System.
IPDS	Intelligent Printer Data Stream.
IPE	Institution of Production Engineers.
IPI	Intelligent Peripheral Interface.
IPL	Information Processing Language. Initial Program Load. Initial Program Loader. Initial Program Loading.
IPM	Inches Per Minute. Interpersonal Messaging.
IPNG	Internet Protocol Next Generation.
IPO	Installation Productivity Option.
IPP	Internet Print Protocol.
IPR	Isolated Pacing Response.
IPS	Inches Per Second. Information Processing System. Installation Performance Specification.
IPSE	Integrated Project Support Environment.
IPSS	International Packet Switched Service.
IPT	Improved Programming Technologies.
IPX	Internet Package Exchange.
IQF	Interactive Query Facility.
IQL	Incoming Quality Level.
IR	Indicator Register. Industrial Relations. Industrial Robot. Information Retrieval. InfraRed. Interrupt Request.
IRA	Individual Retirement Account.
IRAM	Integrated RAM.
IRBT	Intelligent Remote Batch Terminal.
IRC	Information Retrieval Center. Intelligent Character Recognition. International Record Carrier. Internet Relay Chat.
IRDA	Infrared Data Association.
IRDS	Information Resource Dictionary System.
IRE	Institute of Radio Engineers.
IRG	Interrecord Gap.
IRIS	Instantaneous Retrieval Information System.
IRL	Information Retrieval Language. In real life.
IRM	Information Resource Management.
IRMS	Information Retrieval Management System.
IRQ	Interrupt Request.
IRR	Internal Rate of Return.
IRS	Inquiry and Reporting System. Internal Revenue Service. Information Retrieval Service.
IRSS	Intelligent Remote Station Support.
IRT	Index Return Character.
IRTF	Internet Research Task Force.
IS	Information Separator. Information System. Intermediate System. International Standard.
ISA	Industry-Standard Architecture. Instrument Society of America. Intelligent Storage Architecture. Internet Security Association.
ISAKMP	Internet Security Association Key Management Protocol.
ISAM	Indexed Sequential Access Method.
ISAPI	Internet Server API.
ISBN	International Standard Book Number.
ISC	Integrated Storage Control. Internet Software Consortium.
ISDL	ISDN DSL.
ISDN	Integrated Digital Switching and Transmission Network.

	Integrated Services Digital Network.
	Innovation (that) Subscribers Don't Need.
ISE	Institute for Software Engineering.
ISI	Intelligent System Interface.
ISL	Initial System Load.
	Integrated Schottky Logic.
ISM	Industrial, Scientific and Medical.
	Information Source Module.
ISO	International Standards Organization.
	Independent Sales Organization.
ISP	International Standard Profile.
	Internet Service Provider.
ISPBX	Integrated Services Private Branch Exchange.
ISR	Information Storage And Retrieval.
	Input Select and Reset.
ISS	Internet Security Suite.
ISSCC	International Solid State Circuits Conference.
ISSN	International Standard Serial Number.
IST	Input Stack Tape.
	Interrupt Service Task.
ISV	Independent Software Vendor.
IT	Indent Tab Character.
	Information Technology.
ITAC	Information Technology Association of Canada.
ITB	Intermediate Text Block.
ITC	Investment Tax Credit.
ITF	Integrated Test Facilities.
	Interactive Terminal Facility.
ITI	Industrial Technology Institute.
ITR	Isolation Test Routine.
ITS	Invitation to Send.
ITSP	Internet Telephony Service Provider.
ITU	International Telecommunications Union.
IUP	Installed User Procedure.
IVD	Ion Vapor Deposition.
IVIA	International Videotex Industry Association.
IVP	Installation Verification Procedure.
IVR	Integrated Voice Response.
	Interactive Voice Recognition.
	Interactive Voice Response.
IWP	International Information/Word Processing Association.
IWS	Intelligent Workstation.

J

JAD	Joint Application Design.
JAE	Java Application Environment.
JAN	Japanese Article Number.
JBOD	Just a bunch of disks.
JCB	Job Control Block.
JCFI	Job Control File (internal).
JCFS	Job Control File (source).
JCL	Job Control Language.
JCP	Job Control Program.
	Java Communications Protocol.
JDA	Joint Development Agreement.
JDBC	Java DataBase Connectivity.
JDI	Java Device Interface.
JDK	Java Development Kit.
JDMK	Java Dynamic Management Kit.
JECS	Job Entry Central Services.
JEDEC	Joint Electron Device Engineering Council.
JEIDA	Japanese Electronic Industry Design Association.
JEPS	Job Entry Peripheral Services.
JEPI	Joint Electronics Payment Initiative.
JES	Job Entry Subsystem.
	Job Entry System.
JFC	Java Foundation Classes.
JFET	Junction Field-Effect Transistor.
JIS	Japanese Industry Standard.
	Japan Industry Standard.
	Job Information Station.
JIT	Just In Time.
JJL	Josephson Junction Logic.
JMAPI	Java management API.
JMS	Java Messaging Service.
JNDI	Java Naming and Directory Interface.
JNI	Java Native Interfaces.
JOD	Journal Of Development.
JPA	Job Pack Area.
JPC	Joint Procurement Consortium.
JPEG	Joint Photographic Experts Group.
JRE	Java Runtime Environment.
JRP	Joint Requirement Planning.
JSIA	Japan Software Industry Association.
JSP	Jackson Structured Programming.
	Java Server Pages.
JTM	Job Transfer and Manipulation.
JTS	Java Transaction Service.
JVM	Java Virtual Machine.

K

KA	Knowledge Agent.
KAPSE	Kernel ADA Program Support Environment.
Kb	kilobit.
KB	Kilobyte.
KBD	Keyboard.
KBMS	Knowledge-Based Management System.
KBPS	Kilobits Per Second.

KBS	Knowledge-Based System.
KCS	Kilo Characters per Second.
KEE	Knowledge Engineering Environment.
kHz	kilohertz.
KIF	Knowledge Interchange Format
KIPS	Knowledge Information Processing System.
KISS	Keep It Simple, Stupid !
	Keep It Short, Stupid !
KM	Knowledge Management.
KNI	Katmai New Instructions.
KOD	Knowledge-Oriented Design.
KNCSS	Thousand lines of Nocomment Source Statements.
KOPS	Thousands of Operations per Second.
KQML	Knowledge Query & Manipulation Language.
KR	Knowledge Representation.
KRL	Knowledge-Representation Language.
KSAM	Keyed Sequential Access Method.
KSOS	Kernelized Secure Operating System.
KSR	Keyboard Send Receive.
KTR	Keyboard Typing Reperforator.
KWIC	KeyWord In Context.
KWIPS	Kilo Whetstone Instructions Per Second.
KWOC	KeyWord Out of Context.

L

L2F	Layer 2 Forwarding.
L2TP	Layer 2 Tunnelling Protocol.
LA	Line Adapter.
LADT	Local Area Data Transport.
LAN	Local Area Network.
LANE	Local Area Network Emulation.
LAP	Link Access Protocol.
LAPB	Link Access Protocol Balanced.
LAPM	Link Access Procedure for Modems.
LASP	Local Attached Support Processor.
LASAR	Logic-Automated Stimulus and Response.
LASR	Letter Writing with Automatic Send-Receive.
LAST	Local Area Systems Technology.
LAT	Local Area Terminal.
	Local Area Transport.
LAU	Line Adapter Unit.
LB	Laser Beam.
LBG	Load Balancing Group.
LBI	Leveraged Buy In.
LBN	Logical Block Number.
LBO	Leveraged Buy Out.
LBP	Laser Beam Printer.
LBR	Laser Beam Recording.
	Low Bit Rate.
LBT	Listen Before Talk.
LCB	Line Control Block.
LCC	Leadless Chip Carrier.
LCD	Liquid Crystal Display.
LCDDS	Leased Circuit Digital Data Service.
L-CGI	Local Command Gateway Interface.
LCH	Logical Channel Queue.
LCN	Local Computer Network.
LCP	Language Conversion Program.
	Link Control Protocol.
LCR	Least Cost Routing.
	Longitudinal Redundancy Check.
LCS	Large Capacity Storage.
	Liquid Crystal Shutter.
LCU	Loop Control Unit.
LDA	Laminated Disk Assembly.
	Logical Device Address.
LDAP	Lightweight Directory Access Protocol.
LDDS	Long Distance Discount Service.
LDM	Limited-Distance Modem.
LDO	Logical Device Order.
LDT	Local Descriptor Table.
LDT	Logical Device Table.
LDX	Long Distance Xerography.
LE	Less Than or equal to.
LEAP	Low-Power Enhanced AT Portable.
LEC	Lan Emulation Client.
LECS	LAN Emulation Configuration Server.
LED	Light-emitting Diode.
LEN	Low-Entry Networking.
LES	LAN Emulation Server.
LESS	Least Cost Estimating and Scheduling.
LF	Line Feed.
LFN	Large Fat Network.
LGN	Logical Group Number.
LH	Left Hand.
LIC	Last-In-Chain.
	Linear Integrated Circuit.
LID	Line Isolation Device.
LIF	Low-Insertion Force.
LIFO	Last In First Out.
LILO	Last In, Last Out.
LIM	Lotus, Intel, Microsoft.
LIPS	Logical Inferences Per Second.
LIT	Load Initial Table.
LLC	Logical Link Control.
LLG	Logical Line Group.
LLL	Low Level Language.
LM	Load Module.
LMDS	Last Mile Distribution System.
	Local Multipoint Distribution Service.
LNA	Local Network Architecture.

LNM	LAN Network Manager.
LOCMOS	Local Oxidation Complementary MOS.
LOL	Laughing Out Loud.
LOSOS	Local Oxidation of Silicon-On-Sapphire.
LP	Laser Projection.
	Line Printer.
	Linear Programming.
	Load Point.
	Long Persistence.
	Longitudinal Parity.
LPA	Link Pack Area.
LPB	Load Program Block.
LPC	Linear Predictive Coding.
LPDA	Link Problem Determination Aid.
LPDU	Link Protocol Data Unit.
LPI	Lines Per Inch.
LPM	Lines Per Minute.
LPN	Logical Page Number.
LPPG	Lines Per Page.
LPS	Linear Programming System.
	Lines Per Second.
LPT	Line printer.
LQ	Letter Quality.
LQP	Letter Quality Printer.
LRC	Longitudinal Redundancy Check.
LRCC	Longitudinal Redundancy Check Character.
LRU	Least Recently Used.
LS	Least Significant.
	Low Speed.
LSA	Local Security Authority.
LSAP	Link Service Access Point.
LSB	Least Significant Bit.
LSC	Least Significant Character.
	Loop Station Connector.
LSD	Least Significant Digit.
LSI	Large Scale Integration.
LSID	Local Session Identification.
LSP	Loop Splice Plate.
LSQA	Local System Queue Area.
LSR	Local Shared Resources.
LSS	Loop Surge Suppressor.
LSU	Local Store Unit.
LT	Less Than.
LTERM	Logical TERMinal.
LTPL	Long Term Procedural Language.
LTRS	Letters Shift.
LTU	Line Termination Unit.
LTWA	Log Tape Write Ahead.
LU	Logical Unit.
LUN	Logical Unit Number.
LUT	Look-up Table.
LV	Luncheon Voucher.
LWC	Loop Wiring Concentrator.
LWR	Laser Write/Read.
LZH	Lempel-Ziv Haruyasu.
LZS	Lempel-Ziv-Stac.
LZW	Lempel-Ziv-Welch.

M

MA	Maintenance Agreement.
MAC	Machine-Aided Cognition.
	Medium Access Control.
	Message Authentication Code.
	Moves Adds and Changes.
	Multiple Access Computer.
	Multiple Access Computing.
MACS	Modular Application Customizing System.
MAD	Mean Absolute Deviation.
MAI	Multiple Access Interface.
MAL	Macro-Assembly Language.
MAN	Metropolitan Area Network.
MAP	Macro-Assembly Program.
	Maintenance Analysis Procedures.
	Manufacturing Automation Protocol.
MAPI	Message API.
MAU	Media Access Unit.
	Multistation Access Unit.
MB	Megabyte.
MBM	Magnetic Bubble Memory.
MBO	Management By Objectives.
MBONE	Multicast Backbone.
MBPS	Millions of Bits Per Second.
MBWA	Management By Wandering Around.
MBX	Mailbox.
	Management By Exception.
MBZ	Must Be Zero.
MC	Management Committee.
	Monitor Call Instruction.
MCA	Micro Channel Architecture.
MCAE	Mechanical Computer-Aided Engineering.
MCAR	Machine Check Analysis and Recording.
MCAV	Modified CAV.
MCBF	Mean Characters Between Failures.
MCC	Magnetic Card Code.
	Master Control Code.
MCCR	Machine Check Recording and Recovery.
MCGA	Multi Colour Graphics Array.
MCH	Machine Check Handler.
MCI	Machine Check Interruption.
MCNS	Modem Cable Network System.
MCP	Master Control Program.
	Message Control Program.
	Microsoft Certified Professional.
MCR	Magnetic Character Reader.
	Multi Channel Recording.
MCRR	Machine Check Recording and Recovery.

MCS	Management Control System. Message Control System. Multiple Console Support.
MCSE	Microsoft Certified System Engineer.
MCU	Magnetic Card Unit. Microprocessor Control Unit. Multipoint Control Unit.
MDA	Monochrome Display Adapter.
MDF	Main Distribution Frame.
MDNS	Management Data Network Services.
MDR	Magnetic Document Reader. Mark Document Reader.
MDS	Microprocessor Development System.
MDT	Mobile Data Terminal.
MDTS	Modular Data Transaction System.
MDU	Magnetic Disk Unit.
MDY	Month Day Year.
ME	Manufacturing Engineering. Mobile Equipment.
MES	Miscellaneous Equipment Specification. Mapping and Earth Science (applications).
MF	Multifrequency.
MFC	Microsoft Foundation Classes.
MFCM	Multifunction Card Machine.
MFCU	Multifunction Card Unit.
MFD	MIF Database.
MFPA	MultiFunction Peripheral Association.
MFG	Manufacturing.
MFH	Magnetic Film Handler.
MFLD	Message Field.
MFLOP	Millions Floating Point Operations Per Second.
MFM	Modified Frequency Modulation.
MFR	Multifrequency Receiver.
MFS	Message Format Service.
MFT	Multiprogramming with a Fixed number of Tasks.
MFTP	Multicast File Transfer Protocol.
MH	Message Handler.
MHD	Moving Head Disc.
MHS	Magnetic Hand Scanner. Message Handling Service. Message Handling System.
MHz	Megahertz.
MIB	Management Information Base. Member Information Bank.
MIBS	Mean Image Before Service.
MIC	Message Identification Code. Middle-In-Chain. Monolithic Integrated Circuit.
MICOS	Medical Information and Communication Area.
MICR	Magnetic Ink Character Recognition.
MICS	Management Information and Control System.
MID	Message Input Descriptor.
MIDA	Message Interchange Distributed Application.
MIDI	Musical Instrument Digital Interface.
MIF	Management Information Format.
MIFST	Microsoft Internet Finance Server Toolkit.
MIG	Metal-in-Gap (head).
MIH	Missing Interruption Handler.
MIMD	Multiple Instruction Multiple Data Stream.
MIME	Multipurpose Internet Mail Extensions.
MIMO	Multiple-Input Multiple-Output.
MIO	Modular Input Output.
MIP	Mixed Integer Programming.
MIPS	Millions of instructions per second.
MIS	Machine Instruction Set. Management Information System. Manager of Information Systems. Manufacturing Information System. Medical Information System. Multistate Information System.
MISC	Medium Instruction Set Computer.
MISD	Multiple Instruction Single Data Stream.
MIT	Massachusetts Institute of Technology. Master Instruction Tape.
MITI	Ministry of International Trade and Industry.
MJD	Modified Julian Date.
ML	Machine Language.
MLA	Multiline Attachment.
MLC	Magnetic Ledger Card. Medium-Level Center. Multi-Line Controller.
MLE	Microprocessor Language Editor.
MLP	Multiple Line Printing.
MLR	Multiple Line Reading.
MLT	Monolithic Logic Technology.
MMA	Microcomputer Managers Association.
MMC	Microsoft Management Console.
MMDS	Multichannel Microwave Distribution System.
MMFM	Modified Modified Frequency Modulation.
MMFS	Manufacturing Message Format Standard.
MMI	Main Memory Interface. Man-Machine Interface.
MMIP	Multimedia IP.
MML	Micro Mainframe Link.

MMQS	Microsoft Message Queue Service.
MMS	Manufacturing Message Service.
	Manufacturing Message Specification.
	Manufacturing Message Standard.
	Manufacturing Monitoring System.
MMU	Memory Management Unit.
MNC	Multinational Company.
MNOS	Metal Nitride Oxide Silicon.
MNP	Microcom Network Protocol.
MO	Magneto-Optical.
MOBOL	Mohawk Business Oriented Language.
MOCD	Magneto-Optical Compact Disk.
MOD	Message Output Descriptor.
	Magneto Optical Disk.
MOF	Meta Object Facility.
MOLAP	Multidimensional On-Line Analytical Processing.
MOM	Measure-On-the-Move.
	Message-Oriented Middleware.
MOS	Metal-Oxide Semiconductor.
MOSPF	Multicast Open Shortest Path First.
MOSFET	Metal-Oxide Semiconductor Field Effect Transistors.
MOTD	Message of the day.
MOTIS	Message-Oriented Text Interchange System.
MoU	Memorandum of Understanding.
MP	MultiProcessor.
	Multi-Purpose.
MPBF	Mean Pages Between Failures.
MPC	Multimedia Personal Computer
	Multi-Processor Controller.
MPEG	Moving Picture Experts Group.
MPLS	Multiprotocol Label Switching
MPO	Management Personnel Office.
MPOA	Multiprotocol Over ATM.
MPP	Massively Parallel Processing.
	Massively Parallel Processor.
	Message Processing Program.
MPPC	Microsoft Point to Point Compression.
MPPS	Message Processing Procedure Specification.
MPS	Mathematical Programming System.
	Microprocessor System.
	Multiprogramming System.
	Multiple Partition Support.
MPSX	Mathematical Programming System Extended.
MPU	Microprocessor.
MQ	Message Queueing.
MRA	Multiple Regression Analysis.
MRM	Machine Readable Material.
MRO	Maintenance, Repair and Operations.
	Multi-Region Operation.
MRP	Manufacturing Resource Planning.
	Machine Readable Passport.
	Material Requirements Planning.
MRT	Multiple Requestor Program.
MS	Mark Sensing.
	Master Scheduler.
	Mobile Station.
	Most significant.
MSB	Most Significant Bit.
MSC	Mass Storage Control.
	Mass Storage Controller.
	Mobile Services Switching Center.
	Multiple Systems Coupling Feature.
MSCS	Microsoft Server Cluster System.
MSD	Most Significant Digit.
MSDB	Main Storage Data Base.
MSF	Mass Storage Facility.
MSG	MeSsaGe.
MSHP	Maintain System History Program.
MSI	Medium Scale Integration.
MSMQ	Microsoft Message Queuing.
MSNF	Multisystem Networking Facility.
MSP	Most Significant Position.
MSR	Magnetic Stripe Reader.
MSS	Magnetic Slot Scanner.
	Mass Storage System.
	Multiprotocol Switched Services.
MSSF	Monitoring and System Support Facility.
MST	Monolithic Systems Technology.
MSU	Mass Storage Unit.
	Modern Sharing Unit.
MSVC	Mass Storage Volume Control.
MSW	Machine Status Word.
MT	Machine Translation.
	Magnetic Tape.
	Mechanical Translation.
MTA	Message Transfer Agent.
	Multiple Terminal Access.
MTAR	Maximum Transaction Arrival Rate.
MTBC	Mean Time Between Calls.
MTBE	Mean Time Between Errors.
MTBF	Mean Time Between Failures.
MTBM	Mean Time Between Maintenance.
MTBO	Mean Time Between Overhauls.
MTC	Magnetic Tape Controller.
MTH	Magnetic Tape Handler.
MTNS	Metal-Thick Oxide-Nitride-Silicon.
MTO	Make To Order.
MTP	Magnetic Tape Processor.
MTS	Make to stock.
	Message Transfer System.
	Microsoft Transaction Server.
MTTA	Mean Time To Arrive.
MTTF	Mean Time To Failure.
MTTR	Mean Time To Repair.
MTU	Magnetic Tape Unit.
	Maximum Transmission Unit.

MUD	Multi-User Dungeon.
MUG (US)	Map Users Group.
MUNG	Mush until no good.
MUSE	Modcom Users Exchange.
MUST	Message User Service Transcriber.
MUT	Module Under Test.
MUX	Multiplexer.
MVS	Multiple Virtual Storage.
MVT	Multiprogramming with a Variable number of Tasks.
MY	Man-Year.

N

NA	Not Applicable.
	Numerical Aperture.
NAB	National Association of Broadcasters.
NABB	National Association for Better Broadcasting.
NAF	Network Address Folding.
NAHB	National Association of Home Builders.
NAK	Negative Acknowledge Character.
NAL	NetWare Application Launcher.
NAM	National Association of Manufacturers.
NAMAS	National Measurement Accreditation Services.
NAO	National Audit Office.
NAP	Network Access Point.
	Network Automation Protocol.
NAPLPS	North American Presentation Level Protocol Syntax.
NARUC	National Association of Regulatory Utility Commissioners.
NAS	National Academy of Sciences.
	Network Administration Station.
	Network Application Software.
	Network Application Support.
NASA	National Aeronautics and Space Administration.
NASD	National Association of Securities Dealers.
NASDAQ	National Association of Securities Dealers Automated Quotation system.
NASU	National Association of IBM System/3 Users.
NAT	Network Address Translation.
NATTS	National Association for Trade and Technical Schools.
NAU	Network Addressable Unit.
NBS	National Bureau of Standards.
	Numeric Backspace Character.
NC	Network Computer.
	Network Control.
	Normally Closed.
	Numerical Control.
	Numerically Controlled.
NCA	Network Computing Architecture.
NCB	Network Control Block.
NCC	National Computing Center.
	Network Control Center.
NCCF	Network Communications Control Facility.
NCE	National Computer Exposition.
NCF	Network Computing Framework.
NCGA	National Computer Graphics Association.
NCI	Non-Coded Information.
NCP	Netware Core Protocol.
	Network Control Processor.
	Network Control Program.
	Network Control Protocol.
	Network Control Point.
NCPS	National Commission on Product Safety.
NCR	No Carbon Required.
NCS	Netware Connect Services.
	Network Computing System.
	Network Control Station.
NCSA	National Center for Supercomputing Applications.
	National Computer Security Agency.
	National Computer Security Association.
NCSC	National Computer Security Center.
NCSS	No Comment Source Statement.
NCU	Network Communication Unit.
NDC	Normalized Device Coordinates.
NDF	No Defect Found.
	Normalized Document Format.
NDL	Network Definition Language.
NDPS	National Data Processing Service.
	Novell Distributed Print Services.
NDRO	Non Destructive ReadOut.
NDS	Network Development System.
	NetWare Directory Services.
NE	Not Equal to.
NEB	National Enterprise Board.
NEBS	Network Equipment Building Specifications.
NEC	National Electrical Code.
NEDC	National Economic Development Council.
NEMA	National Electrical Manufacturer's Association.
NEP	Never-Ending Program.
NEST	Netware Embedded Systems.
NETBIOS	NETwork Basic Input Output System.
NEU	Network Extension Unit.
NFF	No Fault Found.
NFP	Network Facilities Package.
NFPA	National Fire Protection Association.

NFS	Network File System.
NFT	Network File Transfer.
NHI	National Health Insurance.
NHRP	Next Hop Resolution Protocol.
NHS	National Health Service. Next Hop Server.
NI	Native Interface.
NIB	Node Initialization Block.
NIC	Network Information Center. Network Interface Card. Newly Industrialized Countries.
NIDL	Network Interface Definition Language.
NIFTP	Network Independent File Transfer Protocol.
NIH	National Institute of Health. Not Invented Here.
NIOSH	National Institute for Occupational Safety and Health.
NIP	Non Impact Printer. Nucleus Initialization Program.
NIRI	National Information Research Institute.
NIS	Network Information Services.
NISO	National Information Standards Organization.
NIST	National Institute For Standards and Technology.
NIT	Nearly Intelligent Terminal.
NIU	Network Interface Unit.
NJE	Network Job Entry.
NJI	Network Job Interface.
NL	New Line.
NLM	Netware Loadable Module.
NLQ	Near Letter Quality.
NLSP	NetWare Link Services Protocol.
NMA	National Microfilm Association.
NMAA	National Machine Accountants Association.
NMC	Network Management Centre.
NMI	Non-Maskable Interrupt.
NMOS	N-channel MOS.
NMR	Nuclear Magnetic Resonance.
NN	Network Node.
NNI	Network-to-Network Interface.
NNM	Network Node Manager.
NNTP	Network News Transfer Protocol.
NO	Normally Open.
NOC	Network Operations Centre. Network Operator Console.
NOF	National Optical Font.
NOMA	National Office Management Association.
NOMDA	National Office Machine Dealers Association.
NOP	NO-OP. Not Operating Properly.
NOS	Network Operating System.
NOSP	Network Operation Support Program.
NP	Non Print.
NPC	Non Printing Character.
NPDA	Network Problem Determination Application.
NPDN	Nordic Public Data Network.
NPDU	Network Protocol Data Unit.
NPL	National Physical Laboratory.
NPM	Network Performance Monitor.
NPR	Notice of Proposed Rulemaking. Numerical Position Readout.
NPS	Network Processing Supervisor.
NPSI	Network Packet Switched Interface.
NRDC	National Research and Development Council.
NRMA	National Retail Merchants Association.
NRN	No Response Necessary.
NRS	Novell Replication Services.
NRT	Non Requestor Terminal.
NRZ	Non Return to Zero.
NRZI	Non Return to Zero I.
NS	Network Services.
NSA	National Security Agency.
NSAP	Network Service Access Point.
NSAPI	Netscape Server API.
NSC	Network Services Complex.
NSF	National Science Foundation.
NSP	Native Signal Processing. Network Services Protocol. Network Service Provider. Numeric Space Character.
NSPE	Network Services Procedure Error.
NSS	Network Subsystem.
NSTL	Novell Storage Services. National Software Testing Laboratory.
NTA	National Telecommunications Agency.
NTF	No Trouble Found.
NTIA	National Telecommunication and Information Administration.
NTIS	National Technical Information Service.
NTO	Network Terminal Option.
NTR	Nine Thousand Remote (Protocol).
NTSC	National Television System Committee.
NTU	Network Terminating Unit.
NUA	Network Users Association. Network Utility Address.
NUI	Network User Identification. Network User Identity. Network User Interface.
NUL	Null Character.
NUMA	Non Uniform Memory Access.
NURBS	Non-Uniform Rational B-Splines.

NV	Non Volatile.
NVRAM	Non-Volatile RAM.
NVT	Network Virtual Protocol.
N/W	Network.
NYSE	New York Stock Exchange.

O

OA	Office Automation.
OAC	Office Automation Conference.
OAF	Origin Address Field.
OAM	Operation, Administration, Maintenance.
OAR	Office of Aerospace Research. Operator Authorization Record.
OAS	Organizational Accounting Structure.
OASI	Old Age and Survivors' Insurance.
OBC	On-board Computer.
OBI	Open Buying on the Internet.
OBR	Outboard Recorder.
OCC	Operator Control Command.
OCCF	Operator Communication Control Facility.
OCDS	Output Command Data Set.
OCF	Operator Console Facility.
OCL	Operator Control Language.
OCP	Order Code Processor.
OCR	Optical Character Reading. Optical Character Recognition.
OCR-A	Optical Character Recognition-font A.
OCR-B	Optical Character Recognition-font B.
OCRIT	Optical Character Recognizing Intelligent Terminal.
OCRUA	OCR Users Association.
OCX	OLE Custom Control.
ODA	Office Document Architecture.
ODBC	Open DataBase Connectivity.
ODD	Optical Disk Drive.
ODIF	Office Document Interchange Format.
ODLI	Open Data-Link Interface.
ODMA	Opportunity Driven Multiple Access.
ODMG	Object Database Management Group.
ODQL	Object Database Query Language.
ODT	Octal Debugging Technique. On-line Debugging Technique. Open Desktop Environment.
OED	Opto-Electronic Display.
OEF	Origin Element Field.
OEM	Original Equipment Manufacturer.
OFC	Open Financial Connectivity.
OFDM	Orthogonal Frequency Division Multiplex.
OFTEL	Office of Telecommunications.
OHP	Overhead Projector.
OIC	Only-In-Chain. Oh, I see.
OIRM	Office of Information Resources Management.
OIS	Object Integration Server. Office Information System.
OJT	On-the-Job Training.
OLAP	On Line Analytical Processing.
OLE	Object Linking and Embedding.
OLPD	On Line Problem Determination.
OLRT	On Line Real Time.
OLS	On-Line Service.
OLTEP	On-Line Test Executive Program.
OLTP	On-Line Transaction Processing.
OLTS	On-Line Test System.
OLTSEP	On-Line Stand-Alone Executive Program.
OLTT	On-Line terminal Test.
O & M	Organization and Methods.
OMB	Office of Management and Budget.
OMC	Operation and Maintenance Center.
OMDR	Optical Memory Disk Recorder.
OMF	Object Management Facility.
OMG	Object Management Group.
OMR	Optical Mark Reading.
OMS	Open Management System.
OMT	Object Modeling Technique.
ONA	Open Network Architecture.
ONC	Open Network Computing.
ONE	Open Network Environment.
ONP	Open Network Provision.
OO	Object-Oriented.
OOA	Object-Oriented Analysis.
OOD	Object-Oriented Design.
OODB	Object-Oriented Database.
OOF	Office Of the Future.
OOL	Object-Oriented Language.
OOP	Object-Oriented Programming.
OOPS	Object-Oriented Programming System.
OOPSLA	Object Oriented Programming, Systems, Languages and Applications.
OOSE	Object Oriented Software Engineeering.
OPCE	Operator Control Element.
OPD	Office Products Division. One Per Desk.
OPICT	Operator Interface Control Block.
OPM	Office of Personnel Management. Operations Per Minute.
OPS	Operations Per Second.
OPSEC	Open Platform for Secure Enterprise Connectivity.
OPT	Optimised Production Technology.

OPTIM	Order Point Technique for Inventory Management.
OPUR	Object Program Utility Routines.
OQL	Outgoing Quality Level.
OR	Operational Research.
ORB	Object Request Broker.
OROM	Optical Read Only Memory.
ORS	Optimal Real Storage.
ORSA	Operations Research Society of America.
OS	Operating System.
OSA	Open Systems Architecture.
OSAF	Origin Subarea Field.
OSAM	Overflow Sequential Access Method.
OSD	OnScreen Display.
	Open Software Description.
OSF	Open Software Foundation.
	Open Systems Facilities.
OSHA	Occupational Safety and Health Administration.
OSI	Open Systems Interconnection.
OSITOP	Open Systems Interconnection Technical and Office Protocol.
OSLAN	Open System Local Area Network.
OSPF	Open Shortest Path First.
OSPM	Operating System Power Management.
OST	Operator Station Task.
OT	Office of Telecommunications.
	Overtime.
OTA	Office of Technology Assessment.
OTB	Off-Track Betting.
OTF	On the floor.
	Open Token Foundation.
OTM	Object Transaction Monitor.
OTOH	On the other hand.
OTP	Office of Telecommunications Policy.
	One-Time Programmable.
	Open Trading Protocol.
OTS	Object Transaction Service.
OTSS	Open Systems Transport and Session Support.
OUTLM	Output Limiting Facility.

P

PA	Paper Advance.
	Precision Architecture.
	Product Assurance.
	Program Attention.
PAB	Primary Application Block.
PABX	Private Automatic Branch Exchange.
PAC	Platform Adapter Component.
	Political Action Committee.
	Program Authorized Credentials.
PACE	Priority Access Control Enabled.
PAD	Packet-Assembler Disassembler.
	Packet Assembly Disassembly.
PAL	Phase-Alternation Line.
	Programmable Array Logic.
PAM	Pulse Amplitude Modulation.
PAP	Password Authentication Protocol.
PAR	PNNI Augmented Routine.
PARCOR	Partial Correlation.
PAS	Publicly Available Specification.
PAT	Peripheral Allocation Table.
	Port Address Translation.
	Programmers Aptitude Test.
PATRIC	Pattern Recognition and Information Correlation System.
PAV	Program Activation Vector.
PAX	Private Automatic Exchange.
PAYE	Pay As You Earn.
PBA	Printed Board Assembly.
PBX	Private Branch Exchange.
PC	Path Control.
	Personal Computer.
	Plug Compatible.
	Printed Circuit.
	Production Control.
	Programmable Controller.
PCA	Primary Communication Attachment.
PCAM	Punch Card Accounting Machine.
PCB	Page Control Block.
	Printed Circuit Board.
	Process Control Block.
	Program Communication Block.
PCCA	Portable Computer and Communications Association.
PCD	Partition Control Descriptor.
	Preconfigured Definition.
PCE	Processing and Control Element.
PCI	Peripheral Component Interconnect.
	Program Check Interruption.
	Programmable Communication Interface.
	Program Controlled Interruption.
	Protocol Control Information.
PCL	Printer Command Language.
	Process Control Language.
PCM	Plug Compatible Manufacturers.
	Pulse Coded Modulation.
	Punch Card Machine.
PCMCIA	PC Memory Card International Association.
PCMI	PhotoChromic Micro-Imagery.
PCN	Personal Communications Network.
PCO	Program Change Order.
PCP	Primary Control Program.
	Printed Circuit Pack.

PCR	Peripheral Control Routine.
	Print Contrast Ratio.
PCS	Personal Communication Services.
	Personal Communication System.
	Print Contrast Signal.
	Project Control System.
PCT	Partition Control Table.
	Private Communications Technology.
PCTE	Portable Common Tools Environment.
PCU	Peripheral Control Unit.
PCWG	Personal Conferencing Work Group.
PD	Process Descriptor.
	Public Domain.
PDA	Personal Digital Assistant.
	Physical Device Address.
	Prefailure Detection Analysis.
PDES	Product Data Exchange Specification.
PDF	Portable Display Format.
PDH	Plesiochronous Digital Hierarchy.
PDI	Picture Description Instructions.
PDIF	Product Definition Interchange Format.
PDL	Page Description Language.
PDM	Pulse Duration Modulation.
PDN	Public Data Network.
PDR	Processing Data Rate.
PDS	Partitioned Data Set.
PDU	Protocol Data Unit.
PE	Parity Error.
	Phase Encoding.
	Presentation Element.
PEC	Page End Character.
	Program Exception Code.
PECOS	Project Evaluation and Cost Optimisation Systems.
PEL	Picture Element.
PEM	Privacy Enhanced Mail.
	Program Execution Monitor.
PEP	Partitioned Emulation Programming.
PEP	Packet Exchange Protocol.
PER	Price Earning Ratio.
	Program Event Recording.
PERL	Practical Extraction and Report Language.
PERT	Program Evaluation and Review Technique.
PFA	Preventive Failure Analysis.
PFP	Plastic Flat Package.
PFR	Power Fail Recovery.
PFT	Page Frame Table.
PGA	Pin-Grid Array.
	Professional Graphics Adapter.
	Programmable Gate Array.
PGDN	Page Down.
PGP	Pretty Good Privacy.
PGT	Page Table.
PGUP	Page Up.
PHB	Program Header Block.
PHIGS	Programmers Hierarchical Interactive Graphics Standard.
PHS	Personal Handyphone System.
PHY	Physical Layer.
PI	Productivity Index.
	Program Isolation.
	Programmed Instruction.
PIA	Peripheral Interface Adaptor
PIC	Position-Independent Code.
	Program Information Code.
	Programmable Interrupt Controller.
PICS	Production Information and Control System.
PID	Personal Identification Device.
	Proportional, Integral Derivative.
PIF	Program Information File.
PIM	Personal Information Management.
	Protocol Independent Multicast.
PIN	Personal Identification Number.
PING	Packet Internet Groper
PIO	Parallel Input/Output.
	Peripheral Input/Output.
	Programmed I/O.
PIOCS	Physical Input/Output Control System.
PIP	Peripheral Interchange Program.
PIPO	Parallel Input Parallel Output.
PIRV	Programmed Interrupt Request Vector.
PISO	Parallel In Serial Out.
PIT	Programmable Interval Timer.
PITA	Pain in the ass.
PIU	Path Information Unit.
	Peripheral Interface Unit.
PIV	Personal Identification Verification.
PKCS	Public Key Cryptography System.
PKE	Public Key Encryption.
PKI	Public Key Infrastructure.
PL	Programming Language.
PLA	Programmable Logic Array.
PLC	Program Level Change Tape.
	Programmable Logic Controller.
	Programming Language Committee.
PLCB	Pseudo-Line Control Block.
	Program List Control Block.
PLCC	Plastic Leaded Chip Carrier.
PL/I	Programming Language I.
PLMN	Public Land-based Mobile Network.
PLO	Phase-Locked Oscillator.
PLP	Physical Layer Protocol.
PLPS	Presentation Level Protocol Standard.

PLR	Program Library Release.
PLU	Price Look-up (files, tables).
PM	Phase Modulation.
	Presentation Manager.
	Preventive Maintenance.
	Program Mode.
PMBX	Private Manual Branch Exchange.
PMCT	Program Management Control Table.
PMD	Physical Media Dependent.
PMF	Performance Measurement Facility.
PMFJI	Pardon me for jutting in.
PMI	Personnel Management Information.
PMIG	Programmer's Minimal Interface to Graphics.
PMOS	P-channel MOS.
PMS	Project Management System.
	Public Message Service.
PMTS	Predetermined Motion Time System.
PMX	Private Manual Exchange.
PN	Part Number.
	Physical Node.
PNA	Project Network Analysis.
PNG	Portable Network Graphics.
PNNI	Private Network to Network Interface.
PnP	Plug and Play.
PNR	Passenger Name Record.
PO	Post Office.
	Purchase Order.
POB	Procurement Opportunities Board.
POF	Point-Of-Failure Restart.
POH	Power-On Hours.
POI	Program Operator Interface.
POL	Problem-Oriented Language.
POLE	Point-Of-Last-Environment Restart.
POM	Printer Output Microfilm.
PON	Passive Optical Network.
POP	Point Of Presence.
	Post Office Protocol.
	Project Optimisation Procedures.
POS	Pascal Operating System.
	Packet over-SDH.
	Point Of Sale.
POSI	Promotion Conference for OSI in Japan.
POSIX	Portable Operating System Interface.
POST	Power on Self-Test.
POTS	Plain Old Telephone Service.
P/P	Parallel Port.
PPA	Protected Partition Area.
PPBS	Planning Programming and Budgeting System.
PPC	Plain Paper Copier.
PPD	Port Protection Device.
PPE	Problem Program Efficiency.
	Problem Program Evaluator.
PPH	Pages Per Hour.
PPI	Programmable Peripheral Interface.
	Pulses per Inch.
PPM	Pages Per Minute.
	Pulse Position Modulation.
PPP	Point to Point Protocol.
PPPML	Point To Point Multilink.
PPS	Polygons per second.
	Pulses per second.
PPTP	Point to Point Tunneling Protocol.
PPSN	Public Packet-Switched Network.
PPT	Primary Program Operator Interface Task.
PQA	Protected Queue Area.
PQEL	Partition Queue Element.
PRC	Postal Rate Commission.
	Primary Return Code.
	Program Required Credentials.
PRF	Pulse Repetition Frequency.
PRIP	Pattern Recognition and Image Processing.
PROFS	Professional Office System.
PROM	Programmable Read-Only Memory.
PRR	Pulse Repetition Rate.
PRT	PRinTer.
PRTSC	Print Screen.
PS	Power Supply.
	Presentation Services.
PSA	Peripherals Suppliers Association.
	Process Service Area.
PSB	Program Specification Block.
PSCB	Presentation Services Command Processor.
PSCF	Primary System Control Facility.
PSDN	Public Switched Data Network.
PSE	Packet Switching Exchange.
PSF	Print Service Facilities.
PSG	Planning System Generator.
PSI	Peripheral Subsystem Interface.
PSK	Phase Shift Keying.
PSL	Portable Standard Lisp.
PSM	Production Systems Management.
	Proportional Spacing Machine.
PSN	Print Sequence Number.
	Public Switched Network.
PSP	Packet Switching Processor.
PSPDN	Public Switched Packet Data Network.
PSR	Programming Support Representative.
PSRR	Product and Support Requirements Request.
PSS	Packet Switch Stream.
	Packet Switching Service.

	Process Switching Services.
PST	Priority Selection Table.
	Program Synchronization Table.
PSTN	Public Switched Telephone Network.
PSU	Port Sharing Unit.
	Power Supply Unit.
PSV	Program Status Vector.
PSW	Password.
	Processor Status Word.
	Program Status Word.
PT	Partition Table.
	Punched Tape.
PTERM	Physical Terminal.
PTF	Program Temporary Fix.
PTM	Programmable Terminal Multiplexor.
PTP	Paper Tape Punch.
	Point To Point.
PTR	Paper Tape Reader.
PTT	Programmer Productivity Techniques.
	Put That There.
PTTC	Paper Tape Transmission Code.
PTW	Page Table Word.
PU	Physical Unit.
	Pluggable Unit.
PUB	Physical Unit Block.
PUC	Public Utilities Commission.
PUCP	Physical Unit Control Point.
PUG	Pascal Users' Group.
PVC	Permanent Virtual Circuit.
PVS	Program Validation Services.
PWM	Pulse Width Modulation.
PWS	Private Wire Service.
PWT	Poll Wait Time.

Q

QA	Quality Assurance.
Q/A	Question/Answer.
QAM	Quad Amplitude Modulation.
	Queued Access Method.
QBE	Query By Example.
QC	Quality Circle.
	Quality Control.
QCB	Queue Control Block.
QCIF	Quarter CIF.
QECB	Queue Element Control Block.
QIC	Quarter-Inch Cartridge Drive Compatibility.
QISAM	Queued Indexed Sequential Access Method.
QLLC	Qualified Logical Link Control.
QLT	Quality Logic Test.
QMF	Query Management Facility.
QMS	Quality Management System.
QOH	Quantity on Hand.
QoS	Quality of Service.
QR	Quick Response.
QSAM	Queued Sequential Access Method.
QTAM	Queued Telecommunications Access Method.
QUIP	Quad In Line Package.

R

RA	Repair Action.
	Repeat to Address.
RACE	Research and Development in Advanced Communications in Europe.
RAD	Rapid Application Development.
RADC	Rome Air Development Center.
RADIUS	Remote Authentication Dial-in User Service.
RADSL	Rate Adaptative Digital Subscriber Line.
RAID	Redundant Array of Inexpensive Disks.
RAIR	Remote Access Immediate Response.
RAM	Random Access Memory.
	Resident Access Method.
RAMP	Reliability, Availability, Maintainability Program.
RAP	Response Analysis Program.
RAR	Rapid Access Recording.
RAS	Reliability - Availability - Serviceability.
	Remote Access Service.
RAX	Remote Access Computing System.
RB	Return-to-Bias.
RBA	Relative Byte Address.
RBM	Real-Time Batch Monitor.
RBOC	Regional Bell Operating Company.
RBP	Registered Business Programmer
RBT	Region Control Task.
	Remote Batch Terminal.
RC	Retrieval Center.
RCB	Request Control Block.
	Resource Control Block.
R-CGI	Remote Command Gateway Interface
RCF	Reader's Comment Form.
RCP	Recognition and Control Processor.
RCS	Reloadable Control Store.
RCR	Required Carrier Return Character.
RCT	Region Control Task.
R & D	Research and Development.
RD	Read.
	Remote Device.
RDA	Remote Data Access.
RDB	Relational Database.

RDBMS	Relational Data Base Management System.
RDC	Remote Diagnostic Capability.
RDF	Record Definition Field.
	Resource Description Framework.
RDH	Remote Device Handler.
RDL	Remote Procedure Call.
RDOS	Real-Time Dise Operating System.
RDP	Remote Display Terminal.
	Routing Distribution Protocol.
RDS	Radio Data System.
RDT	Resource Definition Table.
RES	Remote Entry Services.
RET	Resolution Enhancement Technology.
RETAIN	Remote Technical Assistance And Information Network.
REU	Remote Entry Unit.
REW	Read, Execute, Write.
REX	Route Extension.
RF	Radiofrequency.
RFA	Register Field Address.
RFC	Request For Comments.
RFI	Radio Frequency Interference.
RFP	Request For Proposal.
RFQ	Request For Quotation.
RFS	Remote File Sharing.
RFT	Request For Technology.
RGB	Red Green Blue.
RH	Relative Humidity.
	Right Hand.
	Request/Response Header.
RHM	Remote Hardware Monitoring.
RHS	Right Hand Side.
RIA	Research Institute of America.
	Robot Institute of America.
RIAA	Recording Industry Association of America.
RIDS	Reset Information Data Set.
RIFF	Raster Image File Format.
RIM	Resource Interface Module.
RIP	Raster Image Processor.
	Routing Information Protocol.
RISC	Reduced Instruction Set Computer.
RIRO	Rollin/Rollout.
RJE	Remote Job Entry.
RL	Real life.
RLA	Remote Loop Adapter.
RLD	Relocation Dictionary.
RLE	Run Length Encoding.
RLL	Run Length Limited.
RLM	Resident Load Module.
RMC	Reflective Memory Cluster.
	Rod Memory Computer.
RMF	Resource Management Facility.
RMI	Remote Method Invocation.
RMM	Read-Mostly Memory.
RMPT	Reliable Multicast Transfer Protocol.
RMS	Recovery Management Support.
	Root Mean Square.
RNX	Restricted Numeric Exchange.
RO	Receive Only.
ROCOF	Rate Of Occurrence Of Failures.
ROG	Resistive On Glass.
ROI	Regions of Interest.
	Return On Investment.
ROFL	Rolling on the floor, laughing.
ROLAP	Relational On-Line Analytical Processing.
ROM	Read Only Memory.
RON	Run Occurrence Number.
ROS	Read Only Storage or Store.
	Resident Operating System.
ROSE	Remote Operations Service Element.
	Research Open Systems for Europe.
ROT	Rule Of Thumb.
ROTR	Receive Only Typing Reperforator.
ROW	Rest Of the World.
RP	Resource Processor.
RPA	Remote Passphrase Authentication
RPC	Remote Procedure Call.
RPE	Required Page End Character.
RPG	Report Program Generator.
RPL	Request Parameter List.
RPM	Revolutions Per Minute.
RPN	Reverse Polish Notation.
RPO	Recovery Point Objective.
RPQ	Request for Price Quotation.
RPS	Rotational Position Sensing.
RPT	Repeat Character.
RPW	Running Process Word.
RQ	ReQuest.
RQE	Reply Queue Element.
RR	Resource Record.
RRN	Relative Record Number.
RS	Record Separator.
	Reset.
RSA	Rivest Shamir Adleman.
RSAM	Relative Sequential Access Method.
RSCS	Remote Spooling Communications Subsystem.
RSDS	Relative Sequential Data Set.
RSI	Repetitive Strain Injury.
RSP	Remote Support Facility.
RSID	Resource Identification Table.
RSM	Real Storage Management.
RSN	Real Soon Now.
RSP	Required Space Character.
RSPT	Real Storage Page Table.
RSS	Resources Security System.
RSVP	Resource Reservation Protocol.
RT	Real Time.
	Receiver-Transmitter.

RTAM	Remote Terminal Access Method.
RTB	Response/Throughput Bias.
RTC	Real-Time Clock.
RTD	Round-Trip Delay.
RTCP	Real Time Control Protocol.
RTF	Rich Text Format.
RTFM	Read the fucking manual.
RTI	Real-Time Interface.
RTL	Resistor-Transistor Logic.
RTM	Read The Manual.
	Real Time Monitor.
	Registered Trade Mark.
RTMP	Routing Table Maintenance Protocol.
RTO	Recovery Time Objective.
RTOS	Real-Time Operating System.
RTP	Real Time Transfer Protocol.
RTS	Reactive Terminal Service.
	Ready To Send.
	Remote Terminal Supervisor.
	Request To Send.
RTSE	Reliable Transfer Service Element.
RTSP	Real Time Streaming Protocol.
RTT	Round Trip Time.
RTTS	Real Time Task Scheduler.
RTU	Remote Terminal Unit.
RU	Request/Response Unit.
RVA	Recorded Voice Announcement.
RVI	Reverse Interrupt.
RVT	Resource Vector Table.
R/W	Read/Write.
RWM	Read/Write Memory.
RWO	Right Wrong Omits.
Rx	Receiver.
RZ	Return to Zero.

S

SAA	Stateless Address Autoconfiguration.
	Systems Application Architecture.
SAB	Secondary Application Block.
	Session Awareness Block.
SAC	Store Access Control.
SAD	Security Account Database.
	Single Administrative Document.
SADT	Structured Analysis and Design Technique.
SAGMOS	Self-Aligning Gate MOS.
SAM	Security Account Manager.
	Sequential Access Method.
SAMOS	Silicon and Aluminium Metal Oxide Semiconductor.
SAN	Small Area Network.
	Storage Area Network.
SAP	Service Access Point.
	Service Advertising Protocol.
SAR	Segmentation and Reassembly.
SASE	Specific Application Service Elements.
SASI	Shugart Associates System Interface.
SAT	System Access Technique.
SAU	Standard Advertising Unit.
SAVT	Secondary Address Vector Table.
	Save Area Table.
SAW	Surface Acoustic Wave.
SAYE	Save As You Earn.
SBA	Shared Batch Area.
	Small Business Administration.
SBC	Single-Board Computer.
	Small Business Computer.
SBS	Satellite Business Systems.
	Small Business Server.
	Small Business System.
	Subscript Character.
SBU	Small Business Unit.
SC	Session Control.
	Steering Committee.
	Subcommittee.
SCA	Single Connector Attachment.
	System Control Area.
SCADA	Supervisory Control and Data Acquisition.
SCANIT	SCAN-Only Intelligent Terminal.
SCB	Station Control Block.
	String Control Byte.
SCC	Specialized Common Carriers.
SCD	System Contents Directory.
SCDDS	Switched Circuit Digital Data Service.
SCDR	Store Controller Definition Record.
	Subsystem Controller Definition Record.
SCF	System Control Facility.
SCI	Science Citation Index.
SCL	System Control Language.
SCM	Supply Chain Management.
SCO	Santa Cruz Operations.
SCP	Support Control Program.
	System Control Programming.
SCR	Silicon-Controlled Rectifier.
	Sustained Cell Rate.
SCS	Society for Computer Simulation.
SCSA	Signal Computing System Architecture.
SCSI	Small Computer Systems Interface.
SCT	Special Characters Table.
	System Configuration Table.
SDA	Source Data Automation.
SDF	Simple Document Formattable.
SDH	Synchronous Digital Hierarchy.
SDI	Selective Dissemination of Information.
	Serial Data In.

	Standard Disc Interface.
SDK	Software Development Kit.
SDL	Specification and Description Language.
	System Directory List.
SDLC	Synchronous Data Link Control.
	System Development Life Cycle.
SDMA	Space Division Multiple Access.
SDO	Serial Data Out.
SDR	Statistical Data Recorder.
	System Definition Record.
SDRAM	Synchronous DRAM.
SDS	Schema Definition Set.
SDSL	Symmetric or Single-pair DSL.
SDU	Service Data Unit.
SDW	Segment Descriptor Language.
SDX	Satellite Data Exchange.
SE	Systems Engineer.
	Systems Engineering.
SEC	Secure Electronic Commerce.
	Securities and Exchange Commission.
	Single Edge Contact.
SEM	Scanning Electron Microscope.
SEP	Separate Element Pricing.
SERC	Science and Engineering Research Council.
SEREP	System Error Record Editing Program.
SET	Secure Electronic Transaction standard.
	Selective Employment Tax.
SFC	Sectored File Controller.
SFD	Simple Formattable Document.
SGFS	Special Group on Functional Standards.
SGJP	Satellite Graphic Job Processor.
SGL	System Generation Language.
SGML	Standards Generalized Markup Language.
SGMP	Simple Gateway Monitoring Protocol.
SGN	Smart Global Network.
SGP	Statistics Generation Program.
SGT	Segment Table.
S/H	Sample and Hold.
SHA	Software Houses Association.
SHRC	Software Human Resource Council.
S-HTTP	Secure HTTP.
SHY	Syllable Hyphen Character.
SI	Shift-in-Character.
	Systems Integration.
	Systems Integrator.
SIA	Semiconductor Industry Association.
SIAM	Society for Industrial and Applied Mathematics.
	System Integrated Access Method.
SIB	Session Information Block.
SIC	Standard Industrial Classification.
SICB	Subinterrupt Control Block.
SID	Security Identifier.
	Society for Information Display.
SIG	Special Interest Group.
SII	Standard Individual Identifier.
SIM	Subscriber Identity Module.
SIMD	Single Instruction Multiple Data Stream.
SIMM	Single In-Line Memory Module.
SIO	Serial I/O.
	Serial Input/Output.
SIP	Scientific Instruction Processor.
	Single In Line Package.
	System Initialize Program.
SIPO	Serial In Parallel Out.
	Systems Installation Productivity Option.
SIR	Sustained Information Rate.
SIRE	Syracuse Information Retrieval System.
SISD	Single Instruction Single Data Stream.
SISO	Serial In Serial Out.
SITM	Simple Internet Transition Mechanisms.
SITPRO	Simplification of International Trade.
	Procedures Organization.
SIU	System Integration Unit.
SJCC	Spring Joint Computer Conference.
SKIP	Simple Key Management for Internet Protocol.
SKU	Stock-Keeping Unit.
S & L	Savings & Loan.
SLA	Service Level Agreement.
SLAP	Subscriber Line Access Protocol.
SLC	Service Level Contract.
	Simple Line Coding.
	Single Line Controller.
SLD	Straight-Line Depreciation.
SLIB	Subsystem Library.
SLIC	Subscriber Line Interface Circuit.
SLIP	Serial Line Internet Protocol.
	Serviceability Level Indicator Processing.
SLR	Single Channel Recording.
SLSI	Super Large Scale Integration.
SLSS	System Library Subscription Service.
SLT	Solid Logic Technology.
SLU	Secondary Logical Unit.
SMART	Self Monitoring Analysis and Reporting Technology.
SMB	Server Message Block.
	Small and Medium Size Businesses.

SMD	Standard Model Drive.
	Storage Module Drive.
	Surface Mounted Device.
SMDS	Switched Multimegabit Data Service.
SME	Small and Medium-sized Enterprises.
	Society of Manufacturing Engineers.
SMF	System Management Facility.
SMG	Special Mobile Group.
SMIF	Standard Modeling Format.
SMIL	Synchronized Multimedia Integration Language.
SML	Service Management Layer.
	Spool multileaving.
SMM	System Management Monitor.
SMP	Simple Management Protocol.
	Symmetric Multiprocessing.
	Symmetrical Multiple Processor.
SMQ	Save/Restore Message Queue.
SMS	Short Message Service.
	Short Message System.
	Small Business Server.
	System Measurement Software.
SMT	Station Management.
	Surface Mount Technology.
SMTP	Simple Mail Transfer Protocol.
S/N	Signal-to-Noise Ratio.
SNA	Systems Network Architecture.
SNACP	SubNetWork Access Protocol.
SNADS	System Network Architecture Distributed Services.
SNAP	Subnetwork Access Protocol.
SNBU	Switched Network Backup.
SNF	Sequence Number Field.
SNI	System Network Interconnect.
SNICP	SubNetwork Independent Convergence Protocol.
SNMP	Simple Network Management Protocol.
SNR	Signal to Noise Ratio.
SO	Shared Object.
	Shift-out Character.
SOA	Safe Operating Area.
	Start Of Address.
SOD	Sum-of-the-years digit.
SOF	Start-Of-Format Control.
SOH	Start Of Header.
	Start Of Heading Character.
SOHO	Small Office /Home Office.
SOI	Silicon On Insulator.
SOM	Small Office Microfilm.
	Start Of Message.
	System Operator's Manual.
SOP	Small Outline Package.
	Standard Operating Procedure.
	Study Organization Plan.
SOR	Single Operator Responsibility.
	Statement Of Requirements.
SOS	Silicon On Sapphire.
	Sophisticated Operating System.
SOTUS	Sequentially Operated Teletypewriter Universal Selector.
S/P	Serial Port.
	Single Precision.
	Space Character.
	Structured Programming.
SPA	Scratchpad Area.
	Software Publishers Association.
SPAG	Standards Promotion and Application Group.
SPARC	Scalable Processor Architecture.
SPC	Stored-Program Control(ed).
SPDT	Single-Pole Double Throw.
SPEC	Speech Predictive Encoding.
	Standard Performance Evaluation Corporation.
SPF	Shortest Path First.
	Structured Programming Facility.
SPG	Sort Program Generator.
SPI	Single Program Initiator.
SPIN	Strategies and Policies in Informatics.
SPM	Source Program Maintenance.
	Source Program Maintenance Online.
SPN	Switched Public Network.
SPO	Serving Post Office.
SPOC	Single Point Of Contact.
SPOF	Single Point Of Failure.
SPOOL	Simultaneous Peripheral Operations On-Line.
SPP	Sequenced Packet Protocol.
SPPS	Subsystem Program Preparation Support.
SPR	System Parameter Record.
SPROM	Switched Programmable Read-Only Memory.
SPS	Superscript Character.
SPT	System Parameter Table.
SPX	Sequenced Packet Exchange.
SQA	System Queue Area.
SQL	Structured Query Language.
SRAM	Static RAM.
SRB	Service Request Block.
	Source Route Bridging.
SRDF	Symmetric Remote Data Facility.
SRF	Software Recovery Facility.
SRI	Standard Research Institute.
SRM	Scalable Reliable Multicast.
	System Resources Manager.
SRPI	Server Requester Programming Interface.
SRR	Serially Reusable Resource.
SRST	System Resource and Status Table.
SRT	Segmentation Register Table.
	Single Requestor Terminal.

SRTS	Special Reverse Charge Service.
SRU	Smallest Replaceable Unit.
SS	Solid State.
	Start Stop.
SSA	Segment Search Argument.
	Slave Service Area.
	Status Save Area.
	Structured Systems Analysis.
SSADM	Structured Systems Analysis and Design Methodology.
SSAM	Slave Service Area Module.
SSAP	Source Service Access Point.
SSCF	Secondary System Control Facility.
SSCP	System Service Control Point.
SSD	Solid State Disk.
SSDD	Single Sided Double Density.
SSDR	Supermarket Subsystem Definition Record.
SSE	Switching System Engineer.
SSI	Small-Scale Integration.
SSID	Subsystem Identification.
SSL	Secure Sockets Layer.
	Source Statement Library.
SSN	Social Security Number.
SSP	System Service Program.
SSPI	Standard Security Providing Interface.
SSQD	Single Sided Quad Density.
SSR	Solid-State Relay.
SSS	Subsystem Support Services.
SSSD	Single Sided Single Density.
SST	Spread Spectrum Technology.
	System Scheduler Table.
ST	Straight Time.
	Structured Techniques.
	Synchronization Table.
	System Table.
STA	Spanning Tree Algorithm.
STAIRS	Storage and Information Retrieval System.
STCB	Subtask Control Block.
STD	State Transition Diagram.
	Subscriber Trunk Dialling.
STDM	Statistical Time Division Multiplexer.
STE	Segment Table Entry.
STEC	Store Exception Condition.
STL	Schottky Transistor Logic.
STM	Synchronous Transport Module.
STMT	Statement.
STN	Super Twisted Nematic.
STOCS	Small Terminal Oriented Computer Systems.
STP	Shielded Twisted Pair.
	Stop Character.
STR	Synchronous Transmit/Receive.
	Synchronous Transmitter/ Receiver.
STRAM	Synchronous Transmit Receive Access Method.
STST	System Task Set Table.
STW	System Tape Writer.
STX	Start of TeXt.
SU	Selectable Unit.
SUB	Substitute Character.
SVA	Shared Virtual Area.
SVC	Supervisor Call Instruction.
	Switched Virtual Circuit.
SVD	Simultaneous Voice and Data.
SVG	Scalable Vector Graphics.
SVGA	Super VGA.
SVID	System V Interface Definition.
SVS	Single Virtual Storage System.
SVT	System Variable Table.
SVVS	System V Verification Suite.
SW	Switch Character.
SW or S/W	Software.
SWA	Scheduler Work Area.
SWADS	Scheduler Work Area Data Set.
SWAMI	Software-Aided Multifont Input.
SWAP	Shared Wireless Access Protocol.
	Simple Workflow Access Protocol.
SWF	ShockWave Flash.
SWIFT	Society for Worldwide Interbank Financial Telecommunications.
SWU	Standard Work Unit.
SYSOP	System Operator.
SYN	Synchronous Idle Character.
SYNC	Synchronizing Character.
SYSGEN	System Generation.
SYSLOG	System Log.
SYSRES	System Residence Disk.

T

TA	Transactional Analysis.
TAB	Tape-Automated Bonding.
	Tone Answer-Back.
TACACS	Terminal Access Controller Access Control Protocol.
TACT	Transient Area Control Table.
TAD	Transient Area Descriptor.
TAG	Time Automated Grid.
TAP	Terminal Access Point.
TAPI	Telephone Application Programming Interface.
TB	Terabyte.
TBM	Terabit Memory.
TBO	Time Between Overhaul.
TC	Technical Committee.
	Transmission Control.
TCA	Telecommunications Association.
TCAM	Telecommunications Access Method.
TCAS	Terminal Control Address Space.
TCB	Task Control Block.

	Thread Control Block.
	Trusted Computing Base.
TCC	Technical Control Center.
TCF	Terminal Configuration Facility.
TCO	Total Cost of Ownership.
TCP	Transport Control Protocol.
TCM	Trellis Code Modulation.
	Thermally-Controlled Module.
TCP/IP	Transmission Control Protocol/Internet Protocol.
TCU	Terminal Control Unit.
	Transmission Control Unit.
T & D	Test & Diagnostic.
	Transmitter-Distributor.
TDCC	Transportation Data Coordinating Committee.
TDF	Transborder Data Flow.
TDID	Trade Data Interchange Directory.
TDL	Terminal Display Language.
	Transformation Definition Language.
TDM	Time Division Multiplexing.
TDMA	Time-Division Multiple Access.
TDOS	Tape Disc Operating System.
TDP	Tag Distribution Protocol.
TDR	Time Domain Reflectometry.
TDS	Transaction Data Set.
	Transaction Driven System.
T&E	Travel and Entertainment (company).
TEFRA	Tax Equity and Fiscal Responsibility Act.
TEG	Telecommunications Gateway.
TELECAUSE	Telecommunications Competitive Alternatives for Users Services and Equipment.
TELOPS	Telemetry On-Line Processing System.
TEQ	Time Domain Equalizer.
TFT	Thin Film Transistor.
TFTP	Trivial FTP.
TGID	Transmission Group Identifier.
TH	Transmission Header.
	Trojan Horse.
TI	Texas Instruments.
TIA	Thanks in advance.
TIBOL	Texas Instrument Bubble Operating Language.
TICCETT	Time-shared Interactive Computer-Controlled Educational Television.
TICOL	Texas Instruments Cassette Operating Language.
TID	Terminal Identifier.
TIFF	Tag Image File Format.
TIOC	Terminal I/O Coordinator.
TIOT	Task I/O Table.
	Terminal I/O Task.
TIP	Terminal Interface Processor.
TIQ	Task Input Queue.
TJB	Time Sharing Job Control Block.
TJID	Terminal Job Identification.
TLA	Telex Line Adapter.
TLAB	Translation Look-Aside Buffer.
TLB	Translation Look-Aside Buffer.
TLD	Top-Level Domain.
TLI	Transport Level Interface.
TLP	Term Lease Plan.
TLU	Table Look-Up.
TLV	Tag, Length and Value.
	Type, Length, Value.
T & M	Time & Materials.
TM	Tape Mark.
TME	Tivoli Management Environment.
TML	Teradyne Modeling Language.
TMN	Telecommunications Management Network.
TMP	Terminal Monitor Program.
TMR	Triple Modular Redundancy.
TN	Twisted Nematic.
TNL	Technical Newsletter.
TNP	Transport Network Protocol.
TNS	Transparent Network Substrate.
TO	Training Officer.
TOA	Time Of Arrival.
TOAF	TCAM Origin Address Field.
TOC	Table Of Contents.
TOCT-TOU	Time Of Check To Time Of Use.
TOD	Time Of Day.
TOF	Top Of File.
	Top Of Form.
TOLTEP	Teleprocessing On-Line Test Executive Program.
TOM	Transparent Office Manager.
TOON	Two Out Of Nine.
TOP	Technical and Office Protocol.
TOPI-TOPO	Tons Of Paper In, Tons Of Paper Out.
TOPS	Tera Operations Per Second.
TOS	Tape Operating System.
	Type of Service.
TOTE	Teleprocessing Online Test Executive.
TP	Teleprocessing.
	Transaction Processing.
	Transaction Processor.
TPC	Transaction Processing Council.
TPD or TPDB	Third Party DataBase.
TPDR	Total Processing Data Rate.
TPF	Transaction Processing Facility.
TPI	Transport Provider Interface.
	Tracks Per Inch.
TPL	Terminal Programming Language.
TPLIB	Transient Program Table
TPM	Third-Party Maintenance.
	Total Productive Maintenance.
	Transactional Processing Monitor.

TPNS	Teleprocessing Network Simulator.
TPP-C	Transaction Processing Performance Council.
TPR	Technical Proposal Requirements.
TPS	Transactions Per Second.
TQC	Total Quality Control.
TQM	Total Quality Management.
TQN	Technical Query Language.
TRACS	Traffic Reporting And Control System.
TRAN	Transmit.
TRC	Table Reference Character.
TRE	Time Request Element.
TRI	Transmission Interface Converter.
TRM	Test Request Message.
TRN	Token Ring Network.
TRV	Triple Redundant Voting
TS	Team Space.
	Time Sharing.
	Transmission Services.
TSAC	Time Slot Assignment Circuit.
TSB	Terminal Status Block.
TSC	Time Sharing Control Task.
TSCB	Task Set Control Block.
TSID	Time Sharing Input QCB.
TSO	Time Sharing Option.
TSOS	Time Sharing Operating System.
TSR	Telephone Based Speech Recognition.
	Terabit Switch Router.
	Terminate and Stay Resident.
TSRT	Task Set Reference Table.
TSS	Time Sharing System.
TT	Transmitting Typewriter.
TTD	Temporary Text Delay.
TTF	Terminal Transaction Facility.
TTFN	Ta-Ta For Now.
TTL	Time To Live.
	Transistor-Transistor Logic.
TTP	Trusted Third Party.
TTS	Text To Speech.
TTY	TeleTYpe.
TU	Tape Unit.
TUP	Telephone User Part.
TWA	Two-Way Alternate.
TWAIN	Technology Without Any Important Name.
TWS	Technical Workstation.
	TeleSoftWare.
	Translator Writing Systems.
	Two-Way Simultaneous.
TWT	Travelling Wave Tube.
TWTA	Travelling Wave Tube Amplifier.
TWX	TeletypeWriter eXchange service.
TX	Transmit.
Tx	Transmitter.

U

UA	User Agent.
UAA	Universal Application Architecture.
UADS	User Attribute Data Set.
UART	Universal Asynchronous Receiver Transmitter.
UBE	Unsolicited bulk E-mail.
UBHR	User Block Handling Routine.
UBR	Unspecified Bit Rate.
UBS	Unit Backspace Character.
	Unspecified Bit Rate.
UCC	Universal Commercial Code.
UCE	Unsolicited commercial E-mail.
UCF	Utility Control Facility.
UCLA	University of California, Los Angeles.
UCS	Universal Character Set.
UCSD	University of California, San Diego.
UDC	Universal Decimal Classification.
UDC	Update Center.
UDF	Universal Disk Format.
UDI	Universal Development Interface.
UDK	User-Defined Key.
UDP	User Datagram Protocol.
UDS	Universal Data Set.
	User Datagram Protocol.
UEC	User Environment Component.
UFP	Utility Facilities Program.
UHL	User Header Label.
UHLL	Ultrahigh Level Language.
UID	Universal Individual Identifier.
UIL	User Interface Language.
UIMS	User Interface Management System.
UL	Underwriters Laboratories.
ULA	Uncommitted Logic Array.
ULC	Universal Logic Circuit.
ULSI	Ultra Large Scale Integration.
UML	Unified Modeling Language.
UMTS	Universal Mobile Telecommunication System.
UNC	Universal Naming Convention.
UNCID	Uniform rules of Conduct for Interchange of trade Data by tele-transmission.
UNI	User to Network Interface.
UPC	Universal Product Code.
UPL	User Programming Language.
UPP	Universal Payment Preamble.
UPS	Uninterruptible Power Supply.
URC	Unit Record Controller.
	Universal Resource Code.
URL	Uniform Resource Locator.
US	Unit Separator.
USASI	United States of America Standards Institute.

USART	Universal Synchronous Asynchronous Receiver Transmitter.
USAT	Ultra Small Aperture Terminal.
USB	Universal Serial Bus.
USERID	User Identification.
USM	Unlisted Securities Market.
USPS	US Postal Service.
USRT	Universal Synchronous Receiver Transmitter.
USS	Unformatted System Services.
USS	User Support System.
UTC	Universal Time Coordinated.
UTL	User Trailer Label.
UTP	Unshielded Twisted Pair.
UTRA	UMTS Terrestrial Radio Access.
UTS	Unbound Task Set.
	Universal Time-Share System.
UUA	Univac Users Association.
UUD	Unit Under Development.
UUCP	Unix To Unix Communication Protocol.
UUT	Unit Under Test.
UV ROM	UltrA-Violet Read Only Memory.

V

VAB	Voice Answer-Back.
VAC	Value-Added Carrier.
VACC	Value Added Common Carrier.
VAD	Value-Added Dealer.
VADN	Value-Added Data Network.
VADS	Value-Added and Data Services.
VAI	Video Assisted Instruction.
VAM	Value-Added Marketer.
	Virtual Access Method.
VAN	Value-Added Network.
VANS	Value Added Network Services.
VAP	Videotex Access Point.
VAR	Value-Added Remarketer or Reseller.
VAS	Value Added Services.
VAT	Value Added Tax.
VBI	Vertical Blanking Interval.
VBR	Variable Bit Rate.
VBR-RT	Variable Bit Rate-Real Time.
VBX	Visual Basic Control.
VC	Virtual Circuit.
VCAM	Virtual Communications Access Method.
VCBA	Variable Control Block Area.
VCO	Voltage-Controlled Oscillator.
VCR	Video Cassette Recorder.
VDD	Virtual Device Driver.
VDE	Verband Deutscher Electroteknicker.
VDI	Video Device Interface.
	Virtual Device Interface.
VDL	Vienna Definition Langage.
VDM	Vienna Development Method.
	Virtual Device Metafile.
VDMM	Virtual DOS Machine Manager.
VDP	Video-Display Processor.
VDSL	Very High Rate Digital Subscriber Line.
VDT	Video Display Terminal.
VDTE	Voice Data Terminal Equipment.
VDU	Video Display Unit.
	Visual Display Unit.
VESA	Video Electronic Standards Association.
VF	Voice Frequency.
VFD	Vacuum Fluorescent Display.
VFU	Vertical Format Unit.
VG	Voice Grade.
VGA	Video Graphics Array.
VGC	Video Generator Chip.
VHD	Very High Density.
VHDL	Very High Description Language.
VHLL	Very High Level Language.
VHPIC	Very High Performance Integrated Circuit.
VHS	Video Home System.
VHSIC	Very High Scale Integrated Circuit.
VICC	Visual Information Control Console.
VID	Voice Input Device.
VIDRAM	Video RAM.
VIM	Vendor Independent Messaging.
VIO	Virtual I/O.
VIP	Verifying Interpreting Punch.
VIT	Very Intelligent Terminal.
VLAN	Virtual LAN.
VLCD	Very Low Cost Display.
VLDB	Very Large Data Base.
VLF	Very Low Frequency.
VLIW	Very Long Instruction Word.
VLM	Very Large Memory.
	Virtual Loadable Module.
VLR	Visitor Location Register.
VLSI	Very Large Scale Integration.
VLT	Video Lookup Table.
VM	Virtual Machine.
	Virtual Memory.
	Voice Mail.
VME	Versa Module Eurocard.
VMI	Vendor Managed Inventory.
VMM	Virtual Memory Management.
V-MOS	Vertical Metal Oxide Semi-conductor.
VMOS	Virtual Memory Operating System.
VMS	Virtual Memory System.
VMT	Video Matrix Terminal.
VNL	Via Net Loss.
VNS	Virtual Network Services.
VOD	Video On Demand.
	Voice Output Device.

VOGAD	Voice-Operated Gain-Adjusting Device.
VOIP	Voice Over Internet Protocol.
VOS	Virtual Operating System.
VP	Virtual Path.
VPN	Virtual Private Network.
VR	Virtual Reality.
	Virtual Route.
VRAM	Video Memory RAM.
	Volatile RAM.
VRC	Vertical Redundancy Check.
	Visible Record Computer.
VRID	Virtual Route Identifier.
VRM	Virtual Resource Manager.
VRML	Virtual Reality Modelling Language.
VRRP	Virtual Redundancy Router Protocol.
VRT	Voice Recognition Terminal.
VS	VerSus.
	Virtual Storage.
VSAM	Virtual Storage Access Method.
VSAT	Very Small Aperture Terminal.
VSB	Vestigial Side Band.
	Very Small Business User.
VSE	Virtual Storage Extended.
VSM	Virtual Storage Management.
VSN	Volume Serial Number.
VSPX	Vehicle Scheduling Program Extended.
VT	Vertical Tabulation Character.
	Virtual Terminal.
VTAM	Virtual Telecommunications Access Method.
VTI	Virtual Terminal Interface.
VTNS	Virtual Telecommunication Network Service.
VTOC	Volume Table of Contents.
VTP	Virtual Terminal Protocol.
VTR	Video Tape Recorder.
VU	Voice Unit.
VUP	Vax Unit Performance.
VUVM	Voluntary Universal Marking Program.
V & V	Verification & Validation.

W

W3C	World Wide Web Consortium.
W-CDMA	Wide Band Code Division Multiple Access.
W-TDMA	Wide Band Time Division Multiple Access.
WABI	Windows Applications Binary Interface.
WAP	Wireless Application Protocol.
WACK	Wait Before Receive Positive Acknowledgement.
WACO	Wire and Cable Company.
WADS	Wire Area Data Service.
WAIS	Wide Area Information Service.
WALAN	Wide Area Local Area Network.
WAMI	World Association For Medical Informatics.
WAN	Wide-Area Network.
WARM	Write-And-Read-Many (DOD).
WATS	Wide Area Telephone Service.
WBEM	Web-Based Enterprise Management.
WBS	Work Breakdown Structure.
WBT	Windows-Based Terminal.
WCGA	World Computer Graphics Association.
WCP	Wan Compression Protocol.
WCS	Writeable Control Store.
WD	Wiring Diagram.
	Working Draft.
WDC	World Data Center.
WDM	Wavelength Division Multiplexing.
WE	Western Electric.
WEBDAV	World Wide Web Distributed Authoring and Vectoring.
WESCON	Western Electronics Show and Convention.
WFMTUG	World Federation of MAP/TOP User Groups.
WFQ	Weighted Fair Queueing.
WIMP	Window, Icon, Mouse, Pull-down Menu.
WINGS	Web Interactive Network of Government Services.
WINS	Windows Name Server.
WIP	Women in Information Processing.
	Work In Process.
	Work In Progress.
WJCC	Western Joint Computer Conference.
WKA	Well-Known Address.
WLAN	Wireless Local Area Network.
WM	Window Manager.
	Word Mark.
WMF	Windows MetaFile.
WML	Wireless Markup Language.
WMRA	Write Many Read Always.
WOL	Wake on LAN.
WOOD	Write-Once Optical Disc.
WORM	Write Once Read Many (Times).
WOSA	Windows Open Services Architecture.
WP	Word Processing.
WPM	Words Per Minute.
WPS	Words Per Second.
WRAM	Windows RAM
WRU	Who Are You?
WRML	Virtual Reality Modeling Language.
WSI	Wafer Scale Integration.
WST	West Standard Time.
WTC	World Trade Corporation.
WTO	Write-To-Operator.

WTOR	Write-To-Operator with Reply.
WTS	Windows Terminal Server.
WU	Western Union.
WWMCCS	World Wide Military Command and Control System.
WWW	WorldWide Web.
WYSIWYG	What You see is What You Get.
WYSYWOG	What You See You Won't Get.
WXTRN	Weak External Reference.

X

XA	Extended Architecture.
XDR	External Data Representation.
xDSL	xDigital Subscriber Line.
XGA	Extended Graphics Array.
XLL	eXtensible Link Language.
XMIT	Transmit.
XML	eXtended Markup Language.
XMOS	High-Speed Metal Oxide Semiconductor
XNS	Xerox Network System.
XSL	eXtensible Stylesheet Language.
XTAL	Crystal.

Y

Y2K	Year 2000.
YMCK	Yellow, Magenta, Cyan, Black.
YMD	Year Month Day.
YTD	Year To Date.
YUV	Luminance (Y) et chrominance (UV).

Z

ZAK	Zero Administration Kit.
ZBB	Zero Base Budgeting.
ZBR	Zone Bit Recording.
ZIF	Zero Insertion Force.
ZIP	Zigzag In-line Package. Zone Improvement Plan.
ZLE	Zero Latency Enterprise.

ABRÉVIATIONS FRANÇAISES

ACERLI	Association Française des Centres d'Essais pour les Réseaux Locaux Industriels.
ACI	Association Canadienne d'Informatique.
ACSF	Association des Centres Serveurs Français.
ADAI	Agence pour le Développement des Applications Informatiques.
ADBS	Association Française des Documentalistes et Bibliothécaires Spécialisés.
ADELI	Association pour le Développement de la Logique Informatique.
ADEPA	Agence Nationale pour le Développement de la Programmation Automatique.
	Association pour le Développement de la Production Automatisée.
ADETAA	Association pour le Développement des Techniques d'Automatisation en Aquitaine.
ADGI	Association pour le Développement de l'Automatisation et de la Gestion Informatisées.
ADI	Association Droit et Informatique.
ADIAF	Association pour le Développement de l'Informatique dans l'Administration Française.
ADIBAN	Association pour le Développement de l'utilisation de l'Informatique et de l'Automatique en Basse-Normandie.
ADIJ	Association pour le Développement de l'Informatique Juridique.
ADILOR	Association pour le Développement de l'Informatique en Lorraine.
ADIM	Association pour le Développement de l'Informatique Médicale.
ADIPC	Association des Informaticiens de Poitou-Charentes.
ADIRA	Association pour le Développement de l'Informatique et de l'automatique dans la région Rhône-Alpes.
ADIRC	Association pour le Développement de l'Informatique dans la Région Centre.
ADIREB	Association pour le Développement de l'Informatique et de l'automatique dans la région Bourgogne.
ADM	Aide au Diagnostic Médical.
ADMIRA	Association pour le Développement des moyens informatiques en Région Auvergne.
ADN	Analyseur Différentiel Numérique.
ADRET	Association pour le Développement de Recherches sur les Télécommunications et le Service Public.
ADRIM	Association pour le Développement et la Recherche en Informatique Médicale.
ADTP	Association pour le Développement du Télépaiement.
ADUCI	Association de Défense des Utilisateurs et Consommateurs d'Informatique.
AEPDI	Association Européenne Pour le Droit de l'Informatique.
AFA	Association Française des Fournisseurs d'Accès et de services Internet.
AFAI	Association Française d'Audit Informatique.
AFAQ	Association Française d'Assurance de la Qualité
AFAS	Association Française pour l'Avancement des Sciences.
AFB	Association Française de Banque.
AFCAL	Association Française de Calcul.
AFCALTI	Association Française de Calcul et de Traitement de l'Information.
AFCAN	Association Française de Calcul Numérique.
AFCERQ	Association Française pour les Cercles et la Qualité Totale.
AFCET	Association Française pour la Cybernétique Economique et Technique.
AFCIQ/AFQ	Association Française pour le Contrôle Industriel et la Qualité
AFDI	Association Française du Droit de l'Informatique.

AFEL	Association Française des Editeurs de Logiciels.
AFGI	Association Française de Gestion Industrielle.
AFIAS	Association Française d'Intelligence Artificielle et des Systèmes de Simulation.
AFIM	Association Française des Ingénieurs et responsables de Maintenance.
AFIN	Association Française des Informaticiens.
AFLIC	Association de la Micro-Informatique Compatible.
AFME	Agence Française pour la Maîtrise de l'Energie.
AFMI	Association Française pour le Développement de la Microinformatique.
AFNOR	Association Française de Normalisation.
AFOPT	Association Française des Opérateurs Privés en Télécommunications.
AFPI	Association Française des Professionnels d'Internet.
AFRA	Association Française de Régulation et d'Automatisme.
AFRI	Association Française de Robotique Industrielle.
AFSM	Association Française des Directeurs de Service de Maintenance.
AFTEL	Association Française de Télématique.
AFTT	Association Française pour le Télétravail et les Téléactivités.
AFU	Association Française des Utilisateurs de LINUX.
AFUNT	Association Française des Utilisateurs de Windows NT.
AFUP	Association Française des Utilisateurs de Prime.
AFUTT	Association Française des Utilisateurs du Téléphone et des Télécommunications.
AFUU	Association Française des Utilisateurs d'Unix.
AFUW	Association Francophone des Utilisateurs de Wang.
AGI	Association française de Gestion Industrielle.
AGL	Atelier de Génie Logiciel.
AHRIA	Association des Hauts Responsables de l'Informatique dans l'Administration.
AIA	Agence de l'Intelligence Artificielle.
AILF	Association des Informaticiens de Langue Française.
AIR	Animateur Informatique Régional.
AMI	Association pour la Micro-Informatique.
AMII	Association Médicale d'Informatique Individuelle.
AMRT	Accès Multiple à Répartition dans le Temps.
A/N	Analogique/Numérique.
ANACT	Agence Nationale pour l'Amélioration des Conditions de Travail.
ANDSI	Association Nationale des Directeurs de Systèmes d'Information.
ANIST	Agence Nationale d'Information Scientifique et Technique.
ANL	Agence Nationale du Logiciel.
ANRT	Association Nationale de la Recherche Technique.
ANTIOPE	Acquisition Numérique et Télévisualisation d'Images Organisées en Page d'Ecriture.
ANVAR	Agence Nationale de Valorisation de la Recherche.
APC	Agent de Prestation Commerciale.
APEM	Association des Prestataires en Micrographie.
API	Automate Programmable Industriel.
APMF	Association Pour la Maison du Futur.
APP	Agence pour la Protection des Programmes.
APREL	Association des Professionnels pour la Télématique.
ART	Autorité de Régulation des Télécommunications.
ASPROM	Association pour la Promotion de la Micro-informatique.
ASTE	Association pour le développement des Sciences et Techniques de l'Environnement.
AT	Adaptateur de Terminal.
ATA	Agent par Territoire d'Application.
ATALA	Association pour le Traitement Automatique des Langues.
ATIS	Agence de traitement et d'interprétation des images spatiales.
ATM	Agent de Transfert de messages.
AU	Agent Utilisateur.
AUA	Architecture Unifiée d'Application (SAA).
AUI	Association des Usagers d'Internet.
AUOB	Association des Utilisateurs d'Ordinateurs Burroughs.
AUSI	Association des Utilisateurs de Systèmes Informatiques Cii HB.
AUTIPAC	Association des Utilisateurs de Transpac.

BAFI	Base de données des Agents Financiers.
BAL	Boîte à Lettres.
BAT	Bon à tirer.
BBD	Banques et Bases de Données.
BCD	Base Commune de Données.
BD	Base de Données.
BD(D)	Base De Données.
BDDPI	Banque de Données du Droit de la Propriété Industrielle.
BDL	Banque de Données Locales.
BDR	Banque de Données Régionales. Base de Données Relationnelles. Base de Données Réparties.
BIAM	Banque d'Information Automatisée sur les Médicaments.
BIG	Base d'Information Généralisée.
BIPA	Banque d'Information Politique et d'Actualité.
BIPE	Bureau d'Information et de Prévision Economique.
BM	Bande Magnétique.
BNI	Bureau d'orientation de la Normalisation en Informatique.
BNIST	Bureau National de l'Information Scientifique et Technique.
CA	Composants Acoustiques.
CAAO	Conception Architecturale Assistée par Ordinateur.
CAC	Cotation Assistée en Continu.
CAF	Carte à Fenêtre.
CAM	Carte à mémoire. Comité d'Application de la Méthode.
CAN	Convertisseur Analogique Numérique.
CAO	Conception Assistée par Ordinateur.
CATIA	Conception Assistée Tridimensionnelle Interactive.
CBD	Club des Utilisateurs de Banques de Données.
CCE	Commission des Communautés Européennes.
CCETT	Centre Commun d'Etudes de Télévision et Télécommunications.
CCITT	Comité Consultatif International Télégraphique et Téléphonique.
CCRIA	Comité Consultatif de la Recherche en Informatique et Automatique.
CEA	Commissariat à l'Energie Atomique.
CECUA	Conférence des Associations d'Utilisateurs Européens d'Informatique.
CEDIJ	Centre de Recherche et de Développement en Informatique Juridique.
CEI	Commission Electrotechnique Internationale.
CEN	Comité Européen de Normalisation.
CENELEC	Comité Européen de Normalisation Electrique.
CEPT	Conférence Européenne des Postes et Télécommunications.
CERI	Centre pour l'Innovation et la Recherche dans l'Enseignement.
CERN	Centre Européen pour la Recherche Nucléaire.
CESIA	Centre d'Etudes des Systèmes d'Information de l'Administration.
CFAO	Conception et Fabrication Assistées par Ordinateur.
CFONB	Comité Français d'Organisation et de Normalisation Bancaire.
CFRO	Centre Français de Recherche Opérationnelle.
CGR	Centre de Gestion de Réseau.
CI	Circuit Intégré.
CIAME	Commission Interministérielle des Appareils de Mesure.
CICI	Centre d'Information sur les Carrières liées à l'Informatique.
CID	Centre des hautes études d'Informatique Documentaire.
CIGREF	Club Informatique des Grandes Entreprises Françaises.
CIMAB	Centre d'Information des Matériels et Articles de Bureau.
CIMEF	Club Informatique des Moyennes Entreprises Françaises.
CIRMP	Club des Utilisateurs de Systèmes d'Informatique de Midi-Pyrénées.
CIRO	Centre Interarmées de Recherche Opérationnelle.
CI TGV	Circuit Intégré à Très Grande Vitesse.
CLUSIF	Club de Sécurité Informatique Français.
CMAO	Création Musicale Assistée par Ordinateur.
CMC7	Caractère Magnétique Codé 7.
CMS	Composants Montés en Surface.
CN	Commande Numérique.
CNA	Convertisseur Numérique Analogique.
CNC	Commande Numérique par Calculateur.
CNE	Concentrateur Numérique Eloigné.
CNES	Centre National d'Etudes Spatiales.
CNET	Centre National d'Etudes des Télécommunications.
CNI	Centre Notarial Informatique. Commande Numérique Informatisée.
CNIL	Commission Nationale de l'Informatique et des Libertés.

CNL	Concentrateur Numérique Local.
CNIT	Centre National des Industries et Techniques.
CNMO	Commande Numérique de Machines-Outils.
CNRS	Centre National de la Recherche Scientifique.
CORSIA	Comité de Recherche pour la Sécurité des Systèmes d'Information Automatisés.
COTTI	Commission de Traitement et de la Transmission de l'Information.
CPAO	Conception de Programme Assistée par Ordinateur.
CPE	Centre Principal d'Exploitation.
CPMPAP	Coût pour mille pages avec publicité vues.
CPS	Carte Professionnelle de Santé.
CQ	Cercle de Qualité.
CQAO	Contrôle de Qualité Assisté par Ordinateur.
CRIM	Centre de Recherche Informatique de Montréal.
CRIT	Centre Canadien de Recherche sur l'Informatisation du Travail.
CREDO	Cercle de Réflexion et d'Etude pour le Développement de l'Optique.
CRU	Comité Réseau des Universités.
CS	Complément de Service.
CSA	Conseil Supérieur de l'Audiovisuel.
CSE	Concentrateur Satellite Electronique.
CSMI	Commission Spécialisée des Marchés Informatiques.
CSN	Centre Satellite Numérique.
CTA	Concentrateur de Terminaux Annuaire.
CTI	Centre de Traitement de l'Information. Couplage Téléphonie Informatique.
CTP	Commutateur de Transit Principal.
CTS	Centre de Transit Secondaire.
CUBE	Club des Utilisateurs Bull Européens.
CVC	Circuit Virtuel Commuté.
CVP	Circuit Virtuel Permanent.
CXP	Centre d'Expérimentation des Progiciels.
DAAO	Dessin Animé Assisté par Ordinateur.
DAB	Distributeur Automatique de Billets.
DACT	Direction des Affaires Commerciales et de la Télématique.
DAME	Distributeur Automatique de Monnaie Electronique.
DAO	Dessin Assisté par Ordinateur. Diagnostic Assisté par Ordinateur. Documentation Assistée par Ordinateur.
DCL	Direction des Collectivités Locales.
DD	Disque Dur. Double Densité.
DEL	Diode Electroluminescente.
DFDD	Double Face Double Densité
DGRST	Délégation Générale à la Recherche Scientifique et Technique.
DI	Directeur Informatique.
DIELI	Direction des Industries Electroniques et de l'Informatique.
DIO	Directeur Informatique et Organisation.
DOC	Documentation. Disque Optique Compact.
DON	Disque Optique Numérique.
DONE	Disque Optique Numérique Effaçable.
DOT	Direction Opérationnelle des Télécommunications.
DPE	Demande Pour Emettre.
DRH	Directeur des Ressources Humaines.
DUCS	Déclaration Unifiée des Cotisations Sociales.
DSI	Diffusion Sélective de l'Information.
EAO	Enseignement Assisté par Ordinateur.
EB	Elément Binaire.
EBS	Entrée Banalisée Synchrone.
EDF	Electricité de France.
EDI	Echange de Documents Informatisés ou de Données Informatisées.
EEG	Ensemble Electronique de Gestion.
EGAO	Expression Graphique Assistée par Ordinateur.
EIAO	Enseignement Intelligemment Assisté par Ordinateur.
ENST	Ecole Nationale Supérieure des Télécommunications.
ENSTA	Ecole Nationale Supérieure des Techniques Avancées.
EPO	Enseignement Programmé par Ordinateur.
E-S	Entrée Sortie.
ETCD	Equipement de Terminaison de Circuit de Données.
ETEBAC	Echange Télématique entre les Banques et leurs clients.
ETL	Equipement Terminal de Lignes.
ETTD	Equipement Terminal de Traitement de Données.
FAI	Fournisseur d'accès à Internet.
FAIB	Fédération des Associations d'Informaticiens de Belgique.

FAO	Fabrication Assistée par Ordinateur.
FEDIP	Fédération de la Distribution Informatique Professionnelle.
FEE	Fédération des Experts Comptables Européens.
FFCT	Fédération Française des Consultants en Télécommunications.
FFII	Fédération Française des Informaticiens Indépendants.
FIASI	Fédération Internationale des Auditeurs et Experts en Systèmes d'Information.
FICA	Fédération Internationale de Contrôle Automatique.
FICOB	Fédération de l'Informatique, de la Communication et de l'Organisation de Bureau.
FID	Fédération Internationale de Documentation.
FIEE	Fédération des Industries Electriques et Electroniques.
FIM	Fédération Française de l'Informatique Médicale.
FNA	Fédération Nationale de l'Automation.
FNCV	Fichier National des Chèques Volés ou perdus.
FNPC	Fichier National des Permis de Conduire.
FNIE	Fédération Nationale des Industries Electroniques.
FIO	Fabrication Intégrée par Ordinateur.
FPA	Formation Professionnelle des Adultes.
FUB	Fédération des Utilisateurs de Bureautique.
GAB	Guichet Automatique de Banque.
GAC	Groupe d'Amélioration de la Qualité.
GALF	Groupement des Acousticiens de Langue Française.
GAMNI	Groupement pour l'Avancement des Méthodes Numériques de l'Ingénieur.
GAO	Graphique Assisté par Ordinateur.
GAPA	Guichet d'Affranchissement Postal Automatique.
GAVE	Groupe de l'Edition Audiovisuelle et Electronique.
GED	Gestion Electronique des Documents.
GEIE	Groupement Européen d'Intérêt Economique.
GEMMA	Guide d'Etudes des Modes de Marchés et d'Arrêts.
GENCOD	Groupement d'Etudes de Normalisation et de Codification.
GEPL	Guide Européen des Produits Logiciels.
GESTE	Groupement des Editeurs de Services TElématiques.
GFFIL	Groupement Français des Fournisseurs d'Informations en Ligne.
GIBUS	Groupe Informatiste de Bibliothèque Universitaire et Spécialisée.
GICI	Groupement Interministériel pour les Circuits Intégrés.
GIE	Groupement d'Intérêt Economique.
GIEL	Groupement des Industries Electroniques.
GIP	Groupement d'Intérêt Public.
GITEP	Groupement des Industries de Télécommunications et d'Electronique professionnelle.
GLAO	Génie Logiciel Assisté par Ordinateur.
GMAO	Gestion de Maintenance Assistée par Ordinateur.
GPAO	Gestion de Production Assistée par Ordinateur.
GPNI	Groupement Professionnel National de l'Informatique.
GRAFCET	Graphe de Commande Etape-Transition.
GRC	Gestion de la Relation Clientèle.
GRETSI	Groupe de Recherche sur le Traitement du Signal.
GSE	Générateur de Système Expert.
GSM	Groupe Spécial Mobile.
GTI	Garantie du Temps d'Intervention.
GUFI	Groupe des Utilisateurs Francophones d'Informatique.
GUI	Groupement des Utilisateurs ICL.
GUNCR	Groupement des Utilisateurs NCR.
IA	Intelligence Artificielle.
IAEI	Institut d'Automatique et d'Electronique Industrielle.
IAO	Ingénierie Assistée par Ordinateur.
IAT	Interface d'Accès aux Transmissions.
IB	Interface Bancaire.
IBI	Bureau Intergouvernemental pour l'Informatique.
IC	Ingénieur Commercial.
ICF	Société des Ingénieurs Civils de France.
IDATE	Institut pour le Développement et l'Aménagement des Télécommunications et de l'Economie.
	Institut de l'Audiovisuel et des Télécommunications en Europe.
IDI	Institut de Développement Industriel.

IETN	Institut Européen des Techniques Nouvelles.
IFACI	Institut Français des Auditeurs et Contrôleurs Internes.
IFESI	Institut Français des Experts en Systèmes d'Information.
IGT	Interface Généralisée de Transmission.
IHM	Interface Homme-Machine.
IHN	Informaticien de Haut Niveau.
IITT	Institut Industriel de Transfert de Technologie.
IMA	Information Médicale Automatisée.
IMI	Institut de la Machine Intelligente.
INA	Institut National de l'Audiovisuel.
INFOREP	Association des Utilisateurs d'Informatique Répartie.
INIST	Institut National de l'Information Scientifique et Technique.
INPI	Institut National de la Propriété Industrielle.
INRIA	Institut National de la Recherche en Informatique et en Automatique.
INSEE	Institut National de la Statistique et des Etudes Economiques.
INT	Institut National des Télécommunications.
IP	Institut de Programmation.
IPAV	Interface de Programmation d'Applications Vocales.
IPT	(plan) Informatique Pour Tous.
IQRG	Indice de Qualité du Réseau Général.
IQSP	Indice de Qualité des Services Professionnels.
IREST	Institut de Recherches Economiques et Sociales sur les Télécommunications.
IRETIJ	Institut de Recherche pour le Traitement de l'Information Juridique.
IRIAM	Institut International de Robotique et d'Intelligence Artificielle.
IRISA	Institut de Recherche en Informatique et Systèmes Aléatoires.
IRM	Imagerie par Résonance Magnétique.
LRT	Loi de réglementation des Télécommunications.
ISI	Institut de la Sécurité Informatique.
ISMEA	Institut Supérieur de Micro-électronique Appliquée.
IT	Intervalle de Temps.
ITA	Installation Terminale d'Abonné.
ITC	Ingénieur Technico-Commercial.
ITMI	Industrie et Technologie de la Machine Intelligente.
JAT	Juste à temps.
JETAI	Journées Européennes des Techniques Avancées de l'Informatique.
JIIA	Journées Internationales de l'Informatique et de l'Automatique.
LAAS	Laboratoire d'Automatique et d'Analyse des Systèmes.
LAD	Lecteur automatique de documents.
LAO	Langage à Objets.
LCIE	Laboratoire Central des Industries Electriques.
LCP	Logique de Construction des Programmes.
LCS	Logique de Conception des Systèmes.
LCT	Langage Commun de Transactions.
LDD	Langage de Définition des Données.
LDI	Langage de Définition des Informations.
LDP	Langage de Description de Page.
LEC	Laboratoire d'Essais des Calculateurs.
LECAM	Lecteur de carte à mémoire.
LEP	Laboratoire d'Electronique et de Physique Appliquée.
LETI	Laboratoire d'Electronique et de Technologie de l'Informatique.
LGP	Lecteur Grand Public.
LHN	Langage (de) Haut Niveau.
LLSD	Liaisons louées et services dédiés.
LMP	Laboratoire de Manipulation de Données.
LOO	Langage Orienté Objets.
LP	Ligne Principale.
LRT	Loi de réglementation des Télécommunications
LS	Ligne spécialisée.
LSB	Libre-Service Bancaire.
LSE	Langage Symbolique d'Enseignement.
LTR	Langage Temps Réel.
LVR	Liaison Virtuelle Réservée.
MAE	Machine à Ecrire.
MAIA	Machine pour les Applications en Intelligence Artificielle.
MAO	Maintenance Assistée par Ordinateur.
	Musique assistée par ordinateur.
MAP	Mise au point.
MCD	Machine de Collecte et de Diffusion.
MDR	Mort de rire.
MEE	Machine à Ecrire Electrique.
MEM	Mémoire Morte.
MEV	Mémoire Vive.
MIAGE	(Maîtrise de) Méthodes Informatiques Appliquées à la Gestion.

MIC	Modulation par Impulsions Codées.
MICADO	Mission pour la Conception Assistée et le Dessin par Ordinateur.
MIDIST	Mission Interministérielle de l'Information Scientifique et Technique.
MIJID	Marché International des Jeux Vidéo de l'Informatique Individuelle et Domestique.
MO	Méga-Octet.
MOB	Micro-ordinateur Banalisé.
MOCN	Machine-Outil à Commande Numérique.
MOG	Micro-Ordinateur de Guichet.
MOM	Middleware Orienté Messages.
NTIC	Nouvelles Technologies de l'Information et de la Communication.
MPI	Moyennes et Petites Industries.
MPU	Moyens et Petits Utilisateurs.
MRTB	Maintenance Réseau Bureautique Télématique.
N/A	Numérique/Analogique.
NAB	Nom Abrégé.
NEA	Numérotation Européenne des Articles.
NET	Norme Européenne de Télécommunication.
NF	Norme Française.
NIP	Numéro d'Identification Personnel.
NTI	Noeud de Transit International. Nouvelles Technologies de l'Information.
NTIC	Nouvelles Technologies de l'Information et de la Communication.
NUI	Numéro d'Utilisateur International.
OC	Ordinateur de Compensation.
ODB	Ordinateur de Bureau.
OFTA	Observatoire Français des Techniques Avancées.
OJTI	Observatoire Juridique des Technologies de l'Information.
OMF	Ordinateur Multifonction.
OO	Orienté Objet.
OP	Ordinateur Personnel.
PAB	Point d'Accès Bancaire.
PAD	Point d'Accès Distant.
PAE	Prêt A Emettre.
PAFE	Plan d'Action en Faveur de la Filière Electronique.
PAO	Production Assistée par Ordinateur. Publication Assistée par Ordinateur.
PAP	Pages vues avec publicité.
PAQ	Plan d'Assurance Qualité.
PARLE	Point d'Accès au Réseau Local.
PAV	Point d'Accès Vidéotex.
PAVI	Point d'Accès Vidéotex Intégré.
PLV	Publicité sur le Lieu de Vente.
PME	Petites et Moyennes Entreprises. Porte-Monnaie Electronique.
PMI	Petites et Moyennes Industries.
PMV	Panneaux à Messages Variables.
PNA	Programmes Nationaux d'Applications.
PNCST	Protocole Normalisé de Connexion d'un Système pour la Télécollecte.
POO	Programmation Orientée Objets.
PPM	Pages Par Minute.
PPP	Point par Pouce.
PREAO	Présentation Assistée par Ordinateur.
PS	Point de Signalisation.
PSI	Petit Système Informatique.
PSM	Prestataire de Service de Maintenance.
PTE	(Ministère des) Postes, (des) Télécommunications (et de) l'Espace.
PTS	Point de Transfert de Signalisation.
PTT	Postes, Télécommunications, Télédiffusion.
PUCE	Produits Utilisant des Composants Electroniques.
QCM	Questionnaire à Choix Multiples.
QROC	Questions à Réponses Ouvertes et Courtes.
RA	Régie d'Abonné.
RACE	Recherches Avancées en Communications pour l'Europe.
RACINE	Réseau d'Appui et de Capitalisation des Innovations Européennes.
RAF	Robotique et Automatisation Flexible.
RAO	Recherche Assistée par Ordinateur. Rédaction Assistée par Ordinateur.
RARE	Réseaux Associés de la Recherche Européenne.
RAZ	Remise à Zéro.
RCB	Rationalisation des Choix Budgétaires. Réseau Carte Bancaire.
RCP	Réseau Expérimental à Commutation par Paquets.
RELIT	Règlement et Livraison des Titres (boursiers).
RENATER	Réseau National des Télécommunications pour la Technologie, l'Enseignement et la Recherche.
RES	Rachat d'Entreprise par les Salariés.
RF	Reconnaissance de Formes.
RHIN	Réseaux Informatiques Hétérogènes Normalisés.

RHM	Relations Homme Machine.
RIAO	Recherche d'Informations Assistée par Ordinateur.
RIB	Relevé d'Identité Bancaire.
RIC	Réseau d'Interconnexion.
RIE	Réseau Informatique Européen.
RITA	Réseau Informatisé de Transmissions Automatiques.
RITD	Réseau Intégrant la Téléphonie et les Données.
RLD	Réseau Local Départemental.
RLE	Réseau Local d'Etablissement. Réseau Local d'Entreprise.
RLI	Réseau Local Industriel.
RMT	Risque Maximal Tolérable.
RNI	Réseau Numérique Intégré.
RNIPP	Répertoire National d'Identification des Personnes Physiques.
RNIS	Réseau Numérique avec Intégration de Services.
RNRT	Réseau National de Recherche en Télécommunications.
RO	Recherche Opérationnelle.
ROC	Reconnaissance Optique des Caractères.
RPDCP	Réseau Public de Données à Commutation de Paquets.
RPI	Réseau de Production Industrielle.
RPIS	Réseau Privé de Télécommunications à Intégration de Services.
RSS	Réseau Santé Social.
RSSI	Responsable de la Sécurité des Systèmes d'Information.
RSVA	Réseaux et Services à Valeur Ajoutée.
RTC	Réseau Téléphonique Commuté.
RTNM	Réseau de Transport Numérique Multiservice.
RTT	Réduction du Temps de travail.
RVA	Réseau à Valeur Ajoutée (VAN).
RVB	Rouge Vert Bleu.
SAFARI	Système Automatisé pour les Fichiers Administratifs et le Répertoire des Individus.
SAGACE	Système Automatique pour la Gestion et l'Echange des Comptes Economiques.
SAGITTAIRE	Système Automatique de Gestion Intégrée par Télétransmission de Transactions avec Imputation de Règlement «Etranger».
SART	Système d'Assistance aux Renseignements Téléphoniques.
SAT	Service d'Accès Télétel.
SAV	Service Après-Vente.
SBC	Système à Base de Connaissances.
SCOM	Service Central d'Organisation et Méthodes.
SCRIBE	Système de Communication et de Réseaux informatiques et Bureautiques Evolutifs.
SCSSI	Service Central de la Sécurité des Systèmes d'Information.
SCT	Système de Calcul par Téléphone.
SDI	Schéma Directeur d'Informatisation.
SDQ	Schéma Directeur de la Qualité.
SE	Système Expert.
SED	Système d'Exploitation à Disques.
SEE	Société des Electriciens, des Electroniciens et des Radioélectriciens.
SFDD	Simple Face Double Densité.
SFGL	Société Française de Génie Logiciel.
SFIB	Syndicat des Fabricants d'Ensembles d'Informatique et Bureautique.
SFM	Société Française des Mécaniciens.
SGBC	Système de Gestion de Base de Connaissances.
SGBD	Système de Gestion de Base de Données.
SGBDAO	Système de Gestion de Base de Données à Objets.
SGBDOO	Système de Gestion de Base de Données Orientée Objets.
SGBDR	Système de Gestion de Bases de données Relationnelles.
SGF	Système de Gestion de Fichiers.
SIAD	Système Interactif d'Aide à la Décision.
SIC	Système Informatique pour la Conjoncture.
SICOB	Salon International de l'Informatique, de la Communication et de l'Organisation de Bureau.
SIG	Système d'informations Géographiques.
SIP	Système d'Information de Production.
SIT	Système Interbancaire de Télétransmission.
SITELESC	Syndicat des Industries de Tubes Electroniques et Semiconducteurs.
SMF	Société Mathématique de France.
SNICAF	Syndicat National des Informaticiens Conseils.
SNIMAB	Syndicat National des Importateurs de Matériels de Bureau et d'Informatique.
SNPLM	Syndicat National des Professionnels du Logiciel Informatique.
SNSE	Syndicat National des Supports d'Enregistrement.
SOC	Système d'Ordinateurs Connectés.
SPBB	Système de Planification, Programmation, Budgétisation.
SPER	Syndicat des Industries de Matériels Professionnels Electroniques et Radioélectriques.

SRD Services et Réseaux de Données.
SSCI Société de Services et de Conseils en Informatique.
SSCM Société de Service et de Conseil en Microélectronique.
SSDI Sociétés de Services et de Distribution Informatique.
SSII Société de Services et d'Ingénierie en Informatique.
SVA Services à Valeur Ajoutée (VAS).
SVI Serveur vocal interactif.
SYDONI Système de Documentation National Informatisé.
SYNAME Syndicat National de la Mesure Electrique et Electronique.

TA Terminal d'Autorisation.
TAF Traitement A Façon.
TAI Traitement Automatique de l'Information.
Traitement Avancé de l'Information.
TAO Traduction Assistée par Ordinateur.
TAP Traitement Automatique de la Parole.
TC Terminal de Commutation.
TdT Traitement de Texte.
TEB Taux d'erreurs sur les bits.
TEC Transistor à Effet de Champ.
TEF Transfert Electronique de Fonds.
TEF/TPV Transfert Electronique de Fonds au Point de Vente.
TGA Télégestion des Abonnés.
TGAO Technologie de Groupe Assistée par Ordinateur.
TMAO Télémaintenance Assistée par Ordinateur.
TI Traitement de l'Information.
Technologies de l'Information.
TICTAC Terminal Intégré Comportant un Téléviseur et l'Appel Au Clavier.
TL Terminal de Ligne.
TMG Terminal Multifonction de Guichet.
TNA Terminaison Numérique d'Abonné.
TNR Terminaison Numérique de Réseau.
TO Terminal Ordinaire.
TPE Terminal de Paiement Electronique.
TPE Très petite entreprise.
TPV Terminal (au) Point de Vente.
TUP Titre Universel de Paiement.
TVHD Télévision Haute Définition.

UC Unité Centrale.
UER Union Européenne de Radiodiffusion.
UIT Union Internationale des Télécommunications.
UR Unité de Raccordement.
URA Unité de Raccordement d'Abonné.
URB Unité de Raccordement de Bornes.
URCN Unité de Raccordement de Circuits Numériques.
UREC Unité Réseaux du CNRS.
URV Unité à Réponse Vocale.
UT Unité de Traitement.
Unité Télécom.
UTE Union Technique de l'Electricité.
UTP Unité de Traitement de Paquets.

VAO Vente Assistée par Ordinateur.
Vision Assistée par Ordinateur.
VPC Vente Par Correspondance.

WTO World Trade Organisation.

ZLE Zone locale élargie.
ZTA Zone de Télécommunications Avancées.
ZTS Zone de Transit Secondaire.

SIGNES COURANTS

0, 1, … 9	numerals	chiffres
A, B, …, Z	alphabetic characters	lettres
+	plus sign	signe plus
–	minus sign	signe moins
-	hyphen	trait d'union
×	multiply sign	signe de multiplication
:	divide sign	signe de division
	colon	deux points
.	period, decimal point	point
,	comma	virgule
;	semi-colon	point-virgule
'	apostrophe	apostrophe
___	underline, underscore	souligné
—	dash	tiret
=	equal sign, equals	signe égal
!	exclamation mark or point	point d'exclamation
?	question mark	point d'interrogation
¨	diaeresis	tréma
/	diagonal, slash, slant	barre de fraction
	virgule, solidus	barre oblique
\	inverted diagonal	barre oblique inverse
	reverse slant, backslash	
"	quotation marks, quotes	guillemets
‘	single opening quotation mark	apostrophe d'ouverture
“	double opening quotation marks	guillemet d'ouverture
’	single closing quotation mark	apostrophe de fermeture
”	double closing quotation marks	guillements de fermeture
( )	parentheses, round brackets	parenthèses
(	left parenthesis, opening parenthesis	parenthèse gauche
)	right parenthesis, closing parentehsis	parenthèse droite
{ }	braces	accolades
{	left brace, opening brace	accolade gauche
}	right brace, closing brace	accolade droite
[ ]	brackets, square brackets	crochets
[	left bracket, opening bracket	crochet gauche

]	right bracket, closing bracket	crochet droit
<	less-than-sign	signe « inférieur à »
>	greater-than-sign	signe « supérieur à »
↑	vertical arrow	flèche verticale
→	horizontal arrow	flèche horizontale
...	points of suspension, ellipsis	points de suspension
∧	circumflex accent	accent circonflexe
^	caret	caret, v inversé
b̸	slashed b	b barré
@	at sign or symbol	a commercial, arobas, « escargot »
&	ampersand	et commercial, perluète
%	percent sign	signe %
$	dollar sign	signe $
£	pound sign	signe £
c	cent sign	signe c
*	asterisk, star	astérisque
#	number sign, pound sign	signe # (très peu différent de), fagot
◊	lozenge, diamond	losange, « oreiller écrasé », oreiller fatigué
©	Copyrighted	Copyright
R	Registered trademark	marque déposée
TM	Trade-mark	marque de fabrique
•	bullet	puce

APPEL AU LECTEUR

Aucun dictionnaire, *a fortiori* un dictionnaire bilingue spécialisé, ne saurait être exhaustif, ce qui impliquerait l'immobilité de la langue. Cet ouvrage n'est donc pas exempt de lacunes, voire d'imperfections.

L'auteur serait heureux de bénéficier de vos critiques et de vos suggestions afin d'en tenir compte lors d'une prochaine édition. S'agissant d'un dictionnaire bilingue, il vous demande seulement de lui fournir, si possible, un minimum de contexte et, si vous la connaissez, la traduction du mot ou de l'expression.

Adressez vos commentaires à l'éditeur en précisant votre adresse si vous désirez ne pas rester anonyme.

Merci d'avance — Michel GINGUAY

OUVRAGE : **DICTIONNAIRE D'INFORMATIQUE ANGLAIS/FRANÇAIS (12e édition).**

Commentaires destinés à l'auteur, envoyés par : (éventuellement)

M., Mme ou Mlle ....

Adresse ....

À adresser à : Dunod Éditeur
Environnement professionnel
5, rue Laromiguière
75005 Paris

ou par e-mail à : infos@dunod.com

044584-(I)-(3,5)-CSB-90°-SNE

Dépôt légal : octobre 1999
Dépôt légal de la 1re édition : 1re trimestre 1970

SNEL S.A.
rue Saint-Vincent 12 — B-4020 Liège
tél. 32(0)4 344 65 60 - fax 32(0)4 343 77 50
septembre 1999 - 13289